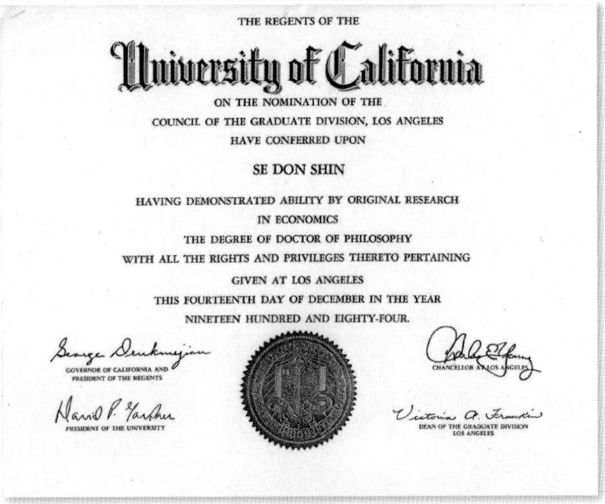

THE REGENTS OF THE

University of California

ON THE NOMINATION OF THE
COUNCIL OF THE GRADUATE DIVISION, LOS ANGELES
HAVE CONFERRED UPON

SE DON SHIN

HAVING DEMONSTRATED ABILITY BY ORIGINAL RESEARCH
IN ECONOMICS
THE DEGREE OF DOCTOR OF PHILOSOPHY
WITH ALL THE RIGHTS AND PRIVILEGES THERETO PERTAINING
GIVEN AT LOS ANGELES
THIS FOURTEENTH DAY OF DECEMBER IN THE YEAR
NINETEEN HUNDRED AND EIGHTY-FOUR.

GOVERNOR OF CALIFORNIA AND PRESIDENT OF THE REGENTS

CHANCELLOR AT LOS ANGELES

PRESIDENT OF THE UNIVERSITY

DEAN OF THE GRADUATE DIVISION LOS ANGELES

UCLA 경제학박사 학위증

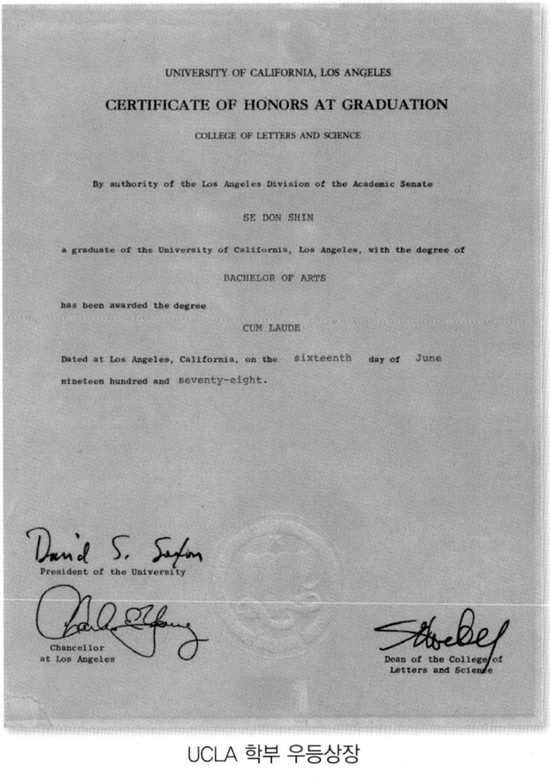

UNIVERSITY OF CALIFORNIA, LOS ANGELES

CERTIFICATE OF HONORS AT GRADUATION

COLLEGE OF LETTERS AND SCIENCE

By authority of the Los Angeles Division of the Academic Senate

SE DON SHIN

a graduate of the University of California, Los Angeles, with the degree of

BACHELOR OF ARTS

has been awarded the degree

CUM LAUDE

Dated at Los Angeles, California, on the sixteenth day of June
nineteen hundred and seventy-eight.

President of the University

Chancellor
at Los Angeles

Dean of the College of
Letters and Science

UCLA 학부 우등상장

1985년 6월 한국은행 창립기념 학술대회 토론자

1975년 10월 미국-캐나다 국경에 서서

2011년 11월 외천본민 출간기념회

2015년 겨울 네팔 안나푸르나산을 배경으로

2016년 여름 모습

2017년 호랑가시 열매

퍼펙트 스톰이 다가오고 있다

퍼펙트 스톰이 다가오고 있다

초판 1쇄 인쇄 2019년 2월 7일
초판 1쇄 발행 2019년 2월 20일
지은이 신세돈
펴낸이 이방원
편 집 김명희 · 안효희 · 강윤경 · 윤원진 · 정조연
디자인 박혜옥 · 손경화 **영 업** 최성수 **마케팅** 이미선
펴낸곳 세창출판사
출판신고 1990년 10월 8일 제300-1990-63호
주소 03735 서울시 서대문구 경기대로 88 냉천빌딩 4층
전화 723-8660
팩스 720-4579
이메일 edit@sechangpub.co.kr
홈페이지 http://www.sechangpub.co.kr

ISBN 978-89-8411-806-5 93300

_ 책값은 뒤표지에 있습니다.

이 도서의 국립중앙도서관 출판시도서목록(CIP)은 서지정보유통지원시스템 홈페이지(http://seoji.nl.go.kr)와
국가자료공동목록시스템(http://www.nl.go.kr/kolisnet)에서 이용하실 수 있습니다. (CIP제어번호: CIP2019003618)

신세돈 교수 정년퇴임 기념 기고평론 모음집

퍼펙트 스톰이 다가오고 있다

신세돈

세창출판사

헌정사

그동안
제 강의를 들어 주시고
격려해 주신 많은 분들,
특히 김진환 원장님,
김수용 대표님,
조서윤 대표님,
김대현 대표님,
황영철 대표님과
이영철 회장님,
최형오 회장님,
그리고 모든 이사모 회원께
이 책을 바칩니다.

은퇴를 준비하며

햇수로 35년.

1984년 UCLA를 갓 졸업하고 한국은행에 전문연구원으로 들어간 지 꼭 35년 만에 30년 봉직한 숙명여자대학교를 끝으로 은퇴를 맞게 되었다.

연구실에는 쥐들이 득시글거렸고 교정은 간단없는 반정부 시위로 떠들썩했지만 큰 무리 없이 꼭 30년을 채우고 학교를 떠나는 마음이 가뿐하기도 서운하기도 하다.

대부분을 학교강의와 외부 초청 강연으로 보냈지만, 2006년부터 흠뻑 빠져 버린 호랑가시나무 기르기(일락)와 틈을 내어서 조선왕조실록을 보며 세종을 연구(이락)하기도 하고 또 사마광의 자치통감을 읽고 정리하는 것(삼락)이 내겐 그 무엇보다도 큰 즐거움이었다.

은퇴를 앞두고 틈날 때마다 연구실 오랜 자료들을 버리다 발견한 작은 책, 노혜숙 선생님의 은퇴기념 수필집 〈살구 빛 오후〉를 보면서 불현듯 그동안 내가 무엇을 어떻게 생각했는지를 정리해 둘 필요가 있겠다 싶었다.

30여 년 묵은 원고지와 오래된 잡지 기고문들을 다시 찾아내어 한 권의 책으로 정리해 두는 것은 세월의 큰 흐름과 그 속에서의 내 생각이나 판단의 잘잘못을 돌아보는 데 의미 있는 일이라고 생각되었다.

오래된 원고들을 다시 워드로 옮기는 작업은 김미자 선생과 그의 학생들이 도와주었다. 감사를 표한다.

이제 몸은 학교를 떠나지만 내가 남몰래 심어 둔 몇 그루 오파카(OPACA) 호랑가시나무처럼 마음은 오래 교정에 남아 있을 것이다.

차 례

II. IMF 외환위기와 이후 15년(1998-2012년) : 14편 109

걸어온 발자취

1953년 9월 10일 (양력 10월 17일) 대구시 중구 동인동 3가 169번지에서
부 신운식과 모 김재순의 2남 5녀 중 장남으로 출생

1960년 3월 대구 중앙국민학교 입학

1960년 9월 서울 금양국민학교 전학

1961년 9월 대구 신천국민학교 전학

1963년 9월 서울 미동국민학교 전학

1965년 3월 대구 신천국민학교 전학

1966년 2월 대구 신천국민학교 졸업(전교 1등)

1966년 3월-1969년 2월 경북중학교(우등 졸업)

1969년 3월-1972년 3월 경북고등학교

1972년 3월 고려대학교 법학과 입학

1974년 6월 고려대학교 법학과 중퇴

1976년 9월 UCLA 대학교 경제학과 편입학

1978년 6월 UCLA 대학교 경제학과 우등(cum laude) 졸업

1978년 9월 UCLA 대학교 경제학과 대학원 입학

1979년 9월 UCLA 대학교 경제학과 대학원 석사 수료

1980년 1월 UCLA 대학교 경제학과 대학원 휴학

1980년 9월 UCLA 대학교 경제학과 대학원 재입학

1983년 9월 UCLA 대학교 경제학과 대학원 캔디데이트(Candidate of Phil.)

1984년 6월 한국은행 조사제1부 전문연구원

1984년 9월 UCLA 대학교 경제학과 대학원 경제학박사(Ph.D)

〈학위논문: A Theory of Exchange Rate, the Relative Price of Commodities and the Real Wage in a Neo-classical World of Capital Accumulation (신고전경제학적 축적 세계에서의 환율, 상대가격과 실질임금에 관한 연구)〉

1987년 2월 한국은행 조사제1부 전문연구원 퇴사

1987년 3월 삼성경제연구원 금융보험실장

1989년 2월 삼성경제연구원 퇴사

1989년 3월 숙명여자대학교 무역학과 조교수

1993년 7월 경제학원론(길안사) 발간

1997년 2월 국제수지론(세창출판사) 초판 발행

1998년 9월 20억의 국난과 40억의 극복(세창출판사) 발행

1994년 3월-1996년 3월 숙명여자대학교 연구교류실장

2009년 8월 국제수지론 개정판 발행

2010년 12월-2013년 3월 국가미래연구원 이사

2011년 11월 외천본민(국가미래연구원) 발행

2012년 4월-2014년 3월 금융감독원 자문교수단 금융소비자보호 분과위원장

2012년 4월-2017년 4월 예금보험공사 MOU 심사위원

2013년 5월-2016년 9월 금융감독원 국민검사청구심의위원회 위원장

2014년 6월-2016년 1월 중앙선데이 객원 논설위원

2015년10월-2016년 8월 숙명여자대학교 경상대학 학장

2016년 1월-2018년 3월 동아일보 객원논설위원

2017년 1월-2018년 5월 KBS 공감토록 토론패널

주요 저서 및 논문 발간 연보

주요 저서 〈 Publications 〉	
1984년 9월	A Theory of Exchange Rate, the Relative Price of Commodities and the Real Wage in a Neo-classical World of Capital Accumulation, (PhD Dissertation)
1992년 7월	유통산업개방의 영향과 대응전략, 정책연구, 92-20 대외경제정책연구원
1993년 7월	경제학원론 (길안사)
1997년 2월	국제수지론 (세창출판사)
1998년 7월	20억의 국난과 40억의 극복 (세창출판사)
1991년 5월	유럽경제의 통합에 따른 무역, 산업 및 금융구조의 변화연구
2009년 8월	국제수지론, 개정판 (세창출판사)
2011년 11월	외천본민, 하늘을 우러러 사람을 근본으로 (국가미래연구원)
2013년 3월	국제경제정책론 (mimeograph)
2013년 3월	외환정책론 (mimeograph)
2013년 3월	Current Economic and Social Issues in Korea (mimeograph)

주요 논문 〈 Published Research Articles 〉		
발표일자	논문 제목	발표학술지
2014년 9월	세종의 화폐개혁 실패원인	한국경제포럼
2014년 8월	경제정책의 집행과 평가를 위한 민생지수의 개발필요성	숙명여자대학교
2014년 3월	세종의 복지정책 회고: 노령복지를 중심으로	한국경제포럼
2009년 2월	2008년 글로벌 금융위기에 따른 대만 NT화와 원화의 차별적 환율동향에 관한 세 가지 해석	기업경제연구
2008년 2월	우리나라 대외자산 및 대외부채 만기구조와 적정 외환보유고	숙명여자대학교 경제경영논집
2008년 2월	미국금융위기와 연방정부 정책실패	숙명여자대학교 경제경영논집
2007년 8월	글로벌 과잉유동성과 자산가격	숙명여자대학교 경제경영논집
2007년 2월	외환위기의 원인으로서의 국제수지적자 – 경상수지 vs 자본수지 적자	숙명여자대학교 경제경영논집
2004년 8월	외환위기 이후의 대외자본거래와 외환위기 재발 가능성	숙명여자대학교 경제경영논문집 34집
2004년 1월	아시아 통화금융협력과 통화금융통합	경제정책연구 5권4호
2003년 10월	2차 세계대전 이후 미국의 무역관계법	무역구제, 가을호
2002년 봄–여름	EURO: A Virtue or Vice for the Korean Economy?	Journal of East Asian Studies, 16호 #1
2001년 7월	연방준비제도 설립 이전의 미국 금융위기: 원인과 정부의 역할	금융시스템리뷰, 한국은행
2000년 12월	한국의 경기변동과 그 특징: 동행지수의 문제점과 경기논쟁	숙명여자대학교 경제경영논문집 30집
1999년 12월	IMF위기 재고	숙명여자대학교 경제경영논문집 29집

1997년 12월	국제화시대에 있어서의 지방자치단체의 투자개방전략	국제교류 19호 지자체 국제화재단
1996년 12월	엔블럭 결성 가능성에 관한 연구	숙명여자대학교 경제경영논문집 특집
1996년 6월	제조업 재무구조의 변화에 관한 연구	숙명여자대학교 경제경영논문집 25집
1995년 8월	자본시장 개방과 자본수지의 구조변화	금융경제연구 79호 한국은행
1993년 12월	우리나라 수출부진과 수출구조의 변화원인	숙명여자대학교 경제경영논문집 22집
1993년 11월	The Role of MNE in Economic Development under Regionalism	CHINESE CULTURE UNIVERSITY
1991년 12월	북방정책과 남북한 교역의 확대방안	숙명여자대학교 경제경영논문집 20집
1991년 12월	EC통합의 주요 계획과 한계에 관한 연구	숙명여자대학교 경제경영논문집 20집
1990년 12월	환율 및 수입국제가격과 국내가격에 관한 동태적 시차구조의 연구: 우리나라의 품목별 실증분석	숙명여자대학교 경제경영논문집 19집
1990년 4월	환율변동의 영향분석과 환율운용 방안	한국은행 연구용역보고서
1990년 3월	균형 바스켓 환율제도에 관한 연구	숙명여자대학교 경제경영논문집 18집
1989년 12월	환율과 무역수지의 시차구조	금융경제연구 2권 3호 금융경제연구소
1988년 12월	금융산업의 경쟁심화와 통화정책의 효율성	금융경제연구 1권 3호 금융경제연구소
1986년 8월	우리나라의 산업별 수출입 분석	조사통계월보 40권 8호 한국은행
1986년 12월	An Empirical Analysis of the Export and Import Demands and Export Price	Quarterly Economic Review, BOK
1985년 12월	경상수지 변동과 통화정책	조사통계월보 39권 한국은행
1985년 12월	통화적 접근방법에 있어서의 자본수지와 경상수지의 동태적 분석	금융연구 1권 3호 금융연구회
1985년 6월	The Determinants of Foreign Direct Investments in Korea	Quarterly Economic Review, BOK
1985년 5월	신보호무역주의의 대두와 개도국의 산업구조	조사통계월보 39권 한국은행
1985년 1월	우리나라에 대한 외국인 직접투자의 결정요인과 경제적 효과	조사통계월보 39권 한국은행

내가 본 신세돈 교수

신세돈 교수님의 책 출간을 축하하며

공명재(경제학박사, 계명대학교 교수, 전 한국수출입은행 감사)

신세돈 교수님을 처음 뵌 것은 2011년 초 모 연구원에서 열린 거시경제 세미나로 기억된다.
참 후덕한 인상에 통계 수치들로 한국경제와 세계경제를 진단하시는 말씀들이 한 치의 빈틈도 없어서 정말 대단하신 분이라고 느꼈다.
경제 전반에 대해서, 구체적인 거시경제 현안에 대해서 A에서 Z까지 줄줄 수치들을 꿰고 논리정연하게 말씀하시는 모습에서 상당한 자극을 받았다.

그 후로도 신 교수님을 자주 뵙고 말씀을 들을 때마다 한국경제를 꿰뚫고 있고 경제문제 해결에 대한 비전과 청사진을 갖고 계시다는 것을 확인하게 된다.
위수에서 세월을 낚으며 준비해 왔던 강태공을 주나라 문왕이 등용한 것처럼 신 교수님도 그 뜻을 펴실 때가 올 것으로 믿는다.

한국경제의 앞날에 밝은 빛이 보이지 않는다는 신 교수님의 말씀은 "퍼펙트 스톰이 오고 있다"는 말로 함축되고 있다.
퍼펙트 스톰은 "한국경제를 먹여 살려 온 수출과 경상수지가 불안하고, 외환보유고가 미화 4천억 달러 수준이지만 국제금리와의 격차로 인해 자본유출이 심각해질 수 있어 우리 경제가 한순간에 휘청거릴 수 있다."는 것이다.

우리 경제가 크게 심각해질 수 있다는 신세돈 교수님의 말씀에 우리는 귀를 기울이고 대비를 하여야 한다.

일자리문제가 쉽게 해결되지 않고, 수출과 경제성장률도 하강곡선을 그리고 있다. 반도체, 자동차 등 주요 산업의 경쟁력 유지도 의문시되는 이 시점에서 경제문제를 직시해서 그 해결에 대한 지혜를 모아 실행할 때 위기가 기회가 될 수 있는 것이다.

내가 본 신세돈 교수

김영수(서강대학교 사회학과 교수, 전 한국교육과정평가원장)

신세돈 교수는 지난 30여 년을 숙명여대에서 후학들을 양성하며 외환시장을 연구한 우리나라 최고의 경제학자 중 한 사람이다.
그러나 수많은 한국의 경제학자 중에서도 특히 그가 빛을 발하는 이유는 학술적인 연구 성과와 함께 실물경제에 대한 예리한 분석, 특히 외환위기 이후 우리 경제 초미의 관심사로 등장한 글로벌 외환시장의 동향과 한국경제의 체질 분석에 남다른 통찰력을 보여 왔기 때문이다.

신세돈 교수의 학자적 탁월함은 단순히 경제학 분야에만 국한되지 않는다.
마치 19세기 후반부터 20세기에 걸쳐 경제사회학의 초석을 마련한 빌프레도 파레토(Vilfredo Pareto)가 그랬듯이, 그의 관심과 통찰력은 사회와 역사를 아우르는 통섭적 접근을 통해 갈수록 복잡하고 혼란스러워지는 현대사회의 지식인과 전문가들의 현실인식이 어떤 모습으로 다듬어져야 하는지를 확실하고 명료하게 제시하고 있다.

내가 본 신세돈 교수

길정우(일본 국립정책연구대학원대학 초빙연구원, 19대 국회의원)

신세돈 교수는 선비다.
우리가 아는 조선시대의 선비와 같다.
학문의 깊이는 물론이려니와 현실 참여에 주저하지 않는다.
게다가 자신의 주장을 알아주지 않는 이들을 위해선 일하지 않는다.
심지가 깊다. 그리고 호불호(好不好)가 뚜렷하다.
그래서 타협에 익숙하지 않다.
자신이 아는 바에 대해선 분명하지만 모르는 일에는 쉽게 간여하지 않는다.
아는 척하지도 않는다.
이곳저곳 얼굴 내밀며 알아 달라고 조르는 '폴리페서'와는 거리가 한참 멀다.
이런 점들은 분명 우리가 아는 조선 선비들의 좋은 면면들이다.
바로 그런 점들을 내가 아는 신 교수는 갖고 있다.

세상을 넓게 볼 줄 아는 지식인이다.
그래서 자신이 관심 가진 분야가 주변에 미칠 파장에 대해서도 정통하다.
큰 그림을 볼 줄 알기 때문에 가능한 일이다.
논리는 정연하되 자신의 논리와 주장을 이해하지 못하는 이들을 탓하진 않는다.
바로 그런 게 선비다운 면모이다.
조선시대의 역사를 속속들이 읽고 이해하려 애썼다.

경제학자가 왜 그랬을까 물어보진 않았지만 현세의 답답함에서 벗어나고 싶었던 게 아닐까 그저 짐작할 따름이다.
나아가 조상들의 지혜에 의지해 보려 한 게 아닐까 라고도 생각해 본다.
특히 현명한 세종대왕 같은 지도자를 몹시도 그리워한 것 같다.
그런 지도자를 만나 자신의 역량과 지혜를 한껏 펼쳐 보고 싶었던 바람도 컸을 터이다.

그만큼 신 교수는 늘 현재 우리의 모습과 씨름하며 내일의 더 나은 모습을 만들어 보려고 고민했다.
그리고 그의 고심은 지금도 진행 중이다.
청소년 취업으로부터 저출산 고령화에 따른 재정부담, 국민연금의 문제점, 한국기업들의 대외 경쟁력, 나아가 남북한관계에 새로운 지평이 열릴 경우 닥칠 문제들까지 그가 씨름해야 할 고민의 지평은 넓어만 간다.

신 교수는 자신이 축적한 지식과 길고 넓게 볼 줄 아는 안목으로 우리에게 닥칠 수많은 문제들을 '고차방정식'으로 풀어 갈 지혜를 갖춘 분이다.
우리 주변에 똑똑한 이들은 많다.
하지만 자신의 생각을 타협하지 않는, 스스로의 귀함을 아는 선비는 흔치 않다.

신(新), 정(正), 공(公), 창(創) 등의 단어가 떠오르는 분이다.

늘 새로움을 배우고 익히며 바른 길을 찾아 많은 이들을 위해 자신의 지식과 지혜를 나누며 창의적인 미래를 꿈꾸는 지식인이고 현시대의 선비다.

길게 남은 인생의 시간들을 바로 이런 정신과 자세로 꿋꿋하게 걸어가면서, 늘 우리가 가는 길을 밝혀 줄 것이다.

신세돈 교수는?

김광두(서강대 석좌교수, 전 국민경제자문위원회 부의장)

Bright Person.

신 교수를 생각하면 이 이미지가 겹쳐진다.

그는 '한문'에 능하다. 드문 경우다.

때문에 그의 한국과 중국 역사에 관한 식견은 역사학자 수준이다.

그의 세종대왕 평전인 『외천본민』이 충실한 내용으로 높이 평가받고 있는 배경은 그의 탁월한 한문 실력이다.

그의 의사 전달 능력은 정평이 나 있다.

국내에서 정상급 강의 수입, 방송 출연에서의 높은 인기는 그의 설득력 있는 논리와 말솜씨 덕이다.

그는 정통 경제학교육을 미국에서 받고, 귀국해서 한국은행과 삼성경제연구소에서 현장 감각을 익혔다.

그가 대학교수로서는 드물게 경제의 밑바닥 현실을 꿰뚫고 있는 것은 이런 현장 경험에 그 뿌리를 두고 있다.

그는 국내외 경제 통계를 두루 섭렵하면서 본인의 현장 감각과 훈련받은 이론과 방법론으로 분석하고 평가한다.

때문에 그의 경제 분석은 항상 살아 있고 현실감에 충만하다.

그가 현상의 구조를 깊이 있게 파악하고 해부해서 살펴보고, 그 원인과 대책을 실시간으로 제시할 수 있는 것은 그의 뇌 속을 채우고 있는 이론, 방법론 그리고 현실감각이 일체적으로 작동하기 때문이다.

그는 평소에 세종대왕의 민주적 소통능력을 높이 평가하고 스스로도 그렇게 하려고 노력하고 있다.
그가 독단적으로 무슨 의사결정을 하고 고집부리는 것을 별로 보지 못했다.
세종이 그 시대에도 '여론조사'를 해서 주요 정책을 결정하곤 했다는 역사를 그는 자주 되뇐다. 그가 '애처가'인 것도 이런 삶의 철학의 연장선상에 있다고 본다.
그는 부인이 "나주곰탕"이라고 말을 꺼내면 곧바로 전남 나주로 부인을 안내할 정도의 애처가다.
이런 사람과 오랫동안 자주 만나면서 지난 10여 년을 함께한 것은 나에게 큰 기쁨이었다.

용기와 열정의 지성, 신세돈 교수님

안명옥(전 차의과학대학 교수, 17대 국회의원)

시선은 예리하고 통찰력은 깊고도 깊다.

우연한 기회에 경제특강을 들었던 신세돈 교수님과의 첫 번째 만남은 충격이었다. 통쾌하고 거침없으며 재미있기까지 한 경제 강의는 문외한인 나도 우리 경제가 어찌 돌아가는지 단박 이해할 수 있었다.

놀라웠다.

학문하는 교수 직업상 강의하는 데 익숙한 나에게도 명품강의의 여운은 지금까지도 길고 깊게 이어져 온다.

우리 시대에 꼭 필요한 지식인의 표상이 바로 신세돈 교수님이다.

출중한 지적 능력에 맑음과 선함이 함께한다.

더하여 우리나라, 우리 사회의 발전과 진화는 그분 열정의 중심언어다.

애민, 애족, 애국의 결정체다.

분석적인가 하면 어느새 모든 사안이 꿰어져 해결의 방향까지 시원하게 펼쳐진다.

긴장과 불꽃같은 열정으로 함께했던 열띤 고민과 토론의 장은 언제나 즐거웠다. 계획이 모두 현실로 펼쳐지지 못했으나 영광된 시간이었다.

깊고 넓은 경제학적 실력만이 아니라 그의 학문적 지평은 동서양의 역사와 철학은 물론, 오랜 기간 융해된 글로벌한 삶의 실제적 경험무게까지 더하여 현실적이며 실존적이다. 가히 혁신적 사고도 최고다.

단연코 신 교수님은 정치·사회·경제를 망라하여 고뇌하며 이 혼돈의 시대에 지혜의 빛으로 살아가고 있는 지성인이다.

세종대왕 시대의 바른 정치가 더 진화된 모습으로 이 시대에 펼쳐지기를 간절히 꿈꾸었던 신 교수님은 여전히 그 사회가 이루어지는 방향을 향하여 정진하고 있다.

언제 어디서나 바르고 반짝이는 이분은 포기할 수 없는 역사적 사명감으로 아름다운 우리 대한민국의 바른 발전을 위하여 외로움도 마다 않고 오늘도 그 길을 용기로 무장하고 뚜벅뚜벅 앞서 걷고 있다.

그리하여 우리는 함께 그 지점에 도달할 수 있을 것이다.

원칙 고집하는 이상주의자

조대환(변호사, 전 민정수석비서관)

신세돈 교수님을 처음 만난 것은 2010년 말 국가미래연구원 발기인 모임에서다. 첫인상은 이렇게 잘 생기고 몸매를 잘 가꾼 나이 많은 대한민국 남자도 있을까 하는 것이었다. 매일 보디빌딩을 하여 근육이 우람하고 겨울에도 짧은 팔을 입고 다닐 정도로 피돌이 상태가 양호한 분이다.

사적 인연으로는 경북고 3년 선배이시지만 이전에 전혀 만나 뵌 적이 없었던 점에서 처음에는 세속적 이름 알리기와는 담을 쌓고 연구와 강연에만 집중하는 은둔형 학자로 봤지만, 경제분야 특히 외환문제를 언급할 때는 치밀한 수식과 통계를 동원한 분석 그리고 역사적 사례까지 제시하면서 명쾌한 설명과 결론을 내는 선동가적 경향을 숨기고 있다는 것도 알게 되었다. 고교 시절 우수한 성적임에도 불구하고 고려대 법대에 진학한 것은 법대를 나와 관료로 출세해야 한다는 집안 압력 때문에 원치 않는 진로를 선택한 것으로 추정되며, 결국 미국 유학을 결행하고 경제학으로 진로를 바꾼 것이야말로 적성에 맞는 운명적 선택이라 본다. 또 하나의 운명적 선택은 2000년대 초반 박근혜 당시 국회의원과의 경제학 공부 모임일 것이다. 경제학 교습은 물론 숨은 실력자 추천 그리고 정치윤리 지키기에 대한 소신은 박근혜 대통령 만들기에 큰 기여를 하였으리라고 확신한다. 특히 해외로 알려진 박근혜 후보의 슬로건 “원칙이 바로 선 자본주의 경제”는 경제학 실력과 함께 고급 영어 구사능력을 가진 신 교수님의 저작권 양해로 가능했다고 본다.

그러나 신 교수님은 현실정치에는 어두운데다 너무 덕치주의에 치우친 이상주의자에 불과한 측면이 있음을 냉정히 지적하지 않을 수 없다. 그는 경제 분야는 물론이고 정치, 사회 문제 전반에 대하여 제도나 대원칙의 확립과 철저한 집행을 외쳤을 뿐 세상사 및 인간사의 본질적 모순과 한계, 그리고 제도와 원칙을 운용하는 사람들의 근원적 불완전성을 이해하지 못했고 편법과 반칙, 부정과 부패를 혐오하고 강력히 비난하면서 우군을 만들지 못하고 적들만 늘어났다. 필연적으로 박근혜 후보의 최측근의 자리에 있었지만 서서히 대권에 접근해 가고 권력이 강화되면서 두 사람은 점점 멀어져 갔다. 결국 어중이 떠중이들이 박근혜 대통령을 에워싸고 타락시키고 몰락시켰으며 신 교수님은 어떠한 일도 할 수 없었다. 나는 그래서 신 교수님에 대하여 원칙 고집하는 이상주의라 부른다. 그는 현실에 통하지 않는 원칙을 고집했고 그래서 이론의 구름 위에서 노닐 뿐 현실의 땅을 밟지 못했다. 이러한 정체성이 그가 현실정치에 끝내 참여하지 못한 결정적 요인이라 본다. 이제 학계 은퇴를 즈음하여 앞으로도 평소 좋아하는 경제학과 한문, 중국역사라는 학문의 구름 위에서 소요하시며 안락하시길 기대한다.

반전의 매력남 신세돈 교수님

최대석(이화여대 북한학과 교수, 이화여대 부총장)

신 교수님을 처음 뵌 것은 십 년쯤 전으로 기억한다.
첫 인상은 평범했다.
강단은 좀 있어 보이지만 중년의 여느 대학교수의 모습 이상은 아니었다.

만난 지 얼마 안 되어 신 교수께서 출판기념회를 한다고 해서 가보았다.
외천본민.
세종의 어록을 통해 지도자의 덕목을 설파한 책이다.
아니 경제학자가 세종이라니!
나는 읽기도 어려운 한문을 번역하고
현대적 의미를 달아 세종 리더십을 재해석했다.
학부부터 미국유학을 한 분이 영어도 아닌 한학실력이 발군이다.
슬슬 신 교수님이 달리 보이기 시작했다.

반전은 이어졌다.
신 교수께서 내가 근무하는 이대 최고위 과정에 강의를 나온다기에 인사차 들렀다. 숙대교수가 웬 이대강의?
속으로 욕심도 많네, 하며 뒷자리에 앉아 듣는데 강의가 쏙쏙 머리에 들어온다.
동서고금을 넘나드는 깊이와 카리스마 넘치는 힘찬 강의에 까다롭기로 유명한 이대 최고위 과정 사모님들이 흠뻑 빠져든다.
슬슬 신 교수님이 부러워지기 시작했다.

마지막 반전은 최근에 있었다.
신 교수님과 나는 같은 헬스클럽에 다닌다.
속으로 몸은 나보다 못하겠지 했는데 목욕을 하며 훔쳐본 신 교수님의 몸은 그야말로 예술이다.
육십 대 중반이라고는 믿기 어려울 정도의 탄탄한 몸매를 자랑하신다.
슬슬 신 교수님 앞에서 작아지는 느낌마저 든다.

신 교수님께서 은퇴를 앞두고 계신다.
은퇴 후 또 어떤 반전의 매력을 보여 주실지 벌써부터 기대된다.

나의 신세돈 교수님

한석희(연세대학교 국제정책대학원 교수, 전 주상하이총영사)

내 머릿속에 신 교수님은 “반전이 있는 경제 쓴 소리꾼”으로 기억되고 있다.
우선 신 교수님은 ‘부드럽고 후덕한 인상을 가진 촌철살인의 학자’이다.
부드러운 외모에 살짝 미소를 머금고 후덕하게 앉아 계시는 모습과 경제토론에서 핵심을 지적하며 거침없이 쓴 소리를 하시는 모습은 가히 반전이라고 할 만하다.

신 교수님은 ‘한학에 정통한 경제학자’이다.
일반적으로 경제학과 한학은 서로 상반된 학문처럼 여겨지고 있다.
경제학자로서 한학에 관심을 가진 사람조차 없다.
그러나 신 교수님은 정통한 경제학자로서 외천본민(畏天本民)이라는 세종의 덕치를 분석한 책을 출간할 정도로 한학에 정통한 분이다. 또 하나의 커다란 반전이다.

마지막으로 신 교수님은 ‘가장 한국적인 해외파 학자’이다.
신 교수님은 미국에서 학부를 나온 해외파 학자이다.
그럼에도 불구하고 빠다냄새가 전혀 나지 않는다.
미국을 비롯한 서양을 잘 이해하면서도 항상 한국이라는 국가를 사랑하고 정도를 걸으며 한국경제의 발전을 위한 연구에 매진해 온 학자로서의 꼿꼿함을 보여 주신 신 교수님의 인품과 태도는 반전 중의 반전이다.

이런 우리의 신 교수님이 이제 은퇴를 앞두고 계신다.
착잡함과 아쉬움이 아른거린다.
그러나 우리는 '100세 시대'에 살고 있다.
100세 시대에 정년퇴임은 새로운 시작이라고 해석되고 있다.
신 교수님의 'retire'는 퇴임의 의미가 아닌 새롭게 쇄신한다는 의미의 're-tire'가 되어야 한다.

술, 담배를 멀리하시고 항상 건강에 신경 쓰시는 신 교수님이시기에 진정한 퇴임을 100세로 미루시기를 바란다.
적어도 아직 갈 길이 35년 남으셨다.
새로운 반전을 만들어 가시는 신 교수님을 기대해 본다.

내 삶의 여정을 바꾼 인연

최현경(산업연구원 기업제도실장)

이 책의 저자이신 신세돈 교수님과 나와의 인연은 1989년 3월로 거슬러 올라간다. 그 무렵은 뼛속 깊이 이과성향인 내가 우여곡절 끝에 문과로 진학하여 취업률 1위만 보고 진학한 무역학과에 다니면서 전공에 대한 회의와 함께 또 다른 출구를 모색하며 휴학을 고민하던 방황의 시기였다.

미국에서 학위 후 SERI를 거쳐 학교로 오신 교수님의 국제경제학 강의 첫날, 나는 경제학이라는 새롭고 아름다운 세상에 눈뜨게 되었다. 그만큼 교수님의 질문과 토론을 통한 강의는 훌륭했고 소심한 내게는 경제학이라는 멋진 학문으로 가는 새로운 문에 들어서게 된 계기가 되었다. 또한, 학기 내내 오피스 아워를 두고 학생들과의 소통을 주도하셨던 덕분에 우리는 시험을 치르고 나면 결과를 보러 우르르 몰려가고 질문이 생기면 언제든지 교수님 연구실로 달려가는 적극적 그룹을 형성하였다. 돌이켜 보면 이러한 질문과 토론, 권위적이지 않은 양방향 소통과 의문점 해결 방식을 우리에게 제공해 주셨던 것이 훗날 경제학적 마인드를 형성하는 데 필요한 단단한 토양이 되었던 것 같다.

졸업과 함께 취업, 결혼, 육아가 이어지는 평온한 생활 속에서도 학부 시절 "유학 가서 공부를 더 하라"던 교수님 말씀이 간간이 나를 고민에 빠지게 했다. 결국, 나는 서른이 넘은 나이에 다시 학교로 돌아가 그간 애써 잊고 있었던 경제학 공부를 다시 시작할 수 있었다. 경제학에 대한 애정과 유학에 대한 막연한 꿈이 현실이 되어 미국 대학에서 박사학위를 받고 돌아와 감사하게도 지금까지 공부하는 직업으로 살고 있다. 그때 선생님을 만나지 못했더라면 나는 다른 길을 가고 있을 것이다. 그러나 아마도 공부하는 즐거움을 가진 직업을 갖지는 못했을 것이다.

지금도 나를 '최 박사'가 아닌 30년 전 불리던 그 이름으로 불러 주시는 유일한 선생님, 어느덧 세월이 흘러 나는 그때의 선생님보다 훨씬 더 많이 나이를 먹었고 선생님께서는 이제 은퇴를 목전에 두고 계신다. 살뜰히 챙기지도 못해 죄스러운 마음 가득한 제자에게 책의 소중한 지면까지 허락하시어 30년 전 나의 그 풋풋한 시절을 회상할 수 있게 하신 교수님께 감사드리며 은퇴 이후에도 다양한 활동으로 사회 곳곳에서 뵐 수 있게 되기를 바라는 마음 간절하다.

I

한국경제의 비상과 추락 (1985-1997)

신보호무역주의와 개도국의 산업정책

매일경제신문, 1985년 6월 8일

점진적 수입개방정책

최근의 세계무역환경의 특징은 1960년대와는 달리 선진 각국이 자국의 사양산업 혹은 전략적 우선산업의 보호육성을 위하여 보호무역조치를 강화하는 반면 개도국에서는 점진적 수입개방정책을 취하고 있다는 점이다. 선진국의 이러한 보호주의 강화(신보호무역주의)는 높은 실업률과 물가상승 등의 경제적인 이유 외에도 정책결정과정이나 경제구조상의 경직성 등에 기인하는 것이며 또한 GATT 등 세계교역질서를 관장하는 국제기구의 기능적 결함에도 연유하는 등 복합적인 원인에 기인하고 있다. 따라서 세계경기가 다소 회복된다고 하더라도 가까운 시일 내에 신보호무역주의가 퇴조하리라고 기대하기는 어렵다.

환율 및 관세율의 조정 등 가격기구의 조정을 주된 수단으로 삼았던 1930년대 구보호무역주의와는 달리 비관세장벽 등 시장배분 과정의 직접적인 통제를 주된 수단으로 삼는 신보호무역주의의 특징은 다음 네 가지로 요약된다.

첫째, GATT의 무차별주의 또는 최혜국주의의 원칙과는 달리 개별 대상국에 따라 선별적으로 규제가 취해지고 있으며, 둘째 형식적으로 GATT규정에 위배되지 않도록 하기 위해 시장질서유지협정(OMA), 수출자율규제 등 정부 또는 민간업체 간의 쌍무적 자율협정에 의해 규제의 구체적 내용을 결정하는 방식을 취하는 경우가 많고 셋째, 피규제 품목이 선발개도국의 주요 수출관심품목일 뿐만 아니라 특히 농산물에 대하여 상대적으로 높은 관세율이 적용되고 있는 실정(일본과 EC)이므로 무역전환효과를 일으킬 가능성이 높고, 넷째 피규제국(주로 개도국)별로 규제의 형태가 매우 다양하다는 점이다.

선별적 규제의 정당성 여부에 관해서는 EC와 개도국의 이해관계가 날카롭게 대립되었고 미국은 대체로 중립적인 입장을 취하여 이 점에 관한 국제적 협의가 이루어지지 못한 채 보호조치는 GATT 테두리 밖에서 자의적이고 불확실한 방식에 의해 적용되는 경우가 많아졌다. 물론 GATT 규정(제19조, 긴급수입제한조치)은 보호조치를 취할 수 있는 법적 근거를 제공하기는 하지만 '예상치 못한 수입의 증가'라든지 '심각한 피해'에 관한 명확한 기준이 없을 뿐만 아니라 그러한 긴급수입제한조치를 취할 경우 피규제국에게 다른 제품의 교역을 자유화함으로써 보상을 해야 하고 또 가맹국의 어떠한 국가에도 타 국가보다 특혜를 베풀어서는 안 된다는 최혜국주의 원칙에 위배되어서도 안 된다. 따라서 각국은 GATT규정에 입각한 긴급수입제한조치 대신 쌍무적인 협정을 통하여 개별적인 규제를 추진함으로써 GATT의무를 이탈함과 동시에 협상력(Bargaining Power)의 차이에서 오는 이득을 누릴 수 있게 되는 것이다. 그러면 이러한 보호조치는 규제국에게는 어떤 영향을 미칠 것인가.

지출부담 증가 초래

먼저 소비자는 높아진 가격으로 인하여 지출부담의 증가와 복지 손실을 감수해야 하는 한편 국내생산업계에서는 생산의 증가와 고용증대를 누릴 수 있게 된다. 그러나 실증분석에 따르면 섬유, 철강, 자동차 및 VTR 등 주요 규제대상품목의 경우 득보다는 실이 훨씬 크며 특히 노동절약적 기술이 크게 진전된 산업일수록 득이 적고 실이 큰 것으로 판명되었다. 그뿐만 아니라 자원이 효율적인 생산부문으로부터 비효율적인 생산부문으로 이동함으로써 경제적 잠재력을 감소시키고 기득권자의 기술개발과 생산성증대에 대한 의욕을 저하시켜 조정비용을 유발하기도 한다. 이를 바꾸어 말한다면 보호조치를 완화함으로써 얻을 이득이 실보다 훨씬 크다는 것을 의미하는 것이다. 결국 보호조치의 선택여부 또는 적정규제의 결정은 정책결정권자의 관심이 단기적으로 고용에 있는가, 소비자 복지증진에 있는가, 그리고 장기적으로 생산규모에 있는가 효율성에 있는가 하는 문제에 귀결될 것이다.

이러한 관점에서 최근 우리나라의 수입개방정책은 적어도 원칙적으로는 긍정적으로 받아들여져야 할 것이다. 그러나 문제는 이러한 수입개방정책의 수행이 공교롭게도 선진국의 수입규제강화와 때를 같이 하고 있다는 점이다. 즉 우리나라의 주요 수출품목에 대한 수입규제는 강화되고 있는 데 반해 우리나라의 수입문호는 점진적으로 개방되고 있다는 점이다. 이러한 현상은 물론 무역수지 및 외채문제에 있어서도 중요한 의미를 지니지만 그와 함께 장기적으로 균형성장에 장애요인이 될 수도 있다는 점을 간과해서는 안 될 것이다.

즉, 선진국의 신보호무역주의 강화와 우리나라의 수입개방에 따르는 무역수지문제는 금융적인 면에서 저축의 증대, 해외직접투자의 유치, 그리고 환율을 비롯한 가격기구의 원활한 조정으로 대처해 나갈 수 있다고 생각되지만 선진국의 수입규제 강화로 인한 수출부진과 수입개방으로 초래되는 산업 간의 불균형성장, 즉 비교역재산업의 팽창과 교역재산업의 위축은 경제의 안정 성장을 지연시킬 우려가 크기 때문이다. 일부에서는 위의 현상, 즉 교역재산업의 위축이 자원의 효율적이고 자발적인 이동에 의해 일어나는 것이므로 문제가 되지 않을 것이라고 주장하지만 전후 급성장한 경제의 대부분이 교역재 산업을 육성한 때문이었고 또 선발개도국 중에서도 높은 성장률을 기록하는 나라들이 대부분 교역재 산업을 정책적으로 지원하고 있을 뿐만 아니라 기술발전이 비교역재 산업보다는 교역재 산업에서 훨씬 빠르게 진행된다는 점 등으로 미루어 볼 때 산업 간의 불균형 성장을 방관하고만 있을 수는 없다.

이와 비슷한 현상, 즉 비교역재 산업의 팽창과 부분적인 교역재 산업의 위축은 다른 요인에 의해 일어날 수도 있는데 특히 일부 교역재 산업의 예측하지 못한 호황으로 인한 소득 증가로 비교역재 산업에 대한 소비가 증가하게 되고 따라서 비교역재 산업이 팽창하는 한편 다른 교역재 산업은 침체하는 현상, 즉 이른바 화란병(The Dutch disease)이 그것이다. 화란병의 근원은 북해 유전(영국과 노르웨이) 또는 천연가스(네덜란드) 또는 광물자원(호주)의 발견으로 인한 막대한 수입이 비교역재 산업의 소비 증가로 나타난 현상인 데 반해 우리나라의 경우에는 무역환경의 변화(신보호무역주의)에 따른 규제, 수출산업의 타격, 그리고 수입개방정책에 의해 초래되었다는 점에서 차이가 있으나 나타나는 현상은 매우 유사하다.

비교역재 산업의 팽창 및 교역재산업의 위축은 그 조정과정에서 요소가격 불안정과 새로운 산업에 적응하는 동안의 조정비용을 수반할 뿐만 아니라 기업의 장래에 대한 불확실성으로 인하여 기술개발 및 투자에 대한 의욕감퇴를 초래할 것이기 때문에 신중하고도 현명한 대책을 필요로 한다고 하겠다.

산업정보체계 정비

따라서 원칙적으로는 수입개방이 바람직하지만 산업의 기술적인 특징과 수요와 공급의 가격탄력성 등 시장구조적 특성을 고려하여 개방의 시기를 점진적으로 설정하여야 할 것이고 특히 국내 육성이 필요한 수입대체산업에 대해서는 직접투자의 유치를 통하여 대처해 나가야 할 것이다. 그리고 무역환경과 정책의 변화에 따른 장기적인 산업구조의 불균형을 방지하기 위하여 먼저 생산요소의 배분과정에 대한 현명한 개입이 요청된다고 하겠는데 무엇보다도 노동력의 부문별 기술격차에서 오는 조정비용을 줄이고 또 소득안정을 기하기 위하여 기술훈련과 교육프로그램을 적극적으로 개발함과 동시에 실업보험제도의 확충을 검토해야 할 것이다. 또한 기업과 생산요소가격의 일시적인 변동이 그릇된 전망을 유발하지 않도록 산업정보체계를 정비강화 할 뿐만 아니라 법인세 등 기업의 세제상의 부담 또는 혜택의 잠정적 조절을 통하여 산업의 균형적 성장을 유도하여야 할 것이다. 이러한 산업별 구조조정정책의 필요성은 우리나라의 높은 대외의존도에 비추어 볼 때 절실할 뿐만 아니라 통화 및 재정 그리고 물가와 이자율 등 거시정책 주요지표를 안정적으로 유지해야 하는 현재의 정책적 여건을 생각할 때 더욱더 절실하다고 할 수 있다.

균형발전 전략의 재점검

전경련, 1985년 10월호, 통권 제251호

"사기업 경제체제는 종종 이윤의 체제로 불리워진다. 그러나 이것은 잘못이다. 그것은 오히려 이윤과 손실의 체제이다. 때로는 손해가 이윤보다 더 중요하다. 한 기업은 물론 통제할 수 없는 여러 가지 이유로 해서 손해를 입을 수 있다. 종종 운이 나빠서였든지 경영을 잘못했기 때문인지 모를 경우도 있다. 이럴 때 대체로 경영진의 잘못으로 여기기 쉬우며 이러한 경우 몇몇 개인이나 기업은 어려움을 겪게 된다. 그러나 경제 전체로 보면 유익한데 이것은 자원이 가장 효율적으로 쓰일 수 있는 방향으로 유도되기 때문이다(밀튼과 로즈 프리드만, Tyranny of Status Quo)."

우리나라는 1960년대 수출주도형 공업화전략에 힘입어 다소 기복은 있었지만 1980년대까지 괄목할 만한 높은 성장률을 지속해 왔으며 이러한 과정에서 산업구조 또한 고도화되어 왔다. 부족한 부존자원과 불안정한 대외여건 그리고 상대적으로 취약한 산업구조 및 기술인력에도 불구하고 20여 년간 연평균 8.6%의 실질성장률을 유지할 수 있었던 원인은 무엇보다도 풍부하고 값싼 노동력과 자유로운 세계교역 분위기 그리고 수출주도형 공업화의지에 입각한 수출 진흥정책 및 산업정책 등이라 할 수 있다.

그러나 1980년대 들어와 당면해야 했던 문제점들은 이러한 세 측면에서 모두 상당한 제약을 받게 된 데에 기인하는 것이라 볼 수 있다. 즉, 1, 2차 석유파동과 1970년대 후반 이후의 고금리에 따른 대외여건의 악화는 물론 급격히 상승된 임금과 후발개도국의 국제시장에서의 경쟁참여는 저임금 저기술 노동에 입각한 비교우위를 상당히 잠식하였으며 갖가지 비관세장벽과 행정규제를 통한 선진국의 보호무역주의 조치는 주요 수출품의 교역에 큰 장애요인이 되었다. 그리고 정책적으로는 재정지출의 축소, 물가안정화시책의 강화와 시장기능의 확충을 통한 효율성제고를 위하여 정부의 적극적인 산업지원정책이 그만큼 제약을 받게 됨으로써 기업의 자율적 해결노력이 중요하게 되었다. 이러한 점에서 1970년대 후반 이후의 여건변화는 대단히 중요한 의미를 가진다고 할 수 있는데 그것은 견실한 성장과 안정된 경제구조를 구축하기 위해 반드시 수행되어야 할 구조조정의 필요성을 한층 더 시급하게 요청하고 있기 때문이다.

그러한 구조조정은 두 가지 측면으로 나누어 생각할 수 있는데 첫째는 대외적 균형을 위한 구조조정이라 하겠다. 통상 경제학적 용어로서의 대외적 균형이라 함은 국제수지의 균형을 뜻하고 대내적 균형이라 함은 완전고용을 의미하지만 여기서는 좀 더 미시적인 개념으로서 대외적 균형을 외적 충격에 대한 취약성을 최소화함으로 정의하고, 대내적 균형은 경제 내적 불안정성을 최소화하는 것으로 이해하기로 한다(이런 점에서는 '균형'보다는 '안정'이라는 단어가 더 적합할지 모르나 단순한 안정보다는 동태적 안정화의 개념을 포함하는 것으로 균형을 이해하고자 한다). 물론 소규모개방경제하에서 양자가 분리될 수는 없지만 적어도 관념적으로 분리하여 생각하기로 한다.

아래의 [표 1]에서 보듯이 1960년대 이후 1차 산업의 GDP 비중은 하락한 반면 2, 3차 산업의 비중은 꾸준히 상승되어 왔으며 제조업 내에서도 중화학공업의 비중이 특히 1970년대 이후 현저히 상승하여 1980년대 이후부터는 경공업의 비중을 앞서게 되었다. 즉, GDP에 대한 농림어업의 비중은 1965-1969년 사이에 34.6%에서 1980-1984년 사이 14.4%로 절반 이상 줄어든 반면 광공업과 사회간접자본 및 기타서비스산업의 비중은 같은 기간 동안 9.9%와 10.3%로 상승하였다. 또한 산업별 취업인구의 비중을 보면 농림어업에 종사한 비중이 23.7%나 하락한 반면 광고업과 기타부문에서는 각각 8.4%와 15.3% 포인트 상승함으로써 사회간접자본 및 서비스산업의 고용인구가 제조업 등 광공업과 함께 크게 늘어났음을 알 수 있다. 중화학공업과 경공업의 경상부가가치 비중을 보면 1965년 중화학공업이 5.7%이고 경공업이 12.3%이던 것이 1980년에는 각각 14.3%와 13.7%가 됨으로써 중화학공업이 경공업을 앞지르게 되었다.

[표 1] 산업별 GDP 비중(A)과 성장률(B)과 고용인구 비중(C) (단위 : %)

연대	농림어업			제조업			광공업			기 타		
	A	B	C	A	B	C	A	B	C	A	B	C
1965–69	34.6	3.3	55.1	17.3	21.6	11.4	19.4	19.3	14.3	46.0	13.4	30.6
1970–73	28.5	2.7	49.9	19.6	20.8	14.0	21.0	19.4	14.7	50.6	9.2	35.4
1974–79	24.6	3.6	42.5	23.7	16.5	20.7	25.2	15.7	21.3	50.2	16.2	36.2
1980–84	14.4	2.7	31.4	24.8	7.1	21.8	29.3	7.0	22.7	56.3	4.4	45.9

※한국은행, 국민소득계정

이러한 외형적 산업구조의 고도화에도 불구하고 대외적 충격에 대한 취약성이 문제가 되었던 이유는 1970년대에 있어서 전 산업의 수입의존도가 심화되는 추세를 보인데다, 중화학공업의 경우 에너지 투입비율과 수입유발계수가 높은 반면 부가가치유발계수가 낮은 소재형 중화학공업의 비중이 아직도 그 반대인 가공형 중화학공업보다 큰 데에 기인한다고 하겠다. 높은 수입의존도와 에너지투입비율은 환율변동 또는 수입가격의 등락에 따라 수입 부담과 수출경쟁력 그리고 국내생산가격이 크게 영향을 받게 되므로 그만큼 대외적 충격에 대한 취약성을 드러내는 것이다. 또한 수출 공산품에 있어서 가공형 중화학제품의 비중이 크지만(1983년 62%) 일본에 비해 낮은 실정이어서 수출구조 또한 대외적 적응력이 취약하다고 하겠다. 더욱이 1970년 후반 이후 급격히 신장한 자본집약형 산업의 수출이 자본계수상 비교우위가 상대적으로 강한 후진국보다는 오히려 경쟁적인 선진국에 집중되는 경향이어서 그만큼 비교우위를 살리지 못한다고 하겠다.

이러한 대외적 취약성을 보완하기 위해서는 먼저 부가가치 유발계수가 높고 에너지 투입비율이 낮은 가공형 중화학공업이 민간주도로 육성되어야 할 것이며 특히 기존의 산업에서도 수입유발계수를 낮추기 위한 노력이 지속되어야 할 것이다. 따라서 수입에 의존할 수밖에 없는 주요 공산부품의 국내생산개발을 촉진하고 산업간의 연계성을 강화시키는 노력이 필요할 것으로 생각된다. 이러한 분야의 정책적 지원은 먼저 기술개발투자와 인적 자본의 형성을 위한 장기적 계획이 수립됨과 동시에 필요할 경우 외국인 직접투자를 통한 국내개발을 유도할 수 있을 것이다.

이러한 구조개선의 일차적 사명은 무엇보다도 기업부문에 있으며 정책당국은 투자와 기술개발에 따른 위험성을 극소화시키고 시장실패를 사전에 방지함과 아울러 정확한 정보와 시장기능 확충을 위한 감독자로서의 기능만 수행하여도 충분할 것이다. 이는 우리 경제규모와 구조는 더 이상 정부주도형 또는 지시형 정책에 의해 조절될 수 있을 만큼 단순하지가 않기 때문이며 과거 정책의 수행경험이 이를 잘 입증하고 있다. 대내적 안정성장의 측면에서는 첫째, 요소의 산업 간 또는 기업 간 이전이 용이하게끔 함으로써 요소소득의 안정을 기하여야 한다는 점이다. 수입개방정책과 선진제국의 수출규제는 수입대체 및 수출산업 등 교역재 산업의 동시위축을 의미하며 이에 따른 자본 및 노동 등 생산요소의 마찰적 실업을 유발하게 될 것이므로 이러한 조정과정을 원활하게 하기 위해서는 생산요소의 부문 간 혹은 산업 간 이동을 신속하게 하기 위한 정책적 배려와 구조정책이 필요하다고 하겠다.

[표 2] 우리나라 중화학공업 상품유형별 구성비 추이 (단위 : %)

	1970	1975	1980	1983
〈소재형〉	65.1	60.1	60.9	58.6
석유제품	38.6	22.0	18.9	16.1
화학제품	12.4	16.6	16.5	14.8
제철제강	10.8	18.0	21.1	23.5
금속제품	3.3	3.5	4.4	4.2
〈가공형〉	22.1	30.6	31.9	34.7
일반기계	3.2	5.0	5.4	6.1
전기전자	5.1	11.4	14.8	15.5
수송기계	8.5	9.0	7.0	9.1
정밀기계	0.7	1.3	1.6	1.3
기타가공	4.6	3.9	3.1	2.7
〈기타〉	12.8	9.3	7.1	6.7

※한국은행

보다 구체적으로는 임금소득의 안정을 기하기 위한 실업보험제도의 도입과 기술습득 및 직업훈련 등 인적 자본의 계발을 위한 제도적 배려가 있어야 할 것이며 자본의 경우에도 마찬가지로 자본의 산업 간 전환이 용이하도록 정책적인 배려가 있어야 할 것이다. 그와 함께 수입의존도가 큰 산업 중에서 국내개발이 가능하며 필요한 산업에 대한 다각적인 지원정책을 시행해 나가야 할 것으로 생각된다. 이러한 점에서 중소기업과 대기업 간의 균형적 지원을 통하여 산업구조를 심화시킴과 동시에 산업에서의 수직적 연계성을 강화해야 할 것이다.

그러나 무엇보다도 대내외적으로 예견치 못한 충격을 흡수할 수 있는 견실한 민간부문이 구축되어야 하는데 이는 기업과 가계부문 모두 충실한 저축을 통하여 부를 축적하여 쌓아 나가야 함을 의미한다. 민간부문, 특히 가계에서의 저축을 통한 부의 증가는 단기적으로 대외수지에 대한 압박을 줄일 뿐만 아니라 내외의 경기변동과 예기치 못한 충격으로부터의 경제활동을 보호하며 나아가 정책적 구제의 필요성을 줄임으로써 민간부문의 다양성과 전문성에 입각한 자발적 해결노력을 제고시키기 때문이다. 이러한 점에서 1980년대의 경제정책에 있어서의 기본정신이라고 할 수 있는 안정과 자율화는 우리 경제가 근본적으로 함양해야 할 원칙이라고 할 수 있다. 한 산업의 성장을 위해 다른 산업이 희생되어야 한다든가 특정산업의 지원을 위해 모든 다른 부문이 알게 모르게 대가를 치러야 한다면 산업구조는 필연적으로 취약하게 되고 왜곡되어 또 다른 매몰비용을 만들어 낼 뿐이다.

환율운용의 묘로 수출신장 지속

종합물가정보, 1987년 8월 1일

지난해 우리 경제는 강화되는 선진국의 보호무역주의 경향과 원화 환율의 절상압력 그리고 무역금융의 축소 등 어려워진 여건하에서도 12.5%의 실질성장을 이루었을 뿐 아니라 26.3%의 수출신장세와 함께 46억 달러 이상의 경상수지흑자를 시현할 수 있었다. 이러한 경기와 무역의 상승추세는 금년 상반기 중에도 기록되고 있는데, 세계경기가 결코 호황이 아님에도 높은 경제 성장률과 국제수지 흑자기조를 정착시킬 수 있었던 것은 국제금리와 원유를 포함한 원자재가격이 낮았고, 또 주요 선진국 통화에 대한 미 달러화의 가치가 떨어짐에 따라 우리 상품의 대외경쟁력이 크게 향상된 때문이다.

즉, 낮은 국제금리와 원유·원자재가격은 대외채무에 대한 이자부담(이전수지)이나 수입의 감소를 수반하게 되며 미 달러화의 가치하락은 원화환율의 여타 통화에 대한 저평가를 통하여 수출의 증가와 수입의 감소를 유발함으로써 국제수지의 개선과 경제성장에 기여하는 것이다.

그러나 이러한 소위 「삼저」현상은 우리 경제에만 소속되어 작용한 것이 아니고, 또 미 달러화의 가치하락도 수출비중이 가장 큰 미국에 대해서는 원화의 고평가를 뜻하기 때문에 작년의 우리 경제의 실적을 정확히 이해하고 향후 전망을 올바르게 하기 위해서는 원화환율의 동향과 추이를 살펴보아야 할 것이다. 따라서 아래에서는 먼저 간략하게 세계경제의 동향을 파악한 뒤 최근 불안한 변동조짐을 보이고 있는 주요 통화환율 국제금리 및 원유·원자재가격의 동인과 전망을 정리하고 원화 환율의 역할과 국내여건을 분석함으로써 금년 하반기 이후의 경제를 짚어 보고자 한다.

지난해 2.5%의 실질성장률을 기록한 세계경제는 금년 중에도 뚜렷한 변화 없이 작년수준의 성장률을 보일 것으로 전망되고 있으나, 내년 중에는 독일·일본의 내수 진작과 유가회복으로 인한 산유국의 경기호전 및 미국의 수출증대가 예상됨에 따라 성장률이 다소 증가될 가능성이 높다. 그러나 미국의 민간소비지출의 신장세가 둔화되고 주택건설이 부진하며 재고증가가 현저함으로 금년 하반기 중 미국경기는 상반기 수준을 크게 벗어나지 않을 것이나, 반대로 일본은 민간소비가 증가하는데다 가을부터는 경기부양책이 실시될 예정이므로 엔고에 따른 수출산업의 부진에도 불구하고 하반기 이후의 경기전망이 매우 밝다. 그렇지만 선진국의 교역량 증가율은 작년 수준(8.5%)에 크게 못 미칠 것으로 예상되어 향후 2년간의 교역량 증가율도 큰 변동이 없는 3% 내외가 될 것으로 전망되고 있다. 지속적인 강세를 보여 온 미 달러화는 1985년 초를 정점으로 하여 거의 모든 선진국 통화에 대해 약세로 반전되었는데 1984년 말 이후 2년간의 타국 통화절상률을 보면 독일 마르크화가 38.3%, 일본 엔화는 36.6%, 프랑스 프랑화 32.7%, 그리고 영국 파운드화가 21.6%이었다. 이 중

절상률이 비교적 낮았던 파운드화는 금년 상반기 중에는 절상률이 엔화나 DM화 절상률의 2배에 가까운 9%를 기록하였고, 5월 초 한때 연초에 비해 12.7% 정도 고평가되었던 엔화는 그 이후 2개월여의 강세를 기록하여 7월 중반 현재 약 5.8% 절상되었다. 이렇듯 미 달러화가 기조적으로 약세를 시현하는 가운데 환율변동이 불안정적이었던 원인으로 지적될 수 있는 것은 미국의 무역적자 누적과 이에 따른 달러화 신뢰도 저하, 선진국 간의 환율안정 효력에 대한 회의 및 외환시장에 상존하는 투기적 불안요인 등이다.

물론, 최근의 「베네치아」 정상회담에서 확인된 바와 같은 각국 중앙은행의 적극적인 시장개입 노력은 투기적 불안요인을 단기적으로 진정시킬 수 있지만 5월 초 이후 환율안정세 유지는 과거의 수차례에 걸친 환율안정에 관한 선진국 간 회담을 전후하여 환율이 안정된 경험과 같이 일시적인 현상에 그칠 가능성이 높다(1986년 10월의 미·일 재무장관회의를 전후한 2개월 동안 엔화의 대미환율은 8.8엔이 상승되었음).

[표 1] 주요국 통화의 대미환율 추이 (단위 : %)

	1986	1987	1988	1989
일본 엔	251.0	200.80 (20.2)	159.10 (20.6)	148.85 (5.8)
독일 마르크	3.15	2.46 (21.8)	1.94 (21.2)	1.83 (4.7)
영국 파운드*	1.16	1.45 (19.9)	1.48 (2.0)	1.64 (10.1)
프랑스 프랑	9.59	7.56 (21.1)	6.46 (14.6)	6.10 (4.2)
캐나다 달러	1.32	1.40 (△5.8)	1.38 (1.2)	1.32 (4.2)

※파운드당 환율

그 이유는 첫째, 미국의 무역수지적자가 개선되지 못함에 따라 장기적인 달러의 신뢰도가 떨어지고 있을 뿐 아니라 둘째, 중앙은행의 외환시장개입 규제가 크지 않은데다 각국의 경제여건상 환율안정만을 위한 통화정책 수행에 제약이 있기 때문이다.

따라서 하반기 중에도 미달러화의 기조적 약세는 지속될 것으로 생각되며, 다만 그 속도는 상당히 둔화될 것으로 전망된다. 1986년 8월까지 하락세를 보여 온 주요 국제금리는 미국의 수입물가상승에 따른 인플레를 우려하여 금년 4, 5월 중에 금융긴축을 실시함에 따라 소폭의 상승세를 보이고 있다. 즉, 미국의 단기금리(3개월간 미재무성증권)는 작년 10월을 전후하여 상승되는 기미를 보였으며, 금년 상반기 중에 뚜렷한 상승세를 보인 금리는 우대금리(연초 7.5%→현재 8.25%)와 장기금리(30년 만기 재무성증권, 연초 7.49%→현재 8.59%) 등이다. 그렇지만 상반기 중의 일시적 금리상승은 환율불안에 따른 조정적인 성격을 가지고 있어 하반기 중에는 큰 변화가 없을 것으로 보인다. 그것은 미국의 경기가 크게 개선되지 않을 전망임에 따라 기술적인 금융긴축을 기대하기 어려우며, 환율이 안정적 하락세를 보일 것이기 때문에 급변한 자본의 유출에 따른 단기적 금융경색도 예상되지 않고, 또 금리상승은 개도국과 미국 등 주요 채무국의 대외이자부담을 크게 가중시킴으로써 세계경제의 교란요인이 될 가능성이 높기 때문이다.

금리 및 환율과 함께 작년 중 큰 폭으로 하락한 유가와 원유를 제외한 주요 원자재가격은 올 상반기 중에 큰 폭으로 상승하였다. 원유의 경우 석유수출국기구(OPEC)의 감산효력과 더불어 공시가격의 인상가능성(현재 18달러에서 20달러)이 높아지고 있으며, 최근의 「페르샤」만의 긴장고조로 중동산 석유 공급에 대한 불안이 증대되고 있을 뿐 아니라 수요가 증가하고 비축량이 감소하는 등 복합적 요인에 따라 유가는 지난 3월 초순 이후 꾸준히 상승하였으며, 이러한 추세는 상당기간 지속될 것으로 예상된다. 그리고 작년 중 가격이 6.4% 증가한 양모와 4.5% 감소한 원면도 천연섬유에 대한 수요증가를 반영하여 금년 상반기 중 각각 17.8%와 28.5% 증가하였으며 옥수수·대두·소맥 등 작년 중 가격이 크게 하락하였던 곡류도 금년 1-6월 중에는 큰 폭으로 가격이 상승하였거나 하락폭이 크게 줄어 전반적인 원자재가격이 인상되었다.

[표 2] 주요 원자재가격 변화율 (전년말비, %)

	1986년 말	1987년 6월 30일
다우존스 상품지수	–7.9	9.9
원 면	14.1	15.6
양 모	6.4	17.8
원 선	–4.5	28.5
옥 수 수	–35.6	12.2
대 두	–7.6	9.3
소 맥	–20.3	–6.7

이렇듯 원자재가격이 작년에 비해 크게 상승한 것은 달러화의 하락세 지속으로 물가가 불안해짐에 따라 투기자금이 상품시장으로 유입된 때문이며 5월 중순 이후에는 환율안정세에 힘입어 원자재가격도 다소 안정되고 있다. 따라서 양모나 원면을 제외한 원자재가격은 뚜렷한 수요증가세가 보이지 않고, 특히 곡물류의 경우에는 공급이 원활할 것으로 예상되어 하반기 중에는 현 수준을 유지하거나 다소 하락할 것으로 생각된다. 위에서 본 바와 같이 1986년 중

에는 유가 및 원자재가격 그리고 주요국 통화의 환율 등이 큰 폭으로 하락함으로써 우리 경제의 호황에 큰 역할을 하였으나 최근에는 유가와 환율 그리고 원자재가격이 모두 상승세를 보임으로써 하반기 이후의 국내 경기에 다소 압박요인으로 작용할 수 있음을 보이고 있다. 그러나 1986년 이후의 국내경기를 주도해 온 것은 수출 및 현저한 투자였음을 고려할 때 이러한 대외여건 이상의 중요성을 갖는 것은 원화환율이라고 생각된다.

물론 국제금리의 저수준 유지나 원자재가격의 하락이 기업의 투자비용이나 원가절감을 가능토록 함으로써 경쟁력을 강화할 수 있게 되고, 또 이자부담의 축소나 수입 감소를 통하여 직접적으로 국민총생산의 증가에 기여하기는 하지만 최근의 수출증가와 실질성장의 보다 근본적인 원인은 1985년 초 이후 주요국 통화의 대미환율이 절상된 데 반해 원화의 대미환율은 오히려 저평가됨으로써 원화가치가 모든 통화에 대해 상당 폭으로 떨어진 데 있는 것이다. 대만의 경우를 보아도 대만 달러화는 1985년 중 1%밖에 절상되지 않았으며, 1986년 1-7월 중에도 4.5% 절상에 그쳐 동 기간 중 엔화 절상률 23%나 독일 마르크화의 15%에 크게 미치지 못하였고, 이에 따라 1986년 중 대만의 수출증가와 성장세가 크게 높았음을 알 수 있다. 그러나 1986년 하반기 중 대만 달러화의 절상속도는 가속화되어 연중 약 10.9% 절상된 데 비추어 원화는 1986.1-6월에 0.4%, 그리고 하반기에 2.8% 절상되어 연중 3.2% 절상에 그침으로써 일본·대만 등 주요 경쟁대상국에 비해 크게 유리하였다. 그렇지만 환율변화는 상당 기간(우리나라는 9-13개월)의 시차를 두고 수출입에 반영되기 때문에 1986년 중의 수출신장과 성장률 증가를 이해하기 위해서는 1985년 중의 환율을 살펴보아야 할 것이다.

[표 3] 대만과 한국의 환율비교* (단위 : %)

	1984년 말	1985년 말	1986년 말	1987년 7월 15일
원화/$	827.40	890.20 (△7.6)	861.40 (3.2)	807.80 (6.2)
대만 NT/$	39.47	39.85 (△1.0)	35.50 (10.9)	31.08 (12.5)

※△는 절하율

원화의 대미달러 환율은 1984년 이후 1985년 10월까지 대체로 상승(절하)되었으니, 원화의 종합가치를 나타내는 명목실효환율, 즉 주요 바스켓 통화에 대한 원화환율을 가중 평균시킨 환율은 1984년 3월 이후 1985년 2월까지 강세를 보여 왔음을 알 수 있는데 이것은 동 기간 중의 원화의 대미달러 환율절하속도가 바스켓통화의 절하속도보다 낮았기 때문이었다. 그렇지만 1985년 2월 이후 주요 바스켓 통화의 대미달러 환율이 떨어지고(절상) 원화의 환율은 상승(절하)을 지속함에 따라 원화의 명목실효환율은 1986년 7월까지 큰 폭으로 약세화되었는데, 1986년의 수출증가와 높은 실질성장률의 배경에는 이러한 환율운용이 대단히 중요한 요인이었던 것으로 생각된다.

따라서 향후의 견실한 수출과 성장을 도모하기 위해서는 원화환율을 적정한 수준으로 운용함이 매우 절실하게 요청된다고 하겠는데 금년 상반기 중의 환율동향은 다음과 같은 점에서 우려를 낳는다고 하겠다. 첫째는, 금년 상반기 중 미달러에 대한 원화환율의 절상속도가 6.2%를 기록하였을 뿐 아니라 주요 바스켓 통화에 대해서도 최근 절상속도가 가속화됨으로써 대미경쟁력은 물론 여타국에 대한 가격경쟁력이 크게 악화되고 있다는 점이며, 둘째로는 1985년 2월 이후의 원화약세가 1년여 후인 1986년의 수출과 성장에 크게 기여하였음에 비추어 금년 중의 원화 강세는 내년의 수출 및 실질성장에 상당한 영향을 미칠 수 있을 것이라는 점이다.

특히 위에서 본 바와 같이 유가와 원면·원당가격의 상승이 예상되고 국내적으로도 무역금융이 대폭적으로 축소될 전망으로 있기 때문에 하반기 이후의 수출신장세는 크게 둔화될 것으로 생각된다. 그러므로 환율은 보다 긴 안목을 가지고 안정적으로 운용되어야 하며, 그러기 위해서는 원화환율이 바스켓 통화환율의 움직임보다 충실히 연동되어야 할 것으로 생각되는데, 그것은 그렇게 함으로써 특정 통화에 대한 미 달러의 약세(혹은 강세)를 부분적인 원화의 약세(강세)로 흡수시킬 수 있을 뿐 아니라 기업의 원화환율 예측을 용이하게 할 수 있으며, 또한 대외적 환율압력으로부터도 의연히 대처할 수 있기 때문이다. 결국 하반기 이후의 우리 경제는 불투명한 유가전망 및 주요 원자재 가격에도 크게 좌우되겠지만 그보다 더욱 중요한 것은 원화환율이 얼마만큼 더 절상되는가 하는 데 달려 있을 것으로 판단된다. 따라서 환율운용은 신중히 결정되어야 하며 기업은 상품의 시장을 다변화시킴으로써 환율변동에 따른 위험을 최대한 분산시키는 데 주력하여야 할 것이다.

수출금액에 가려진 물량감소 나타날 1988년을 경계하라

상의주보, 1987년 12월 14일

1970년대 세계경제의 특징으로 원유를 포함한 1차 상품 가격의 급격한 변동을 지적할 수 있다면, 1980년대는 환율불안정을 들어야 할 것이다. 물론 1970년대 초반에 거의 모든 선진국들이 변동환율제를 채택함에 따라 불안정한 환율변동이 심각한 문제로 대두되기는 하였지만, G-5나 G-7 등 주요 선진국 간 합의를 통하여, 혹은 그러한 합의에도 불구하고 환율 불안정이 심화되었다는 점에서 1980년대의 세계경제의 특징으로 간주되는 것이다. 우리나라에서도 1980년대에 들어와 환율변동에 대한 관심이 고조되었다고 볼 수 있다. 그것은 1980년 2월 이후부터 일종의 변동환율제인 복합바스켓 연동환율제로 이행하였을 뿐 아니라, 특히 지속적으로 저평가돼 오던 원화 환율이 1986년 5월을 전후로 강세로 반전함에 따라 기업과 국가경제 차원에서의 대응 방안이 시급히 요구되었던 때문이었다.

환율은 통화 간 교환비율이기 때문에 통화가치의 변동과 같이 다양하고 복잡한 경로를 통해서 영향을 미치게 되는바, 우리나라와 같이 대외의존도가 높고 외채가 많은 소규모 개방경제로서는 환율변동에 따른 충격이야말로 그 어떤 다른 여건 변화보다도 더 큰 의미를 갖는다. 특히 환율변동에 따른 효과나 영향이 단기적으로는 무역수지나 그 구성요소인 수출입에 반영될 뿐 아니라, 장기적으로는 산업구조에 파급됨으로써, 우리 경제의 성숙한 발전에 지대한 영향을 미친다는 점에서 그 어떤 산업정책이나 무역정책 못지않게 중요하다는 점은 재론의 여지가 없다. 따라서 본고에서는 보다 동태적인 시각을 갖고 환율변화에 따른 무역수지 변화의 시차구조를 분석함으로써 원화절상의 장·단기 효과를 파악하고자 하였다. 또한 이러한 시차구조를 바탕으로 그동안의 원화절상으로 인한 수출입 혹은 무역수지의 동향을 예측함으로써 대내외 여건변화를 감안한 원화의 절상속도를 전망하고, 환율운용에 관한 시사점을 모색해 보고자 한다.

환율은 다양한 경로를 통하여 경제에 영향을 미치게 된다. 즉 환율변동은 자국통화표시 수입가격을 변화시킴으로써, 수입량과 물가에 영향을 미치는 한편, 외화표시 수출가격을 변화시킴에 따라 수출물량과 수출액에도 영향을 미친다. 뿐만 아니라 환율은 국제수지를 결정함으로써 통화나 금리 등 금융변수에 파급되며, 보다 장기적으로는 생산요소 가격, 생산 및 산업구조 변화에도 중요한 의미를 갖게 된다. 그러나 우리나라의 경우에는 통화, 금리 등 금융변수에 대한 관리·규제가 비교적 엄격하고, 대외적 외환, 자본거래도 상당히 규제되고 있으므로, 환율변화의 영향은 수출입과 물가 그리고 산업구조에 가장 뚜렷하게 나타난다고 볼 수 있을 것이다. 환율이 수출입에 미치는 영향을 이해하기 위해서는 먼저 가격효과와 물량효과를 구분하여 이해하여야 하고, 또 각각의 시차구조에 대한 정확한 파악이 필요하다. 이는 환율변동에 따른 무역수지의 변동과정과 수출산업의 산출 및 고용 등 경제활동의 변화과정이 서로 다를 수 있기 때문이다. 다시 말해 절상으로 인해 수출산업의 생산 활동은 위축되지만, 무역수지는 오히려 개선되거나 반대로 환율은 절하되었음에도 불구하고, 무역수지는 악화될 수 있기 때문이다.

여기서 가격효과란 예컨대, 환율이 절상될 경우 외화표시 수출가격이 인상되는 정도를 의미하고, 물량효과란 가격변화에 따라 얼마만큼 수출물량이 변화되는가 하는 것을 뜻하는 것으로, 양자는 반드시 서로 반대방향으로 작용하게 된다. 즉, 환율절상 시 수출가격은 상승하고 수출물량은 감소하며, 반대로 절하되면 수출가격도 하락하는 반면 수출물량은 증가한다. 따라서 가격효과가 클수록 혹은 물량효과가 작을수록 환율절상이 수출금액을 증가시킬 가능성이 크며, 가격효과가 대체로 먼저 발생하게 되므로, 초기에는 가격효과가, 후기에는 물량효과가 우세하여 수출액상으로는 반전현상이 나타나는데, 이를 소위 J-커브 효과라 부른다. 가격효과는 대외적 경쟁력에 의해 좌우된다. 예컨대, 경쟁력이 높을수록 절상이나 절하에 따른 가격전가 압력을 내부적으로 흡수시킬 수 잇는 적응력이 클 것이다. 그리고 물량효과는 수요자의 선호도나 대체품의 존재여부 등 가격탄력성에 따라 결정되는바 가격탄력성이 높을수록 물량효과가 크며, 쿼터나 자율규제 등 규제가 강할수록 물량효과는 오히려 적을 것이다.

그러므로 섬유나 신발 등 경쟁이 치열하고 또 선진국의 수입규제가 많은 제품일수록 물량효과보다는 가격효과가 뚜렷하게 나타나고, 중화학 공업제품이나 기계류, 운송장비 등 비교적 경쟁이 심하지는 않으나, 대체품이 많을수록 가격효과보다는 물량효과가 두드러질 것이다. 우리나라의 산업별 수출가격탄력성과 환율변동에 따른 수출가격 변동률([표 1] 참조)을 살펴보면 섬유, 가죽이나 기타 제조업 등의 수출의 경우 다른 산업에 비해 환율변화로 인한 수출가격 변동률이 큰 반면, 물량 증감률이 적고, 금속·기계나 석유화학의 경우에는 반대로 수출가격 변동률은 상대적으로 작은 반면, 물량 변동률은 큰 것으로 나타나고 있다. 그리고 전 산업으로 볼 때는 다른 사정에 변화가 없고, 원화 환율만 10% 절상될 때 수출가격은 4% 정도 인상되고, 수출물량은 8% 감소하여, 수출액으로는 약 4% 감소되는 것으로 알려져 있다. 그러면 미 달러화에 대한 원화환율이 1986년 5월 이후 꾸준히 하락(강세)되어 왔음에도 불구하고, 수출액은 크게 신장되었으며, 특히 절상속도가 가속화된 1987년 1-6월 중의 수출은 전년 동기에 비해 무려 37%나 증가한 것은 무슨 까닭인가. 이 점에 대해 흔히 제시되는 설명은 원화의 절상속도가 일본이나 대만에 비해 낮음으로써 상대적 가격경쟁력이 유지 혹은 강화되어 왔다는 주장이다. 사실 1985년 말을 기준으로 해서 볼 때 1987년 10월 말의 원화 환율은 미 달러에 대해 약 10% 절하된 데 비해, 일본 엔화나 대만 원화는 32%와 25% 절상되었기 때문에, 우리나라 기업의 대외적 경쟁력은 크게 강화된 것이 사실이다. 그러나 상대적 절상속도의 둔화만으로는 우리나라 수출증가세의 확대를 설명할 수 없는 면이 있다. 그것은 일본과 대만의 수출도 1986년 이래 크게 증가되어 왔다는 점이다([표 2] 참조). 이들 나라의 통화가 미 달러에 대해 10% 이상 절상됨으로써 발생한 미국 내 경쟁업체와의 경쟁력 약화를 고려할 때, 이들 3개국의 수출증가는 근본적으로 다른 데 원인이 있는 것이라 생각하게 되는 것이다. 즉 그간의 급격한 절상에도 불구하고 우리나라, 일본 및 대만의 수출이 크게 증가한 원인은 환율변동과 수출 간의 시차구조에서 모색되어야 할 것으로 생각된다. 앞에서도 지적했지만, 환율의 변동은 서로 다른 방향으로 작용하는 가격효과와 물량효과의 상호관계를 통하여 수출금액이 반영되고, 또 각각의 효과도 경제구조나 생산 공정 혹은 산업 간의 연계도 등에 따라 시간을 두고 나타나게 된다. 그렇기 때문에 산업 및 수출구조가 고도화되고, 생산과정에서의 우회도가 크면 클수록 환율변화의 효과는 늦게 나타나고, 반대로 생산 공정이 단순화되어 있을수록 빠르게 나타날 것이므로, 선진공업국일수록 시차구조가 장기화될 것이다.

[표 1] 주요 산업별 환율절상 효과 (단위 : %)

	수출가격 변동	물량증감	수출액 변동
섬유 · 가죽	0.6	−0.92	−0.32
섬유화학	0.6	−1.10	−0.60
금속기계	0.46	−1.88	−1.42
기타제조	0.55	−0.42	0.14
전체	0.39	−0.83	−0.41

※자료 : 우리나라의 산업별 수출입 분석, 한국은행조사통계월보, 1986년 8월

[표 2] 수출증가율 (전년동기비) (단위 : %)

	1985년	1986년	1987년 상반기
한국	3.5	14.6	28.0
대만	0.9	29.5	38.9
일본	4.4	19.0	9.1

일본이나 미국의 관계에서 보듯이 엔화의 절상에도 불구하고 미국의 무역수지가 조속히 개선되지 않는 것도 실상은 그 동태적 시차구조에 그 원인이 있는 것으로 생각한다. 우리나라의 경우도 1980년대에 들어와 수출구조가 크게 고도화됨에 따라 환율과 수출 사이의 시차가 상당히 장기화되고 있는데, 전자

제품과 운송장비 등의 수출비중이 크게 신장된 1980년대 초를 전후하여 그 이전만 하더라도 환율변동의 효과가 3-6개월 이내에 나타나던 것이 그 이후에는 1년 정도로 길어지고 있다. 그러므로 1987년의 무역수지 동향이나 혹은 수출성장의 원인은 무엇보다도 1986년 중의 환율 동향에서 찾아야 할 것으로 생각된다. 즉 1986년 8월까지의 미 달러당 원화환율은 880원과 890원 사이에서 대단히 안정적으로 운용되었던 반면, 주요 선진국 통화나 대만 달러 등의 환율은 미 달러에 대해 강세를 지속하였기 때문에, 원화의 종합적 가치수준을 나타내는 명목실효환율지수나 물가변동을 감안한 실질실효환율지수는 같은 기간 중 큰 폭으로 하락하여 대외적 가격경쟁력이 크게 강화되었던 것이다.

우리나라의 이러한 환율과 무역수지의 시차구조는 몇 가지 측면에서 대단히 중요한 의미를 갖는데, 첫째로 1987년 연중 지속된 원화강세 효과가 1988년 중에 나타날 것이라는 점이다. 1987년 중 원화의 실질실효환율지수는 소폭이기는 하나 강세를 보였고, 특히 1987년 10월의 세계적 주가폭락에서 드러난 바와 같이 내년도 세계경제 전망도 불투명하므로, 1988년 중에는 수출 증가세의 현저한 둔화가 예상된다고 하겠다. 더욱이 수출물량의 감소현상은 수출가격의 인상효과로 부분적으로 가리워져 있기 때문에 고용이나 가동률 등 경제활동의 침체가 우려된다. 업종별로는 금속, 기계나 섬유산업의 충격이 클 것으로 생각된다. 이는 전자의 경우는 수출수요의 가격탄력성이 커 물량효과가 크기 때문이며, 후자의 경우는 원가절상으로 인한 수출가격 인상효과가 커서 초기에는 오히려 수출액이 증가하는 소위 J-커브 현상이 발생하는 경우이므로, 수출물량이 증가되는 것으로 착각하기 쉽기 때문이다. 둘째로 1987년 중 발생했던 노사분규와 무역금융의 축소 등 유가 상승요인이 환율절상보다는 더 늦게 수출가격에 반영될 것이라는 점이다. 즉 노사분규로 인한 임금 상승

효과가 중간재 가격의 인상 등의 경로를 거쳐 국내에서 생산되는 모든 재화 및 용역에 충분하게 반영되기 위해서는 상당한 기간이 소요되기 때문에, 환율인상보다는 더 장기간에 걸쳐 수출가격과 무역수지에 영향을 미치게 된다. 그리고 환율운용의 측면에서는 환율정책 당국의 시야가 시차구조의 변화에 부응하여 확장되어야 할 것이라는 점이다. 예년과 같이 시차가 3개월-6개월일 때는 환율변동의 효과가 신속히 나타나므로, 환율정책을 즉각 조정해 나갈 수 있겠지만, 그 시차구조가 장기화될수록 환율운용지표에 대한 정확한 판단을 내리기 어려워질 것이므로, 보다 장기적인 무역수지 동향에 유의하여 안정적으로 환율이 운용되어야 할 것이다. 원고가 지속되는 가운데 수출증가와 무역수지의 확대가 이루어짐에 따라 절상속도의 가속화에 대한 압력이 가중되고 있는데, 원고는 언제까지 계속될 것이며, 또 어느 수준에서 안정을 찾을 것인가? 이 점에 대해서 우리는 다음 몇 가지를 점검하지 않으면 안 된다.

첫째, 주요 선진국과 대만 등 우리나라와 중요한 경쟁관계에 있는 나라의 환율이 어떻게 될 것인가 하는 점이다. 특히 이탈리아를 제외한 G-7 국가의 환율은 우리나라의 환율 결정 방식에 따라 원화환율에 직접적인 영향을 미치는데, 1988년 중 이러한 나라의 통화가치는 상당히 안정될 것으로 전망된다. 그 근거로는 무엇보다도 1985년 9월의 플라자 협정 이후 지속된 달러화 약세로 인하여 미국의 무역수지 적자가 기본적으로 개선되는 조짐을 보이고 있고, 또 1986년에 들어와 여러 차례의 합의를 통하여 보다 구체적이고 실질적인 환율 안정화 노력이 추진되고 있다는 점을 들 수 있다. 그러나 이러한 통화들도 기본적으로는 미 달러화에 대해 강세를 유지할 것이 전망된다. 따라서 우리 원화도 미 달러화에 대해서는 강세를 보일 것이 분명하다. 대만은 무역구조에 있어서나 대미 무역관계에 있어서 우리나라와 유사한 위치에 있기 때문에, 비록 원화 환율결정 방식상의 바스켓 구성통화는 아니더라도 대만 달러 환율은 원화환율에 중요한 의미를 갖는다. 연도별 대만 달러의 절상속도를 우리나라와 비교하여 보면, 1986년에는 약 3:1(대만 달러 10.9%, 원화 3.2%), 1987년에는 2:1(18.3%와 9.2%)로써, 1988년 중에는 1:1의 절상속도 비율을 유지할 가능성이 크다. 둘째로 고려하여야 할 것은 1988년도 무역수지 동향인데, 1987년에 비해 무역수지 흑자규모의 성장세가 크게 둔화될 것으로 전망된다. 그 이유는 1987년도 하반기 이후 지속된 원화절상의 속도가 1987년 중 크게 가속화되었고, 금리 인상과 무역금융의 축소 등 기업의 수출여건이 악화되었으며, 대외적으로도 주가대폭락으로 인한 불안감의 증대로 세계 교역규모의 증가세가 둔화될 것으로 보기 때문이다. 끝으로 정부의 무역수지 흑자관리 목표인데, 금년 실적인 70억 달러보다는 다소 적은 규모로 봐야 할 것이다. 이런 점에서 1988년 중의 원화 환율은 1986년 초반 수준에서 유지될 수 있도록 운용되어야 할 것으로 생각한다. 즉 실질실효환율 기준으로 약 4% 정도 높게 평가돼야만 연간 무역수지 흑자는 40-50억 달러 선에서 유지될 것으로 판단된다. 따라서 주요 선진국 환율이 1988년 중에 평균적으로 5% 절상되고 국내물가가 2% 더 빨리 상승한다고 볼 때, 명목환율은 7% 내외로 절상될 수 있을 것이다.

1992년 상반기 중 원화약세 두드러질 듯

이코노미스트, 1992년 1월 1-2주

1991년 한 해 동안의 경상수지 적자가 100억 달러에 달할 것이 거의 확실시됨에 따라 국제수지에 대한 위기의식의 공감대가 빠르게 확산되고 있다. 1988년만 하더라도 140억 달러를 초과하던 경상수지 흑자가 불과 3년 사이에 240억 달러나 악화되어 100억 달러의 적자를 면치 못하게 되었으니 위기의식을 갖게 되는 것도 당연하며 오히려 만시지탄의 위기감이라 아니할 수 없다. 그런데 이러한 범국민적 경계심에도 불구하고 그 원인과 대책에 대해서는 전혀 공감대가 형성되어 있지 못한 느낌이다.

먼저 국제수지 적자의 근본원인에 대해서는 수입의 증가 때문이라고 보는 시각과 수출부진을 강조하는 시각으로 나뉘어 있는데 수입의 증가를 강조하는 측에서는 건설경기, 걸프전, 혹은 국민의 과소비와 같은 일시적인 현상에 의해 국제수지 위기를 설명하려는 경향이 높다. 이러한 일시적 현상론자들의 주장에 반해서 수출부진론자들은 기업의 기술혁신 부족이나 고임금과 고금리 등 기업 경영여건의 악화로 인한 수출경쟁력 약화를 국제수지 위기의 근원으로 해석하고 있다. 이러한 일시적 현상론과 구조적 현상론의 논란에서 발견하는 놀라운 사실은 현재의 국제수지 위기에서 환율의 역할이나 환율정책에 대한 평가가 의아할 정도로 외면되고 있다는 점이다. 물론 대외거래의 불균형을 시정하는 방법은 적어도 이론상 여러 가지가 있다. 총수요관리로도 가능하고 통화정책으로도 대외불균형을 조절할 수 있다. 그러나 대외거래 불균형 조정의 일차적이고 직접적인 조정기능은 환율변동이라는 가격기구가 맡아야 하고 바로 이런 이유에서 우리는 환율제도를 복수통화연동제도에서 시장평균환율제도로 변경하였던 것이 아닌가.

즉 1990년 3월부터 시행되어 온 시장평균환율제도가 환율의 시장가격기능을 제고함으로써 보다 효율적으로 대외거래 불균형을 시정하기 위해 채택된 것이라면 최근에 지속되는 국제수지 적자의 지속적인 확대도 일차적으로 외환시장에서의 환율결정과 적정환율에 관한 논의로부터 그 해결책을 찾아내는 것이 올바른 수순일 것이다. 시장평균환율제도가 채택된 이후 20개월 동안의 원화환율 움직임은 크게 두 기간으로 나누어 평가할 수 있는데 1990년 3월부터 1991년 6월 말까지 15개월 동안 원화안정화 기간과 1991년 7월 이후의 절하기로 구분된다. 먼저 1991년 6월 말까지의 기간 동안 원화환율은 달러당 702원에서 723원으로 약 3% 절하되었지만 물가상승률 차이를 감안하면 실질환율은 거의 변동이 없었다. 다만 1990년 중 엔화가 달러에 대해 20% 가까이 절상되었으므로 실효환율로는 원화가 다소 절하되었다고 볼 수 있다. 그러나 1990년 4분기 이후 약 6개월 동안 엔화의 대미 달러화 환율이 하락함에 따라 원화의 실효환율은 강세로 반전되기도 하였다.

1991년 7월 이후의 원화절하기 중 원화가치는 빠른 속도로 하락하여 11월 말까지 5개월 동안 달러당 723원에서 754원으로 31원(약 4%)가량 절하되었으며 특히 엔화와대만 달러는 미 달러에 대해 각각 5%와 6% 절상하였으므로 같은 기간 중 원화의 엔화 혹은 대만 달러에 대한 환율 절하 폭은 10%에 달하였다.

시장평균환율제도하에서의 이러한 원화환율 동향에서 지적할 수 있는 중요한 특징은 무엇보다도 원화환율이 상당기간 동안 경상수지와는 무관하게 변동해 왔다는 점인데 부언하면 경상수지가 장기간 악화추세를 지속해 왔음에도 불구하고 원화절하가 지연됨으로써 환율이 경상수지 적자해소에 전혀 기여하지 못했다는 점이다. 현행 제도하에서 원화환율의 대외불균형 시정기능이 그동안 제약되었던 가장 큰 이유는 국내 통화정책이 지나치게 경직적으로 운용됨으로써 원화자금의 경색이 장기간 지속되었고 이러한 과정에서 초래된 고금리와 함께 금융기관의 해외자본유입, 즉 뱅크론 도입이 큰 폭으로 확대되었기 때문이다. 다시 말해 부족한 원화자금 및 외화자금을 충당하기 위한 외화차입이 외환시장에서의 달러화 가치 상승을 억제해 왔기 때문이다. 이러한 제도적 혹은 정책적 여건을 바탕으로 1992년 원화환율을 전망하기 위해서는 먼저 원화환율결정에 직접 영향을 미치는 세 가지 경제상황에 대한 판단이 선행되어야 한다.

첫째는 경상수지의 전개방향인바, 1992년 중 경상수지는 상반기까지 적자기조를 면치 못할 것이나 하반기에 들어서면 다소 개선되어 연중으로는 약 60억 달러 내외의 적자를 보일 것으로 예상된다. 따라서 원화환율은 상반기에 집중적으로 약세 움직임을 보일 것으로 예상된다.

둘째로는 물가 및 통화정책의 방향인바, 총수요 관리정책과 함께 건설경기가 진정되고 임금상승세가 둔화된다는 가정하에서 통화 공급은 상대적으로 원활할 것이므로 과거와 같이 통화긴축으로 인한 원화가치의 절상현상은 초래될 가능성이 적을 것이다.

셋째로는 자본시장 개방에 따른 외화자금의 유입이 어느 시기에 어느 정도로 유입될 것인가 하는 점인데, 1992년 상반기까지는 기조적으로 한국증시가 정체될 것으로 보이므로 자본시장 개방에 따른 자본유입도 하반기 이후 특히 원화가치가 상당폭 절하된 이후에 집중 유입될 것으로 보는 것이 현실적이다.

결국, 1992년 중의 경상수지, 물가 및 자금사정 그리고 자본시장 개방에 따른 외자유입 등 국내 외환시장에 영향을 미칠 핵심변수들을 살펴볼 때 원화환율은 기조적으로 약세국면을 지속하면서 상반기 중에 절하속도가 두드러질 것으로 판단되는데, 1991년 연말 환율을 760원이라고 본다면 1992년 6월 말까지 780원(연초 대비 2.6% 절하), 그리고 연말까지 790원(연초 대비 4% 절하)에 이를 것으로 판단된다.

다만 하루 변동 폭의 확대(0.4%→0.6%)나 실수요원칙 완화와 같은 최근의 외환시장 활성화 조치로 말미암아 원화가 월말이나 납세기말에 강세를 나타내는 계절적 혹은 제도적 변동양상이 더욱 증폭될 가능성이 높아질 것이며 현재 추진 중인 외환관리법 개정안이 계획대로 1992년 9월 중에 실시되는 경우 대외거래 관리방식이 네거티브제도(원칙 자유, 예외 규제)로 전환될 뿐만 아니라 많은 외환규제가 철폐되고 긴급하거나 필수적일 때에만 적용될 것이다. 따라서 이러한 변화들은 결국 외환시장에서 외환수요를 촉진하게 되고 원화가치를 떨어뜨릴 뿐만 아니라 변동폭을 크게 확대시키는 요인으로 작용할 가능성이 높아진다고 하겠다.

[그림] 실제 1992년 중 원화환율 동향

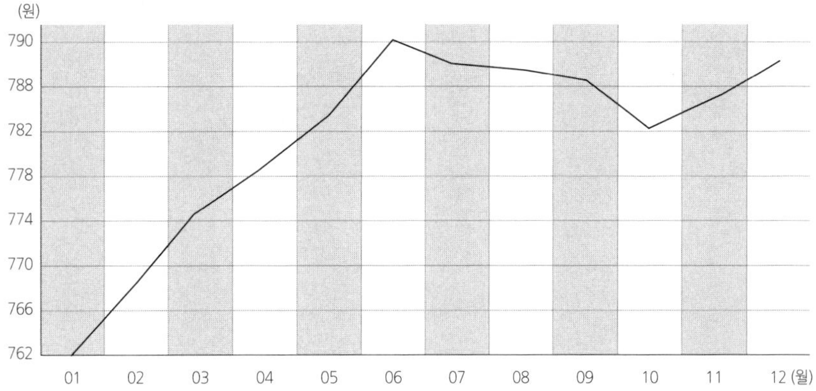

세계 자금 순환구조의 문제성

금융포커스, 1992년 3월 1-15일

세계경제가 국제수지불균형 문제로 시달려 온 것은 어제오늘의 일이 아니다. 1970년대의 석유파동으로부터 표면화되기 시작하여 지금까지 근 20여 년 동안 지속되어 왔을 뿐만 아니라 앞으로도 상당기간 지속될 수밖에 없을 것이라는 데에 그 심각성이 있는 문제다. 국제수지가 흑자이든 적자이든 간에 장기간 동안 불균형 상태를 지속한다는 것의 원인은 실로 다양하다. 산업경쟁력의 격차, 임금과 물가 상승 혹은 환율의 왜곡 등과 같은 다양한 원인에 의해 국제수지 불균형이 나타난다. 그러나 이러한 원인에 의해서 발생하는 국제수지 적자는 그 자체가 필연적으로 새로운 문제의 시발점이 되는데 바로 국가 간의 자금흐름이 왜곡된다는 사실이다. 국가 간 상품교역의 불균형이 해당 국가의 경제정책의 올바른 수행에 커다란 장애가 되는 이상으로 나라 사이의 자금흐름의 왜곡이 세계경제의 적절한 안정성을 저해할 것이라는 점에서 상품교역의 불균형 못지않게 자금교역, 즉 자본수지의 불균형에 대한 관심이 제고되지 않으면 안 된다.

지난 1980년대, 특히 1980년대 후반 이후의 세계 경상수지 구조는 미국의 적자와 독일과 일본의 흑자로 특징된다. 1985년부터 1990년까지 6년간 미국의 누적 경상수지적자는 약 7,700억 달러인 데 비해 독일과 일본은 같은 기간 동안 각각 3,900억 달러와 2,600억 달러의 흑자를 기록한 것이 이를 잘 입증한다. 미국의 누적 경상수지적자 7,700억 달러는 장기적 자본인 직접투자와 증권투자, 그리고 단기자본 유입으로 보전되었으며 부족한 부분은 공적 자본 유입으로 충당되었다. 먼저 장기적 자본유입규모는 약 3,400억 달러로 같은 기간 경상수지 적자의 44%에 달하였다. 이 중 직접투자와 장기 증권투자는 각각 1,100억 달러와 2,300억 달러로 대부분 증권투자였음을 알 수 있다. 단기자본 유입 규모는 1,600억 달러로 전제 경상수지 적자의 21%였으며 공적 자본 유입 규모는 1,370억 달러로 18%였다.

결국, 지난 6년 동안의 대규모 경상수지 적자는 자발적 성격이 강한 장기자본 유입에 의해 44% 조달되었고, 단기자본 21%, 공적 자본 18% 등 83%가 외부 자본에 의해 충당되었음을 보여 주고 있다. 나머지 17%는 어디서 들어오는지가 불분명한 오차 및 누락 계정에서의 1,300억 달러 유입에 의해 조달되었다. 여기서 주목할 것은 장기 증권 유입 2,300억 달러와 단기자본 유입 1,600억 달러 그리고 공적 자본 유입 1,370억 달러의 합계 5,270억 달러가 대부분 미국 정부나 혹은 기업이 발행한 증권형태로 되어 있다는 점이다. 즉, 미국의 경상수지 적자의 2/3 이상이 미국의 정부나 기업이 발행한 증권투자에 의해 메워지고 있다는 점에 세계금융시장의 불안정성이 내재되어 있다는 사실이다.

미국이 발행하는 증권의 물량이 증가하면 할수록 증권의 가격은 하락하고 금리는 상승할 것이며 또 다른 한편으로는 기존 발행 증권에 대한 금리지급부담이 늘어나는 악순환이 초래될 가능성이 높아지기 때문이다. 그뿐만 아니라 최대 채권국인 독일이나 일본의 해외투자 의욕이 이런 저런 이유로 꺾이는 순간 세계 금융질서의 커다란 혼란이 초래될 것이라는 점에서 그러한 문제가 심각하다고 아니 할 수가 없다. 세계 최대 흑자국가인 일본은 지난 6년간 누적 흑자규모 3,900억 달러를 훨씬 상회하는 약 5,800억 달러 규모를 해외에 투자하여 세계 최대의 장기자본수출국으로 부상하였다. 즉 1985년부터 1990년까지 6년 동안 직접투자 형태로 1,650억 달러, 증권투자 형태로 3,250억 달러를 해외에 투자했는데 부족한 자금은 단기차입으로 충당하였다. 일본의 단기차입 규모는 2,800억 달러로 미국의 단기차입 규모 1,600억 달러를 훨씬 상회하는 규모로써 일본은 세계 최대의 (단기)차입국이 된 셈이다. 그렇다면 미국과 일본이 적극적으로 도입하고 있는 단기차입 자금의 공급 국가는 누구인가. 1985년과 1990년 사이 6년 동안 미국과 일본이 도입한 단기자금의 규모는 약 440억 달러인데 대부분은 독일과 기타 경상수지 흑자국이다. 먼저 독일의 경우 누적 경상수지 흑자 규모 2,600억 달러의 60%인 1,770억 달러를 단기자본 투자형태로 유출하였고 나머지 1,000억 달러는 장기투자인 해외직접투자와 장기증권투자에 각각 880억 달러와 200억 달러를 투자했다. 독일 이외로는 비산유 개발도상국의 유로시장 예금으로써 약 2,000억 달러가 단기자금시장에 공급되었다.

결국 이런 자금흐름을 요약하면,

(1) 최대 적자국인 미국은 장기 및 단기 자본유입으로 경상수지 적자를 보전하되 특히 증권이나 차입형태에 크게 의존하고 있으며,

(2) 일본은 막대한 경상수지 흑자규모를 초과하여 장기증권투자 중심의 해외투자를 확대하고 있으며 부족한 자본은 적극적으로 단기차입에 의존하고 있고,
(3) 독일은 단기투자 중심으로 자본을 공급하는 한편 장기 직접투자를 적극적으로 활용하고 있고,
(4) 대만과 같은 개발도상의 경상수지 흑자국들이 단기자본 시장에서 중요한 공급원으로 작동하고 있다는 사실이다.

이러한 세계금융시장의 자금흐름 특징이 시사하는 점은, 무엇보다도 미국으로의 자본유입이 지속되기 위해서는 미국금리의 하락이나 미국 달러가치의 하락심리가 지속되면 안 된다는 점이다. 물론 독일이나 일본의 금리가 미국과 긴밀히 협조한다면 몰라도 그렇지 않다면 달러가치의 하락이나 미국의 금리 인하가 불가피하게 된다. 그렇게 된다면 세계금융시장의 불안정은 증폭될 수밖에 없다. 또 다른 위험은 미국의 대외채무가 누적되는 경우 이것이 달러 가치의 불안정을 높이면서 단기간에 큰 폭의 하락을 초래할 가능성이 높아진다는 점이다. 금융기관에 대한 대출증가가 해당 기업의 신뢰도를 떨어뜨리는 것과 마찬가지로 미국의 경상수지 적자 누적과 그로 인한 대외채무 확대가 미국의 대외신인도를 크게 떨어뜨리면서 달러가치의 급락을 초래할 공산이 크다는 말이다. 결론적으로 국제적인 경상수지 적자와 불균형의 지속은 국제금리의 하락을 지연시키고 미국 달러 가치의 불안을 증폭시켜 결과적으로 우리나라의 대외교역이나 혹은 대외채무에 대한 부담의 불확실성을 증폭시킬 것이라는 점에서 경상수지 흑자기조의 정착과 외채의 축소 및 대외차입의 축소가 시급히 이루어져야 할 것이다.

[표] 주요 국가들의 국제수지 : 1985~1990 (단위 : 억 달러)

	미국	일본	독일
경상수지	▼7,691	3,942	2,571
장기자본수지	3,375	▼5,837	▼1,071
직접투자	1,091	▼1,647	▼880
증권투자	2,284	▼3,254	▼190
단기자본수지	1,584	2,758	▼1,770
공적수지	1,365	▼456	▼339
오차누락	1,296	▼369	611

※자료 : BIS. (▼)는 자본유출

1993년 원화환율 전망

이코노미스트, 1993년 1월 5일

요즘에는 확실한 게 별로 없다. 주가나 경기나 금리나 할 것 없이 모두 불투명하기만 하다. 대통령 선거 결과야 열흘 남짓 지나면 궁금증이 풀리겠지만 수많은 중소기업들의 도산행렬을 과연「산업구조 조정」이라고 볼 수 있는지 알쏭하기만 하고 또 금리가 더 내려가지 않을지도 달쏭하다. 좋게 해석해서「불확실성」이고 좀 더 비관적으로 말하자면「혼돈의 와중」이다.

환율도 감감하기는 마찬가지이다. 아니 GNP의 60%에 가까운 대외의존도를 생각하면 답답한 정도는 훨씬 심각하다고 해야 할 것이다. 물론 변동환율제도하에서 환율의 불확실성은 필연적 현상이다. 대외불균형의 시정기능을 맡고 있는 환율이 외환시장의 수요와 공급에 따라 그야말로 시의 적절하게 변동할 수 있다는 것은 말 그대로「안전판」과 같이 중요한 것이다. 사실 속사정이야 어떠하였든 간에 바로 그 환율의 자율조정기능을 강화시키기 위해 구제도를 버리고「시장평균환율제도」를 채택했었던 것이다.

그러나 그러한 긍정적인 의도에도 불구하고 환율전망이 보다 더 투명해지기는커녕 예전보다 더 어려워지고 곤란해진 이유는 무엇인가? 그것은 다음과 같은 몇 가지 이유 때문이다.

첫 번째로는 환율이 경상수지 변동과 무관하게 움직여 왔다는 점이다. 경상수지 적자규모가 반년기준으로 볼 때 사상 최고치(약 55억 달러)를 기록한 1991년 상반기에 원화환율은 0.9%(약 7원)밖에 절하되지 않았다든가 적자폭은 줄어들고 있는데도 원화가치의 하락률은 오히려 가속화된 1991년 하반기 이후의 현상들이 그것을 잘 말해 주고 있다. 이러한 사실을 달리 해석할 수도 없는 것은 아니다. 물론 외환시장의 공급은 경상수지의 적자여부가 아니라 종합수지의 적자규모가 그것을 상쇄하고도 남을 정도로 큰 흑자를 나타낸다면 외환의 공급이 수요보다 초과하게 되어 외환이 남아돌 수 있다. 그 대표적인 예가 올해 상반기였다. 경상수지 적자는 약 45억 달러였음에도 불구하고 자본유입(36억 달러)과 19억 달러를 넘는 오차·누락의 유입으로 종합수지는 10억 달러 이상이나 흑자를 기록하였다. 그런데 더욱 이해하기 어려운 것은 이 와중에서도 원화는 4%가량 절하되었다는 사실이다.

환율의 불확실성을 더욱 부채질하는 두 번째 이유는 중앙은행이 보유하고 있는 공적 보유 외환이 어떠한 원칙에 의해 변동되었는지를 가늠하기 어렵다는 점에서 비롯된다. 1991년 하반기의 경우 종합수지는 3억 달러 이상 적자이었으나 같은 기간 중 공적 외환보유고는 3억 달러 증가하였고 올해 상반기의 경우에는 약 11억 달러 흑자였는데 공적 외환보유고는 그보다 5억 달러나 더 많은 16억 달러가 증가되었다. 이와 같은 변화는 물론 1991년 하반기와 1992년 상반기의 1년여에 걸친 원화환율의 급상승(723원에서 790원)과 직접 연관이 있는 환율정책의 주요한 징표로 해석해야 한다. 문제는 그 이전 1년, 즉 1990년 하반기와 1991년 상반기의 1년 동안에는 종합수지가 30억 달러 이상의 적자를 나타내었음에도 불구하고 왜 보유외환의 변동이 미미하였고 따라서 충격흡수의 역할을 담당하지 못하였는가 하는 점이다. 특히 1991년 상반기 중의 경상수지 적자는 55억 달러, 그리고 종합수지 적자도 약 34억 달러이었음에도 불구하고 공적 외환보유고는 14억 달러밖에 감소하지 않음에 따라 부족한 외환은 금융계정의 대외부채(차입) 증가나 대외자산 감소로 충당되었고 결과적으로 같은 기간 중 환율은 거의 변동하지 않은 것이다.

세 번째 이유는 바로 은행들의 대외자산 혹은 부채관리 행태에서 찾아볼 수 있다. 1990년 이후 금융기관의 대외자산은 아래의 [표]에서 볼 수 있듯이 한 번도 감소하지 않고 증가되어 왔으며 특히 경상수지 적자가 55억 달러였고 종합수지도 34억 달러의 적자였던 1991년 상반기에도 금융기관의 대외자산은 4억 달러나 증가되었고 하반기에는 43억 달러나 대외자산이 늘어났었다.

[표] 국제수지와 결제구조 (단위 : 억 달러)

	1990		1991		1992	
	상	하	상	하	상	하
경상수지	15.2	-6.5	-55.1	-31.1	-44.6	-3.5
자본수지	10.0	28.8	19.0	23.3	36.2	13.1
오차누락	-0.7	-19.2	1.5	5.1	19.2	3.2
종합수지	-5.9	3.2	-33.6	-3.8	10.7	12.7
외환보유고(증감)	-5.8	1.5	-14.0	3.1	16.0	0.9
환율변동률	5.4	0.0	0.9	5.2	3.9	-0.1
금융계정 차입자산(-는증가)	10.4	4.4	37.6	46.6	16.1	-0.8
	-4.6	-7.5	-4.0	-42.8	-26.8	-12.0

※자료 : 한국은행 국제수지

경상(혹은 종합)수지 적자 기조하에서 이렇듯이 금융기관이 외화자산을 증가시킬 수 있었던 이유는 바로 대외 차입이 그 이상으로 늘어났기 때문에 가능한데 바로 이러한 현상이 외환수급에 결정적으로 영향을 미침으로써 환율변동에 직접적으로 작용하였던 것이다.

다시 부언하면 경상수지가 기조적으로 적자를 나타내고 있었음에도 불구하고 금융기관의 과다한 외화차입이 원화환율의 균형적 조정기능을 저해하였던 것이다. 외환시장의 형편이나 환율정책에 관한 이러한 배경하에서 환율을 내년도의 경상수지 동향만을 전제로 전망한다는 것은 대단히 위험한 일이다. 물론 내년에도 경상수지는 적자기조를 지속할 것이므로 기본여건상으로는 원화의 절하추세가 예상된다고 볼 수 있다. 그러나 원화환율의 절하를 가늠하기 위해서는 무엇보다도 자본수지와 「오차 및 누락」 항목의 동향이 전제되어야 하고 이와 아울러 중앙은행과 금융기관의 대외차입과 대외자산 운용방향이 밝혀지지 않으면 안 된다. 먼저 내년도 경상수지의 적자규모를 30억 달러 내외라 가정하고 자본수지의 유입과 「오차 및 누락」 항의 유입이 합해서 40억 달러(92년에는 약 72억 달러)라고 한다면 종합수지는 10억 달러의 흑자를 나타낼 것이며 따라서 중앙은행이나 금융기관이 그 이상의 매입조치를 취하지 않으면 원화는 오히려 강보합세를 시현할 가능성이 높다. 종합수지 흑자폭 이상으로 중앙은행의 외환 보유고나 금융기관의 순대외자산의 증가가 이루어지지 않으면 원화는 달러에 대해 강세를 시현하게 될 것이다. 지난 1991년 하반기 이후 금융기관의 대외자산은 현저하게 증가폭이 둔화되긴 했으나 계속 증가되어 왔고 특히 최근 들어 대외부채(즉 차입)는 오히려 감소하고 있다는 점에서 내년도 종합수지의 흑자는 대체로 중앙은행의 외환보유고의 증가보다는 금융기관의 대외부채상환과 대외자산 증가로 대부분 흡수될 것이다. 그러나 그렇다 하더라도 금융기관이 종합수지 흑자 이상으로 대외자산을 늘이거나 부채를 상환함으로써 원화가치가 금년 초같이 급격히 떨어질 가능성은 적어도 내년 상반기 중에는 희박하다고 봐야 할 것이다. 원화가치의 급격한 하락이 누적된 대외부채를 안고 있는 금융기관에게 득이 되지 않을 것이기 때문이다. 중앙은행으로서도 물가와 통화량 및 그 구성을 고려한다면 원화를 인위적으로 약세화시키기 위해 외환보유고를 급격하게 늘려야 하는 절박한 당위성을 느끼지 못할 것이다. 그런 점에서 적어도 내년 상반기까지는 외환시장에 대한 소위「너그러운 무관심(Benign neglect)」이 지배하는「환율의 보합세」가 이어질 것이다. 다만 하반기에는 경상수지 적자기조 지속에 대한 우려와 자본유입의 둔화 등으로 인하여 원화환율은 800원대까지 소폭으로 상승할 것으로 예상된다.

[그림] 실제 1993년 중 원화 환율 동향

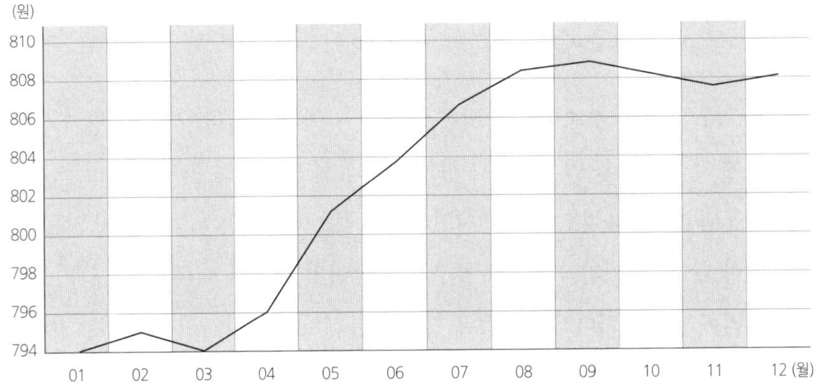

신3저 시대의 전략경영

금융포커스, 1993년 6월호

1.「신3저 시대」의 도래

금년 초부터 우리 주변에서는 많은 변화가 일어나고 있다. 새 대통령이 선출되고 그에 따라 개혁과 인식전환과 사정한파와 실명제 논란 등이 우리의 관심을 온통 신문과 TV와 라디오로 집중시켰다. 경제도 이곳저곳 비틀거리지 않는 분야가 없다 할 정도로 취약한데도 불구하고 국민적 관심과 여론은「司正과 改革」의 언저리에서 박수치다가도 갸우뚱거리고 탄식하고 허탈하고 그러기를 100일 가까이 하였다. 역시 우리는 정치적인 국민인가. 아무리 추워도 겻불은 때지 않는 선비적 민족인가. 이런 저런 집안일 생각에 머리가 복잡한 중에 우리 바깥에서는 유난히 눈에 띄는 몇 가지 중요한 사건들이 진행되고 있었다.

그 첫 번째가「엔高」현상이다. 1993년 1월까지만 해도 1달러당 125엔 하던 것이 2월 말에는 118엔으로 한 달 사이에 5.6%나 엔화가치가 올랐고 3월 말에는 115엔, 그리고 한때 110엔까지 무너지기도 하였었다. 110엔. 12% 가까운 엔화가치 상승이다.

두 번째 사건은 국제금리의 하락이다. 지난해(1992년) 3월 이후 금년 3월까지의 1년 동안 국제금리는 작게는 1% 그리고 심하게는 5% 가까이 하락하였다. 유로달러의 경우에는 90일 대출금리가 작년 3월의 4.38%에서 금년 3월에는 3.25%로 1.13% 포인트 하락하였고 유로 파운드는 같은 기간 중 10.81%에서 5.94%로 4.87% 포인트까지 내렸다. 유로 마르크도 9.81%에서 7.94%로 1.87% 포인트나 떨어졌다. 범세계적인 금리하락이 아닐 수 없다.

마지막으로는 국제유가가 떨어졌다는 사실이다. 최근 5년 중 국제유가가 가장 높았던 해는 1990년이었다. 그때는 미국 서부 텍사스 중질유(WTI)나 북해산 브렌트유가 모두 배럴당 28달러를 넘었었다. 그러던 것이 1991년에는 배럴당 18달러 내외로 약 36% 떨어져 1986년대 수준으로 되돌아갔던 것이다. 현재의 유가는 대체로 1991년 수준과 큰 차이가 없다. 1993년 3월 말 현재 WTI는 20달러, 그리고 브렌트는 18.70달러를 기록하고 있기 때문이다.

이 세 가지 현상을 우리는 「신3저 현상」이라 부른다. 1980년대 상반기에 나타났던 「3저 현상」과 대비하기 위해서이다. 「신3저 현상」의 실체를 정확히 파악하기 위해서는 「구3저 현상」의 그것을 먼저 알아두어야 할 것이다.

2. 「구3저 현상」의 실체와 영향

「구3저」시대는 아래의 [표 1]에서도 잘 나타나 있듯이 대체로 1984년부터 1987년까지 유지되었다고 할 수 있다.

[표 1] 구3저

	엔화상승		국제금리하락		유가하락	
	시기	환율	시기	금리	시기	유가
시점	1985년	250円	1984년	9.81%	1986년	27달러
종점	1987년	125円	1986년	6.25%	1986년	14달러
하락		50%		36%		48%

달러환율과 국제금리와 국제유가 중에서 가장 두드러지고 꾸준히 하락한 것은 물론 미 달러 가치였다. 국제유가도 배럴당 27달러 수준에서 14달러 수준으로 48%가량 떨어지긴 했지만 그것은 1986년에만 국한된 현상이었고 그 이후 다시 국제유가는 상승하여 1990년에는 28달러까지 올랐기 때문에 미 달러가치 하락만큼이나 지속적이었다고 할 수는 없을 것이다.

「구3저 현상」이 세계경제에 활력소가 될 수 있었던 이유는 극히 간명하다. 저금리와 저유가는 무엇보다도 생산원가를 낮출 수 있게 하였고 그것은 소비수요나 투자수요를 증대시켰음을 의미하였다. 저금리나 저유가의 혜택이 소수의 국가에 대해서만 원가절감 효과를 부여한 것이 아니라 '범세계적'으로 그러한 혜택을 제공하였다. 따라서 거의 모든 나라의 경제가 수요확대로 인한 호경기를 맞이할 수 있었던 것이다. 이에 비해 미 달러가치의 하락은 몇몇 국가에 대해서만 나타난 현상이기 때문에 국제금리나 국제유가의 하락처럼 광범위한 영향을 미칠 수 있는 사건은 아니었다. 일본과 독일 및 유럽 여러 나라들의 화폐가치가 고평가됨으로써 그러한 나라들의 대외경쟁력은 상당 수준 위축될 수밖에 없었다. 그러나 그렇다 하더라도 미 달러화에 대해서조차 화폐가치가 하락한 우리나라와 같은 국가의 대외경쟁력은 실로 엄청나게 회복될 수밖에 없었는데 이러한 긍정적인 여건변화는 특히 동남아시아의 모든 개발도상국에게 뚜렷이 나타났었다. 다시 말해 원유를 수입해야 하고 국제자금에 의존해야 하며 수출을 통한 성장 잠재력 회복을 꾀해야 하는 국가일수록 「구3저 현상」의 혜택은 컸던 것이다.

3. 「구3저 시대」와 「신3저 시대」의 비교

이런 점에서 경제침체에 허덕이는 우리에게 일단 「신3저 현상」의 도래는 천연기념물인 철새가 도래해 준 것과 같이 기쁘고 또 반가운 일이 아닐 수 없을 것이다. 그러나 아래의 [표 2]는 그러한 기대가 대단히 섣부른 것이 아닐 수 없음을 잘 나타내 주고 있다.

[표 2] 「구3저」와 「신3저」의 비교

		엔화상승	국제금리하락	유가하락
구3저	기간	약 3년	약 3년	약 1년
	폭	50%	36%	48%
신3저	기간	3개월	약 1년	약 1년
	폭	12%	19%	36%

물론 「신3저 현상」은 진행 중에 있으므로 앞으로 더욱더 심화될지도 모른다. 하지만 엔화환율이 100円대 이하로 떨어질 가능성이 매우 희박하고 국제금리도 어느 정도 현상유지가 지속되고 있기 때문에 「신3저 현상」이 더 진행될 가능성은 그렇지 않을 가능성보다 낮다고 봐야 할 것이다. 결국 「신3저 현상」은 「구3저 현상」보다 훨씬 더 강도가 낮고 또 진행기간도 짧다. 그리고 언제 다시 「3고 현상」으로 반전될지도 모르는 불확실성을 내포하고 있기도 하다. 따라서 과거 1986년 이후 1988년까지의 3년 동안 우리가 경험했던 그런 단군 이래 최대의 호경기를 다시 맞이할 수 있을 것으로 판단해서는 안 될 것이다. 「신3저」와 「구3저」가 지니고 있는 또 다른 차이점이 있다면 그것은 우리나라의 환율제도와 정책이 근본적으로 바뀌었다는 점이다. 과거의 제도가 수출을 촉진하거나 또는 물가 안정을 위하여 환율정책이라는 정책수단을 적극 활용할 수 있었음에 비추어 지금은 그렇지 못하다. 환율운용에 대해 미국 등의 선진국이 특히 우리나라와 같은 중진국에게 직·간접적으로 압력을 행사해 오고 있기 때문이다.

물론 현행제도가 외환시장의 수급에 의해서 환율이 자유스럽게 변동되고 있으므로 대외적으로 정책을 통한 환율조작의 혐의를 다소간 벗어 버릴 수는 있었을지 모르지만 그렇다고 현행 제도하에서의 환율변동에 대해 다른 나라들이 '감시'를 하고 있지 않는 것은 결코 아닐 것이다. 결과적으로 원하든 원치 않든 간에 1990년 3월 이후부터 채택한 시장평균환율제도하에서 정책당국은 적어도 환율부문에 있어서는 그저 바라보고만 있을 수밖에 없는 상황에 처해 있는 것이다. 이런 상황하에서 환율은 '외환수급', 더 나아가 '경제의 근본적인 상황'에 의해서 균형적으로 변동하는 것이 아니라 소수의 외환거래자에 의하여 '파행적'으로 운용될 소지가 많은 것이다.

「신3저 시대」와 「구3저 시대」의 세 번째 차이는 「외채인식」의 변화이다. 즉 외채망국론이나 외채비관론에서 헤쳐 나와 국제수지 적자규모가 그리 큰 문제가 되지 않는다는 낙관론이 지배하는 분위기로 바뀐 것이다. 이러한 인식의 변화 때문에 해외여행 자유화, 수입자유화 및 외환자유화 등과 같은 일련의 대외개방조치들이 취해질 수 있었던 것이다. 그러나 문제는 과연 그러한 낙관론이 어느 정도로 정확하냐 하는 데 있다. 다시 말해 대외적자가 과연 견딜 만한 수준에서 유지될 수 있을 것인가 하는 점이 그러한 일련의 개방정책의 성패를 좌우할 것이라는 점이다. 만약 1991년과 같이 대외 경상수지적자가 약 90억 달러에 달하는 상황이 1, 2년 지속된다면 어떤 수단으로든 수입을 억제하고 여행을 제한하며 또 외환의 수요를 규제할 것이 확실하기 때문이다. 끝으로는 「UR(우루과이라운드)」를 들어야 한다. 우루과이라운드는 구3저 시대, 즉 1986년 중에 시작되어 아직까지 타결은 보지 못하였지만 몇몇 쟁점 논의 대상을 제외하면 합의되거나 거의 합의직전 상황에 와 있는 형편이다.

우루과이라운드의 핵심은 '새로운 분야'와 '새로운 시장'에 관한 합의를 도출하는 것이다. 여기서 '새로운 분야'란 과거에는 무역에 관한 문제로 다루지 않았던 투자, 지적재산권 혹은 서비스 등과 같은 분야에 있어서의 국가 간의 거래나 교역을 촉진시킬 수 있는 어떤 제도적 합의를 도출한다는 것이고 '새로운 시장'이란 '시장접근(market access)'의 문제로서 종래에 규제나 보호로 봉쇄되고 있던 농산물, 천연자원 혹은 섬유산업 등에 있어서 타국의 진출이나 교역기회를 확대시키고자 하는 노력을 의미한다.

4. 신3저 시대 무역의 전략경영

「신3저 시대」의 특징은 앞에서 밝힌 바와 같이

(i) 보다 개방되고

(ii) 보다 자율화된 가운데

(iii) 다소간의 국제경쟁여건이 호전된 상황이라고 요약할 수 있다.

이러한 상황이 무역업, 특히 수입업에 미치는 효과는 일견 긍정적인 것으로 평가할 수 있다. 수입규제가 철폐되고 외환수급에 대한 통제가 완화되며 기업의 대외거래나 관계에 있어서의 자율의 폭이 확대되었기 때문이다. 그러나 그것은 근시안적 판단일 뿐이다. 제조업체가 대외개방에 치명적인 타격을 받는 것과 똑같은 이유로 무역업을 포함하는 서비스업 전체가 경쟁력의 열위를 면할 수 없기 때문이다.

첫째가 수입품의 가격 문제이다. 수입품에 대한 국내 수입업자의 가격정책이 구태의연한 타성에서 벗어나지 못하는 한 수입 자체나 또는 외국의 수입업자의 전략적 우월성 때문에 타격을 받게 될 것은 극히 당연한 문제일 것이다.

수입은 가격이 저렴하거나 품질이 우수하기 때문에 허용되고 또 권장되는 것이다. 그러나 우리의 현실은 전혀 그러하지 못하다. 싸지도 품질이 뛰어나지도 않은 상품들이 주변을 어지럽히는 사례를 얼마든지 지적할 수 있지 않은가.

두 번째로는 정보력의 문제이다. 정보는 공학의 결과이다. 정보처리 체계가 없이는 얻어질 수 없는 극히 희소한 재화이다. 따라서 정보는 정보처리를 감당할 수 있는「人力과 설비에 대한 투자」없이는 구해질 수 없다. 적당한 로비나 인간관계를 통해서 얻어질 수 있는 것이 정보라면 그것은 대단한 시대착오이다. 우리 수입업계는 아마 맨발로 뛰기만 해도 되는 그런 '좋은 시절'을 꿈꾸고 있을지도 모르지만 그런 시절은「구3저 시대」와 함께 사라졌다. UR을 타고 밀려오는 외국의 경쟁업체에 대해서 막연히 걱정은 하면서도 무엇을 걱정하는지 모르는 그런 업체들이 바로 그런 꿈꾸는 업체일 것이다. 수입이 좋은 것이어야 하고 권장되어야 한다면 그렇게 하는 것은 수입업자들의 몫이다.

판단은 국민이 하더라도 그러한 판단을 할 수 있도록 하는 것은 수입업자들이어야 한다. 한두 아이템만 히트 치면 평생 걱정 없다는 식의 발상은 버려야 한다. 어떻게 하면 보다 저렴한 물건을, 보다 나은 상품을, 보다 신속하게 공급함으로써 소비자를 기쁘게 하고 소비자의 호주머니를 보호할 수 있는가 하는 점을 항상 궁리하지 않으면 안 된다. 영국은 18세기부터 수입의 天國이었다. 그랬기 때문에 영국인은 '외제라면 사죽을 못 쓰는 국민'이라고까지 꼬집었었다. 그러나 영국은 19세기 내내 세계를 제패했었다. 영국은 결코 수입 때문에 망하지 않았다. 오히려 노동조합 때문에 망했다고 해야 할 것이다. 우리는 모두 국제무역이 상호 간에 유익한 것이라고 믿는다. 그것은 수출도 하지만 수입도 권장한다는 뜻이다. 그런데 수출은 좋은 것이지만 수입은 아무래도 쉬쉬하는 우리 실정은 왜 그런가. 또 왜 그렇게 많은 여행자들의 입국 짐은 그토록 터지도록 큰 것인가. 무역업에 있어서 전략경영의 핵심은 결국 '소비자를 위하는 꾸준한 정신'에 있다. 누가 더 우리국민을 생각해 줄 것인가. 우리 수입업자인가 외국의 수입업자인가. 같은 겨레이니까 하는 동정심에 기대는 것은 그야말로 동화에서나 읽을 수 있는 얘기이다. 국민은 수입업자의 국적을 알려고 하지도 않고 또 알 수도 없다. 수입품과 국산품의 경쟁은 또 다른 문제이다.

만약 수입업자들이 국산품에 대해 애정을 갖고 있다면 그들은 동남아에서, 남미에서 혹은 유럽이나 일본이나 미국에서 같은 수입업을 영위해야 할 것이다. 대민봉사에 대한 인식전환을 요구하기 전에 '수입업자 또한 대민봉사의 자세가 정착'되지 않는 한 국내 수입업자의 설 땅은 날이 갈수록 좁아질 것이 분명하다. 그리고 그렇게 하도록 하는 것이 우리가 개방을 하는 궁극목표이다.

G-7 협조경제학 비판(協調經濟學 批判)

제일경제신문사, 1993년 7월

매년 여름휴가를 떠나기 전 이맘때가 되면 항상 세계의 이목이 집중되는 곳이 있다. G-7 정상회담 장소가 바로 그곳이다. 세계의 관심이 G-7회담에 쏠리는 이유는 물론 당연하다. 최강국의 최고 실력자들의 모임이기 때문이다. 한때에는 '서방(西方)' 선진국들만의 모임이라 했으나 구소련이 붕괴하고 러시아가 참여한 다음부터는 명실상부한 '세계최강국'들의 모임이라 할 만하다. G-7 정상회담은 1975년 프랑스 지스까르 데스뗑 당시 대통령의 제안으로 개최된 이래 참가국도 늘어났고 협의 내용도 매우 광범위하게 확대되었다. 이를 發展이라고 볼 수도 있다. 그러나 협의당사자가 많아지고 의제가 복잡질수록 G-7 회담의 내용은 外華 內貧해질 수밖에 없다. 구체성이 결여되고 따라서 애매모호한 미사여구의 반복에 그치기 쉽다. 그 대표적인 예가 UR협상에 관한 과거 G-7 회담의 합의내용이다.

두 해 전인 1991년 영국의 「런던 G-7 정상회담」에서도 "UR협상의 조기타결에 최선의 노력을 경주할 것"을 약속했었고 작년에 있었던「뮌헨 정상회담」에서도 "UR협상의 타결을 희망한다"고 공동합의 하였었다. 올해의 G-7 경제선언문에도 "UR의 성공적인 타결결의를 다진다"고 합의할 것으로 기대되고 있다. 3년째 '조기타결', '연내 타결희망' 혹은 '성공적 타결결의'를 합의해 왔지만 아직도 UR협상타결의 가능성이 예전보다 크게 높아졌다고 보기는 어렵다. 물론 올해의「東京 G-7」의 여건은 과거 정상회담 때와 다소 다르다. 예전에 완고하던 독일이 內的 통일 휴유증으로 더 이상 완고할 수 없는 입장에 서 있고 일본도 경기침체에다 정치적으로 자민당 탈당 위기 등으로 어수선하기 때문에 강도 높게 미국에 맞설 형편이 아닌 만큼 상대적으로 미국의 입김이 전에 없이 강할 것이라는 점이 가장 중요한 다른 점이다.

美國의 입장이 강해진 만큼 독일이나 일본의 위치가 상대적으로 약해질 것이고 따라서 그만큼 실질적인 합의의 내용이 美國의 구도대로 짜일 가능성이 높다는 것이다. 그러나 바로 이 점이「東京 G-7」의 특징이자 곧 한계이다. 당초 G-7 회담의 목적은 당사국 서로 간의 정책협조를 통해서 세계 경제의 문제를 해결하고 또 도모해 나간다는 것이었다. 상대 국가의 희생이나 양보를 통해서 문제를 해결하자는 것이 아니라 보다 넓은 시각으로 회원국들이 당면하고 있는 공통적 장애를 협력하여 해결하자는 것이 'G-7 정책협조'의 기본정신이었다. 이러한 협조정신은 대등한 동반자로서의 상호 간의 이해와 선의를 바탕으로 해서만 가능한 것이지 동서갈등의 대결구조 해체나 일본과 독일의 내적 문제로 야기된「미국의 상대적 우위로」G-7의 정책협조가 더 잘 이루어질 것이라고 믿기는 어렵다.

사실 미국이 세계 주요 선진국 사이에서 선도력을 행사하려고 의도하고 있음은 올해 연초 클린턴 대통령이 아메리칸대학교 연설(2월 26일)에서 밝힌 5개 행동계획에 잘 나타나 있다. 즉, "지금은 우리가(미국이) 주요한 財政强大國들 사이에서 영도력을 행사함으로써 세계경제성장을 위한 우리의 조정력을 향상시키기 위해 최선을 다해야 할 때"라고 강조한 클린턴 대통령의 연설 속에 현 미국정부의 입장이 잘 집약되고 있는 것이다. 그러나 미국의 이러한 영도력이 소수의 요직을 「매파(Hawks)」로 충원함으로써 결실을 맺게 될 것이라고 생각하는 사람은 없을 것이다. 미국의 영도력은 협상탁자 위에서 솟아나는 것이 아니라 미국의 내부에서 창출되는 것이다. 19세기 중엽 영국의 힘과 영도력은 다른 나라들의 보호무역주의에 상관없이 自國의 自由貿易을 옹호하고 실천한 데서 우러나왔다.

선진국들뿐만 아니라 자본주의 거의 모든 국가들이 겉으로는 자유무역을 선호한다고 주창은 하면서도 속으로는 그렇지 못하다. 그것은 自由貿易의 우월성에 대하여 확신이 부족하다는 것을 의미한다. 확신이 부족하다 보니 내 장벽을 헐어 버리기 전에 남의 장벽이 더 크게 보이게 되고 서로 흉허물 보다가 귀한 세월 다 보내는 것이다. 이것은 協調가 아니다. 미국의 선도력은 우리에겐 대단히 중요한 의미를 갖는다. 그만큼 미국은 우리와 가깝기 때문이다. 미국의 선도력에 거는 기대도 그만큼 크다. 자유무역이 좋은 것이라면 선도자는 먼저 수범을 보여야 한다. 다른 나라에 앞서 자국 안에 있는 자유무역을 저해하는 요소들을 먼저 해결해야 한다. 그것은 물론 모든 국가들의 당면과제이다. 누가 먼저 실시하는가 하는 것이 리더십의 문제이다.

최근 국제통화질서의 동요

크리스천월드, 1993년 10월호

1. 국제통화 체제는 어떻게 변해 왔는가

돈에 관한 제도는 크게 두 가지로 구분된다. 「금본위제도」와 「지폐본위제도」가 그것이다. 「금본위제도」란 말 그대로 금(金)이 돈으로서의 역할을 수행하는 제도이고 「지폐본위제도」는 '인정된 기관(우리나라는 한국은행)'이 발행한 증서('은행권')가 돈의 기능을 수행하는 제도이다. 물론 은(銀)이 돈의 기능을 담당하면 「은본위제도」이고 금과 은이 동시에 그런 역할을 하면 「금, 은 양 본위제도」이다. 어느 나라든 돈에 관한 제도는 대체로 금이나 은 본위제도에서 지폐본위제로 변천되어 왔다. 우리나라도 마찬가지다. 「금본위제도」를 버리고 「지폐본위제도」를 채택하게 되는 이유는 다양하다. 돈으로 쓸 금이 부족해 그러기도 하고 전쟁을 치르기 위해 일시적으로 금본위제도가 정지되기도 한다. 그러나 근본적으로는 금본위제도가 갖고 있는 여러 문제점 때문이다. 금(또는 은)본위제도의 가장 근본적인 문제점은 정부가 경제를 적절히 관리 할 수 없다는 어려움 때문이다. 뒤집어 이야기하면「지폐본위제도」하에서는 정부가 보다 효율적으로 국가 경제를 관리할 수 있다고 생각하기 때문에「금본위제도」를 버리게 된다는 뜻이다.

사실 금본위제도하에서「돈의 양」은 정부가 조절하기 어렵다. 새로운 금광이 발견되지 않으면「돈의 양」이 늘어나지 않는다. 전쟁으로 빼앗아 오거나 물건을 내다 팔아 벌어들이기 전에는.「돈의 양」이 늘어나고 늘어나지 않는 것은 그 자체로는 별로 중요하지도 않고 필요한 사실도 아니다. 문제는 '경제활동에 비해' 돈의 양이 적을 때 발생하는 물가하락(즉 디플레이션)과 경기 침체가 문제이다.

요즘과 같이 인플레 공포에 싸여 있는 분위기에서는 전혀 실감이 나지 않는 얘기일지도 모른다. 어쨌든 각국이 이런저런 이유로 지폐본위제도를 택하게 된 것은 대체로 2차 세계대전을 전후해서라 할 수 있는데 이렇게 제도가 바뀌고 나면서 발생한 새로운 문제가 바로 어떻게 통화 간의 환율을 정할 것이냐 하는 것이었다. 사실 금본위제도에서는 그런 문제가 전혀 발생하지 않는다. 예컨데 그리스의 1드라크마가 X그램의 금으로 된 동전이고(실제의 고대 드라크마는 은화지만) 로마의 1달란트 동전이 Y그램이라면 1달란트는 항상 Y/X드라크마일 것이다(X대신에 1, Y대신에 2를 넣어 보면 쉽게 알 수 있음). 그런데「지폐본위제도」를 채택하는 나라의 통화들 사이에는 그런 관계가 존재하지 않게 되는 것이다. 당연히「지폐본위제도」하에서는 '어떻게 환율을 정할 것인가'하는 문제가 심각하게 대두되게 되었는데 제2차 세계대전이 끝날 무렵 미국의 워싱톤 근교인「브레튼 우즈(Bretton Wood's)」에서 열린 회담에서 바로 이 문제를 다루었고 그러한 체제를 우리는「브레튼 우즈 체제」라 부른다.「브레튼 우즈 체제」의 핵심은 일단 미국의 통화인 달러는 일정량 금과 항시 교환되도록 하되(대외적으로만) 여타 통화의 대미 달러 환율은 협의로 고정시킨다는 제도이다. 다시 말해 거의 모든 통화의 대미 달러 환율은 사실상 고정시키고 미 달러화는 금에 연계시킨 제도이다.

이렇게 해서 1944년부터 발족된 「브레튼 우즈 체제」는 1960년대 말까지 약 20여 년 가까이 무리없이 지속되었다. 그러나 1970년대에 들어서면서 「브레튼 우즈 체제」는 크게 불안해지기 시작하였는데 그것은 결국 미 달러화가 지나치게 과다하게 공급된 때문이었다. 그리고 월남전쟁에 따른 재정지출이 과다해지고 미국의 경상수지 적자가 누적됨에 따라 미 달러화에 대한 국제적 신뢰에 동요가 발생한 것이다. 결국 대외적으로 금과 미 달러를 교환해 주던 것이 정지되고(1971.8) 영국이 변동환율제도를 채택하며(1972년) 이어 EC 및 일본 등이 변동환율제도를 채택(1972년) 하게 됨에 따라 이 체제는 사실상 1973년에 붕괴되고 말았다. 「브레튼 우즈 체제」 이후 나타난 변동환율체제는 고정환율제도의 문제점에 대한 당연한 결과였을지도 모른다. 다시 말해 국제수지 적자(또는 흑자)가 누락되더라도 환율이 그것을 제대로 조정할 수 있도록 탄력적으로 움직여 주지 못함에 따라 '환율의 변동'에 대한 필요가 비등했기 때문이다. 그러나 변동환율제도하에서 환율의 변동이 지나치게 심한 것도 문제이므로 당시 서유럽의 여러 나라들은 다른 나라 통화에 대해서는 자유변동을 허용하되 자기 통화들 간의 환율은 될 수 있으면 고정시키는 제도를 고안하였다. 이것이 소위 「스네이크 체제」이다.

「스네이크 체제」는 1979년 3월 「유럽통화제도(European Monetary System : EMS)」로 발전되는데 그 기본 취지는 「스네이크 체제」에서와 같이 회원국 통화 간의 환율을 기준환율을 중심으로 하여 좁은 폭 안에 묶어 둠으로써 환율의 안정을 도모하자는 것이다. 「유럽통화제도」는 이러한 목적을 위해 필요한 자금을 기금형태로 조성히고(이를「유럽통화 협력기금」이라 함) 각국의 중앙은행이 적극적으로 개입해야 한다는 의무를 명시하였다.

2. 국제통화질서의 동요 : 변동 환율제도의 고민

1980년 이후 국제통화체제는 네 번의 커다란 동요가 있었다. 그 첫 번째는 1980년대 초「채무위기(Debt crisis)」였다. 다른 나라들로부터 차입한 외채에 대하여 채무국이 원금과 이자를 제대로 지불하지 못함에 따라 채권국 은행들의 경영구조가 큰 타격을 받게 되고 그럼으로써 국제금융의 분위기가 크게 동요했던 것이다. 당시 대부분의 채무국들이(우리나라를 제외하고) 외채의 원금과 이자를 제대로 상환하지 못하게 된 까닭은 물론 대외 수출이 부진하고 수입은 증가한 때문이다. 그러나「외채문제」는 당사자의 하나였던 채권은행들에게는 큰 타격이었을지 몰라도 국제금융 질서를 위기로 내몰지는 않았다. 선진국의 정책 당국이 그 문제를 해결하기 위해 적극적으로 나서서 지원하였기 때문이다.

두 번째 동요는 1984년부터 초래되기 시작한 미 달러 가치의 급격한 하락사태였다.「플라자 협정(1984년 9월)」으로 상징되는 미 달러 가치의 하락은 1987년 2월 소위「루브르 합의」가 이루어질 때까지 이어졌는데 약 2년 6개월에 걸친 이 기간 중에 거의 모든 주요 통화의 가치가 달러에 대해 큰 폭으로 상승하였었다. 이러한 미 달러에 대한 '동조(同調)적 가치상승'에 따른 급격한 환율변동 현상은 과연 1973년 이후의 변동환율체제가 바람직한 제도인가에 대한 근본적인 회의를 자아내게 하고도 남을 만큼 커다란 사태이었다. 그러나 이 문제 또한 1986년 이후 선진각국들이 경제적 활황을 맞게 되고 국가들 간에 정책적 협조가 잘 이루어짐에 따라 환율이 안정됨으로써 더 이상의 큰 불안을 초래하지는 않았다.

세 번째 동요는 지난해 9월 이후 표면화되기 시작한 유럽통화 질서의 흔들림이다. 앞서 밝힌 바와 같이 유럽의 주요 선진국들은 1979년부터 역내 국가들 간의 환율변동을 엄격하게 통제해 왔는데 지난해 9월 영국과 이탈리아가 그런 체제 (즉 ERM)를 탈피하기로 한 것으로부터 문제가 표면화된 것이다. EC의 통화체제에 있어서 독일마르크는 가장 중요한 통화인데 독일이 국내 인플레를 억제하기 위해 취한 고금리정책이 독일 마르크의 미 달러 및 엔화에 대한 가치를 상승시키게 되고 따라서 EC 여러 다른 나라들의 통화가치도 동반하여 상승하지 않을 수 없게 되자 영국과 이탈리아가 ERM에서 탈퇴한 것이다. 이와 유사한 동요는 금년에도 이어졌는데 이번에는 프랑화 가치가 문제가 되었다 어쨌든 EC 환율체제하에서 최근 발생한 일련의 환율불안은 대부분 독일의 금리 (고금리) 정책과 관련되어 있다는 점이 특징적이다.

마지막 동요는 작년부터 시작하여 금년까지 지속되어 온 「엔고현상」이다. 1984년의 「엔고현상」과 구별하여 「신엔고 현상」이라고도 불리기도 하는데 이 현상은 미국의 무역적자와 일본의 무역흑자가 근본적으로 해결되지 못함에 따라 초래된 현상이고 따라서 과거와 같이 「동반적인 가치상승」이 아니라 엔화가치만 상승한다는 특징을 갖고 있다.

3. 새로운 국제통화질서의 구축은 가능한가?

우리는 앞에서 금본위제도로부터 고정환율제도의 하나인「브레튼 우즈 체제」를 거쳐 변동환율제도로 옮겨 온 과정과 함께 변동환율 제도하에서 일어난 네 번의 큰 동요를 살펴보았다. 그리고 그 동요들은 외채문제나 국제수지문제 혹은 국가 간 정책조화의 실패와 같은 다양한 원인에 의해 일어났음을 지적하였다.「고정환율제도」가 지니고 있는 경직성을 탈피하려고 취한 변동환율제도는 불안정성이라는 부작용을 초래한 것이다. 1970년 이래 아주 성공적으로 평가받아 왔던 EC의 통화체제, 즉 부분적으로는 고정환율제도이고 또 부분적으로는 변동환율제도였던 ERM 체제마저도 전에 없이 흔들리고 있다. 이러한 사실은 무엇을 경험론적으로 말해 주고 있는가.

그것은 어떠한 제도도 완벽할 수 없다는 것이다. 제도가 문제가 아니라 어떻게 제도를 운영하는 것이 더 중요하다. 최근의 엔고현상은 분명히 국제수지 불균형 때문에 일어났고 그런 까닭에 엔화가치의 상승은 당연한 현상이다. 그러나 엔화가치의 상승만으로 국제수지의 불균형이 시정될 수 있을 것으로 생각해서는 안 된다. 무역규제도 철폐해야 하고 외국업체에 대해 불평등적인 차별조치가 있다면 그것도 없애야 한다.

환율변동은 국제수지 불균형의 표면적 치유를 가능하게 할지는 몰라도 근원적 치유는 되지 못한다. 그런 점에서 환율변동은 응급조치에 불과하다. 그리고 그것은 엔화환율에만 국한되는 것은 아니다. 앞으로 엔화 가치가 얼마까지 올라갈지는 아무도 모른다. 다시 내려갈 수도 있다. 그럴 확률이 더 많다고 느끼는 전문가도 없지 않다. 그래서 고정환율제도로 복귀하자는 의견도 많다. 물가변동이 경쟁력에 변화를 초래한다는 점에서 환율변동을 물가에 연동시키자는 생각(즉 상품 바스켓 제도)이나 금본위제도로의 북귀 주장이 심심찮게 대두되고 있는 것이 그 예이다. 그러나 그런다고 해도 문제는 발생하게 된다. 고인 물은 결국 어떠한 방법으로든 넘치게 된다. 고이지 않게 해야 하고 고였다면 즉시 흘러 보낼 수 있어야 한다. 유럽의 통화체제는 그 방법론에 있어서 「합의」 또는 「정책적 협조」가 결여되었기 때문에 흔들린 것이다. 경기가 좋았다가 나빴다가 하는 것처럼 물가가 많이 오르다가 적게 오르는 것처럼, 환율도 오르다 내리다 하는 것이다. 이것은 피할 수 없는 당위(當爲)이다. 정책당국은 교란의 폭을 줄이도록 해야 할 의무가 있는 것이고 우리는 그때그때 잘 적응해 가야 한다. 그리고 그 적응에 있어서 가장 중요한 것은 앞으로 어떻게 될 것인가에 대한 정확한 예측이다.

혼돈과 불확실성의 세계에서 미래를 열심히 예측하고 그에 맞게 대응하는 것은 모순처럼 들릴지는 몰라도 그것은 엄연한 현실이고 또 피할 수 없는 일이다.

신엔고는 단기적, 조만간 95엔대로

이코노미스트, 1995년 3월 22일

1월 말까지만 하더라도 거의 1백 엔(99.63엔)에서 유지되던 엔화의 대미 달러 환율이 3월 초에는 90엔마저 일시적으로 붕괴되는 그야말로 「초엔고」상황으로 돌변했다. 한 달 사이에 10엔이나 빠진 것이다. 단기적『엔강』현상은 지난해에도 여러 번 있었지만 금년 2, 3월의 「초엔고 현상」은 그 절상속도가 매우 빠른 것이다. 이번 초엔고 현상의 원인이 무엇인가에 대해서 자신 있게 대답하는 사람은 없다. 물론 중장기적으로 달러화 가치가 약세기조를 벗어나지 못하고 있는 이유는 분명하다. 지난 10여 년간 미국이 안고 있는 여러 문제들, 즉 재정적자와 무역수지 적자, 구조적 경기침체가능성 등이 항상 미 달러화의 신뢰성을 저하시켜 왔었다.

그렇지만 그런 요인들은 늘 있어 왔다. 새로울 것이 없다. 영국 베어링즈 그룹의 도산파문도 이번의 달러가치 하락과 직접 연관되었다고 보기는 어렵다. 오히려 시장 참여자들의 심리가 대단히 큰 작용을 했다는 점에서 이번 엔고는 단기현상이 될 것이다. 시장참여자들은 늘 불안해 한다. 특히 미연방준비은행(FRB)이나 독일의 분데스방크 혹은 일본은행 등 중앙은행의 의지나 정책방침이 무엇일까 하고 궁금해 한다. 그래서 시장 참가자들은 그러한 의지나 방침을 중앙은행의 외환시장 개입규모나 개입시점 등으로부터 찾아내려고 전전긍긍한다. 작년의 10월 엔고 때는 11월 1일 선진국 중앙은행의 협조개입이 있자 곧 시장심리가 반전되었다. 그러나 이번에는 중앙은행의 협조개입에도 불구하고 엔화환율의 하락은 멈추지 않았다. 3월 2일 FRB, 3월 3일 14개 유럽국의 중앙은행들이 달러매입에 나섰지만 미 달러가치는 속락했다. 외환시장이 중앙은행, 특히 FRB와 독일 분데스방크 개입의지를 의문시한 때문이다.

FRB의 개입의지를 의심하게 된 이유는 달러를 방어하려면 미국금리를 올리거나 달러공급을 줄여야 하는데 이미 1994년부터 7차례나 연방금리를 올린 바 있고 또 멕시코 지원부담도 안고 있기 때문에 그것이 어려울 것이라는 판단이 섰기 때문이다. 독일은 자국 금리를 낮추거나 마르크의 공급을 늘려야 하는데 인플레억제를 위해서 분데스방크가 적극적으로 나서지는 못할 것으로 판단된 것이다. 자연히 일본은행만 남게 된 셈이다. 중앙은행의 개입능력도 문제시되었다. 하루 외환거래 규모가 1조 달러가 넘는 상황에서 아무리 중앙은행이라 한들 하루 수백억 달러나 개입하기가 힘든 형편에 시장개입은「상징」적 의미를 벗어나기가 어려운 실정이었다.

이러한 외환시장의 분위기는 곧바로 대규모 단기자금(Hedge Fund)의 이동을 수반하게 되고 그 결과로 환율이 급변했던 것이다. 그러나 아무리 환율이 변동한다 해도 90엔 이하로 떨어지는 것은 적어도 현재로는 상상하기 어렵다. 미국과 일본도 문제려니와 당장 유럽통화체계(ERM)가 붕괴될지도 모르기 때문이다. 3월 7일 이후 대체로 91엔대에서 엔화 환율이 안정을 되찾고 있는데 비관론자들은 지금의 안정이 쉬어 가는 것일 뿐 90엔 선마저도 붕괴될 것이라고 생각한다. 다시 1백엔 선까지 반등할 수 있다고 보는 사람도 있다. 일본의 기관투자가의 달러 매입과 독일 분데스방크의 금리인상조치가 따라 주면 그렇다는 것이다. 90엔 이하로 하락하는 것은 미국의 인플레, 일본의 경제침체, 그리고 유럽통화체계의 교란을 의미하기 때문에 가능성이 희박하다. 그렇다면 반등할 것인가 아니면 90엔대에서 머물 것인가. 여기서 우리는 작년 6월과 10월 엔고의 경험을 되새겨 볼 필요가 있다. 먼저 6월 하락은 곧 7월과 8월 초순까지 상승으로 이어졌고 10월 하락은 11월과 12월의 상승으로 전환되었다. 6월의 6엔 하락은 그 다음 달의 약 4엔 상승으로, 그리고 10월의 4엔 하락은 11월과 12월의 5엔 상승으로 하락효과가 크게 상쇄되었다. 이런 경험에 비춰 3월의 「초엔고」는 그것이 근본적이고 구조적인 현상이라기보다는 투자심리와 주변의 국제금융여건변화에 대한 과민한 반응에서 온 것이라고 볼 때 빠르게 회복될 수도 있다. 물론 99엔대까지 회복된다고 보기는 어렵더라도 다음 달 내로 95~96엔대까지 쉽게 상승하는 것은 하나도 이상할 것이 없다.

[그림] 실제 엔 달러 환율

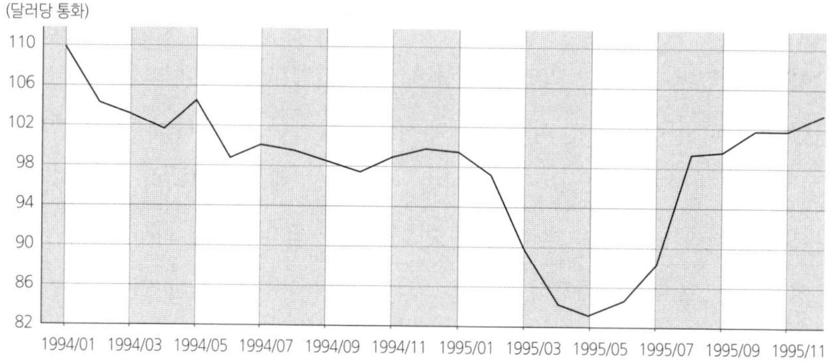

광복 50주년을 맞으며

인사관리, 1995년 5월 1일

광복이 된 지도 올해로 50년이 되었다. 늘 왔다가 지나가던 8월 15일이지만 금년은 좀 다르다. 아니 많이 달라야 한다. 전후 세대가 일본에 대해 뭘 알겠는가 하겠지만 우리 세대는 아버지와 할아버지가 어떤 고통을 당하셨는지를 지켜보며 자라 왔고 우리들의 조상이 그들에게 어떤 수난을 당했는지 학교에서 배우며 커 왔다. 1945년 미주리호 함상에서 무조건 항복할 때만 하더라도 일본이 다시 일어서리라고 믿었던 사람은 거의 없었다. 그러나 그들은 다시 일어섰다. 아니 일어섰을 뿐 아니라 세계시장을 장악하고 뿌리를 내리고 뻗어왔다. 세계를 발아래 밟고 일어선 것이다. 우리라고 예외는 아니다. 수입부품이나 생산설비만 의존적인 게 아니다. 만화, 노래, 젊은이들의 의상까지도 일본 모양을 본뜨고 있다. 축구나 바둑을 일본한테 지면 불호령이 떨어져도 정작 가전제품이나 자동차는 일제를 국산보다 더 쳐주고 있다. 좋으니까 좋아하는 건 당연할지도 모른다. 그러면 우리는 왜 그들보다 못 만드는 걸까? 우리가 모자라서 그럴까? 그건 분명 아니다.

그들은 문제가 생기면 '내가 무엇을 해야 하는가'를 먼저 찾는다. 그것이 국가의 문제이든 자기 회사의 문제이든 아니면 가정의 문제이든 일단 책임을 다해 놓고 본다. 우리는 문제가 생기면 일단 '당신은 무엇을 해야 할 것인가'를 먼저 생각한다. 그래서 사장은 직원이, 직원은 사장이, 관료는 국민이, 국민은 관료가 무엇을 해 주기를 먼저 바란다. 1989년 이후 1992년까지 4년에 가까운 경기침체 국면 때 R&D 투자 부족이니, 3D현상이니, 과소비니, 고속도로 정체나 항만부족, 공휴일이 너무 많다느니 하는 얘기들이 무성했던 것을 기억하고 있다. 일본은 1985년 이후 3년의 엔고 때 전기 값마저 아끼려고 한밤중에 공장에 나와 일했었다. 공장에서 쓰는 1엔의 비용을 자기 돈마냥 아껴 가며 일했다. 집에서나 회사에서의 행동이 다르지 않았다. 우리도 각자의 집에서는 절약한다. 내 것이고 내 돈이니까 아낀다. 그렇지만 회사 문을 들어서는 순간 태도는 바뀐다. "이게 내 돈인가", "이렇게 절약한들 내게 무슨 득이 있는가?" 이런 생각 때문인지 몰라도 우리 기업들의 사무 및 생산에 드는 관리비가 엄청나게 많다. 당연히 수입제품 값이 비싸고 그래서 수입은 늘어난다. 수입이 늘면 의당 국내업체는 발붙이지 못하고 따라서 공동화되는 것이다. WTO체제가 출범하고 바야흐로 경제전쟁의 시대라고 한다. 우리의 진정한 적(敵)은 누구인가? 광복 50년을 기념하는 이 마당에 우리는 일본에 대해 얼마만큼 기억하고 또 미래의 그들에 대해 얼마만큼 대비하고 있는가를 우려하지 않을 수 없다.

II

IMF 외환위기와 이후 15년 (1998-2012)

초우량 기업을 키우자

서울신문, 1997년 12월 29일

이번 국제통화기금(IMF)과의 협정으로 외국인의 국내주식 투자지분에 대한 한도가 큰 폭으로 확대되면서 외국인의 국내기업에 대한 인수 및 합병에 대한 제한이 거의 완전하게 자유화됐다. 이러한 조치는 앞으로 국내 기업들에게 새로운 심각한 부담, 즉 경영권 방어의 부담을 안겨다 줄 뿐만 아니라 한국기업의 국제적 경영활동과 산업구조 및 기술적 발전에 심각한 타격을 줄 수 있다. 예컨대 외국의 투자가가 한국의 특정기업(군)의 경영권을 지배하는 경우 인수된 그 한국기업의 수출을 제한시키거나 기술개발을 제한시키는 등 자국의 이해에 따라 경영전략을 운영해 나갈 것이 분명하다. 이러한 경영전략은 그만큼 산업구조에 있어서나 경영에 있어서의 자주권을 상실함을 의미하게 된다.

그런 점에서 특별히 우려되는 것은 국내에(특히 지식인들에게) 팽배해 있는 재벌해체론과 이에 편승한 외국인의 대기업 사냥의 가능성이다. 지난 1996년 7월에 비해 주가는 50% 이상 떨어졌고 환율은 50% 이상 올랐으니 달러로 환산한 국내 주가는 그동안 4분의 1로 줄어든 셈이다. 그러므로 전체 상장기업의 시가총액을 70조 원이라고 하면 그 50%를 인수하기 위해서는 220억 달러만 있으면 가능하다는 이야기이다. 나라의 자긍심을 갖게 하는 기업이 선진국에 많은 것과 같이 우리에게도 우리가 자긍심을 갖는 기업이 있어야 하고 또 많아야 한다. 초우량기업이라고 부르든 초일류기업이라고 부르든 그것은 상관없다. 세계와 어깨를 겨룰 수 있는 기업이 많이 나와야 하고 또 육성되어야 한다. 그런 점에서 위기에 처한 우리가 생각하고 또 행동으로 옮겨야 할 과제는 어느 재벌을 해체하는가 하는 문제보다 어떻게 하면 국내기업들을 초일류, 혹은 초우량기업으로 키워 나가는가 하는 문제이어야 한다. 이를 위해 정부는 정부대로 불합리한 제도나 규제나 관행을 없애야 함은 물론 인력과 조직을 과감히 줄여 국민과 기업의 세금부담을 줄여야 한다. 또 국민은 자기 시장과 일터가 중요한 것인 만큼 기업을 사랑하고 인내하고 또 아껴야 한다. 마지막으로 기업들은 가뜩이나 좁아 터진 내수시장만 들여다볼 것이 아니라 WTO와 OECD로 넓어진 세계시장의 석권을 노리는 쪽으로 방향을 선회해야 할 것이다. 세계시장을 노리는 기업은 절대로 국내 중소기업의 영역을 넘보지 않으며, 문어발 경영을 하지 않으며 과다차입의 부실경영을 하지 않는다. 과다차입과 부실경영과 문어발경영이 미운 것이지 기업 자체가 미운 것은 아니지 않는가. IMF시대라고 모두 움츠러들어 있지만 결단코 우리의 미래는 어둡지 않다. 먼저 원화환율의 상승으로 수출가격 여건이 엄청나게 개선되었다. 물론 어느 정도의 시차가 있어야 나타나기는 하지만 대체로 1998년 하반기 들어서면서부터 무역수지는 50억 달러 이상의 흑자를 실현할 것이며 1999년 중에는 1백 억 달러 이상의 무역수지 흑자가 예상된다. IMF위기를 그야말로 IMF 기회로 변환시킬 수 있는 절호의 찬스가 우리 앞에 놓여 있는 것이다.

용틀임하는 중국경제

세계일보, 2000년 1월 11일

용띠인 경진년에 용의 나라 중국은 세계무역기구(WTO)에 가입한다. 작년 11월 미국과의 협상을 마친 중국은 올해 중 EU 등과 협상을 매듭짓고 정식 가입할 것으로 전망된다. 내부 강경파들의 저항에도 불구하고 중국이 13년간 끈질기게 WTO에 가입하고자 한 것은 무엇보다 무역과 외자유치의 확대에 있다. WTO가입을 통해 수출시장을 확대하고 외자 국내유치를 촉진시켜 성장과 고용의 두 마리 토끼를 잡아 보자는 의도인 것이다. 선진국들의 엄격한 비관세장벽과 차별대우에도 불구하고 중국의 무역은 WTO에 가입하지 않았던 지난 20여 년간 엄청나게 증가했다. 수출은 1975년 77억 달러에서 1998년에는 1,836억 달러로 24배나 증가했고, 수입은 같은 기간 중에 79억 달러에서 1,403억 달러로 18배 증가했다. 같은 기간 중 우리나라의 교역증가율에도 전혀 뒤지지 않는 기록이다. 미국에서 팔리는 세 개의 장난감 중 두 개가 중국산이고, 전 세계 여행가방과 손가방의 1/3이 중국제품으로 추계되고 있다. WTO에 가입함으로써 중국 상품에 대한 비관세장벽이나 차별적 대우가 철폐되면 세계 시장에서의 중국의 위상은 더더욱 높아지게 될 것이다.

이런 수출에 있어서 괄목할 만한 중국의 부상에 대해 선진국들은 이솝의 토끼처럼 느긋하게 보고 있다. 미국만 하더라도 중국과의 교역은 멕시코와의 교역의 절반도 안 되고, 대만과의 교역보다도 작다. OECD 전체로 보더라도 전체 공산품수입에서 중국산이 차지하는 비중은 0.5%에 불과하다. 그러나 중국의 부상이 선진국들에게는 사소할지 몰라도 우리에게는 다른 문제다. 1991년만 하더라도 한국과 중국의 수출규모는 720억 달러로 거의 같았다. 그렇지만 7년 사이에 중국의 수출규모는 한국보다 38%나 커졌다. 우리나라도 그사이에 매년 6.6%씩 수출이 증가했지만 중국의 속도가 훨씬 더 빨랐다.

중국이 우리를 긴장하게 하는 것은 수출증가속도만이 아니다. 그것은 그들의 수출증가가 바로 우리의 수출 감소를 의미할 수 있기 때문이다. 실례로 1994~1999년에 우리나라의 총수출은 37.8% 증가했지만(960억 달러에서 1323억 달러) 그 기간 중에 직물수출은 3%, 의류수출은 22% 이상 감소했으며, 가전제품 수출은 37%나 감소했다. 앞으로 10년 안에 철강, 선박, 정보통신기기, 반도체 같은 중추 산업마저도 중국이 경계수준을 넘어 한국을 위협하게 될 것은 분명하다.

중국이 한국의 경제적 생존에 위협이 될 것인지 아닐 것인지는 근본적으로 두 가지 관건에 달려 있다. 하나는 중국의 문제이고, 다른 하나는 한국의 문제다. 먼저 중국의 문제란, 필요한 막대한 자본을 어떻게 조달할 것인가 하는 문제다. 물론 낙후된 기술과 부패된 사회체제의 문제도 있지만 적어도 한국 정도의 산업적 기술수준을 따라잡는다는 점에서 볼 때는 아무래도 자본조달이 가장 시급한 문제가 될 것이다. 지난 수년간에 있어서 중국의 최대 자본조달 수단은 과거의 대만과 같이 직접투자였다. 1997년만 하더라도 442억 달러가 직접투자의 방법으로 중국에 유입됐다. 그해 우리나라에 유입된 직접투자금액(28.4억 달러)의 15배가 넘는 금액이다. 물론 1999년에 들어 직접투자금액이 다소 감소하고는 있지만 그 대신 외국인의 증권투자가 현저히 늘어나고 있으며 앞으로도 직접투자방식과 함께 증권투자를 통한 외자유입은 큰 무리 없이 중국의 비약에 중요한 몫을 해내게 될 것이다.

그렇기 때문에, 한국에 대한 중국의 위협은, 중국의 문제가 아니라 한국의 문제, 즉 한국이 어떻게 발 빠르게 앞서 나가는가, 그렇지 못한가의 문제로 귀결되는 것이다. 다시 말해 중국의 거센 용틀임에 한국이 침몰할 것인가 아닌가는, 한국근로자들의 생산성이 어느 정도로 빨리 상승해 주는가, '무리한' 임금인상요구가 어느 정도로 자제되는가, 그리하여 각 기업들의 영업과 이윤이 어느 정도로 확대 축적되는가에 달렸다. 즉 그 잉여이윤이 새로운 설비와 기술과 상품개발에 적극적으로 재투자되는가, 그리고 정부와 사회가 어느 정도로 기업을 열심히 밀어주고 격려하는가에 달린 것이다. 느린 거북이는 아무리 먼저 출발했다 하더라도 언젠가는 반드시 토끼에게 추월당하게 돼 있다. 잠자는 토끼가 느린 거북이에게 따라잡히듯이 말이다.

증시 인위적 활성화 안 돼

세계일보, 2000년 2월 20일

정부는 최근 증권시장 활성화 방안을 내놓았다. 재정경제부와 금융감독위원회, 양대 증권거래소, 증권업협회 실무자들은 지난 15일 "건전한 자본시장 발전을 위해 증권거래소와 코스닥시장의 균형적 발전이 중요하다"는 데 의견을 모으고 대책을 발표했다. 금융감독위원회 대변인이 기자회견을 통해 밝힌 '대책'의 윤곽은 한마디로 '양동작전'이라 표현할 만하다. 코스닥시장의 투기적 단타매매를 억제하는 한편 중-장기적으로는 증권거래소 시장의 진입장벽을 낮추고 거래비용을 줄여 증권거래소 시장을 활성화하겠다는 게 대책의 골격이다.

그러나 이 대책은 세 가지 측면에서 그 효과가 회의적이다. 첫째, 코스닥시장에서 기관투자가의 투기적인 단타매매에 제동을 걸겠다는 발상이 문제다. 단타매매가 과연 '불법적'인가, 그리고 불법적이라면 어떤 단타매매가 불법적인가 하는 어려운 문제는 그만두고라도, 기관의 단타매매에 대해서만 '경고'하고 '단속'하는 것은 적어도 형평성과 자율성이 적극 보장돼야 하는 자본주의 경제체제에선 온당치 않은 발상이다. 증권시장의 건전한 발전을 저해하는 투기적 단타매매가 어떤 것인지를 먼저 명확히 정의한 뒤에 그런 것이 있다면 개인투자가든 기관투자가든 경제주체를 불문하고 '공평하게' 규제하면 될 것을 '모호하고 알쏭달쏭'한 기준을 가지고 기관투자가만 옭아매려 하는 발상은 실효성이 전혀 없는 낡아빠진 행정 권위주의적 사고의 표본이다. 이런 행정권위주의적 발상이 드러나는 또 다른 대목이 바로 이상매매 감시 인력을 20명에서 40명으로 늘린다는 것이다. 문제는 인력 숫자가 아니다. 투기적 매매가 무엇인지를 정확히 정의하기만 하면 컴퓨터 프로그램을 통해 자동적으로 그런 이상매매를 포착할 수 있을 것이기 때문에 모니터링 인력의 숫자는 오히려 훨씬 적어도 될 것이다.

둘째, 증권거래소 활성화 방안에 관한 문제점이다. 이번에 나온 증권거래소 활성화 방안의 요체는 외국 증권사의 국내 거래소 진입장벽을 완화하고 외국주식의 국내 상장을 허용한다는 것이다. 말하자면 증권거래시장의 대외개방인 셈이다.

증권사들이 증시 호황을 타고 엄청난 수익을 올리는 상황에서 한국 증권업이 외국 증권사들의 매력 대상이 됨직한 것은 분명한 사실이다. 그렇다고 하더라도 타국 증권사가 국내에 진입하면 증권거래소 시장이 활성화될 수 있을 것인지 의문스럽다. 더욱이 외국 주식의 국내 거래를 허용하는 경우엔 대단히 큰 혼란이 발생할 수 있다. 먼저 과연 어떤 외국기업의 주식들이 국내에서 거래될까. 미국의 MS나 GM과 같은 초우량기업일까, 아니면 잘 알려지지 않은 기업일까. 또 그런 경우에 조달된 자금이 해외로 나갈 때 발생하는 외화수급과 환율불안정 문제는 어떻게 할 것인가. 국내주식에 투자되던 자금이 외국주식으로 급격히 이동할 경우에도 그런 조치들이 증권거래소 활성화에 기여할 것인가.

끝으로, 최근의 증시 상황에 대한 정부의 시각이 대단히 근시안적이라는 점이다. 최근 떨어지긴 했지만 현재의 종합주가지수는 1998년 말에 비해 110% 가량 증가한 수준이므로 장기적인 안목에선 침체됐다고 보기 어렵다. 따라서 증권거래소에 대한 인위적인 '활성화 방안'을 거론하는 것은 시기상조인 것으로 판단된다.

더욱이 우리보다 주가가 덜 상승한 미국이 '과열' 방지를 위해 여러 차례 금리인상으로 진정조치를 취해 온 것과는 반대로 정부가 의도적으로 증권시장에 간섭하는 것은 정책당국의 신뢰성을 잃게 할 뿐 아니라 향후 부작용을 초래할 가능성이 높다. 지금 증권당국이 해야 할 일이 있다면, 과연 얼마나 많은 개인투자자들이 '대출'받은 돈으로 증시에 참여하고 있고 그 대출 규모는 얼마이며, 그래서 지난 수개월간 얼마나 손실을 입었는지 등이다. 이들의 투자 손실이 증권사의 '잘못된' 정보나 권유에 의한 것이 아닌지도 밝혀내야 한다. 그래야 서민을 포함한 투자자들의 신뢰를 지켜 낼 수 있다. 그렇지 않을 경우 1988-89년과 1994-95년 증시호황 뒤 찾아온 기나긴 자본시장 침체의 반복을 피할 수 없을 것이다.

'원고' 더 이상 방치 말라

세계일보, 2000년 3월 27일

고침무우(高枕無憂)란 말이 있다. 나무베개 높이 벤 채 아무런 걱정을 하지 않는 한심한 상황을 비꼬는 말인데 우리나라 외환시장에도 걸맞은 말이다. 원화가치가 연일 치솟아 그야말로 도끼자루가 썩는데도 당국은 베개를 높이 베고 낮잠이나 자고 있다. 지난 주 달러당 원화환율은 1,110원대가 붕괴됐다. 1997년 11월 26일 이후 약 27개월 만에 처음 있는 일이고 환율이 가장 높았던 97년 12월 23일 1,995원에 비해 무려 880원(약 44%)이나 떨어졌다. 게다가 주식시장을 통해 들어오는 외국자본의 규모나 '국내요인에 따른 환율변동에 대해서는 시장에 맡기겠다.'는 당국자의 속셈대로라면 환율은 앞으로 더 떨어질 것이 뻔하다. 우선 무역업체의 수출 채산성이 크게 떨어질 수밖에 없다. 여기에다 원화가치의 상승으로 수입상품의 경쟁력이 높아지면 수입품과 경쟁하는 수많은 내수업체들은 결국 도태되기 마련이다. 이것이 두 번째 난제다. 플라스틱 신발 가구 의복 등 수많은 소위 경공업 업체들이 이미 그런 과정을 밟아 도태됐다. 더구나 원고가 계속 진행되면 경공업제품, 자동차 컴퓨터 등 전자기기 조선 화학 등의 중추 산업은 물론 통신-건설-금융 산업조차도 상당수가 도태되거나 외국인에게 흡수되어 산업기반 자체가 붕괴될 위험이 있다. 셋째로는 국민소득과 재산의 뻥 튀김 현상으로 일어나는 환각상태다. 네 번째 문제는 원화환율 하락이 물가안정에 도움이 될 것이라는 환상이다. 환율이 내려가면 수입물가가 내려간다는 '이론'에는 의심의 여지가 없다. 문제는 현실적으로는 물가가 그렇게 많이 내려가지 않는다는 점에 있다. 끝으로 국내의 부가 해외로 빠져나간다는 점이다. 수입상품의 가격뿐만 아니라 외국의 부동산이나 주식 가격이 '싸게' 느껴지기 때문이다. 이들 다섯 가지의 문제점은 공연한 우려나 위기감을 조성하려는 게 아니라 하나같이 우리가 이미 경험한 일들이다.

그것도 한 번이 아니라 두 번이나 말이다. 6공화국 말기인 1991-92년과 YS정부 말기인 1996-97년이 그것이다. 1991년의 경상수지적자는 그 당시까지 '사상 최대'(83억 달러)를 기록했고 경제성장률도 5%대로 떨어졌었다. 이를 당시에는 '총체적 위기'라 불렀고 마침 그해에 있었던 대통령선거 입후보자 모두가 경제살리기를 화두로 삼았다. 5년 뒤인 1996년에는 상황이 더 심각했다. 사상 최대의 적자(230억 달러)에 주가도 폭락했으며, 성장률도 급격히 떨어졌고 결국은 IMF 위기로 전락했다. 이 두 정부 모두 지금의 'IMF극복'에 버금가는 '영광'된 한때를 가졌던 적이 있었다. 6공화국의 1988년 영광(종합주가지수 900, 10.5% 성장률, 2.7% 물가상승률)이 그랬고 YS정부의 1995년 영광(종합주가지수 934, 8.9% 경제성장률, 4.7% 물가상승률)이 그랬다. 그러나 이 두 '영광'은 원화환율의 하락 방치라는 같은 이유로 말미암아 하루아침에 물거품이 됐다. 6공화국은 800원이 넘던 환율을 1989년 660원대까지 내려놓았고 YS정부는 1995년 엔화의 달러당 환율이 50%(달러당 80엔에서 120엔대) 가까이 올랐는데도 원화환율을 808원대에서 750원대로 내려놓은 엄청난 과오의 당연한 결과였다. 지금의 상황은 과거 정부 때보다도 두 배 이상 더 위험하다. 대량의 외국자본이 유입된 상황이어서 원화 환율을 하락으로 촉발되는 외자유출의 규모와 속도는 훨씬 크고 IMF 위기 이후 외환시장이나 자본시장의 규제완화로 환율-금리변동의 불안정성 또한 훨씬 커졌기 때문이다. 게다가 자라 보고 놀란 가슴 솥뚜껑 보고도 놀란다고 IMF 위기에 놀란 기업이나 국민의 심리는 'I'자만 보고도 놀랄 만큼 극도로 긴장되어 있다. 환율의 약효는 대개 1년 정도 뒤에나 나타나므로 지금 방어하더라도 이미 상당히 늦었다. 환율하락 방치라는 정책적 과오를 다시 범한다면 현 정부도 6공화국이나 YS정부와 전혀 다를 바가 없을 것이다.

우리경제 체질 문제없나

세계일보, 2000년 8월 21일

몇 주 전, 모 국책연구기관의 연구 결과가 논란거리가 된 적이 있었다. 모호하기는 했지만, 경기가 금년 1사분기를 정점으로 해서 하강국면에 진입했을지도 모른다는 의견이었다. 그 결과가 논란거리가 된 이유는 명백했다. 정부당국의 낙관론과는 거리가 너무 먼 것이기 때문이었다. 최근의 경기논쟁에 혼란이 초래되는 기술적인 이유는 크게 두 가지다. 하나는 경기상승국면을 어떻게 정의하는가에 대한 혼동이고 다른 하나는 1998년의 비정상적인 하강에 따른 1999년의 '반사적' 착시현상에 따른 혼란 때문이다. 미국의 경기판단은 GDP증가율 0%를 기준으로 정의된다. GDP증가율이 두 분기 이상 0%보다 높으면 경기가 상승국면에 있다고 보고, 0%보다 낮으면 하강국면으로 해석한다. 따라서 그렇게 본다면 지금의 경기는 분명히 상승국면에 있다. 그러나 그렇게 정의하자면, 1982년 이래 20년 동안(1998년을 제외하면) 우리나라의 경기하강국면은 한 번도 없었던 셈이 되는데, 그간에 최소한 네 번 이상의 하강국면이 있었던 것은 분명하기 때문이다. 1984-85년에는 경제성장률이 6%가 넘었는데도 침체 국면으로 해석되었고, 1992년의 경기 침체기에도 경제성장률은 4%를 넘었었다. 1998년의 비정상적인 경제침체(경제성장률 -6.7%)에 따른 착시현상도 경기에 대한 판단을 흐리게 한다. 1998년에 비해 10.7%(잠정) 증가한 1999년의 경제도 1997년을 기준으로 볼 때에는 약 4% 증가에 불과한 것이다. 그렇다면 지금의 경기는 과연 상승국면에 있는 것인가? 그리고 앞으로도 당분간 경기가 상승국면을 지속할 것인가? 여기에 대해 부정적인 판단을 내릴 수밖에 없는 몇 가지 이유가 있다.

첫째로는 지난해 4사분기 이후 생산증가율이 현저히 둔화되고 있다는 점이다. 전체 산업의 경우, 작년 4사분기의 생산증가율은 28.9%였으나 금년 2사분기에는 18.3%로 10.6% 포인트나 줄어들었다. 산업생산증가율이 10% 포인트 이상 줄어든 예는 지난 20여 년 동안 대표적인 경기침체인 1989년(10.0%포인트)과 1985년(10.0%포인트) 이외는 없었던 일이다. 둘째로는, 수출증가율도 현저히 둔화되고 있다는 점이다. 수출(출하)증가율의 경우, 작년 4사분기에는 37.7%이던 것이 금년 2사분기에는 22.2%로 15.5% 포인트나 줄어든 것이다. 수출이 그래도 22.2%나 증가한 것이 대견스럽다고 생각한다면, IMF위기로 들어간 1997년에도 수출은 19.9%나 증가하고 있었다는 사실을 기억해 둘 필요가 있다. 셋째로는 재고가 빠른 속도로 늘어나고 있다는 사실이다. 사실 작년 3사분기 이전만 하더라도 재고는 지속적으로 감소하고 있었으나, 작년 12월을 기점으로 하여 증가세로 돌아서서 금년 2사분기 현재 재고는 작년 동기에 비해 11.8%나 증가하였고, 또 앞으로도 증가할 것이 분명해 보인다. 물론 경기침체 진입기의 전형적인 재고증가율(1984년의 16.3%, 1989년의 18.1%, 1998년의 16.5%)에 비해 다소간의 여유는 있어 보이지만, 재고증가에는 관성의 법칙이 작용하는 것이기 때문에 최근의 증가세가 계속된다면 결코 안심할 상황은 아닌 것이다. 앞으로 다가올 경기침체가 우리 경제에 상상을 초월하는 부담을 초래할 것이라는 데 동의한다면, 남은 과제는 '어떻게 해야 하는가?'에 집중해야 된다는 것이다. 이런 점에서 '선 구조조정-후 기업경쟁력제고'라는 시각이나 전략은 문제점이 많다. 죽어야 할 기업은 죽여 놓고, 살아남은 기업으로 승부를 걸겠다는 이 전략은 1998년과 같이 자칫 모든 기업을 죽일 우려가 있기 때문이다.

따라서 올바른 전략은 '선 기업경쟁력제고-후 구조조정'이어야 한다. 일단 기업들과 경기를 살려 놓은 다음에, 문제기업들의 구조개선을 도모해야 한다. 그러기 위해서는 구조조정의 압박보다는 기업규제를 과감히 풀어 주고, 조세-준조세부담을 줄여 주며, 기업의 자율성과 창의성이 최대한 보장된다는 '분위기쇄신'이 필요하다. 지금과 같이 대기업 중소기업 할 것 없이 몰아세우는 분위기로는 결단코 기업이나 경제는 물론 '시장중심의 민주주의'도 꽃피우지 못할 것이다.

[그림] 실제 경제성장률

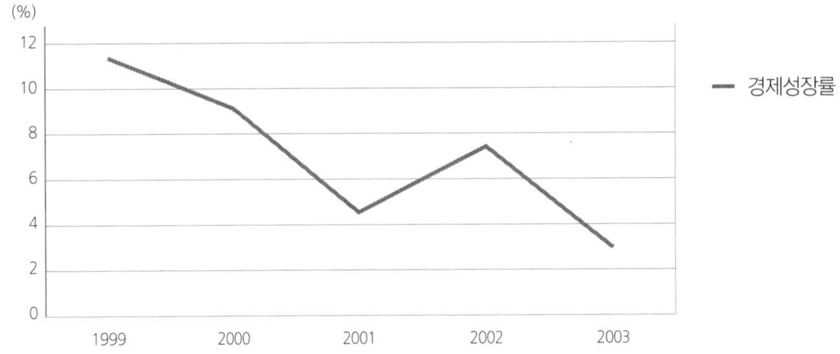

제2의 IMF위기는 과연 오는가?

숙대신보, 2000년 10월 2일

IMF위기란 한 나라의 외환사정이 핍박하여 IMF로부터 긴급자금을 얻어 써야만 하고, 그런 과정에서 요구되는 IMF의 요구조건을 따라가면서 발생하게 되는 경제적인 충격 상태의 장기적인 지속상태를 말한다. 만약 IMF로부터 자금지원을 받지 못하고 따라서 자체적으로 외환부족을 극복하는 과정에서 발생하는 경제적인 충격 상태의 지속은 그냥 외환위기라고 한다. 그런 점에서 통상적인 외환위기와 IMF위기는 원인은 같고 증상만 다른 변종이라고 할 수 있다. 외환위기 혹은 IMF위기가 다시 올 것인가의 여부에 관해서 첫 번째로 물어야 할 질문은, "과연 심각한 외환부족상태가 올 것인가?"하는 질문인데, 이 문제에 제대로 답하기 위해서는 '외환유입'이 어느 정도로 위축될 것이며 또 '외환유출'이 어느 정도로 촉발될 것인가를 고찰하여야 한다. 먼저 외환유입의 위축정도에 있어서는 그다지 우려가 없다. 외환이 잘 들어올 것이라는 뜻이 아니라, 외환위기를 촉발하리만치 큰 유입감소는 없을 것이라는 뜻이다. IMF위기 이전이든 이후이든, 적어도 자본유입에 있어서는 큰 변화가 있다고 할 수 없기 때문이다. 가장 문제가 되는 것은 '외환유입의 급감'이 아니라 오히려 '외환유출의 폭증'이라는 데에 있다. 1997년의 경우에도 250억 달러의 해외투자가 발생하였는데, 이는 IMF로부터 빌려쓴 210억 달러보다도 20%나 더 큰 규모이다. 외환유출이 특히 우려되는 이유는 외국인의 국내증시투자(약 550억 달러)의 30%만 빠져나간다 하더라도 165억 달러이고, 단기외채(1년 이내에 갚아야 할 돈)만도 약 500억 달러이며, 장기외채를 20%만 갚아 나간다 하더라도 연간 약 200억 달러를 지급해야 한다. 여기에다가 외채에 대한 연간 이자지급액 100억 달러만 더해도 연간 외화유출 규모는 벌써 960억 달러를 넘어 우리나라의 외환보유고가 위태로워지는 것이다. 여기에 더해 국내기업 등의 해외투자가 지속되고 또 경상수지마저도 적자로 반전된다면 제2의 외환위기는 더 이상 피할 수 없는 필연이 되고 마는 것이다.

이러한 파국을 미연에 방지하기 위해서는 무엇보다도 외환보유고를 확충하는 일이며, 이를 위해서는 강요된 외자유치보다는 외화획득의 방법, 즉 수출장려와 수입억제, 그리고 불필요한 해외진출의 자율적인 절제 등의 방법이 강구되어야 한다. 국내자산의 해외매각방법이나 외국자본의 국내참여방법보다는 국내기업의 자율적인 영업활동을 통한 외자축적의 방법이 선호되어야 한다. 그러기 위해서는 기업의 창의와 자율이 최대한 보장되어야 하며, 어떠한 명목으로라도 기업의 합법적인 경영이 간섭받아서는 안 되는 것이다. 그런 점에서 최근에 강조되고 있는 해법은 본말이 전도된 해법이라고 아니 할 수 없다. 기업에 대한 구조조정압력이 기업의 경영을 위축시키고 따라서 외자획득보다는 해외도피의 가능성을 높여 문제를 더욱 꼬이게 만들 뿐이며 상황을 더욱 어렵고 복잡하게 만들 가능성이 높다고 할 수 있다. 구조조정이 몰고 올 부작용에 대해서는 전혀 고려가 없이 결과에 대한 환상만으로 강행되는, 그야말로 교과서 원론적인 탁상공론 해법에 불과한 것이다.

발전 산업의 민영화

세계일보, 2002년 4월 4일

그야말로 극적이었다. 총파업을 단 몇 시간 앞두고 민주노총과 노동부가 합의문을, 그것도 밤샘 작업으로 이끌어 낸 것이다. 총파업이 몰고 올 수출타격과 경제파장을 우려하던 국민들은 무엇보다도 37일간이나 지루하게 끌어 오던 농성이 끝남을 우선 환호로 반겼다. 그러나 그 극적으로 타결된 합의문 내용은 극적인 만큼이나 희극적이었다. 문제의 핵심을 양측이 전혀 외면해 버린 것이다. 이번 문제의 핵심은 처음부터 발전 산업의 민영화를 놓고 찬성하는 정부와 반대하는 발전노조 사이의 의견대립이었다. 그럼에도 불구하고 그 문제에 대해서는 '논의하지 않기로' 합의해 버린 것이다. 이것은 문제를 해결한 것이 아니라 다만 덮어 둔 것에 불과하다. 언젠가 다시 터질 시한폭탄처럼.

민영화에는 해야 할 민영화가 있고 해서는 안 될 민영화가 있다. 그리고 성공하는 민영화가 있고 실패하는 민영화가 있다. 민영화 방법에 따라 성공할 수도 있고 또 실패할 수도 있다. 민영화는 '국익에 기여하는 정도'에 따라 판단되어야 한다. 국방-행정-교육과 같은 사업은 완전 민영화 대상이 될 수가 없지만 발전은 전화나 교통수단과 같이 '간접적'으로 국익에 보탬이 되는 사업으로 보아야 할 것이고 따라서 민영화가 금지될 성질의 사업은 아니라고 본다. 그러므로 정부의 민영화 정책이 일관성을 갖기 위해서는 전력사업뿐만 아니라 수도 사업이나 도로사업과 같은 분야의 민영화계획도 체계적이고 종합적으로 제시되어야 할 것이다. 분명히 최근 들어 발전 산업은 급박하게 변모하고 있다. 정부 소유의 독점체제에서 민영화로 빠르게 진전되고 있을 뿐만 아니라 진입규제 완화추세에 따라 다양한 형태의 소규모 발전사업자가 등장하여 기존 대형 발전업체를 위협하고 있다. 그렇다면 이런 발전산업 민영화 및 혁신추세에 비추어 볼 때 한국 발전사업의 민영화는 과연 성공할 수 있을까.

먼저 하나의 회사를 다섯 개로 나누고 그 각각을 원하는 내외국인에게 매각하는 것만으로 민영화가 완성된다고 보면 그것은 착각이다. 우선 규모의 경제의 원칙에 위배된다. 모든 분야에서 통폐합을 통해 비용절감과 업무혁신을 추구하는 마당에 전력산업만 거꾸로 분할하는 것은 모순이다. 둘째, 경쟁을 통해 효율성을 추구한다는 논리는 도시가스 사업이나 이동전화 사업이나 휘발유 사업에서 보아 왔듯이 사실상 허구에 불과하다. 이런저런 이유로 전력가격은 물가 이상으로 인상될 것이다. 끝으로 전력산업 내의 경직성과 관료성, 외부개입 등이 차단될 수 없어 자율성과 창의성과 책임감이 전혀 살아나지 못할 것이다. 발전 산업의 민영화가 성공하기 위해서는 우선 당사들의 '의욕적이며 창의적인 참여'와 비전제시가 필수적이다. 둘째로는 민영화 일정에 대한 정부의 직접적인 간여는 배제되어야 한다. 정부가 아닌 국회나 국회가 위임한 중립조직에 의해 모든 민영화 일정과 절차가 주관되어야 한다. 셋째로, 다른 모든 절차가 그렇듯이 민영화의 모든 내용과 과정에 철저한 투명성의 원칙이 보장되어야 한다. 전력은 국민 모두에게 분명히 중요한 사업이다. 발전 노조뿐만 아니라 국민 모두가 관심을 가지고 있는 사항이다. 그렇기 때문에 이 문제가 노조에 의해 제기되고 갈등을 불러왔을지는 몰라도 국민적 공감대 없이 노조와 정부만의 합의에 의해 해결될 그런 성질의 문제는 아닌 것이다.

경제특구는 '외국인 잔칫상'

세계일보, 2002년 7월 23일

동북아 비즈니스 중심 국가를 육성하기 위한 정부의 방안이 모습을 드러내고 있다. 2003년부터 경제특구로 지정될 5개 지역, 즉 송도 신도시, 영종도 신공항, 김포, 부산 신항, 그리고 광양항 지역 내에서는 외환 사용을 자유화하고 공공기관의 업무에 영어를 사용하며 외국인의 생활 불편을 덜어주기 위해 외국인 전용 병원-약국을 설치함과 동시에 경제특구의 모든 행정절차를 관할하는 '경제특구위원회'를 설립한다는 것이다. 동북아 비즈니스 중심국가로 도약하기 위한 발판으로서의 경제특구 정책에 있어서 지적되어야 할 것은 다음과 같다.

첫째, 무엇을 하기 위한 특구인지가 분명히 설정되어야 한다는 점이다. 동북아 비즈니스 중심국가로 육성하는 근본목적이 국가경제, 특히 인접지역 경제의 활성화에 도움을 주고자 하는 것이지 단순히 외국인에게 편의와 특혜를 제공하기 위한 것이 아니라면, 가장 적은 비용으로 최대의 장기적 부가가치를 창출할 수 있는 방향으로 경제특구의 목표와 방향이 설정되어야 할 것은 분명하다. 그런 점에서 비록 바다에 인접해 있다는 공통점이 있기는 하지만 배후지의 성격과 특성, 그리고 경제적 능력과 잠재력에 있어서 아주 다르므로 5개 특구 예정지에 대해 동일한 목표나 방식을 적용하는 것은 매우 부적절할 것으로 보인다.

둘째, 경제특구의 비용과 수익에 대한 예리한 분석이 따라야 한다는 것이다. 비용에 못 미치는 수익이나 혹은 수익이 발생하더라도 그것이 타 지역의 손실에 바탕을 둔 수익이라면 국가적으로 아무런 도움이 되지 못한다. 특히 국가의 재원이 투입될 경우에는 그 투자에 대해 현재 및 미래의 국민이 얼마만큼의 혜택을 어떻게 누리게 되는지가 엄격하고 꼼꼼히 계산되어야 한다.

셋째, 처음부터 목표를 거창하게 잡기보다 실현가능한 작은 목표를 장기적이고 단계적으로 발전시켜 나간다는 전략이 필요하다는 것이다. 장기적이고 단계적인 전략이 필수적인 것은 경제특구의 제반 인프라를 다 갖추는 데 막대한 자금이 소요될 뿐만 아니라 외국의 단기 부동자금이 몰려들면 우리가 바라는 경제특구의 구색을 다 갖추어 주는 것을 기대할 수 없기 때문이다.

넷째, 경제특구에 관한 모든 정책은 행정부가 아닌 국회가 주도해야 한다는 점이다. 국회가 주도해야 하는 근본이유는 국회의 의사결정 과정이 보다 투명하기도 하지만 경제특구의 정책이 국민의 의사와 이익과 직결되며, 법률의 제·개정을 수반하고, 또 예산확보 및 지출과 같은 국회 본연의 책무에 완벽히 일치하기 때문이다. 따라서 경제특구위원회는 재경부가 관할할 것이 아니라 국회가 관할해야 하며 행정부는 단지 의회의 결정사항을 시행하는 역할에 그쳐야 할 것이다. 설계는 국회가 하되 시행만 정부가 하면 된다는 것이다.

끝으로, 이러한 경제특구의 정책이 한국경제의 취약점을 보완하는 데 결정적으로 기여하는 방향으로 진행되어야 할 것이라는 점이다. 그런 점에서 경제특구는 외국기업에만 배타적으로 적용될 것이 아니라 자격을 갖춘 국내기업에게도 문호가 개방되어야 할 것이며, 특히 전략적으로 육성할 필요가 있는 산업의 국내기업에게는 우선적으로 혜택이 주어져야 할 것이다.

이런저런 점에서 볼 때 지금까지 알려진 특구정책, 즉 전용병원의 허용이나 혹은 영어공용어화 혹은 외환사용 자유화 등의 조치는 그야말로 본질과 동떨어진 지엽적이고 겉봉과 같은 내용에 불과하다. 5개 경제특구가 각각으로 무엇을 하자는 구체적인 방향은 없고, 따라서 구체적인 손익계산의 명세도 없다. 막대한 예산이 소요되고 또 다수의 국민의 재산권에 지대한 영향을 미칠 뿐만 아니라 법률의 개정 혹은 제정이 예상되는데도 그 모든 것을 국회가 아닌 정부가 주도하겠다는 생각도 우습지만 혹사당하는 국내기업들은 제쳐두고 외국인에게만 잔칫상을 그것도 국민의 세금으로 차리겠다는 발상은 문제가 있다 할 것이다.

무늬만 번지르르한 원화 국제화

서울경제신문, 2006년 5월 18일

조만간 정부는 원화국제화의 로드맵을 발표할 것이라고 한다. 원화의 국제경쟁력을 높이고 원화환율의 안정에도 기여할 뿐 아니라 아시아국가 간 통화통합에도 기여할 것이라는 게 경제부총리의 설명이다. '국제통화'란 말 그대로 '국제적인 통화'가 되는 것을 말한다. 상당부분의 국제 무역 및 자본거래가 그 통화로 결제되고 또 많은 국가들이 그 통화를 부의 축적수단으로 활용해야 한다. 전 세계 무역거래의 약 45%는 미국 달러로 결제되고 있고 유로화 결제비율도 약 20%나 된다. 일본 엔화와 영국 파운드도 각각 11%와 7%를 차지하고 있다. 각국의 중앙은행이 준비자산으로 보유하고 있는 국제통화의 비중은 미국 달러가 약 65%, 유로화가 15% 그리고 일본 엔화가 5%를 차지하고 있다. 따라서 이들 달러나 엔화나 유로화는 국제통화라 할 만하다. 이런 국제통화는 그 나라의 1등 국가적 위상을 잘 상징한다고 할 수 있다.

그러나 정부의 원화국제화 방침이 자꾸 냉소적으로 들리는 이유는 첫 번째로 너무 잦아서 참신성이 없다는 점이다. 원화의 국제화는 1980년대 말 경상수지가 흑자를 기록하기 시작하면서부터 거론되기는 하였으나 국가적 정책 어젠다로 선전홍보된 것은 문민정부의 신경제5개년계획이 최초일 것이다. 즉, "우리나라의 국제화·개방화에 대비하고 OECD 가입에 대비하기 위해" 원화국제화가 필수적이라는 것이 당시 원화국제화의 이유였다. OECD에 가입(1996)하고 난 이후인 국민의 정부시절에는 "2011년까지 홍콩과 싱가포르에 버금가는 3대 아시아 국제금융시장을 만들기 위해" 원화의 국제화가 불가피하다는 논리를 폈었고, 참여정부에서는 동북아 경제중심국가와 동북아 금융허브를 구축하기 위해 원화국제화가 불가피하다는 것이다. 결국, 원화국제화는 OECD 가입을 위해서 필요했다가, OECD 가입을 하고 나서는 아시아 3대 금융시장을 만들기 위해 필요하더니, 정권이 바뀌고 나서는 동북아경제중심과 동북아 금융허브를 위해 필수적이고 또 원화환율의 안정과 아시아국가 간 통화통합을 위해서도 필요하다는 것이다. 똑같은 과제를 놓고 모든 정부가 말로만 서로 다른 잔치를 벌여 온 것이다.

두 번째로는, 원화의 거래현실이 국제통화와는 너무나 거리가 멀다는 점이다. 우리나라의 대외무역거래에서 원화로 결제되는 비중은 5억 달러 내외(2002년)로 총무역의 0.2%에 불과하고 무역외거래도 0.3%에 못 미치는데, 이는 전세계 무역의 0.007%에 해당되는 금액이다. 한국은행의 결제통화별 외환거래 자료에도 원화표시결제 통계는 기타통화로 처리되고 있을 뿐이다. 일본만 하더라도 전체 수출의 35%, 그리고 수입의 25% 정도가 엔화로 표시된다. 부의 축적수단으로서의 원화사용은 더 저조해서 비거주자에 의한 원화채권투자나 원화채권발행은 전체의 0.2% 정도에 불과하다. 따라서 교과서적 정의대로라면 원화의 국제화는 말 그대로 요원하다. 2011년은커녕 2020년이 되어도 원화의 국제화는 달성하기가 어려울 것이다.

세 번째로는, 사실 역대 정부가 애써 강조해 온 '원화국제화'는 원화국제화라고 하기 보다는 '원화금융에 대한 규제완화'에 불과했다. 비거주자 자유원계정의 허용이라든가 거주자에 의한 해외원화반출의 폭을 확대하는 등의 찔끔찔끔 식 규제완화에 불과한 것을 가지고 거창하게 원화국제화와 결부시키는 것은 어색하다 못해 거북스럽기 이를 데 없다.

그러나 진정으로 원화국제화 정책의 발표에 대해 우려스러운 점은 다른 데 있다. 하나는, 색다를 것이 전혀 없는 내용의 그 발표가 원화환율의 안정이 아니라 오히려 불안정을 초래할 것이라는 점이다. 한 통화의 국제화는 대개 그 통화가치의 강세와 결부되기 때문에, 장관의 그 발표는 암묵적으로 환율정책에 대한 정부정책의 예고로 받아들여질 가능성이 높고 따라서 환율의 하락을 부추길 가능성이 높다. 다른 하나는, 원화국제화는 정부가 하자고 해서 되는 일이 아니라 국가와 경제와 국민이 발전함에 따라 자연스레 따라오는 자연적인 현상임에도 불구하고 십 년 전이나 지금이나 새로운 내용도 별로 없으면서 대단한 규제를 완화하는 것인 양 무늬만 번지르르하게 침소봉대하는 당국의 구태의연한 행태가 아직도 지속되고 있다는 점이다.

제대로 된 원화 국제화

이코노미스트, 2006년 5월 26일

정부의 외환자유화 방침도 그렇지만 국민의 대외활동이 확대됨에 따라 원화의 활동영역이 크게 넓어지고 있다. 특히 한국인 여행객이 크게 늘어남에 따라 해외에서 "외화를 원화로 환전"할 수 있기도 하고 또 일부 해외지역에서는 직접 원화를 사용할 수 있기도 하다. 한국인 관광객을 대상으로 하는 이러한 환전편의 혹은 원화사용을 "원화의 국제화"로 인식한다면 원화국제화는 아무런 문제가 없는 환영할 일이다. 규모도 걱정할 만큼 클 리 없지만 근본적으로 국민의 편의를 도모하는 일이므로 당연히 반겨야 할 일이다.

그러나 본래의 의미에서의 원화국제화, 즉 국내 혹은 국외에서의 비거주자가 간여하는 원화표시 자본거래가 활성화된다면 그것은 그리 간단한 문제가 아니다. 예를 들어 뉴욕에 거주하는 미국기업이 뉴욕에서 원화표시로 회사채를 발행한다든지(거래 A) 혹은 일본기업이 한국에 대한 수출대금을 원화로 받아

동경의 거래은행에 원화표시로 예치를 한다든지(거래 B) 하면 이것은 간단한 문제가 아니다. 먼저 거래 A의 경우 미국기업이 발행한 채권을 인수한 사람은 원화로 대금을 지급해야 하는데 이 자금은 결국 한국에서 빠져나가게 된다. 거래 B의 경우에는 반대로 일본기업의 자금이 한국으로 역류하게 된다. 결국 원화의 국제화가 진행되면 될 수록 통화당국이 통화정책을 독자적으로 수행하기가 어려워지고 외부여건에 휘둘리게 되므로 원화의 국제화는 매우 조심스러운 것이다.

그렇기 때문에 우리보다 훨씬 큰 금융시장을 가지고 있는 홍콩이나 싱가포르와 같은 속칭 금융허브도 외환규제완화를 부르짖을지언정 자국 통화의 국제화를 목청 높여 부르짖지는 않는 것이다. 금융허브가 되는 것은 통화국제화와는 별 상관없는 일이다. 홍콩이 금융허브가 된 것은 홍콩달러 때문이 아니라 홍콩의 자유 때문이었고 싱가포르가 금융허브가 된 것도 싱가포르달러가 잘나서가 아니라 싱가포르의 자유 때문이었다. 우리가 진정한 금융허브가 되려면 규제를 풀면 되는 것이다. 그런 점에서 원화차입한도의 확대나 원/$ 통화선물시장의 개설 혹은 국내채권투자의 원천징수세율 인하와 같은 이번 정부의 조치가 얼마만큼 원화국제화나 혹은 금융허브의 구축에 도움이 되는 규제완화인지 감이 잡히지 않는다. 매번 요란하게 국제화와 규제완화의 나발을 불어대기는 하지만 언제까지 변죽만 울릴 건지 알 수가 없다.

외환위기의 재발 가능성

INVESTMENT REVIEW, 2007년 8월호

'금융대란' 혹은 '외환위기'가 발생할 것이라는 우려는 IMF 위기가 발생하기 훨씬 이전부터 여러 번 있었다. 1992년의 경제위기설, 1993년 10월의 실명제 관련 금융대란설, 1997년 4월의 한보관련 금융대란설, 1997년 9월의 기아관련 외환위기설, 1998년 3월의 기업어음관련 금융위기설, 2000년 초 대우수익증권관련 위기설, 2000년 9월의 제2위기설 등 헤아릴 수 없이 많은 위기설이 이어져 왔다. 물론 이들 대부분의 위기설이 실제 위기로 발전하지는 않았지만, 그러나 모든 위기설이 그야말로 낭설로 그친 것은 아니다. 1997년 초와 그해 가을의 위기설은 그해 연말에 실제 발생한 IMF 위기설로 실체가 입증된 것이다. 대부분의 학자나 전문가들은 현재 한국의 경제 및 금융상황에서 외환위기가 발생할 가능성이 전혀 없다고 생각한다. 경상수지 흑자기조가 유지되는 데다가 2천 5백억 달러에 달하는 세계 4대의 막강한 외환보유고(2007년 6월 말)가 받쳐 주고 있기 때문이라는 것이다. 그러나 이러한 낙관론은 전혀 서툰 낙관론에 불과하다.

먼저, 경상수지의 흑자기조가 유지되고 있어도 외환위기가 발생하는 경우는 얼마든지 있다는 점이다. 1984년의 베네주엘라, 1986년의 스페인 외환위기 그리고 1994년 터키 외환위기가 바로 그런 경우이다. 경상수지가 적자이더라도 자본수지적자 규모가 과도한 경우 종합수지가 흑자이더라도 얼마든지 외환위기가 발생할 수 있다.

둘째로, 2천 5백억 달러의 외환보유고가 전혀 충분치 않다는 점이다. 비록 외환보유고는 2,500억 달러라 하더라도 순대외채권, 즉 대외자산에서 대외부채를 뺀 금액은 955억 달러에 불과하다. 특히 은행 등 금융기관과 기업 등의 총대외부채는 각각 1,543억 달러와 1,106억 달러에 달하고 있으며 이들 기관의 대외자산을 감안하더라도 순대외부채가 각각 897억 달러와 624억 달러에 달하고 있다. 은행 등의 금융기관의 경우, 단기대출은 61.8억 달러에 불과한 반면 단기차입은 1,018억 달러에 달하여 국제적 금융위기가 발생하는 경우 심각한 외환수급불균형을 겪을 가능성이 높다.

셋째로 우려스러운 점은 대외부채 통계에 전혀 잡히지 않은 증권시장에서의 외국인 투자금액이다. 증권시장에서의 외국인 주식보유금액은 전체 시가총액의 37.3%인 283조 원(2007년 4월 말)이고 7조 원이 넘는 외국인의 국내채권 투자규모를 합하면 약 290조 원에 달한다. 이를 환율($1=₩920)로 환산하면 3천 150억 달러가 넘는다. 이들 외국인 자금의 20%만 빠져나간다 하더라도 그 금액은 630억 달러에 달하게 된다.

넷째로는 외환위기가 외환보유고의 부족이나 혹은 경상수지의 누적적자와 같은 순수한 경제적인 이유만으로 발생하는 것은 아니라는 점이다. 제도적이거나 혹은 외부여건에 의해 외환위기가 발생할 수 있다는 점이다. 예컨대 대외투자가에 대하여 국내 자본시장을 개방하는 조치를 단행했다고 하자. 외국의 투자자본이 유입됨으로 해서 주가는 올라가고 환율은 내려갈(자국통화의 고평가) 것이다. 이렇게 되면 외국인 투자가들은 이중적으로 이득을 보게 된다. 즉, 주가가 올라가서 이익을 보고 또 환율이 내려가서 이득을 보게 된다. 최근 엔-캐리 자금이 이득을 보는 것과 똑같은 이치다. 더 이상 주가가 올라가지 않거나 환율이 내려가지 않거나(혹은 이 두 가지 현상이 병행하거나) 하면 외국인 투자자금은 빠져나갈 것이고, 이런 과정에서 주가는 폭락하고 환율은 폭등하게 된다. 이렇게 되면 문제는 외국인자금만 빠져나가는 것이 아니라 내국인의 자금도 얼마든지 빠져나갈 수가 있다는 점이다. 일반 민간인은 물론 기업의 거래를 통해 음양으로 자금이 빠져나가는 것을 막을 방법이 별로 없다. 이런 형태의 외환위기는 자본시장을 대외투자가에게 개방했던 모든 나라에서 거의 예외 없이 일어났던 현상이다. 이런 측면에서 볼 때 최근의 국내외 경제금융 여건이 우려스러운 점은 한두 가지가 아니다.

[그림] 외환위기 시나리오

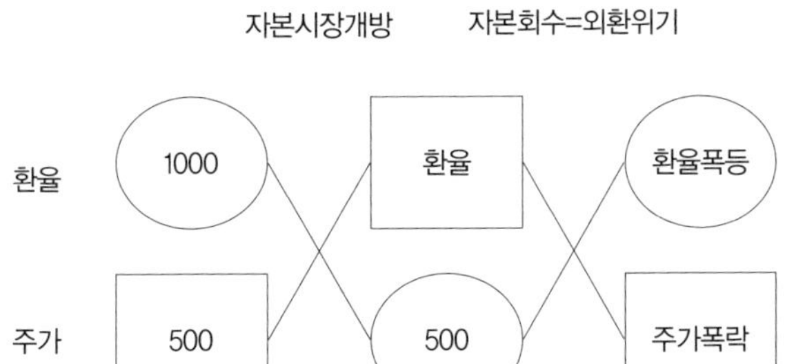

첫째로, 지난 1, 2년 동안의 과도한 주택금융으로 가계부문과 금융부문의 자산건전성이 매우 취약해졌다는 점이다. 그리고 금년 들어서는 투자자금의 증시 쏠림현상으로 지나친 증시폭등 상황이 지속되고 이에 따라 경제주체의 증권투자의 위험에 대한 노출이 심화되어 왔다. 둘째로는 국제적인 고금리시대가 도래하고 있다는 점이다. 유동성 증대로 인한 물가압력을 억제하기 위해 각국이 정책금리를 올리고 있지만 한국의 통화당국은 거의 손을 쓰지 못하고 있는 형편이다. 셋째로, 원화환율의 강세로 인하여 기업의 채산성과 국제영업은 크게 위축되고 수입은 폭발적으로 늘어나는데다가 외국인의 국내투자 회수유인과 내국인의 대외투자(특히 해외부동산 투자) 유인이 크게 늘어나고 있다는 점이다. 기본적으로 외환보유고가 충분하다고 할 수 없는 여건 아래, 국제금리는 올라가는데 국내금리는 경제가 시원찮아 올릴 수가 없고, 원화환율은 내려갈 대로 내려 외국인의 자본회수 혹은 내국인의 자본유출의 유인은 극대화된데다, 국내 대기업의 채산성과 영업환경은 열악한 한편 국내가계 및 금융기관의 자산건전성이 매우 염려스러운 환경이라면 그리 크지 않은 외부환경의 충격에도 외환위기 혹은 금융위기가 올 가능성은 낮지 않다.

이러한 외환위기를 사전에 방지하기 위해 해야 할 일은 무엇인가? 첫째는 국가적 재무구조의 건전화를 유도하는 일이다. 특히 금융기관과 기업의 과도한 대외부채구조를 정상화시키도록 해야 한다. 세계 4위 2천 5백억 달러의 외환보유고를 자랑할 것이 아니라 지고 있는 부채규모에 유의해야 할 것이다. 금융자율화라고 해서 정책당국이 금융기관의 자산 및 부채 관리감독을 허술하게 할 것이 아니라 과도한 차입과 이의 국내운용에 대해서는 철저하고 적절한 감독권을 행사해야 할 것이다. 둘째로는 과도하게 절상되어 있는 원화환율을 어느 정도 절하시키도록 유도해야 할 것이다. 이를 위해 공공기관이나 정부투자 금융기관의 대외부채를 조기에 상환하는 것도 매우 좋은 방법이다. 여기서 논란이 될 수 있는 점은 외환보유고의 축소이지만 단기부채를 상환하는 경우라면 비록 외환보유고가 줄더라도 우려할 일은 아닐 것이다. 셋째로는 내국인에 의한 대외투자는 적절히 관리할 필요가 있다. 외국인의 대내 단기 금융자산투자자금을 유동성이 크게 떨어지는 대외부동산투자 혹은 직접투자와 같은 대외투자로 대응하게 되면 국가적 외환유동성 부족상태가 발생하여 '흑자도산'할 가능성이 높은 것이다.

정책당국으로서는, 첫째로 금융기관과 기업 등 민간부문의 단기 대외부채 상환규모를 항상 면밀히 파악하여야 하고, 둘째로 주식시장 등 증권시장에서 빠져나가는 외자규모도 예의 주시하여야 하며, 셋째로 내국인에 의한 대외투자를 철저히 모니터하여야 한다. 이와 함께, 만일의 사태에 대비하여 시나리오별로 초단기 및 단기 유동성 확보방안 등을 강구해 두어야 한다. 특히 중국, 일본 및 아세안 국가 등 주변국과의 비상협력체계를 강화하여 지역적 금융위기에 대비하는 범국가적 시스템을 구축해 두어야 할 것이다.

[표] 대외자산 및 대외부채 현황 (2007. 3월 말)

	자산	부채	순자산
장기	770.4	1536.9	-766.5
단기	3018.9	1297.5	1721.4
합계	3789.3	2834.4	954.9
일반정부	171.8	115.6	55.9
통화당국	2489.7	96.5	2393.2
금융기관	645.7	1542.9	-897.2
기타	482.1	1106.4	-624.3

※자료 : 통계청

[그림] 실제 2007-08년 원화환율

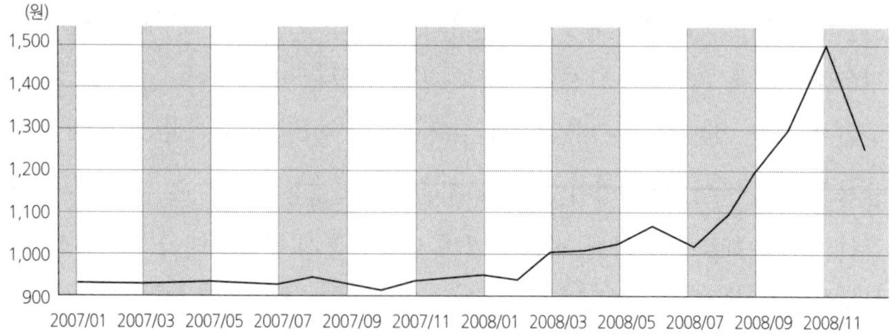

鷄鳴狗非(계명구비, 닭은 울어도 개는 안 짖는다)

서울경제신문, 2008년 6월 18일

2005년 말까지만 해도 우리나라의 순대외자산은 1,207억 달러를 넘었다. 불과 8년 전 부도까지 났던 나라로서는 역사상 최대 규모의 순채권 규모라는 뿌듯함을 넘어 국가적 위상과 자존심을 고양하는 수치였음에 틀림없었다. 그러나 그 많던 순대외자산은 불과 2년 만에 약 1,000억 달러나 증발하여 2007년 말 현재 348억 달러로 감소하였으며 금년 중에는 순채권국에서 순채무국으로 전락할 것이 거의 확실해지고 있다. 우리나라의 순대외채권이 지난 2년 동안 급속하게 떨어진 가장 결정적인 이유는 경제 모든 부문에서 대외부채가 늘어난 때문이다. 먼저 은행부문의 경우 2005년과 2007년 사이에 순대외부채는 304억 달러에서 1,176억 달러로 872억 달러가 늘었는데 이 중에 국내은행의 경우 순대외부채는 158억 달러에서 471억 달러로 313억 달러가 늘었고 외은지점은 146억 달러에서 705억 달러로 559억 달러가 늘어났다. 기업부문에서도 대외 순부채가 2년 동안 207억 달러가 늘어났고 정부부문에서도 2년 동안

48억 달러 순대외채권에서 142억 달러 순대외채무로 전환되었다.

은행, 기업, 정부 등 모든 경제부문에서 대외 빚이 늘어난 경제적 혹은 학문적 이유는 그리 중요하지 않다. 낮은 외국자금의 금리가 원인일 수도 있고 혹은 원화환율이 떨어지니까 환차익이 원인일 수도 있으며 아니면 환율불안에 따른 선물환매도와 이에 따른 은행의 포지션 차입일 수도 있다. 무슨 원인이 되었든 간에 각 경제 주체들은 자기에게 이익이 되니까 대외차입을 늘였지 누가 강요해서 그렇게 한 것은 아니었을 것이다. 그러나 이러한 개별 주체들의 '외견상 합리적' 행동들이 국가적으로는 엄청난 재앙을 불러올 수가 있다. 특히 단기부채가 급격히 늘어나게 되면 국가적으로 대외 지급불능의 사태가 발생하여 IMF위기와 같은 국가적 외환위기로 갈 수 있을 뿐만 아니라 비록 그렇게 되지는 않는다 하더라도 급격한 환율상승과 금리상승, 그리고 자금시장의 경색과 같은 심각한 금융위기가 올 수 있기 때문이다. 거대한 눈사태는 대부분 등산객의 작은 기침이나 혹은 다람쥐의 작은 소동과 같은 아주 작은 계기에 의해 촉발된다. 마찬가지로 금융위기도 아주 작은 내외 충격에 의해 격발되는 경우가 많다. 경상수지적자가 누적되는 가운데 해외에서의 금융충격(예컨대 금리인상이나 주식시장 폭락이나 혹은 유가폭등과 같은)으로 국내투자자금이 급격히 해외로 유출되게 되면 한편으로는 급격히 환율이 상승하게 되고 이에 따른 투기적 자본유출이 수반되며 다른 한편으로는 자금시장의 경색과 함께 시장금리의 급격한 상승으로 심각한 국내경제의 붕괴가 유발될 수 있는 것이다.

첫째로는, 경상수지 적자가 걱정된다. IMF위기 이후 연간기준으로는 한 번도 적자를 기록한 적이 없는 경상수지가 금년에는 대규모적자로 반전될 가능성이 매우 높아졌다. 2007년 12월 이후 4개월 연속적자를 기록하고 있으며 금년 1-4월 중 적자 누계만도 68억 달러에 달한다. 무역수지가 다소 회복된다 하더라도 폭발적인 서비스수지 적자와 소득수지 적자에다가 경상이전수지 적자도 꾸준히 늘어나 앞으로 경상수지적자는 대폭적으로 늘어날 것이 예상된다. 둘째로는, 우리나라의 대외부채 통계에는 외국인의 국내 주식투자가 빠져 있다는 사실이다. 외국인의 국내 주식투자 규모는 약 3,200억 달러인 데 반해 내국인의 해외 주식투자는 1,052억 달러이므로 이 계정에서만 2,150억 달러의 순대외채무가 더 있는 셈이므로 이를 감안한다면 우리나라는 순대외 채권국가가 아니라 이미 1,700억 달러의 순대외채무국인 셈이다. 셋째로는, 중앙은행의 외환보유고가 충분하지 않다. 2007년 현재 공적 외환보유고는 2,674.6억 달러지만 만기 1년 미만의 단기외채가 1,587억 달러로써 외환보유고의 60%에 달하는 규모로 걱정을 넘어서는 수준이다. 특히 외환보유고 중에서 언제라도 자산손실 없이 인출할 수 있는 예금성자산은 외환보유고의 11% 정도(약 270억 달러)에 불과하고 나머지의 대부분은 유가증권(정부채 : 35.5%, 회사채 : 15.4%, 자산유동화증권 : 11.6% 등)이므로 긴급 상황 시에 유동성을 확보하는 것이 어려운 않은 상황이다.

이러한 금융위기를 사전에 예방하기 위해서는 첫째로, 경상수지흑자 기조를 회복하도록 하는 일이다. 경상수지는 기업의 현금유동성(cash flow) 같은 것이라서 경상수지 흑자가 상당 규모 지속된다면 대외부채가 많거나 혹은 외환보유고가 결핍되어도 위기가 발생할 가능성은 매우 낮아진다. 따라서 이를 위해 필요하다면 달러당 원화환율을 적정한 수준으로 올려 무역수지의 흑자를 견지함과 아울러 서비스수지나 경상이전수지의 적자를 줄이는 방법을 강구해야 한다. 한시적으로나마 여행지출 및 유학송금을 억제할 수 있도록 하여야 한다. 특히 서비스거래나 경상이전거래나 혹은 무역거래를 가장한 재산의 해외이전에 대해서는 철저한 감독과 관리가 수반되어야 할 것이다. 둘째로, 경제의 각 부문의 대외차입을 무분별하게 방임할 것이 아니라 국가의 대외부채 관리 차원에서 금융기관이나 기업부문의 대외차입을 철저히 주시하여 그것이 환율과 금융시장에 미치는 영향을 면밀히 분석하여 감독하고 관리해 나가야 할 것이다. 셋째로, 중앙은행의 외환보유액을 보다 더 확충해야 할 뿐만 아니라 더욱 투명하고 공개적으로 운용해야 할 것이다.

그러나 이런 과제 이상으로 중요한 과제는 정부와 국민 모두가 우리나라의 국가적 외화자산이 빈약하고 대외부채규모가 심상치 않다는 위기상황을 인정하고 이를 경계하는 일이다. 외환보유고가 세계 5위라고 자랑만 해 댈 것이 아니라 현재로는 빚 갚고 나면 한 푼도 제대로 없는 나라이며 앞으로는 빚 갚기도 어려운 상황이라는 사실을 알려야 한다. 전문가들과 학자들도 최근의 대외부채는 선물환 환위험 헤지용이라는 등 과거와 전혀 다르다고 자만할 것이 아니라 금융기관 및 기업의 대차대조표와 국가적 외환수급의 위기적 징표를 알리고 경계를 발해야 한다. 새벽이 오려면 닭이 울어야 하고 도둑 들지 않으려면 개가 짖어 줘야 하듯이 전문가들이 걱정 없다고만 할 것이 아니라 만분지 일 혹은 백만분의 일의 위험이라도 이를 예고하고 경고해 줘야 위기가 예방될 것 아닌가.

2008년 외환위기와 고정환율체제 복귀문제

울산상의, 2008년 11월호

환율이 연일 급등락을 거듭하고 있다. 1달러에 1,200원 하던 것이 이틀 사이에 1,400원대로 오르는가 하면 1,470원이 넘던 환율은 단 이틀 사이에 1,291원으로 폭락하는 등, 10월 중 환율변동률은 하루 평균 3.5%를 기록하였다. 외환지급불능(moratorium) 상태까지 가지는 않았지만 학술적으로는 이런 정도의 환율불안을 외환위기라고 정의한다. 1985년과 1997년에 이어 2008년에 다시 외환위기를 맞게 된 원인은 무엇인가? 세계 5대 외환보유고에 수출증가율도 20%를 넘는 나라가 갑자기 달러 수급이 어렵게 된 이유는 무엇인가? 지난 1-2년 사이 단기차입이 너무 늘었기 때문이다. 2005년 말 470억 달러이던 단기차입은 2008년 6월 말 현재 1,320억 달러를 넘었고 같은 기간 동안 대외증권채무는 596억 달러에서 1,455억 달러로 급증한 것이다. 국제수지도 흑자이고 또 주식시장으로의 달러유입도 많은 상황에서 단기차입이 그렇게 늘어난 이유는 무엇인가?

금융기관들이 조선회사 선박자금의 선물환 매입에 대한 포지션 헤지(선박회사로부터 만기에 받을 달러를 예상하여 미리 달러를 빌려 둠으로써 환위험을 미리 상각하게 하는 행위)를 위하여 차입을 늘였던 것도 원인이 되었다. 그러나 선박자금의 선물환 헤지 때문이라고 보기에는 단기차입과 해외채권발행 규모가 너무 크다. 2006년과 2007년에 걸쳐 엄청난 규모의 차입과 채권발행이 발생한 진정한 이유는 "원화에 대한 투기"였다고 봐야 한다. 즉, 앞으로 원화환율이 하락(원화강세)할 것이므로 미리 달러를 차입하여 1달러에 1,000원으로 원화를 운용한 다음에 나중에 환율이 800원으로 떨어졌을 때 다시 대외 채무를 상환한다면 원화운용 수익에다 더하여 환차익(20%)를 누릴 수 있는 것이다. 따라서 이런 목적으로 대외 차입을 늘일수록 원화환율은 더 떨어져 환차익은 더 증가할 것이고 이에 따라 대외차입의 유인은 더 커지는 것이다. "원화에 대한 투기"를 부추겼던 또 다른 하나의 이유는 2007년에 걸쳐 주가가 크게 올라갔다는 사실이다. 2007년 한국 주가 상승률은 32%인데 일본에서 자금을 차입한 뒤 1년 동안 한국의 주식에 투자하였다면 주식투자 수익률(32%)과 원/엔화 환율하락률(약 10%)을 더하여 42%의 수익을 올렸을 것이므로 만약 3%의 이자율로 차입했다면 순수익률은 39%가 넘는 것이다(이것이 바로 '엔-캐리'자금임). 이러한 자금들은 대부분 단기간에 바로 빠져나가는 자금이며 자금이 빠져나가는 과정에서 주가폭락과 환율의 급등을 초래하기 마련이다. 마치 부동산가격이 폭등하면 부동산 대출수요가 늘어나고, 그리하여 부동산 가격은 더욱더 오르고 또다시 부동산 대출수요가 늘어나는 '서브-프라임' 투기 과정과 하나도 다를 바 없다.

이러한 자금의 이동에 대해 정책당국이 직접적이고 물리적인 통제를 가할 수는 물론 없다. 그러나 그렇다고 해서 정책 당국이 관리감독마저 하지 않아도 되는 것은 아니다. 특히 대외채무가 꾸준히 늘어나서 순대외 채권이 지속적으로 줄어들고 있는 2006년과 2007년의 상황에서는 더욱 각별히 대외차입의 급격한 증가에 대한 대책을 실행에 옮겨야 했었다. 대외 부동산 투자한도를 확대하여 달러의 대외유출을 권장할 것이 아니라 초단기적 차입에 대해 적절한 억제유인을 발동했었어야 하는 것이다. 선진국도 아니면서 "자본유출입의 자유"라는 선진국 흉내만 내다가 결국은 또다시 외환위기를 초래하고 만 것이다. 두 번째로는, 물가안정과 같은 수준의 환율안정의 정책적 의무가 정책당국에게 있다는 사실을 망각해서는 안 된다는 점이다. 특히 KIKO 사태나 혹은 조선사들의 선물환 환-헤지에 따른 피해는 궁극적으로 시장 환율의 불안정성에서 초래된 것이므로 정책당국의 정책적 책임이 없다고 할 수 없다.

그런 점에서 현행의 환율제도, 즉 외환시장에서 매우 불안정적으로 결정되는 원화환율제도에 대해 심각한 재검토가 필요한 시점이다. 우리 환율제도를 달러-페그제도나 혹은 3대 국제통화(달러, 엔 및 유로화)에 대해 연동시킴으로써 환율의 안정적 운용을 도모할 수 있도록 검토해야 할 것이다. 이것은 장차 추진될 아시아 주요 국가 간의 통화협정체제와 아시아 공통통화제도와 같은 미래지향적인 과제를 대비하는 차원에서도 매우 중요한 과제이다. 고정환율 제도라고 해서 다 나쁘거나 혹은 후진국만이 고정환율제도를 채택하는 것은 아니다. 오히려 인류역사 이래로 국가 사이의 환율제도는 고정환율 제도였었다. 그러던 것이 1970년대 중반 달러위기로 말미암아 할 수 없이 변동환율제도로 갔던 것이다. 국가 간 자본과 경제의 이동이 더 원숙한 글로벌 금융체제가 되면 결국은 모든 통화들이 고정환율 체제로 가게 되고 말 것이다. 마치 유럽의 각국이 하나의 통화인 '유로'라는 단일통화 고정환율 체제를 채택하였듯이 장차 아시아나 남북미 혹은 아프리카의 각 나라들도 단일 통화를 향하여 점차 고정환율 체제로 옮겨 가게 될 것이다.

제로금리라는 인공호흡기

매일경제, 2008년 12월 22일

미국과 일본이 제로금리정책(ZIRP : Zero Interest Rate Policy)에 돌입했다. 미국은 연방기금금리를 1%에서 0%-0.25%로 내리고 재할인율은 1.25%에서 0.5%로 내렸다. 일본은행도 0.3%이던 기준금리를 0.1%로 내리기로 했다. 중앙은행이 정책금리를 내리면 민간금융기관의 자금조달비용이 낮아짐에 따라 시장금리도 낮아지고 또 투자나 소비도 활성화될 것이라는 기대가 깔려 있다. 폴 크루그만(Paul Krugman)의 생각도 그렇다. 그러나 그런 낙관 섞인 기대에는 몇 가지 근본적인 의문점이 존재한다.

첫째는, 중앙은행이 정책금리를 '제로(=0%)'로 한다 하더라도 시장금리(특히 장기금리)가 그만큼 낮아지는가 하는 의문점이다. 미국 연방기금의 경우 1%에서 0.25%로 0.75% 포인트, 비율로는 75%가 낮아졌다. 그러나 시장금리는 거의 변동이 없다. 특히 금년 9월 이후에는 정책금리는 내리는데 시장금리(양도성

예금증서금리)는 반대로 오르는 기현상마저 나타나고 있다. 둘째로는, 정책당국이 '양적팽창(QE : quantitative easing)'을 통해 유동성공급을 늘인다 하더라도 민간은행의 대출로 연결되는가의 문제이다. 다시 말해 중앙은행의 유동성공급이 바로 민간금융기관의 유동성 공급으로 연결될 것인가 하는 점이다. 현재 금융위기의 핵심은 턱없이 팽창한 자산가치가 폭락한 것이다. 부동산가격이 폭락하여 약 6조 달러가 사라지고 채권시장과 주식시장에서 수십조 달러가 날아갔으며 이런 자산붕괴는 아직도 진행 중에 있다. 이런 극단적인 상황하에서 중앙은행이 제로금리로 자금을 무제한 공급한다고 한들 이들 민간금융기관의 생존만 연장할 뿐, 자신의 생존(자본확충)을 제쳐 놓고 민간부문의 소비나 투자 활성화를 지원할 겨를이 없으리라는 점이다. 셋째는, 시장금리가 낮아지고 금융기관의 대출이 활성화된다고 하더라도 민간소비나 투자가 활성화된다는 보장이 있느냐는 의문이다. 소비의 경우, 현재의 금리나 혹은 현재의 융자사정에 의해 소비가 결정될 수도 있으나 미래의 소득이나 미래의 직장에 대한 확신이 더욱 중요할 수도 있다. 특히 자동차구매, 주택, 여행 등 소비의 규모가 클수록 미래의 소득에 대한 확실성이 더 크게 소비에 작용할 것이다. 그와는 별도로 신용불량자는 대출을 선호하고 반대로 신용 우량자는 대출을 기피하는 '역선택'이나 혹은 2003년 한국의 카드 사태와 같은 '도덕적 해이' 현상이 일어날 수도 있다. 따라서 현재와 같은 공황하에서 금리나 혹은 유동성의 무제한 공급이 소비의 증대로 이어진다고 믿기 어렵다. 금리가 0%인데도 소비나 투자가 전혀 일어나지 않는 상황을 경제학에서는 '유동성 함정(liquidity trap)'이라고 한다. 극도의 경제침체로 인하여 불확실성이 팽배해 있거나 혹은 심각한 물가하락, 즉 디플레현상이 일어나는 경우 자금에 대한 비용, 즉 금리가 전혀 없는데도 투자나 소비가 일어나지 않는 유동성 함정이 나타나게 되는데, 1990년대 초 일본이나 지금의 미국이 그런 예와 흡사하다.

이런 개연성 높은 의문점에도 불구하고 미국정책당국이 제로금리정책이나 양적 팽창 정책을 선택할 수밖에 없는 이유는 그만큼 상황이 절박하기 때문이다. 루비니 교수의 지적대로 "절망적인 시기에 절망적인 정부가 취할 수 있는 절망적인 비정상적 수단"으로써 제로금리 및 양적 팽창이라는 인공호흡기가 불가피하다는 것이다. 인공호흡기 자체가 근본적인 해결책이라서가 아니라 일단 금융 및 경제시스템의 공멸을 막고 보자는 것이다. 일단은 살려 놓고 보자는 것이다.

그렇다면 근본적인 해결책은 무엇인가. 그것은 '고통(pain)'이다. 자산버블이 가져다 준 '쾌락(pleasure)'을 보상할 만큼 '고통의 대가'를 지불해야 한다. 임금근로자로서는 낮은 급료나 혹은 실업의 형태로 고통을 져야 하고, 기업과 금융기관은 적자나 혹은 파산의 형태로 대가를 지불해야 한다. 국가는 호경기 시절에 누린 부귀영화만큼이나 심각한 불경기의 고통을 겪게 될 것이다. 주가는 폭락하고 물가와 부동산가격이 하락한다. 다만 우리가 선택할 여지가 있다면 "짧은 시간에 큰 고통을 겪을 것인가" 아니면 "작은 고통을 길게 겪을 것인가"이다. 제로금리와 양적 팽창과 같은 정책은 현재의 고통을 뒤로 미루는 정책일 뿐이다. 만약 이번 위기가 큰 고통 없이 지나간다면 다음 세대는 반드시 더 큰 고통을 겪게 될 것이다. 세상 어디에 공짜가 있다는 말인가.

III

박근혜 정부
희망의 새시대의 몰락
(2013-2016)

세종의 복지정책

한국경제포럼, 2013년 가을

〈서언〉

최근 정치권은 물론 경제학계의 '뜨거운 감자' 중 하나가 기초연금과 관련된 복지재정문제이다. 기초연금의 포괄대상 범위와 연금액 수준 그리고 국민연금과의 연계문제로 심각한 정치적 혼란을 빚고 있다. 먼저 기초연금 대상자를 65세 이상, 그리고 소득 하위 70% 이하로 잡는 것이 적합한가, 그리고 기초연금 수령액을 국민연금 가입연한에 반비례시켜야 하는가 등에 관해 국민은 국민대로 불만과 혼란에 가득 차 있고 정치권은 정치권대로 반목과 대립이 격화되고 있다.

혼란의 발단은 2012년 12월의 대통령 선거공약이다. "모든 65세 이상 국민에게 월 20만 원을 지급한다."는 박근혜 후보의 당시 약속이 현실적인 제약으로 인하여 100% 지켜지지 못하게 되면서 불만과 비판이 쏟아져 나온 것이다.

여기서 현실적인 제약이란 지속되는 경제부진과 이로 인한 세수부족이라고 할 수 있다. 비판론자들은 이런 현실적인 제약은 이미 예견된 것이었으므로 이를 몰랐다면 무능한 선거공약이었고 알았다면 국민을 기만한 셈이라고 몰아세우고 있다. 최근 몇 년간 경제가 어렵다는 것은 모두가 다 알고 있었다. 그럼에도 불구하고 "65세 이상에게 월 20만 원 연금지급"이라는 선거공약을 내세운 것은 국민을 기만하고자 함이 아니라 "향후 정책의 큰 방향이 그런 방향으로 가야 한다, 그리고 그 정책을 꼭 실현하도록 최선을 다하겠다."는 후보의 강한 의지의 발현 이상도 이하도 아닌 것이었다. 그리고 그런 의지를 대통령은 기초연금 정책의 수정에 대한 사과에 담아 표명한 바가 있다.

서구의 복지정책은 영국 엘리자베스 1세 여왕의 구빈법(The Poor Relief Act of 1601)으로부터 시작된다고 하지만 이 법에는 노인에 대한 규정은 따로 없다. 근대적인 영국의 노인연금제도는 1908년 통과하고 1909년 1월 실시된 노인연금법(The Old Age Pensions Act of 1908)이라고 할 수 있다. 이 법에 따르면 70세 이상의 노인은 별도의 사전 연금납부가 없더라도 매주 최대 1-5실링(부부는 최대 7실링 6펜스)까지 수령하였다. 주급 연금을 연급으로 환산하면 연(年) 50-250실링, 또는 ￡2.5-￡12.5가 되며 현재가치로는 대략 ￡250-￡1,250 혹은 $400-$2,000 정도 되는 금액이다. 그러나 이 연금을 수령하기 위해서는 20년 이상 국내에 거주하여야 하고 연소득은 ￡31.5(현재가치 약 ￡3,150, $5,040)를 넘으면 안 되며 성격검사를 거쳐야 한다. 첫해 약 60만 명이 심사를 통과하여 혜택을 받았다. 이 중 90%는 최대금액인 주 5실링을 지급받았다.

복지의 시조 영국의 노인복지체계가 1908년에 수립되기 시작했다면 우리나라의 복지체계, 특히 노인복지체계는 그보다도 약 470여 년 앞선 1430년대 세종대왕 때로 거슬러 올라간다. 엘리자베스 여왕의 구빈법 시대보다도 170여 년 앞선 시점이다. 우리가 세종의 복지정책에 관해 관심을 가지는 것은 우리의 역사적인 우월성을 말하고자 함이 아니다. 당시의 복지에 관한 어려운 시대적 상황에 당면한 정치지도자들의 인식과 대책 수립과정을 살펴봄으로써 현재 우리가 당면하는 복지적 과제를 어떻게 하면 효과적으로 풀어 갈 수 있는지를 살펴보고자 함이다.

〈세종 대의 경제적 어려움과 복지 필요성〉

(1) 현장실태 조사의 중요성

세종 당시 가뭄과 자연재해는 유난히 심했다. 수도 없이 많은 사람이 굶고 병들고 죽어갔다. 집권 전반기 내내 흉년이 들었지만 후반기인 세종 18년(1436년)과 세종 26년(1444년) 사이의 9년 동안에 특히 심했다. 세종 18년 대가뭄으로 서울 시내 모든 우물이 말랐다고 했고 경상도 지역은 총 66개 행정단위 중 절반인 32개 마을 농사가 완전히 실패했다고 기록되어 있다. 경기도는 40개 행정단위 중 9개, 충청도는 54개 중 18개, 전라도는 55개 중 11개, 강원도는 26개 중 8개 지역 농사가 완전히 실패했다. 기르던 소와 말을 잡아먹고 소나무 껍질과 보리 뿌리를 먹었으며 처자식을 먹이지 못해 버리고 도망가는 사람들이 속출하였으며 따라오는 아이를 나무에 묶어 두고 도망갔다고까지 했다(세종실록 19년 2월 9일). 함길도 지역에서는 굶어 죽어 버려진 시체가 확인된 것만도 4백 명에 이르렀고 굶은 사람에게 음식을 먹이는 중에 죽기도 하였고 병으로 죽었다고 하는 자들도 대부분 사실은 굶어서 죽은 것이라 했다(세종실록 25년 9월 22일).

세종은 아사자의 현황과 함께 진제현장의 실황을 사실대로 정확하게 파악하는 것이 급선무라 생각했다. 정확한 상황통계 없이는 올바른 대책이 절대로 나올 수 없다는 것은 분명했다. 특히 수령, 이정, 감고 등 하급관리들이 사실을 은닉하고 보고하지 않는 것을 막는 것이 중요하다고 생각했다. 지방 수령들은 속성상 될 수 있으면 정확한 현실을 숨기려 한다는 것을 세종은 알고 있었다. 굶어 죽은 사람의 수를 속이고 구제 곡식을 얼마나 주었는지를 속이고 창고에 얼마의 곡식이 남아 있는지를 상부에 제대로 알리지 않으면 정확한 대책을 세울 수도 없고 따라서 앞으로도 얼마나 더 많은 사람이 굶어 죽을지 모른다. 그러나 현장 상황을 정확히 파악하기 위해 감사나 지방관의 보고가 오기까지 가만히 앉아서 기다릴 수만은 없다. 감사나 지방관들은 좋지도 않은 현상보고가 올라가 봐야 칭찬을 받기 힘들다는 것을 잘 알기 때문에 보고를 서두를 이유가 없었다. 이런저런 핑계로 늑장을 부리며 보고를 미루는 게 보통이었다. 보고를 지연했다는 사실만으로는 지방관을 경질하거나 문책할 수도 없다는 것을 관리들도 잘 꿰뚫고 있었다. 세종은 필요할 때마다 조사관을 현지에 급파하기로 하였다.

(2) 무상과 유상 구제

굶는 사람들을 구제해 주는 제도로는 두 가지가 있었다. 하나는 무상으로 곡식을 나누어 주는 진제(賑濟)제도이고 다른 하나는 비축곡식을 유상으로 빌려주는 환상(還上)제도이다. 원칙적으로 갚을 수 없는 사람들은 진제를 받았고, 갚을 능력이 있는 사람은 환상을 받았다. 진제는 여러 곳에 임기응변으로 설치된 진제소를 통해서 이루어졌는데 진제와 환상의 두 제도 모두 의창에 축적된 양곡을 이용하였다. 그리고 병든 자를 치료하는 활인원이 있었다.

진제소는 태조 4년(1395)에 최초로 설치되었다. 각 고을의 크기 및 거리를 참작하여 여러 곳에 설치하여 창고의 쌀과 콩을 내어 굶는 사람을 살리도록 했다. 청렴한 사람을 창고감독책임자(감고, 監考)로 임명하고 수령은 이들을 수시로 감독하게 했다. 늙거나 병들거나 허약하여 진제소로 나오지 못하는 사람들을 위하여 별도로 찾아가서 구휼하도록 지시했다(태조실록 4년 7월 30일).

세종 때에는 1422년 8월 홍복사(지금 종로 2가 탑골공원 자리)에 진제소를 설치했고 그해 12월에는 농사를 망친 모든 고을에 진제소를 설치하라고 명하였다. 굶는 사람에게 지급되는 양식의 양은 성별에는 차별을 두지 않았다. 다만 나이에 따라 15세 이상의 남녀는 쌀 4홉, 콩 3홉, 장 1홉을 주었고 11세-15세는 쌀 2홉, 콩 2홉, 장 반 홉을 주었으며, 5세-10세는 쌀 2홉과 장 반 홉을 주었다(1423년 계묘년 구휼). 1홉은 약 180그램이므로 성인 남녀가 하루에 받는 쌀의 양은 720그램이고 콩은 약 540그램이다.

[표] 세종 6년 진제 결과

지역	구제인원	쌀과콩(1인당, 두)		장	환상곡
강원도	2212	268석 14두	1.82	30석 5두	-
경기도	4230	458석 12두	1.63	53석 6두	32770석 14두
경상도	1853	176석 14두	1.43	25석 3두	58062석 12두
충청도	3103	331석 2두	1.60	37석 14두	40079석 7두
평안도	1086	176석 6두	2.44	22석 10두	26228석 3두
함길도	399	32석 1두	1.21	4석 5두	-
황해도	589	63석 14두	1.63	9석 2두	89091석 10두
개성유후사	579	81석 11두	2.13	12석 4두	2379석 2두

※자료 : 외천본민(신세돈), p.489, [표.5-1]

(3) 의창 확충방안

당시 정부의 구휼정책 및 관련 재정의 가장 근본적인 문제점은 다음과 같았다.

(i) 구제곡식을 배분함에 있어서 가난한 사람과 부자에 대한 구별이 없어 공정성이 결여되었고, 또 농사의 작황에 대한 차등적용도 없기 때문에 구제정책의 실질적 인 효과가 가난한 농가에 상대적으로 작을 수밖에 없었다는 점과,

(ii) 가뭄이나 홍수 등으로 구제곡식을 받아간 사람들이 제대로 갚지도 않고 또 지방 수령들도 이를 예사로 알고 태만히 여기므로 국고가 날로 피폐했으며, 국가가 이 를 가혹히 독촉하면 원성이 자자해져 백성은 백성대로 원망만 늘고 국가는 구제 곡식의 회수관리(환상, 還上)가 제대로 되지도 않아 민생과 국고가 동시에 피폐해진 것이다.

진제에 들어가는 곡식은 의창에서 나왔고 의창곡은 대부분 군자곡에서 조달했으므로 가뭄이 계속되면 군자곡이 고갈되어 군사적으로 비상 상황이 발생하면 큰일이 아닐 수 없었다. 여러 사람이 의창 확충 방안을 내놓았다. 충청감사 정인지는 토지 1결마다 정포 2필(면포로는 1필)의 토지세를 물리고 이를 자본으로 하여 풍년에 쌀을 매입하자고 했다. 쌀이 흔하여 1말 쌀 시세가 동전 10문일 때 15문으로 매입한 다음 흉년이 들어 쌀값이 20, 30문으로 오를 때 15문의 가격으로 쌀을 방출하자는 것이었다. 그러면 쌀값도 안정되고 또 가뭄이나 흉작 때 쌀을 충분히 공급할 수 있으므로 진제 정책으로서도 매우 효과적이라는 것이 정인지의 생각이었다(세종실록 18년 7월 21일). 쌀 가격도 안정시키고 쌀

의 수급도 원활하게 하면서 동시에 의창미과 군자미로 활용할 수도 있는 안이었다. 그러나 의정부 토론에 부친 결과 모두들 어렵겠다고 말했다. 세종도 부정적이었다. 이 방법의 핵심적인 조건은 '축적'이었다. 소비보다 생산이 많아서 축적할 만한 쌀이 있어야만 국가가 이를 거둬들임으로써 가격안정과 쌀의 원활한 공급을 동시에 성취할 수가 있다. 우리나라의 쌀 생산능력은 그렇지 못하다는 것을 세종은 알고 있었다. 게다가 재정이 부족하여 축적이 어려웠다. 따라서 샀다가 풀었다가 하는 방법을 쓸 수도 없고, 수송 및 보관의 폐단도 간단치가 않았다. 이런 문제점을 극복하기 위하여 내놓은 정부의 근본대책은 다음과 같다.

(i) 백성에게 가장 시급할 때 공급해야 진제효과가 극대화되므로 정월 이전에는 절대로 구제 환상곡식을 나누어 주지 말 것이다.

(ii) 환상곡식을 줄 때에도 목면이나 정포 혹은 동전과 같은 물건을 바치고 곡식을 받아 가되 쌀이 귀한 철에는 물품을 시세보다 1말 더 비싼 값으로 쳐서 사 주고 반대로 쌀이 흔한 철에는 쌀을 시세보다 더 비싼 값으로 쳐서 사 줌으로써 쌀값과 쌀 공급을 동시에 안정시킨다는 '상평책'을 도입한다는 것이다. 이때 시세는 감사에게 물어서 결정하며 이를 호조에 보고하도록 하였다. 그리고 목면이 나 정포와 같은 베를 사들이는 경우에는 반드시 포의 끝자락에 도장을 찍어 나 중에 근거를 남겨 둠으로써 부정을 예방하였다.

(iii) 구제곡식을 배급하는 시기와 갚을 시기에는 농사의 작황과 백성의 재산 정도에 따라 차별을 두어 배급하도록 한다.

대출받은 곡식을 다시 되갚는 환상의 경우에도 재산 상태와 농사의 작황에 따라 차등을 두어 갚게 하였다. 그것도 쌀로 다 갚는 것이 아니라 작황 및 재산 상황에 따라 차등하여 쌀과 동전 혹은 베로 나누어 갚게 하였다. 농사가 매우 잘된 상등년인 경우에는 상등호나 하등호나 예외 없이 모두 쌀로 갚아야 했다. 그러나 농사가 중등년인 경우에는 재산이 많은 상등호는 모두 쌀로 갚아야 하지만 중등호는 갚아야 할 쌀의 2/3만 쌀로 갚고 1/3은 전포로 갚아도 되었다. 하등호는 반을 쌀로 반은 전포로 갚도록 했다. 농사가 가장 안 된 하등년의 경우에 상등호는 1/3을 전포로 갚고 2/3를 쌀로 되갚아야 하며 중등호는 쌀과 전포를 반반씩 갚으면 되었고 하등호는 모두를 전포로 갚아도 되었다. 전포의 가치가 대체로 하락했으므로 쌀보다는 동전 또는 포화가 갚기에 유리했기 때문에 이런 상환조건을 제시한 것이다.

(4) 현장 공무원에 대한 부탁

백성에 대한 구제는 현장 관리들이 하는 것이므로 이들이 자세가 구제복지 정책의 성공에 얼마나 중요한 것인지 세종은 잘 알고 있었다. 궁궐 안에서 아무리 신경을 써서 열심히 정책을 만들더라도 현장의 감사, 수령 혹은 그 아래 도사경력들이 잘 따라 주지 않으면 아무 소용이 없는 것임을 세종은 잘 파악하고 있었다. 그러므로 세종은 새로 부임하는 현장관리 한명 한명에게 철저하고 진심 어린 진제를 당부하였다. 충청도 감사로 부임하는 유계문에게는 "내가 가뭄을 우려하고 두려워하는 것을 경이 잘 알고 있다. 내 뜻을 잘 깨닫고 각자 직책을 각별히 수행하도록 하라."고 당부했다(세종실록 8년 4월 16일) 경전과 역사(경사, 經史)에는 밝았지만 현장 행정에는 미숙하다고 느낀 세종은 특별히 충청감사 정인지에게 여러 번 진제를 잘 하라고 지시했었으며 특별히 이렇게 부탁했다.

"도내 전체의 기근 상황을 내가 연속으로 사람을 보내 방문하여 파악하려고 한다. 경도 내 뜻을 잘 알아 다시 마음과 힘을 다해 널리 살펴보고 두루 구하여 한 사람도 재난에 걸려 사망하지 않도록 하라. 만일 급박한 일이 발생하면 수시로 보고하라."(세종실록 19년 1월 7일)

백성을 제대로 진제하지 못하면 지위고하를 막론하고 엄벌할 것임을 세종은 이미 여러 번 밝혔었다. 그러나 경차관을 수시로 파견하여 감시하기는 하지만 미리 그 사실을 알아차린 지방관들이 사실을 은폐하거나 사람을 매수하여 입을 막고 증거를 인멸해 버리니 적발하기가 쉽지 않았다. 그래서 경차관을 예고 없이 몰래 보내었으며 진휼을 잘하지 못하여 사망자가 발생하게 한 관리는 공신자손 여부를 불문하고 3품 이상은 중앙에서, 4품 이하는 현장에서 과죄하여 처벌하기로 하였다. 그리고 감사의 업무 평가도 관할 수령의 잘못과 연계하여 처벌하도록 하였다(세종실록 19년 1월 13일). 죽는 자가 발생하는 것에 대한 문책의지는 확고했다. 굶어 죽는 것이든 병들어 죽는 것이든 사람이 죽는 것에 대한 잘못은 반드시 묻겠다는 것은 세종의 치세동안 내내 흔들리지 않는 철칙이었다.

"만약 한 사람이라도 죽게 된다면 엄벌을 내리며 용서하지 않겠다."(세종실록, 26년 3월 16일)

진제소홀에 대한 확고한 문책원칙에 따라 많은 사람이 처벌을 받았다. 관청물건을 40관(약150kg)을 횡령하고 진제곡식을 17관이나(63.75kg) 빼돌린 최세온의 목을 베었고(세종실록 6년 8월 15일). 아사자가 발생하는 경우 곤장 90대 혹은 100대를 때리고 파직하였다. 공신의 자손이면 감형되었지만 벌금으로 형벌을 대신할 수(속죄, 贖罪)는 금지되었다.

〈노인복지정책〉

(1) 노인복지 확충의 계기

세종은 처음에는 노인 혹은 양로 문제에 대해서 그리 큰 관심을 가지지 않았었다. 즉위 초에 반포한 즉위교서 어디에도 양로 혹은 경로라는 단어는 찾아볼 수 없다. 다만 8대 국정목표에 명시된 바와 같이 '국가적 책무로서의 환과고독 피륭잔질' 중 하나인 독(독거노인)에 대한 일반적 책무에 대한 관심이나 혜양로질(惠養老疾), 즉 "늙거나 병든 자를 구호해야 한다."는 법령의 내용처럼 병든 자와 함께 국가가 뒤를 돌봐야 할 대상 그 이상의 중요성은 없었다. 이런 세종의 생각에 결정적인 변화가 나타난 것은 큰 가뭄을 겪고 본인도 크게 사경을 헤맨 경험을 한 세종 7년(1425년) 이후이다. 사실 그동안 큰 가뭄은 없다가 집권 초인 그해 유독 큰 가뭄피해를 당한 세종으로서는 노인을 여태껏 도외시했던 큰 실책 때문이었다고 생각하게 된 것이다. 서울이나 지방의 관리들의 무관심과 소홀함으로 노질, 특히 노인들과 병든 사람들이 내팽개쳐 있음을 알게 된 것이다. 세종은 본인이 직접 챙기지 않으면 안 되겠다고 마음먹었다. 즉위교서에서 강조한 시인발정이란 어진 정치를 펴는 것인데 어진 정치란 늙거나 병든 사람을 돌보는 것임에도 불구하고 외면해 왔으니 하늘이 온갖 재난으로 경고한 것이라고 판단했다. 세종은 즉각 대책을 세울 것을 명했다. 불호령이 떨어지자 예조와 호조는 즉각 노인양로 규정을 마련했다(세종실록, 8년 7월 18일).

(ⅰ) 70세 이상으로 자식도 없고 친척도 없이 남의 집에 붙어사는 자를 각 고을

에서 상세히 이름을 조사기록한 뒤 상부에 보고하면,

(ii) 국가는 쌀과 소금과 장을 반 년 치 지급하고,

(iii) 국가는 옷을 만들기 위한 베를 일 년에 두 필 제공하며,

(iv) 지방 수령은 토산물을 적당히 지급한다.

일단 이 건의안을 승인하긴 했지만 이것으로는 부족하다고 느낀 세종은 규정을 더 보완하도록 지시했다(세종 10년 9월 12일).

(v) 90세가 넘는 자로 친척이나 벗이나 남의 집에 기식하는 자에게는 매 철마다 옷감을 보내고 더하여 매달 초 월급(삭료)를 지급하라.

그리고 이어 병든 노인의 경우에는 위(i)의 자격요건을 대폭 완화하였다.

(i-1) 70세를 넘고 병든 노인은 친척 유무를 묻지 않고 구휼하도록 하라.

(2) 양로정책에 대한 발상전환 : 인수의 경지를 같이 밟자(共躋仁壽之域)

세종은 양로복지정책에 대한 의식구조를 획기적으로 전환했다. '소극적인 노인 구휼 혹은 구제정책'으로부터 '노인을 존경하고 우대하는 예절의 하나'로 적극적인 정책으로 승화시킨다는 것이다. 다시 말해 '환자와 동격인 노인'으로부터 '제왕군주적 존경의 대상인 원로'로의 노인 인식으로 전환한 것이다. 아무도 돌보아 줄 사람이 없는 독거노인에게 음식이나 옷가지를 제공하는 것에 그치던 양로 사업에서 그들을 위한 양로연을 베풀고 나아가 관직을 제수함으로써 보다 적극적인 존숭 대상으로 승격시켜 새로운 인수의 정치를 꿈꾸었던

것이다.

세종실록에는 세종의 심정을 이렇게 기록하고 있다. "아! 높은 분을 존경하고 나이 많은 어른을 높이는 효제의 기풍이 두텁게 자리 잡아 일마다 즐겁고 삶은 안정되어 다 같이 인수(仁壽)의 경지에 이를 수 있다면 얼마나 좋으랴. 너희 예조는 내 이 뜻을 몸소 깨닫고 널리 알리도록 하라"(세종실록, 17년 6월 21일). 이 글에는 세종이 지향하는 정치의 궁극적인 목표가 잘 나타나 있다 : "다 같이 인수의 지역을 밟자.(공제인수지역, 共躋仁壽之域)"는 것이다. 그리고 그것을 달성하기 위하여 어른을 높이 모시는 것(존고상치, 尊高尙齒)은 필수적이라고 세종은 확신했다.

(3) 송복의 양로 건의문과 양로연 개최

임금에게 양로연을 제안한 최초의 기록은 세종실록 2년 11월 기록된 전라도 창평 현감 송복의 양로방법에 대한 보고이다. 그는 예로부터 양로에는 다음과 같이 네 가지 방법이 있다고 했다.

(i) 삼로오경(三老五更)을 모시고 우대하는 제도,
(ii) 국가일로 죽은 자의 부조(父祖)를 양육하는 제도,
(iii) 은퇴한 원로 관리를 양육하는 제도, 그리고
(iv) 나이 많은 평범한 노인을 양육하는 제도라고 했다.

한참 뒤인 1432년에 이와 똑같은 말을 언급하고 있는 것을 보면 세종은 송복의 제안을 오랫동안 머릿속에 기억하고 있었던 것이 분명하다. 세종은 양로연에 대한 구체적인 실천세부사항(양로연의, 養老宴儀)을 보고해 올리라고 지시했고, 며칠 뒤 예조가 올린 양로연의 따라 연회를 실시하였다. 지방에서도 거의

같은 방식으로 진행하였다. 당초에는 사대부 노인들에게만 참석자격이 주어졌고 여성 노인과 서민노인은 참석이 배제되었다. 세종은 이것이 옳지 않다고 지적했다. 몸이 불편한 노인들은 대궐출입이 어려울 것이므로 음식만 집으로 보내면 어떻겠느냐고 황희가 묻자 세종은 당치도 않다는 듯 말했다. "옛날에는 말을 타고도 입궐했다. 좌석까지 바로 교자를 타고 들어오도록 하고 하녀가 부축해 내리도록 하라. 왕비가 직접 연회에 참여한다 하더라도 그 뜻에는 전혀 어긋남이 없다"(세종실록, 14년 8월 14일). 그리고 평민 노인의 연회 참석에 대해서는 이렇게 말했다. "양로란 나이 많음을 귀하게 여긴다는 뜻이지 존비를 따지자는 것이 아니다. 비록 양민이 아니라 천민이라 할지라도 모두 참여시키라"(세종실록 14년 8월 17일).

양로연은 세종 14년 8월에 시작하여 4년 동안 매년 8월 혹은 9월에 열렸다. 극심한 가뭄으로 세종 18년 이후 양로연을 열지 못하다가 4년 뒤인 세종 22년 다시 재개하였다. 세종은 영구히 양로연을 계속하도록 지시했다. "대개 법을 만드는 것은 어렵지 않고 법을 행하는 것이 어려운 것이다. 이미 법을 만들었으면 부득이한 사정이 있더라도 폐지하면 안 되는 것이다. 고려의 팔관회는 우리의 강무와 비슷한데 비록 장마가 지거나 심한 가뭄이 들어도 항상 시행하여 폐지하지 않았다. 이번 양로연은 매우 아름다운 제도이므로 영원히 이를 시행해야지 폐지하면 안 된다"(세종실록, 22년 8월 11일).

이렇게 해서 양로연은 세종 22년부터 다시 재개되었다. 그렇지만 세종 25년 4월부터 7월까지 가뭄이 들자 양로연은 다시 중지되었다. 그 다음 해에도 가뭄이 심해서 열리지 않던 양로연은 세종 30년 8월 25일 다시 열렸다. 그러나 이 양로연에 세종은 참여할 수가 없었다. 거동을 할 수 없을 만큼 세종은 편찮았다. 세자 향(珦)이 대신 주재했다. 이때 세자의 나이는 이미 34세이었고 삼 년 전부터 세종 대신 서무를 맡아 처리하고 있었다.

(4) 초고령자에 대한 특별배려

양로연에는 80세 이상의 노인들만 참석했다. 그중에는 90세 이상의 장수를 누리는 노인들도 있었고 더러 100세를 넘긴 사람도 보였다. 세종은 이들 초고령자들을 '하늘의 축복과 가호가 있는 사람'으로 생각했다. 종전에는 70-80세 노인에 대한 구휼 조건만 명시되어 있었는데 판중추원사 허조가 103세 노인에게는 특별한 대우를 주자고 제안하자 세종은 "백 세 노인은 세상에 드문 일이니 당연히 무엇보다 먼저 보살펴야 할 것이다. 먼저 구휼 조건을 이미 내려보냈으나 양육함이 미진하니 지금부터 매년 쌀 10석을 지급하고 달마다 술과 고기를 보내며 매 계절 끝 달에 그 숫자를 보고하도록 하라"(세종실록, 17년 1월 22일). 강원도 감사가 경비부족을 이유로 초고령노인에게 매년 주는 급료 쌀 10석을 5석으로 줄이자고 했을 때 세종은 "백 세 노인은 늘 있는 것이 아니므로 당연히 먼저 보살펴야 한다."하며 그를 나무랐다.

세종은 초고령자의 숫자를 조사하게 하였다. 90세가 넘는 노령인구는 경기도와 개성유후사와 충청도 평안도를 제외한 전국에서 614명이 보고되었다. 그중 백 세 이상은 열 명으로 남성이 3명 여성이 7명이었다. 백 세 이상 노인에 대한 봉양 지시가 잘 지켜지고 있는지 세종은 항상 궁금했다. 특히 나이가 많은 사람들의 이름을 일일이 거명하며 그들이 지시한 법대로 혜택을 받고 있는지 조사하여 보고하라고 지시했다. 세종이 의심한 바대로 이들 백 세 이상 노인에 대해 혜택이 제대로 지급되지 않고 있었다. 다시 한 번 세종은 교지를 내려 지방 수령들에게 당부했다. "백 세 노인은 세상에 드문 것이라 당연히 보살펴야 한다. 매년 쌀 10석을 드리고 매월 술과 고기를 감사수령이 주라는 법이 있어도 관리가 법을 잘 준행하지 않는다. 금후로부터는 만 백 세로 기록된 자는 물론 내년에 만 백 세가 되는 자를 미리 기록에 올려 오는 봄에 같이 쌀을 주어 혜양하도록 하라"(세종실록, 31년 3월 26일).

(5) 노인직 제수

노인을 더 효과적으로 우대하는 조치를 궁리하던 세종은 획기적인 생각이 떠올랐다. 즉, 노인들에게 음식이나 옷이 아닌 직책을 주는 것이 어떨까 하는 아이디어가 떠오른 것이다. 의정부나 예조가 아니고 순수한 세종의 발상이었다. 이 당시 세종 17, 18년은 매우 가뭄이 심한 해였다. 그리고 가뭄의 책임은 늘 자신의 부도덕과 정치무능 때문이라고 생각하던 세종은 노인직제수를 가뭄의 근본대책의 하나로 본 것이다. 한편으로는 자신의 무능으로 나라가 가뭄 피해를 보고 있는데 다른 한편에서는 하늘의 축복을 받아 장수하는 노인들이 여럿 존재하고 있었다는 것은 세종에게는 분명히 계시적인 현실이었다. 세종은 이들을 정치의 장으로 끌어들임으로써 정치적 미숙함과 자신의 결함을 보완할 수 있을 것이라고 믿었다. 얼마 전 90세 이상 노인의 숫자를 조사케 한 것도 사실은 그런 목적이 숨어 있었다. 세종은 예조에 다음과 같은 교지를 내렸다 ; "구십 세 이상의 남자는 모두 자급을 제수하라. 매품의 정이냐 종이냐, 전직이냐 현직이냐 높으냐 낮으냐를 따지지 말라"(세종실록, 17년 6월 22일).

세종이 영구화시켰던 양로연이 4년 만인 세종 25년 7월에 가뭄으로 또다시 중지하게 되자 양로연을 열지 않는 대신 노인들에게 관직을 주기로 한 것이다. 더 많은 관직을 수여하기 위해 연령자격요건도 90세 이상에서 80세 이상으로 낮추었다. 이번에는 노인 2백여 명에게 관직을 수여했고(세종 26년 7월 29일) 한 달 뒤에도 1백여 명에게 산관직을 주었다(세종 26년 윤7월 8일). 그리고 90세가 아니라 80세 이상에게 작품(爵品)을 주는 것을 항식으로 삼았다(세종 29년 9월 6일).

〈결언〉

굶고 병든 사람은 물론 나이 많은 노인에 대한 물적 지원과 관직까지 제수하는 정책을 몸소 겪은 신하와 백성들은 세종에 대해 절대적인 칭송을 보내지 않을 수 없었다. 세종의 양로연에 참석한 영돈녕부사 권홍은 솟아오르는 감격을 억제할 수가 없었다. 권홍은 태종의 의빈 권씨의 아버지였고 의빈 권씨는 세종에게는 계모인 셈이다. 그리고 권홍의 재종조모는 원나라 황태자비였다. 그 권홍이 세종을 주나라 문왕(西伯)에 비유하여 칭송하면서 다음과 같은 시를 지어 올렸다.

> "풍운 같은 신하들이 경회루에 모인 것이 하청에 응하는 듯하고 천년 동국에 성명한 임금을 만났으니 덕이 천하와 짝하여 백성을 두텁게 양육하시는구나. 은혜는 산악과 같고 노인과 영재를 중하게 여기시니 가을 모습이 황봉주에 넘실거리는도다. 국화 빛깔 백발에 휘황찬란하네. 봉관과 곤현과 선악이 움직이니 소리소리 모든 것이 승평의 치세로다"(세종실록, 22년 9월 6일).

여기서 하청(河清)이란 "황하가 맑아진다."는 뜻으로 도저히 불가능한 일, 즉 상상도 못할 성군이 나타나 온 신하가 경회루에 모였음을 의미한다.

노인들의 감격의 눈물은 물론이고 감동적인 경로정치를 곁에서 지켜본 모든 백성들도 말로 표현할 수 없는 기쁨의 감동을 억제할 수 없었다. 개풍에 있는 할머니 신의왕후의 제릉에 참배하고 돌아오던 도중에 개성(송도)에 이르렀을 때 수많은 인파가 연도에 몰렸다. 어른 아이 노인 모두 늘어서서 지나가는 세종을 칭송하며 시를 지어 올렸다. 그 시가 이렇다.

"힘쓰시고 힘쓰시는 우리 왕 그 덕이 극명하시고
또 그 덕이 극명하시니 물려받은 업을 밝히시네.
순서를 잊지 않으시고 효도만을 생각하시니
춘추로 게으르지 않으시고 제사를 잊지 않으시네.
흰 이슬 서리되니 햇볕이 기우는 철이 되었네.
오셔서 조모께 제사를 드리니
제사가 아름다워 향을 맡으시리.
효로 제사를 드리니 축복이 내리고
사모(새의 종류)가 날 듯하고 팔난이 창창하네.
깃발을 보니 용이 빛이 나네.
나를 도우시고 먹이시니 진실로 왕이시고 오직 왕비시네.
은혜로운 임금이시라 백성의 부모시라.
늙은 사람 어린 사람 모두 편안히 살아가니
먹고 마시는 것 극진한 은혜가 아닐 수 없네.
하늘이 도우시어 만수를 누리시고 거듭 거듭 무강하시어
자손이 천억이 넘으시라.

이 나라에 태어났으니 그 낙이 어떠할까.

모든 사람이 머리 숙이며 이 노래를 짓나이다."

(세종실록, 20년 10월 12일)

세종이 1418년 8월 즉위 직후 반포한 8대 국정 목표(농업진흥, 교육진작, 관료선정, 복지확충, 공정형벌, 행정쇄신, 미풍양속, 인재등용) 중 네 번째 국정 목표는 소외계층에 대한 복지확충이었다. 여기서 소외계층이란 홀아비, 과부, 고아, 독거노인, 그리고 각종 질병을 앓는 사람(환과고독 피륭잔질, 鰥寡孤獨 疲癃殘疾)을 말한다. 이들 사회적 소외계층을 돌보는 것은 국가의 책무라고 선언하고, 이들에 대한 상세한 실태조사와 함께 각별한 보호를 지시하였다.

"환과고독과 병약자들은 당연히 국가가 보살펴야 할 사람이다. 안으로는 한성부 와 오부(五部)가, 밖으로는 감사수령이 상세히 조사하여 환상 진제해야 할 것이니 그들에게 우선 지급하되 절대로 빠뜨림이 없어야 한다"(세종실록, 즉위년 11월 3일).

세종의 복지정책에서는 몇 가지 원칙을 읽을 수 있다.

첫째, 진제 혹은 구제의 대상이 되는 백성은 홀아비(鰥), 과부(寡), 고아(孤), 독거노인(獨)과 같은 신분적 약자는 물론 피(疲), 융(癃), 잔(殘), 질(疾)과 같은 병약자와 장애인, 그리고 기본적인 경제활동을 할 수 없을 정도로 가난한 경제적 약자를 국가의 지원 대상에 포함시키고 있다는 점이다. 둘째, 도움이 꼭 필요한 사람에게 경제사회적 형편에 따라 차등지급했다는 점이다. 셋째, 이들 구제 대상자에 대한 대책은 어느 특정 부서가 아니라 중앙의 왕과 정부는 물론 한성부나 감사 수령과 같은 지방정부 모두가 책임을 져야 한다고 밝히고 있다. 넷째, 구제 정책은 한성부와 오부와 지방의 각관 수령과 감사의 상세한 실태조사 바탕 위에 실시되어야 한다는 점이다. 사회적 혹은 경제적 약자가 적극적으로 신청해서 구제를 받는 것이 아니라 구제를 하는 쪽이 적극적으로 나서서 상세하게 조사하여(상가심문, 詳加審問) 구제 곡식을 우선 지급하고 절대로 빠뜨림이 없어야 한다고 지시하고 있다. 특히 가뭄으로 굶어 죽는 사람이 나오면 반드시 책임을 묻고 벌을 주겠다(정행책벌, 定行責罰)고 했다. 다섯째, 재정확충을 위해 과감한 용관혁파 등 행정개혁과 함께 세제개혁(공법개혁)을 단행했다는 점이다.

복지정책은 국민의 행복을 위해 국가가 실현해야 할 지상 과제이다. 그것이 국가가 존재하는 가장 중요한 존재가치의 하나이기도 하다. 선거공약이 있었든 없었든 약속을 했든 안 했든 국가와 국가지도자가 항상 풀어야 할 숙제이다. 그러나 복지는 국가지도자만의 문제는 아니다. 재정이 받쳐 줘야 하고 현장실태의 정확한 파악과 행정적 관리가 잘 되어야 하며 국민적 도덕해이가 없어야 한다. 그러나 더 중요한 문제는 국민 모두가 복지에 대해 수긍하고 필요성을 인정하는 공감대 위에 구축되어야 한다는 점이다. 특히 무엇부터 먼저하고 무엇을 나중에 할 것인지에 대한 공감대가 분명해야 한다. 그런 점에서 재위기간 내 꾸준히 복지정책을 지도하고 실현해 나간 세종의 리더십은 580여 년이 지난 지금에도 신선하게 다가온다.

양적완화 축소에 증시불안은 과민반응

중앙선데이, 2014년 2월 2일

지난 주말 아르헨티나 페소화는 물론 '위태로운 5형제(Fragile Five : 브라질, 인도, 인도네시아, 터키, 남아공)의 통화가치와 미국과 유럽의 주가가 폭락했다. 양적완화 축소에 대한 우려 때문이었단다. 벤 버냉키 연준 의장은 그의 마지막 공개시장위원회(FOMC) 회의에서 양적완화3(QE3) 규모를 750억에서 650억으로 100억 달러 축소하기로 만장일치 의결했다. 양적완화 축소 규모는 시장에서 예상하던 것과 정확히 일치했다. 그럼에도 불구하고 미국 주식시장은 큰 폭으로 떨어졌고(다우 1.19% 하락) 유럽시장도 하락했다.

양적완화 축소는 말 그대로 풀던 돈을 줄인다는 것이다. 통화긴축정책과 비슷한 말이다. 1980년대 중반 미국 중앙은행은 통화량을 조절하던 정책기조에서 금리를 조절하는 금리 정책기조로 전환했다. 통화량을 조절해 봤자 시장금리만 크게 교란시킬 뿐 물가나 경기가 제대로 관리되지 않았기 때문이다. 효과가 별로 없는 통화량 대신 채택한 정책수단이 금리였다. 그러나 금리관리 정책도 금방 한계가 드러나고 말았다. 2008년 서브-프라임 위기 직후 2%이던 연방기금금리를 0.25%까지 내렸지만 더 이상 금리를 내릴 수가 없었다. 그래서 고안해 낸 개념이 양적완화(Quantitative Easing)정책이다. 잘 알려진 바와 같이 2008년 11월 이후 양적완화는 세 차례 단행되었고 총공급규모는 2조 달러를 훨씬 넘는다. 지난해 6월 19일 연준 의장 버냉키는 그동안의 양적완화를 줄여야 할 때가 왔다고 말했다. 미국 경제가 2008년의 위기 상태에서 벗어났다는 자신감도 있지만 양적완화에 대한 부작용, 즉 증시과열에 대한 우려 또한 양적완화 축소의 중요한 배경이었다. 물가 2%와 실업률 6.5% 조건이 충족된다면 금리도 올릴 수도 있다고 했다. 이 발표 이후 전 세계 금융시장은 양적완화 축소 과민공포증의 충격에서 헤어나지 못하고 있다.

1973년 1차 석유파동 이후 지난 40여 년 동안 미국의 양적축소(통화긴축) 정책은 다섯 번이나 있었다. 1978년 12월, 1987년 3월, 1993년 8월, 1999년 12월 그리고 2002년 5월이 그것이다. 첫째로 주목하는 것은 이 다섯 번의 양적축소가 한두 달이 아니라 짧게는 12개월, 길게는 59개월, 평균적으로 32.4개월 정도 지속되었다는 점이다(아래 [표] 참조). 그런 예에서 보면 옐런 차기 연준의장 주도하에 진행될 양적완화 축소도 서너 달 사이 마무리되는 것이 아니라 최소한 십수 개월 동안 점진적으로 지속되는 마라톤과 같은 양적완화 축소가 될 것은 분명하다. 둘째로, 약 32.4개월 진행된 양적완화 정책의 결과, 통화증가율(본원통화기준)이 평균적으로 12.2%에서 1.3%로 약 10.9% 포인트 하락했다는 점이다. 이를 월간으로 환산하면 한 달에 약 0.34%p, 금액으로는 100억 달러 내외의 통화감소가 되는 셈이다. 지난해 12월과 금년 1월 100억 달러 양적완화 축소는 이런 경험률과 정확히 일치하는 것을 알 수 있고 앞으로 단행될 양적완화도 이와 다르지 않을 것임을 예고한다. 물론 '돌발악재가 새로 나타나지 않는다.'는 전제하에서 그렇다. 만약 돌발악재라도 발생하면 언제라도 양적완화 축소가 정지되거나 확대되거나 다시 양적완화로 방향을 되돌릴 수도 있다.

이런 양적축소가 증권시장에는 어떤 영향을 미쳤을까. 과거 다섯 번의 양적축소 경우를 보면 주가는 예외 없이 상승했다. 양적축소가 단행된 시점과 양적축소가 끝난 시점 사이에 주가는 대체로 28% 정도 상승했다(Dow Jones-산업평균기준). 적어도 경험적으로는 양적축소(혹은 통화긴축)와 주가는 장기적 관계가 약하다. 따라서 최근 일어난 국제적 주가폭락과 앞으로도 자주 발생할 증시불안은 양적완화 축소에 대한 초단기적 과민공포 현상이다.

그렇다면 미국의 양적완화 정책에 이은 양적완화 축소정책은 앞으로 성공할까. 이에 대한 대답은 부정적이다. 첫째로는 그 많은 돈을 부었음에도 불구하고 미국과 세계경제가 성장국면에 안착했다는 확신이 서지 않는다. 미국과 유럽의 성장률이 다소 나아지기는 했어도 중국과 아시아와 남미가 여전히 불안하다. 남유럽과 남미는 물론 아시아와 동유럽 곳곳에 불안요소가 깔려 있는 상황에서 양적완화의 축소가 국제 경제적 부작용을 초래할 가능성이 있다는 점이다. 더욱 중요한 것은 통화조절만으로 실물경제를 근본적으로 바꾸고 창조하는 데에는 한계가 있다는 점을 인식해야 한다. 통화조절이 서브-프라임 위기와 같은 금융시스템의 괴멸을 막는 응급조치의 역할에는 성공했을지 몰라도 창조적인 투자나 경제활동을 일으키게 하는 데까지 이르지는 못한다. 금융시스템의 붕괴를 초래한 원인 중의 하나였던 금융 감독 시스템의 근본적인 개혁 없이 양적 조절만으로 금융시스템의 불안 문제가 해결된다고 판단한다면 그보다 더한 순진함(naivety)이 따로 없다. 양적완화 축소에 대한 과민공포증도 문제지만 경제주체의 자율적이고 창조적 활동과 철저한 금융 감독 체제 없는 양적 조절 만능주의 또한 섣부르다.

[표] 미국의 양적축소와 주가변동

	지속기간	통화증가율	월평균통화감소	주가변동률
78년 12월 – 81년 4월	28개월	11.4% → 2.8%	0.31%p	23.8%
87년 3월 – 89년 9월	30개월	11.3% → 3.2%	0.27%p	16.8%
93년 8월 – 96년 5월	33개월	11.5% → 2.1%	0.28%p	54.6%
99년 12월 – 00년 12월	12개월	16.4% → –2.3%	1.56%p	15.9%
02년 5월 – 08년 4월	59개월	10.3% → 0.9%	0.16%p	29.2%
평균	32.4개월	12.2% → 1.3%	0.34%p	28.1%

GDP통계의 치명적 흠결

중앙선데이, 2014년 3월 2일

언젠가부터 우리는 「GDP-매니아」가 되고 말았다. 「GDP-함정」에 매몰되었다고 해도 과언이 아니다. 경제가 좋은지 아닌지를 판단하는 가장 적확한 잣대로 GDP 성장률을 활용하는가 하면 정부의 경제정책 성패를 판단하는 가장 중심적 가늠자로 GDP 성장률을 들이대곤 한다. GDP 성장률이 높으면 성공하는 정부고 성장률이 낮으면 실패하는 정부로 여겨 왔다. 그런 잣대에서 본다면 김영삼 정부(연평균 7.4%)가 김대중 정부(5.0%)보다 낫고, 노무현 정부(4.3%)가 이명박 정부(2.9%)보다 더 나은 정부가 된다. 나아가 현 정부의 474정책이 성공한다손 치더라도 김대중 정부나 노무현 정부의 연평균 경제성과(연평균 4.3%)를 능가하기는 물론 이명박 정부의 성과를 추월하는 것도 만만치 않아 보인다.

국가경제정책의 성과나 국민의 살림살이를 평가하는 지표로 쓰기에 GDP 성장률은 너무나 많은 문제점을 안고 있다. 대통령 취임사에서 수없이 반복하여 강조한 경제부흥과 국민행복을 국가정책의 양대 기조로 삼는 현 정부가 목표로 삼기에는 더더욱 적절치 않은 지표이다. 첫째 흠결은 그것이 '국민'이 아니라 '국내'의 경제활동을 반영한다는 점이다. '국내행복'이 정책목표라면 몰라도 '국민행복'의 관점에서 본다면 GDP 수치와 국민살림살이에는 심각한 괴리격차가 있을 수 있다. 개방도가 커지면 커질수록, 국내증시에서 외국자본의 비중이 커질수록 GDP 수치와 국민경제의 격차는 무시할 수 없는 수치가 된다. 두 번째 흠결은 GDP는 생산물량을 나타낼 뿐 가격변화나 혹은 재고변화를 감안하지 못한다는 점에 있다. 예를 들어 쌀 농가의 생산량이 20% 증가했더라도 쌀 가격이 20% 하락했다면 생산증가(경제성장)의 긍정적 효과는 전혀 없고 원가 상승요인만 떠안게 되는 셈이다. 디플레가 전 세계적인 걱정거리가 되는 요즘 상황에선 이 결점이 더욱 절실하게 부각된다. 다른 경우로 생산이 20% 늘었어도 판매량이 줄어 20% 만큼 재고가 발생했다면 사실상 이 농가의 실제 형편은 나아진 것이 없어도 형식적으로는 20%의 경제성장을 한 셈이 되는 것이다.

GDP 성장수치의 이런 결정적인 흠결은 GDP 성장률과 가계의 실질소득 증가 사이의 심각한 괴리로 나타난다. 즉, GDP 성장률과 가계실질소득이 서로 다른 방향으로 움직이거나 아니면 GDP 성장률보다 가계실질소득 증가율이 현저히 낮은 현상이 발생하는 것이다. 실제로 2004년 이후 2013년까지 10년을 보면 거의 매년 가계실질소득 증가율은 GDP 성장률보다 낮았다. 노무현 정부 5년 동안에는 GDP성장률과 실질 가계소득증가율의 격차가 연평균 2.3%P이었고 이명박 정부 시절에는 연평균 1.6%P였다. 이것은 GDP 성장률이 2%이더라도 가계의 실질소득 증가율은 거의 0%에 가깝다는 사실을 보여주고 있다. 더 좋은 예는, 2013년 경제성장률(2.8%)는 2012년(2.0%)보다 확실히 높다. 그렇지만 가계실질소득증가율은 2013년(1.8%)이 2012년(2.8%)보다 1% 포인트나 낮다. 다시 말해 GDP 성장률이 높아져도 오히려 가계실질소득은 떨어졌다. 바로 이 사실 때문에 GDP 성장률보다는 가계실질소득에 더 주안점을 둬야 한다.

GDP의 이런 치명적인 맹점은 GDP 성장률에서는 배당과 이자 같은 자본소득과 노동소득에 구분을 두지 않기 때문에 발생한다. 절대다수 국민의 소득원인 노동소득이 예를 들어 동결된다 하더라도 배당과 같은 자본소득이 커지면 GDP는 상승하게 되는 맹점인 셈이다. 따라서 GDP와 함께 자본소득과 노동소득의 움직임을 동시에 살펴야만 균형감이 살아난다. GDP 에서 노동소득이 차지하는 비율을 노동소득분배율이라고 부른다. 박정희 대통령 시절인 1970년과 1979년 사이에는 이것이 38.6%에서 47.7%로 수직 상승했고 김영삼 정부 시절에도 52.1%에서 62.6%까지 상승했다. 그러나 IMF 위기가 발생한 1997년 직후 몇 년간 노동소득분배율은 하락하였다가 노무현 정부 시절에 잠깐 58.0%에서 61.1%로 상승한 뒤 이명박 정부 시절 다시 61.1%에서 59.7%로 매년 하락하고 있다.

2014년 GDP 경제성장률은 작년의 2.8%보다 높은 3.8% 성장률을 기록할 것으로 전망하고 있다. 기획재정부(3.9%)와 한국은행(3.8%) 등 공공기관의 경제성장률 전망이 민간기관보다 더 낙관적이다. 그러나 GDP성장률이 1% 포인트 높아진다고 가계의 실질소득이 그만큼 증가하는 것은 아닌 맹점을 똑똑히 보아 왔다. 바로 이런 이유 때문에 정책의 핵심관심은 성장률보다는 일자리 창출과 함께 임금/노동소득에 대해 두어져야 하는 것이다. 특히 회사원과 자영업자와 중소기업의 소득에 대해 정책적 초점이 맞춰져야 한다. 국내일자리와 소득기회를 소멸시키는 기업의 해외이전에 대해서 비판적 시각을 갖는 이유가 여기에 있다. GDP 성장률 수치가 자동적으로 국민의 실질적 행복과 연결되던 시대는 오래전에 끝났다. 1960년대와 같은 경제성장을 21세기 경제부흥과 국민행복의 각도에서 입체적으로 이해하려면 반드시 가계소득이라는 3D 안경을 쓰지 않고서는 안 되는 것이다.

테이퍼링(Tapering)이라는 이름의 방아쇠

KDI 나라경제, 2014년 3월 12일

모든 중앙은행은 그 나라의 물가안정 혹은 경제안정을 위해 존재한다. 어떤 나라는 물가안정에 더 큰 방점을 두고 어떤 나라는 경제안정에 더 높은 비중을 둔다. 독일 중앙은행이 전자에 속한다면 미국이나 지금의 한국은 후자에 속한다. 이들 중앙은행의 정책목표는 조금씩 달라도 정책수단은 금리 아니면 통화량이다.

1980년대 중반만 하더라도 거의 모든 중앙은행은 통화량을 관리했다. 연간 통화량 증가목표를 설정하고 그 범위 내에서 통화량을 관리하는 것이 주된 업무였다. 그러나 통화량관리방식에 심각한 문제점이 드러나기 시작했다. 첫째로 통화량을 엄격히 관리해도 정책목표인 물가안정 혹은 경제안정이 제대로 달성되지 않았다. 그 원인은 두 가지였다. 하나는 금융규제완화와 국제화이고 다른 하나는 금융상품의 급격한 발달이었다. 중앙은행 통화관리의 두 번째 문제점은 중앙은행이 통화를 관리하는 것이 점점 어려워졌다는 사실이다. 금융시장의 국제화가 진전되고 금융시장의 규제완화가 진전되며 새로운 금융상품이 개발될수록 전통적인 통화량정책은 효과가 떨어진다. 통화량 대신 채택한 정책수단이 금리였다. 그러나 금리정책도 금방 한계가 드러났다. 2008년 서브프라임 위기 직후 2%이던 연방기금금리를 0.0%까지 내렸지만 더 이상 금리를 내릴 수가 없었다. 그래서 고안해 낸 개념이 양적완화(Quantitative Easing) 정책이다. 서브프라임 위기직후인 2008년 11월 이후 세 차례 양적완화로 약 3조 달러 가까운 자금이 공급되었다. 그러나 지난해 6월 미국 FED는 그동안의 양적완화를 줄여야 할 때가 왔다고 말했다. 2008년의 위기에서 벗어나기도 했지만 양적완화에 대한 부작용, 즉 증시과열에 대한 우려를 지나칠 수가 없었기 때문이다.

과거 40여 년 동안 미국은 다섯 번의 양적완화 정책을 실시하였다. 1978년 12월, 1987년 3월, 1993년 8월, 1999년 12월 그리고 2002년 5월이었다. 이 다섯 번의 양적축소 정책은 짧게는 12개월, 길게는 59개월, 평균적으로 32.4개월 정도 지속되었다. 그런 관례로 보면 새 연준의장 옐런의 주도 아래 진행될 양적완화 축소도 서너 달 사이 마무리되는 것이 아니라 최소한 십수 개월 동안 점진적으로 지속되는 것임에 틀림없다. 둘째로 주목하는 점은 양적완화 정책의 결과로 본원통화 증가율이 평균적으로 12.2%에서 1.3%로 약 10.9% 포인트 하락했다. 이를 월간으로 환산하면 한 달에 약 0.34%p, 금액으로는 100억 달러 내외의 본원통화가 감소되는 셈이다. 지난해 12월과 금년 1월 100억 달러 양적완화 축소는 이런 경험률과 정확히 일치한다. 앞으로 단행될 양적완화도 이와 다르지 않을 것이다. 물론 '돌발악재가 새로 나타나지 않는다.'는 전제하에서 그렇다. 돌발악재라도 발생하면 언제라도 양적축소가 정지되거나 다시 양적완화로 방향을 돌릴 것이다.

미국의 양적완화가 십수 개월 이상 장기간 지속된다면 미국 시장금리는 상승압력을 받을 것이고 동시에 달러가치도 오르게 될 것이다. 금리재정(Interest Rate Parity)과 같은 전통적인 국제자본이론을 들먹이지 않더라도 미국금리 상승 기대와 달러가치상승의 기대가 맞물리면 신흥국으로부터 미국으로의 급격한 자본이동은 불가피하게 된다. 그렇다면 신흥국 중에서도 어떤 나라가 가장 타격이 클까. 그 나라는 통화가치가 떨어질 위험성이 크거나 금리를 올리기 어려운 나라가 될 것이다. 자국통화가치가 떨어질 가능성이 큰 나라는 경상수지가 불안하거나, 재정적자의 위험이 큰 나라일 것이다. 금리를 올리기 어려운 나라는 경제가 어렵거나 정치적으로 불안한 나라일 것이다. 통화가치가 떨어질 위험과 정치경제적으로 위험성이 높은 신흥국은 전 세계적으로 널려 있다. 아시아에는 태국과 인도네시아와 인도 같은 나라가 있고 유럽에는 터키, 헝가리, 우크라이나가 있다. 그리스나 이탈리아도 장담하지 못하는 형편이다. 남미에도 아르헨티나나 브라질이 위험요소를 많이 안고 있다.

거기에 비하면 우리나라는 비교적 양호한 편이다. 그러나 절대로 방심할 수가 없다. 작년에는 25.6억 달러였던 2월 무역흑자가 올해에는 9.6억 달러로 대폭 줄었다. 엔저현상의 시차가 약 2년인 것을 감안하면 올해 중에는 수출부진이 본격적으로 가시화될 것인데 만약 무역적자라도 나타난다면 원화의 급격한 약세도 배제할 수 없다. 거기에 노사불안 및 정치적 불안요소도 많이 안고 있다. 정책당국이 비상등을 켜야 할 때이다. 전에 만들었다는 조기경보체제를 가동해야 한다. 첫째 외환보유고의 유동성을 높여야 한다. 둘째, 가능한 한 여러 나라와의 비상협조체계를 구축해 둬야 한다. 셋째 민간금융기관의 외환보유현황과 포지션을 면밀히 모니터링해야 한다. 넷째 기업부문의 외화자금 운용실태를 파악해 두어야 한다. 다섯째 투기성 투자자금에 대한 면밀한 실사를 진행해야 한다. 유비무환이라고 했다. 국토에 대한 유비무환만 중요한 게 아니라 언제 어떻게 닥쳐올지 모르는 글로벌 외환위기에 대한 대비도 철저해야 한다. 신흥국 외환위기의 가능성은 50:50이다.

증세 없는 복지가 가능한가? : 영국의 복지개혁 역사

국가미래연구원, 2015년 1월

"요람에서 무덤까지"라는 말처럼 복지하면 영국이고 영국하면 복지가 생각날 정도로 복지를 떠나서 영국을 생각하기 힘들다. 그러나 영국의 복지체계는 하루아침에 이루어진 것이 아니다. 영국식 의회민주주의가 17세기 초 월폴 수상 이후 300년에 걸쳐 발전되어 왔다면 영국식 복지국가는 그보다 100여 년 앞선 엘리자베스 I세 시 구빈법으로부터 출범했다. 당시 경제는 매우 어려웠다. 여왕이 집권하자마자 당시 세계 최강인 스페인과 80년 전쟁에 휘말리게 되었고 끊임없이 흉년이 이어졌으며 곡물가격이 급등한데다, 무역을 통해 유입되는 통화로 인해 인플레가 극심했다. 농지를 목장으로 바꾸어 버리는 인클로저 운동으로 인해 대부분의 농민들은 경작지를 잃고 이리저리 떠도는 부랑아로 전락했다. 정치 사회 경제적으로 매우 불안한 상황이 지속되면서 왕실과 지주계급은 심각한 체제불안의 위협을 느끼게 되었다. 사실 엘리자베스 I세 여왕이 죽고 50년 만에 크롬웰 혁명으로 찰스 I세의 목이 잘리는 것을 보면 당시 어려운 상황을 짐작할 수 있다. 이런 체제불안에서 안정을 지켜 내기 위해 엘리자베스 I세와 지배계층은 『구빈법(1601)』을 제정했다. 구빈법의 핵심내용은 빈민을 세 부류로 나누고, 각 부류에 대해 차별적인 지원을 한다는 것이었다.

즉, (1) 근로불능의 장애인, 노인, 아동에 대해서는 금품을 제공하고, (2) 근로가능한 빈민에게는 자활 작업을 하도록 일감을 주되, (3) 나태한 빈민에게는 교화소에서 징벌적 교화를 내린다는 것이다.

구빈법의 개악

그러나 현실적으로 근로불능 장애인과 노인, 아동에게 주는 혜택은 매우 적었고, 대부분 작업장이나 교화소에서 가혹행위가 만연하였다. 불만투성이인 구빈법에 대해 19세기 초중엽 치열한 찬반논란이 대두되었다. 한쪽에서는 구빈법을 철폐하자고 주장하였다. 구빈법이 오히려 빈민을 양산한다는 논리였다. 농업생산성은 산술급수적으로 증가하는데 인구증가는 기하급수적으로 증가하므로 가난은 근본적으로 해결하기 어렵다는 맬더스 이론이 뿌리에 있었다. 리카도의 임금기금설도 한몫을 했다. 임금으로 제공되는 기금은 한정되어 있는데 인구가 늘면 개인의 임금은 당연히 줄어든다는 것이다. 정반대 논리로 구빈법을 비판하는 학자도 있었다. 구빈법이 있으니까 사용자들이 더 가혹해지고 착취한다는 것이다. 마치 기초연금이 있으니까 다른 연금은 들지 않겠다는 논리와 비슷하다. 구빈법 때문에 착취와 가혹행위가 더 만연하게 되면, 구빈법의 근본 취지에도 어긋나고 또 사회 불만과 폭동으로 발전되면서 사회체제가 불안해질 우려가 있다는 것이다. 시드니 웹이나 채드윅과 같은 진보주의자들은 구빈법을 근본적으로 개정해야 한다고 봤다. 나폴레옹 전쟁, 피털루

폭동 등 극도로 불안한 사회분위기에서 구빈법을 철폐하는 것은 어려웠다. 또 종교적인 관점에서도 구빈법 철폐는 시대정신에 역행하는 조치였다. 결국 개정하기로 하고 채드윅의 주도로 실태보고서가 작성되고(1834) 이를 바탕으로 구빈법을 개정하였다. 구빈법의 개정의 핵심은, 자활자조의 원칙에 따라 빈민 지원을 대폭 줄이는 것이었다. 빈민, 특히 도시빈민에 대한 지원이 크게 줄어듦에 따라 1840년대 이후 영국의 사회불안은 극도로 치닫게 되었다.

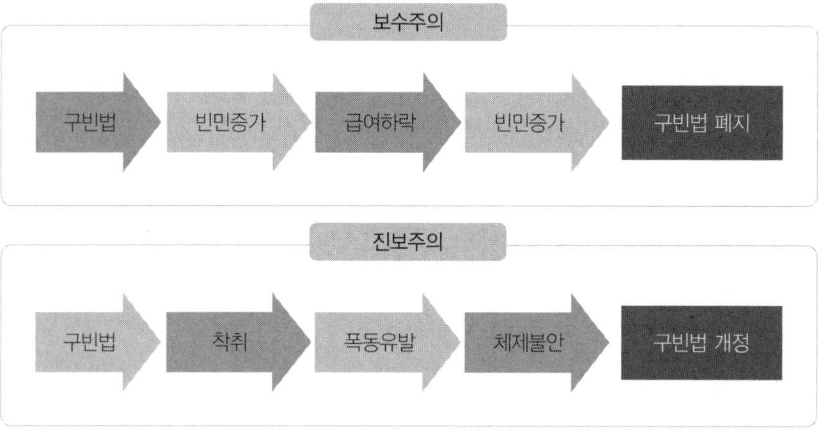

빅토리아 파라독스와 사회불안

빅토리아 여왕 재위(1837-1901) 기간은 영국의 최고 번성기였지만 그러나 내부적으로는 심각한 빈곤문제를 겪고 있었다. 런던 시민의 1/3이 끼니를 굶는 빈민일 정도였다. 정치 사회적으로도 매우 불안하였다. 풍요속의 빈곤에 봉착한 당시 지식층과 정치인들이 씨름한 과제는 빈곤이 (1) 개인 능력의 문제인가, (2) 국가 체제의 문제인가 하는 문제였다. 만약 개인의 문제라면 국가가 개입해야 할 이유가 없는 것이지만, 국가체제의 문제라면 마땅히 국가가 개입해서 해결해야 하는 것이다.

진보진영 압승(1906년)과 증세

연이은 전쟁과 1870년 대공황 등으로 경제사회체제가 매우 불안해지면서 정치의 대변화를 촉구하는 민심이 분출하였다. 당시 사회지도자들은 빈곤이 개인의 능력의 문제라기보다는 자본주의 체제가 만들어 내는 '참을 수 없는 사회악(Intolerable Social Evil)'으로 인식하였다. 러셀, 글래드스톤, 프림로즈, 캠벨-배너먼, 애스퀴쓰 등 자유당 정권이 연이어 집권하고 노동계급을 대변하는 노동당이 출현하기도 했다(킬 하디, 1901). 1906년 총선에서는 진보진영이 유례없는 압승을 하였다. 170여 석에서 400석으로 늘어난 진보진영은 물론 400여 석에서 150여 석으로 참패한 보수당도 체제안정 및 집권을 위해 정부의 적극적 사회복지역할을 역설하기 시작하였다. 정치권이 복지국가로의 대전환을 시작한 것이다.

[표] 1906년 총선 결과 : 보수당의 참패

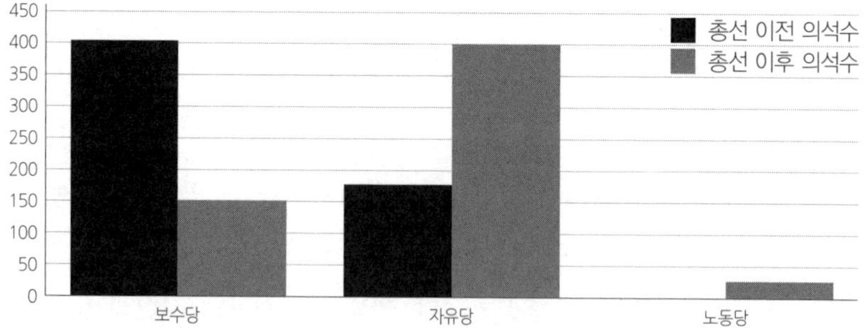

집권에 성공한 자유당 정부는 새로운 시대, 새로운 사회정책 요구에 부응하여 종합적인 복지체계를 구축했다. 교육문제 해결을 위한 교육법(1906), 노사관계 문제를 해결하는 노사관계법(1906), 노인복지 문제를 위한 노령연금법(1908), 아동복지 문제를 다루는 아동복지법(1908)과 국민의료 및 실업보험을 도입한 국민보험법(1911) 등의 일련의 복지법을 제정했다. 그리고 부의 재분배 및 종합적 복지정책을 위해 집권 자유당의 쌍두마차인 '무서운 쌍둥이(Terrible Twin)' 로이드-조지와 처칠은 대대적인 증세(1909), 즉 국민예산을 시도했다.

(1) 맥주, 담배, 자동차, 석유 등에 대한 증세,

(2) 누진적 소득세 부과, 그리고

(3) 토지에 대한 자본이득세를 도입했다.

로이드-조지는 이 예산을 '전쟁예산(the war budget)'으로 불렀다. "빈곤과 누추함에 대한 끊임없는 전쟁을 위해 필요한 재정을 조달하기 위한 것입니다."라고 역설했다.

증세전쟁과 진보진영의 승리

이 국민예산은 '부자와 중산층에 대한 전쟁선포'로 인식되었다. 조지 5세까지 나서서 증세안을 승인하라고 독촉했음에도 불구하고 당시 '꼴통보수'의 요람이었던 상원은 하원의석 과반 동의를 요구하면서 예산승인을 거부하였다(1909.11.30.). 두 달 뒤 자유당은 민의를 묻기 위해 아예 상하 양원을 해산하고 총선에 돌입하였다(1910.1월). 상원을 장악하고 있던 보수당은 내심 총선에서 압승을 기대했으나 결과는 참패였다[자유당(274)+노동당(40)+아일랜드의회(71)=385, 과반=336]. 할 수 없이 상원도 국민예산안을 통과시켰다(1910.4.28.). 역사상 유례가 없는 상원의 예산승인거부에 분노한 하원은 예산문제에 관한 한 상원의 거부권(혹은 지연권)을 대폭 축소하는 의회법 개정을 위해 의회를 다시 해산하고 총선을 다시 치렀다(1910년.12월). 결과는 4월 총선과 같은 자유당 압승이었다[보수당(271석) ↔ 자유당(272석)+노동당(42석)+아일랜드당(74석)=388]. 이런 정치적 승리를 바탕으로 영국 의회는 로이드-조지 수상의 주도 아래 1922년까지 대대적인 복지정책과 복지제도를 도입했다.

정책적 함의

영국의 복지역사가 던져 주는 시사점은, 첫째로, 경제가 성장한다고 해서 실업·빈곤·복지 문제가 저절로 해결되지는 않는다는 점이다. 빅토리아 여왕 집권기 같은 최고 번성기에 최악의 복지문제가 대두되었다는 점이 이를 잘 말해 준다. 둘째로, 체제안정과 사회발전을 위해 복지문제 해결은 필수적 과제라는 점이다. 복지문제를 방치하면 심각한 사회불안과 체제불안이 야기되고 결국 남미와 같은 치명적인 나락으로 빠져들게 되는 것이다. 선진국이니까 복지가 잘 되는 것이 아니라 복지가 잘 되니까 선진국이라는 점에 유념해야 할 것이다. 셋째로, 국민적 복지요구를 적극적으로 수용하는 것이 정치 리더십이다. 글래드스톤, 캠벨-배너먼, 로이드-조지 처칠 등과 같은 진보정당의 리더십과 킬 하디의 노동당 출현과 성공이 이를 잘 말해 준다. 넷째로 국민적 복지요구를 충족하기 위해 증세는 불가피하다는 점이다. 증세 없는 복지증진은 '립-서비스'에 불과하다. 결국, (1) 국민이 동의할 수 있는 증세 체계와 (2) 국민의 합의를 이끌어 낼 수 있는 정치적 리더십이 복지국가 구축에 꼭 필요한 요소인 것이다.

[표] 영국의 복지체계 기반을 구축한 집권 자유당 정부의 지도자 (1906~1922)

<table>
<tr><th>집권당</th><th>집권기간</th><th>수상</th><th>재무장관</th><th>경제장관</th></tr>
<tr><td>자유당</td><td>1905~1908</td><td>H. 캠벨-배너만</td><td>H. 애스퀴쓰</td><td>D.로이드-조지</td></tr>
<tr><td>자유당</td><td>1908~1916</td><td>H. 애스퀴쓰</td><td>D.로이드-조지</td><td>W. 처칠</td></tr>
<tr><td rowspan="2">자유당</td><td>1916~1919</td><td>D. 로이드-조지</td><td>A. 보나-로</td><td>A. 스탠리</td></tr>
<tr><td>1919~1922</td><td>D. 로이드-조지</td><td>A. 챔벌린</td><td>A. 스탠리</td></tr>
</table>

세종은 어떻게 공공부문 개혁에 성공했나?

중앙선데이, 2014년 4월 10일

집권 초부터 밀어닥친 가뭄과 태풍의 반복으로 인한 경제위기로 세종은 당황했다. 갑자기 왕위를 물려받아 준비도 안 된 형편에 천재지변까지 내린 것은 자신의 정치가 엉망이어서 하늘이 벌을 내린 것이 분명하다고 믿었다. 고민을 거듭하던 세종은 신하들에게 해법을 묻기로 했다. "대소신료들은 하늘의 경계(천계, 天戒)를 깊이 생각하여 위로는 임금의 잘못 및 관료들의 흉허물과 아래로는 마을과 백성의 이해 및 병폐를 숨김없이 직언하여 하늘을 두려워하고 백성을 걱정하는 나의 지극한 바람에 부응하도록 하라"(세종실록 5년 4월 25일).

신하들은 이구동성으로 공공부문 개혁을 제안했다. 관료들의 부정부패 척결과 함께 불필요한 관직(용관, 冗官)을 과감히 혁파할 것을 주문했다. 세종은 대대적으로 공공부문을 혁신하기로 결심하고 원칙을 설정했다. 첫째로 모든 부서가 예외 없이 개혁의 대상이다. 둘째로 신속하고 과감하게 개혁한다. 셋째로 꼭 필요한 부서는 인원을 확충한다. 이 원칙에 따라 전체 29개 중앙 공공기관 중 24개 공공기관 인원이 감축되었다. 개혁대상 부서가 83%였다. 5개 기관(선공감, 제용감, 충호위 제조 각 1명, 제생원 제거 1명, 소격전 별좌 1명)만 인원이 늘었다. 공공기관 임직원 숫자는 총141명에서 84명으로 줄였다. 정확히 40% 인원감축이다. 거의 모든 기관의 최고책임자(제조)의 숫자가 줄었고 부제조 자리는 없앴다. 세종이 주도한 계묘대개혁(1423년)이다.

세종 18년(1436년)에는 집권 중 최대의 가뭄인 병진대가뭄이 닥쳐왔다. 5월부터 8월까지 석 달이나 비가 없었다. 5월부터 하루도 빠지지 않고 제사를 올렸지만 효과가 없었다. 공공부문 개혁이 부진한 때문이라고 생각한 세종은 국가경비 50% 절감계획을 의정부에 던졌다. 이 안의 핵심은 갑사(직업군인)의 숫자를 줄이는 것에 있었다. 세종은 내심 갑사를 줄이고 싶었다. 즉위 직후 부왕의 호위를 위해 갑사의 수를 두 배로 늘인 이후 여태껏 한 번도 갑사조직을 건드린 적이 없었다. 심도원(호조판서)을 제외한 모든 대신들은 반대였다. 갑사를 다른 부서로 전직시키자는 안(하연, 형조판서)과 당상관 이상의 고위직 무관을 줄이자는 의견(황희, 영의정)과 다른 부서 용관을 대신 줄이자는 의견(신개, 의정부참찬)을 제시했다. 반대가 거세지자 세종은 이렇게 말했다 : "이 일은 가볍게 고쳐 시행할 것이 아니다. 내 다시 생각해 보겠다"(세종실록 18년 5월 22일). 신하들의 반대를 접한 세종은 생각을 잠시 묻어 두었다가 9년 뒤인 세종 27년(1445년) 7월 18일 전격적으로 갑사구조조정을 단행한다. 6,000명의 갑사가 1,000명 씩 6개 번으로 나누어 교대 근무하던 것을 1,500명씩 3개 번으로 나누어 병력을 4,500으로 줄였다.

세종은 공공기관의 경비절감에도 신경을 많이 썼다. "모든 관공서의 물건들이 백성들로부터 나왔으니 마땅히 절약해야 한다." 그러나 국가기관의 경비지출에 대한 매뉴얼과 기준이 없어서 들쭉날쭉하기가 형편이 없었다. 세종은 이렇게 지시했다."국가의 씀씀이가 낭비되는 것이 있을까 염려되니 상세하게 밝은 관리를 택하여 각 기관의 필요한 경비와 식례를 낱낱이 결정하여 보고하라"(세종실록 22년 4월 21일). 세종의 지시에 따라 그해 5월 식례상정소가 설치되었고 6년 뒤에는 모든 정부기관 안에 식례상정소를 설치했다. 식례상정소 설치 이후의 정부의 경비절감 효과는 대박이었다. 악기 도색비용은 80.1%, 대궐과 능의 칠 비용은 70.6%나 절감되었고 대가(임금의 가마)의 첩금 비용은 60% 절감되었으며 외교용 진헌통의 금도색 비용도 39% 절감되었다. 평균적으로 80-90%의 경비절감 효과를 거두었다.

세종의 공공부문개혁이 성공한 이유는 이렇게 요약된다. 첫째로 임기 내내 세종이 직접 챙겼다. 둘째, 의견을 묻는 등 신하들의 적극적인 동참을 유도했다. 셋째, 국방, 행정개혁, 인원조정, 비용절감 등 예외 없이 모든 부서에서 신속하게 개혁을 단행했다. 넷째, 지속적인 공공부문개혁을 위해 식례상정소와 같은「시스템」을 구축했다. 다섯째 세종 본인과 왕족이 모두 적극적으로 솔선수범했다. 지금 진행되는 공공부문 개혁에 눈여겨봐야 할 부분이 많다.

[표] 식례상정소 설치 이후의 주요 경비절감효과

경비절감내용	이전 비용	이후 비용	절감률
진혼용 통 제작비	4전 6푼	2전 8푼	39.1%
대가의장 첩금	9381장	3758장	59.9%
대가의장 첩은	1724장	709장	58.9%
능, 대궐 칠 비용	1근 8냥	7냥 5전	70.6%
악기용 물감	1근 9냥 6전 6푼	5냥 1푼	80.1%

경제양극화와 가계빈곤화

중앙선데이, 2014년 5월 18일

급여나 급여인상률에 대한 관심을 버리고 산 지 꽤 오래다. 내 주머니 사정이 급여를 무시할 정도로 좋아서가 아니다. 급여를 가지고 이러쿵저러쿵 따질 계제가 아니어서 그렇다. 수백만 실업자는 말할 것도 없고 일찌감치 퇴직(당)한 동기동창의 입장에서 보면 직장이 있는 것만 해도 고마운 형편에 급여로 왈가왈부하기가 너무 포시러운 소리 같아 미안해 그렇다. 그래서 그럴까, 학교예산에서 직원급여의 비중도 그렇고 일하는 사람들이 받아 가는 인건비의 비중이 점점 줄어들고 있다. 기업(전산업)의 매출에서 인건비가 차지하는 비중은 1991년 이후 지난 20여 년 동안 계속 내려왔다. 1991년 인건비의 매출액 대비 비율은 14.48%(노태우 정부 평균 13.46%)였으나 김영삼 정부에서는 12.67%로 하락했고 김대중 정부는 9.78%로 떨어졌다. 노무현 정부에서 잠깐 10.5%로 반등했지만 이명박 정부에서는 역대 정부 중 가장 낮은 8.87%를 기록했다.

매출액에서 인건비 비중이 떨어지는 현상은 인건비 증가속도가 매출증가속도에 뒤떨어진다는 예기다. 그리고 이는 기계화나 자동화나 아웃소싱 혹은 디지털화와 같은 경영합리화 때문에 '사람의 역할'이 줄어들면서 발생하는 것일 수가 있다. 사람의 역할이 줄어드는 만큼 합리적인 경영이 이루어졌다면 기업의 수익성은 크게 높아졌거나 크게 떨어지지 않았을 것이다. 결국, 인건비 비중의 하락은 기업(혹은 자본)의 수익성 증대(또는 하락의 저지)와 같은 것이므로 국민의 입장에서는 바람직한 현상이기도하다. 그러나 여기에는 매우 중요한 단서가 있다. 기업의 지분이 국민에게 골고루 나누어져 있어야 하고 동시에 외국인의 주식보유 비중이 높지 않아야 한다는 조건 말이다. 기업의 지분이 국민에게 골고루 분포되지 않거나 혹은 외국인의 주식보유 비중이 높은 경우에는 경영합리화로 발생한 기업의 경영이익이 모든 국민에게 골고루 돌아가지는 않는다. 소수의 주주에게 편중되거나 외국인 지분비율이 크다면 외국인 주주에게 귀속될 것이다. 양극화가 가속화한다는 말이다. 이런 경우 국민의 인건비 비중이 준다는 것은 자본이 별로 없는 일반 국민의 소득이 상대적으로 하락하는 것을 의미할 가능성이 큰 것이다. 저번에 밝힌 것과 같이 지난 10년 이상 가계(실질)소득 증가율은 항상 실질성장률보다 낮았다. 비록 경제가 성장하더라도 국민의 '살림살이'는 점점 더 쪼그라드는 것을 의미하기도 한다. 결국, 『경영합리화→경제성장→양극화→가계빈곤화』라는 역설과도 같은 덫에 갇히고 마는 것이다.

1992년 이후 지난 20여 년 동안 어느 정권 할 것 없이 인건비 비중이 계속 낮아져 왔다면 앞으로도 계속 그럴 가능성이 매우 높다. 경제가 성장한다고 해결될 문제도 아니고 정권 차원의 문제가 아닌 것도 분명하다. 지난 20여 년간 국가가 채택한 「개방을 통한 성장전략」의 패러다임의 필연적인 결과인지도 모른다. 그대로 두면 이미 그런 징조가 보이듯이 몇몇 기업과 소수 집단이 경제와 소득의 절대부분을 차지하는 경제로 바뀔 가능성이 크다. 그렇게 된다면 국민들의 평균적인 삶의 질은 떨어짐은 물론 불만과 불안이 팽배하는 사회가 되어 갈 공산이 크다. 해결방안은 세 가지다. 전에 없던 고부가가치의 새로운 서비스 산업을 창조하는 방법이 있다. 현 정부가 밟고 있는 방법이지만 성공확률이 수학적으로 매우 낮다. 다른 두 방법은 급여결정 과정에서 근로자의 참여도가 높아지는 방법(독일 노조의 경영참여)이든지 자본 혹은 기업소득의 세금부담을 높여 재정의 재분배효과를 높이든지(북유럽 방식) 해야 한다. 그러나 그보다 먼저 시급한 것은 국민 모두가 자기 소득이 경제성장 속도보다 뒤처지고 있다는 사실, 즉 빈곤화해 가고 있다는 것을 자각하고 따지는 일 아니겠는가.

국책연구기관은 깜깜이인가?

중앙선데이, 2014년 6월 15일

세월호 참사가 던져 준 가장 큰 경제화두는 소비침체일 것이다. 각종 모임과 회합과 여행과 행사가 줄줄이 취소되면서 민간소비활동이 직격탄을 맞고 있다. 중소기업 중앙회 설문조사에 따르면 소상공인 10명 중 8명이 세월호 참사 때문에 경영타격을 받고 있고 소상공인 매출도 지난해 같은 달에 비해 30-40% 떨어지고 있는 것으로 조사되었다. 세월호 참사로 소비활동이 급격히 위축되자 가장 당황해진 것은 국책 경제연구소다. 작년 말에 국책연구기관들은 금년 상반기 민간소비 증가율을 KDI 3.8%, 한국은행과 산업연구원 3.4%, 금융연구원 3.1%로 전망했다. 국책연구원들은 최근 이런 황망한 전망치를 수정하느라 정신이 없다. 이 수치는 좋게 보자면 '고무적'으로 본 것이고 나쁘게 보자면 '황당하다' 하리만치 높은 수치였다.

작년 국책기관들의 금년도 민간소비 증가율 예측을 "황망하게 높았다"고 평가하는 이유는 두 가지이다. 첫째로 지난 2011년 3분기 이후 지금까지 11분기 동안 민간소비는 한번도 3.0%를 넘어 본 적이 없었다. 지난 11분기 동안 민간소비 증가율 평균값은 2.0%에 불과했다. 서브프라임 충격으로 2009년의 민간소비가 극도로 위축(0.0% 증가)됨에 따른 기저효과로 2010년 민간소비 4.4% 증가한 것을 제외하면 2008년 1분기 이후 거의 6년 동안 민간소비가 3.0%를 넘어 본 적이 없다. 다시 말해 최근 몇 년 동안 민간소비 증가율이 3%를 넘은 적이 거의 없었음에도 불구하고 뚜렷한 근거 없이 민간소비가 3% 이상 지나치게 높게 증가할 것이라고 본 것이 황망하다는 것이다. 둘째로, 민간소비 증가율은 1998년 IMF 위기 이후 지속적으로 장기 하락하는 추세를 보여 왔다는 점이다. 일자리도 줄고 또 일자리가 있어도 실질소득이 늘지 않아 소비여력이 점차 고갈되어 왔다는 말이다. 최근 몇 년 동안 한번도 3.0%를 넘은 적도 없이 평균값은 2.0%에 불과하며 지속적으로 하락하는 추세를 보여 왔음에도 불구하고 모든 국책연구기관들은 하나같이 금년도 상반기 민간소비 증가율을 3.8%(KDI) 혹은 3.4%(한국은행과 산업연구원), 가장 낮게 본 금융연구원조차도 3.1%로 전망했다는 것이 정말로 놀라울 따름이다. KDI자료(2013년 11월 19일)에 따르면 금년도에는 '경기회복에 따라 소득이 증가하고 원화가치의 상승으로 실질구매력이 개선되어 민간소비가 상반기 중 3.8% 증가할 것'으로 전망했다. 당시 많은 민간기관들의 전망은 그보다 낮았고 또 현장에서도 경기가 매우 어둡다고 아우성이었는데도 국책연구기관만 낙관적 전망을 고집했다.

석 달도 안 되어 그들의 전망이 틀린 것으로 판명되었다. 2014년 1분기 민간소비 증가율은 2.6%에 불과하다. 불과 6개월 전인 2013년 11월 예측치가 3.8%였는데 3-4개월 뒤인 1분기 실적치가 2.6%에 불과하다면 이것은 가볍게 볼 수 없는 오차다. KDI가 최근 새로 수정한 2분기 민간소비 증가율 전망치는 2.4%

이다. 1분기보다 0.2%p 정도 나쁠 것으로 보고 있다. 이 수치도 너무 낙관적이다. 세월호 효과가 그보다 더 클 가능성이 높다. 작년 2분기 민간소비 증가율 2.1%는 1분기 1.7%보다 높았으므로 기저효과가 더해지면 2분기에는 2.0% 아래로 떨어질 가능성이 크다.* 설혹 2.4%라 하더라도 상반기 민간소비 증가율은 2.5% 혹은 그 아래 수준이 될 것이다. 반년 전인 2013년 말 예측치가 3.8%였고 반년 뒤 실적치가 2.5% 혹은 그 아래에 불과하다면 가장 권위 있다고 자부하는 국책연구기관의 전망치 오차로는 감당하기 어려운 수준이다. 국책연구기관의 오차가 이렇게 틀리면 당연히 정책대안도 틀리게 된다. 민간소비가 활발히 살아날 것으로 본 KDI로서는 적극적인 민간소비 부양정책의 필요성을 못 느꼈던 것은 당연하다. 최근에 발표된 수정전망에서도 향후 민간소비가 '원화가치절상으로 인한 실질구매력 상승'으로 완만히 증가할 것으로 보고 있다. 이런 시각 아래에서는 정책대안이라는 것을 기대하기가 어렵다. 민간소비 증가의 핵심은 국민의 소득(급여) 증대이다.

* 실제 2014년 2분기 민간소비 증가율은 1.7%였음.

트리플 원화 강세 : 의미와 전망

국가미래연구원, 2014년 6월 13일

원화환율이 심상치 않다. 달러의 경우 1,000원이 위태롭다. 작년 말만 해도 1,071원이었고 작년 6월에는 1,150원이나 했었다. 일 년 만에 13% 정도 강세가 된 것이다. 2010년 4월 이후 가장 절상 속도가 빠른 셈이다. 1997년 IMF위기 이후 지금까지 원화는 네 번의 절상기간이 있었다. 1차 절상기는 1998년 2월에서 2000년 8월 1,109원까지 31개월이다. 이 기간 중에 환율은 1,640원에서 1,109원으로 32.4% 떨어졌다. 월간으로 따지면 1.05% 포인트 하락한 셈이다. 2차 절상기는 IT-버블의 조정기에 있었다. 2000년 말 IT-버블이 터진 직후 1,300원까지 올라간 환율은 2002년 3월 이후 2007년까지 1,326원에서 907원으로 떨어진다. 노무현 정부 5년과 정확히 겹치는 기간이다. 이 기간 중 31.6% 하락으로 1차 하락과 비슷하다. 그러나 월 평균 하락율은 0.46% 포인트로 낮은 편이었다. 하락기간이 6년 이상 길게 진행되어서 그렇다. 3차 절상기는 서브-프라임 위기 조정국면에 일어났다. MB정부 집권 2년 차인 2009년 2월부터 2011년 7월까지 30개월 동안 원화환율은 1,516원에서 1,053원으로 31% 하락했다. 월간으로는 1.02% 포인트 하락이다. 지금 진행되는 4차 원화절상은 2013년 6월 시작되어 13개월째 진행 중에 있다. 그동안 환율은 1,150원에서 1,015원까지 약 12% 절상되었고 월 평균으로 치자면 0.9% 포인트 하락한 셈이다. 절상 속도로 보면 현재의 달러 대비 원화절상속도가 지나치게 빠르다고 할 수는 없다. 그러나 최근의 원화환율 움직임을 우려하는 이유는 다음의 두 가지 때문이다.

첫째로, 거의 모든 나라 통화가 달러에 대해 '약세'를 보이고 있는데 유독 원화만 강세라는 점이다. 원화는 달러, 엔 및 위안화에 대해 동시 강세를 보이고 있다. 「트리플 강세」라고 부르는 이유다. 지난 1차-3차 기간 원화가 약 30% 내외 절상하는 동안에 엔화도 같이 16%-20% 정도 절상했었고, 중국 위안화의 경우에도 적게는 6% 많게는 10% 가까이 절상되었다. 그러나 이번에는 엔화와 위안화가 모두 '절하'되는 가운데 원화가 나 홀로 절상을 보인다는 점이 걱정된다. 그 결과 엔화에 대한 원화(100엔당) 환율은 1,489원에서 1,000원으로 하락하였고, 위안화에 대해서는 187원에서 163원대로 떨어졌다. 둘째로, 이와 같은 원화절상-엔·위안화 절하 현상은 당분간 지속될 것이 확실하다는 점이다. 일본의 경우 양적완화를 지속할 예정이고(연간 본원통화 60조~70조엔 공급) 중국도 경제부진에 따라 공격적으로 위안화 약세를 유도할 것이 분명하다. 「원화절상-엔·위안화절하」의 동반 현상이 한국경제에 줄 충격은 너무나 분명하다. 한국의 수출이 치명적인 타격을 입을 것이다. 한국수출업체들은 수출가격을 올려야 하는데 일본과 중국의 경쟁자들은 달러표시 가격을 내리는 형편이다. 그리고 가격이 저렴해진 일본과 중국으로부터의 수입이 폭발적으로 증가할 것이다. 그동안 한국경제의 유일한 버팀목이던 수출이 위축되고 아울러 무역수지 흑자마저 위협을 받는 상황이 올 것이 분명하다.

원화에 대한 엔화가치(원/엔 환율)의 하락은 항상 한국수출에 치명적인 타격을 주어 왔다. 1995년 4월 이후 1997년 4월까지 2년 동안 원/엔 환율은 22.3% 하락(엔화약세)했는데 이것 때문에 1995년 30.3%나 증가하던 수출이 1998년에는 2.8% 감소로 반전되어 IMF위기의 결정적인 단초가 되었다. 또 2003년 11월 이후 2007년 6월까지 원/엔 환율은 31.6% 하락했는데 이로 인해 2004년 31.0% 증가하던 수출은 2009년 13.9% 감소세로 돌아섰고 서브프라임 위기를 심화시켰다. 2012년 말 아베 정부 출범 이후 원/엔 환율은 1,489원에서 1,000원대로 32.5%나 하락했다. 원/엔 환율 하락률 32.5%는 역대 가장 빠른 원/엔 약세국면이다.

불행하게도 대부분의 사람들이 이런 위기를 감지하지 못한다. 그 이유는 원화강세의 치명적인 효과가 금방 나타나지 않는 데 있다. 필자의 연구에 따르면 원화강세의 효과가 나타나는 데 약 2년 내외의 시간(이를 시차, time lag라 함)이 걸린다. 대부분의 경우 원화강세 추세가 3년 이내에 반전되는 것도 이와 무관하지 않다. 즉, 원화강세가 2년 이상 지속되면 무역수지가 현저히 악화되고 따라서 그동안의 강세 분위기가 약세분위기로 반전되는 것이다. 이미 수출에 중대한 이상기류가 감지되고 있다. 첫째, 수출이 정체되고 있다. 2011년 초 이후 지금까지 월평균 수출은 460억 달러 내외를 크게 벗어나지 못하고 있다. 연간 수출도 2012년과 2013년 수출증가율은 -1.3%와 2.1%로 크게 떨어졌고 금년 1분기 수출증가율도 2%에 불과하다. 2012년과 2013년 수출증가율은 1990년 이후 역대 네 번째와 다섯 번째로 저조한 실적이다. 둘째, 몇몇 품목을 제외하면 거의 모든 품목에서 수출이 부진하다. 특히 선박(-35.4%), 철강제품(-10.5%), 그리고 정밀기계류(1.3%) 수출실적이 나쁘다. IT제품을 제외하면 거의 모든 제품의 수출이 부진하다고 보면 된다. IT제품이라고 해서 다 수출이 잘되는 것도 아니다. 디스플레이 패널과 컴퓨터 수출실적은 2013년 이후 매우 부진하다. IT품목이 총수출의 30%에 불과하고 비IT품목이 70%를 넘는 점을 생각하면 비IT품목의 수출부진이 얼마나 우려스러운 것인지 알 수 있다. 결국 2013년 수출이 2.1%, 약 118억 달러 증가한 것은 무선통신기기 수출증가(39억 달러)와 반도체 수출증가(약 68억 달러) 때문이라고 보면 틀림없다. 셋째, 중국과 미국을 제외한 모든 지역에서의 수출이 부진하다. 특히 일본, 중남미, 동남아, 중동 그리고 EU에 대한 수출이 부진했다. 원화환율의 절상추세는 저지되어야 한다. 엔화와 위안화가 약세를 지속한다면 더더욱 원화강세는 막아야 한다. 지금 원화강세를 저지한다 하더라도 그 효과는 2-3년 뒤에 나타날 것이므로 서둘러야 한다. 지금 정부 당국이 그렇게 할 것이냐고? 그러지 못할 것으로 본다. 그러면 나타날 분명한 결론은 독자 상상의 몫이다.

[그림] 실제 2014년 이후의 수출증가율 폭락

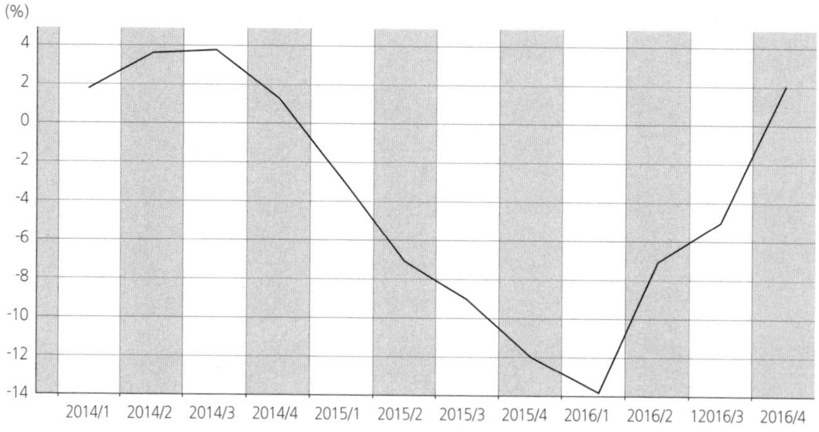

기준금리를 내리고 나면?

중앙선데이, 2014년 7월 13일

현오석 경제팀의 최대실수라면 '경기를 낙관적'으로 봐 온 점이다. 작년 중반서부터 반복하여 '회복기조'에 있다고 잘못 판단함으로써 실기했다. 경제전망이 당초 예상보다 나빠지자 모든 예측기관이 올해 성장률 전망치(3.9%)를 하향 조정하고 있다. 새로 내정된 경제부총리는 "재정, 통화 등 모든 정책을 동원해 내수를 살리고 경제 역동성을 회복할 것"이라고 강조한다. 쟁점은 추경 편성과 금리 인하다. 부총리 내정자는 추경이 필요한 것으로 보고 있다. 추경의 법적 요건과 세수 등을 종합적으로 감안하여 결정하겠다고 했다. 추경의 규모와 시기의 문제만 남았다. 또 하나 문제는 기준금리다. 추경과 함께 기준금리가 인하되면 작년 정책의 판박이가 된다. 경기시각은 크게 다른 데 대책은 어디서 본 듯하다.

과거 한국은행의 사례를 보면 기준금리 인하는 항상 경제성장률 하락과 직결되어 왔다. 2001년 이후 2012년 말까지 다섯 번 기준금리가 인하되었는데 한 번의 예외도 없이 모든 경우에 경제성장률 하락이 기준금리 인하의 배경이 되었다. 김대중 정부 말기(2001년)에는 성장률이 (1분기에) 1.2%포인트 하락할 때 기준금리는 1.25%포인트 인하되었고, 노무현 정부에서도 2003년에 성장률이 2.2%포인트 떨어지자 기준금리를 0.5%포인트 인하했고 2004년에는 성장률이 3.4%포인트 하락하자 기준금리를 0.5%포인트 인하했다. 이명박 정부 초기인 2008년에는 5.8%포인트 성장률 하락에 기준금리는 3.00%포인트 인하되었고 대선직전인 2012년에는 성장률이 0.3%포인트 하락하자 기준금리는 0.5%포인트 인하되었다. 이를 정리해 보면 노무현 정부 당시에는 성장률이 2.2%포인트-3.4%포인트 하락할 때 기준금리가 0.5%포인트 하락한 반면에 이명박 정부에서는 성장률이 0.3%포인트-0.8%포인트 하락할 때 기준금리가 0.5%포인트 하락했다. 이명박 정부에서의 기준금리의 하락이 성장률에 더 민감했음을 의미한다. 그런데 박근혜 정부 들어서서는 좀 달라졌다. 2013년 5월 9일에 기준금리를 0.25%포인트 인하(2.75%→2.50%)할 때 경제성장률은 2.7%로 전 분기(2.1%)보다 오히려 높았다. 금년 2분기 성장률이 나와 봐야 알겠지만 1분기 성장률(3.9%)보다 크게 하락할 것 같지는 않다(※실제 3.5%). 이런 상황에서 기준금리를 내린다면 '성장률이 크게 떨어질 것이 우려'될 때 기준금리를 내려왔던 과거 룰(Rule)과는 다른 모습을 보이는 것이다. 당장 기준금리를 인하하는 것이 성급한 결정이라는 비판을 받을 소지가 있다. 다그치기보다 조금 기다려도 늦지 않을 것이다.

과거 기준금리의 인하 결과 성장률은 얼마나 나아졌을까. 김대중 정부 말기(2001년)에 기준금리를 1.25%포인트 인하한 결과 바로 다음 분기 성장률은 2.5%포인트 상승했고, 2003년 기준금리를 0.5%포인트 인하한 직후 성장률은

2%포인트 올라갔다. 그러나 2004년 이후에는 기준금리 인하의 성장효과가 현저히 약화된다. 2004년에 기준금리를 0.5%포인트 인하했을 때에는 성장률이 오히려 떨어졌고 2분기가 되어서야 겨우 0.6%포인트 정도 나아졌다. 이명박 정부 초기 2008년에는 기준금리가 3.00%포인트나 하락했지만 성장률은 겨우 0.8%포인트 나아졌을 뿐이고 2분기가 되어서도 2%포인트 나아지는 데 그쳤다. 대선직전 2012년 말 0.5%포인트 인하 직후 성장률은 0.6%포인트 좋아졌다. 과거 예를 보면 기준금리가 0.5%포인트 하락한다고 가정했을 때 성장률은 대체로 2분기 뒤에 0.6%포인트 정도 상승하는 데 그칠 것이다.

기준금리를 인하하더라도 금융기관이 대출심사를 적절히 하는 한 가계부채가 크게 확대되지는 않을 것이다. 걱정되는 것은 이자소득 감소에 따른 소비위축과 자금의 해외이탈이다. 우리나라 국고채(5년) 유통수익률이 2.97%인데 영국재무성증권(5년)과 미국재무성증권(5년) 수익률이 각각 1.87%와 1.54%이다. 국고채금리차가 1.5%포인트와 1.2%포인트에 불과하다. 이런 상황에서 국내금리 하락은 국고채의 매력을 크게 떨어뜨린다. 하반기 국제금리가 상승하면 국내증권의 매력은 더 떨어진다. 만약 금리인하가 원화환율을 약세화시키게 되면 국내증권의 환차손까지 발생하여 매력이 더 추락한다. 기준금리 인하를 조심해야 하는 이유다. 서두르는 모습을 보여 줘서는 안 되며 압력을 주는 듯해도 안 된다. 정책당국이 정책당국답게 자기의 책임하에 결정하도록 둬야 한다.

[표] 2000년 이후의 기준금리 인하와 성장률 결과

기준금리인하시기	기준금리(인하폭)	경제성장률			
		직전분기	인하당기	직후분기	
				+1Q	+2Q
2001. Q1–Q3	5.25 → 4.00 (1.25%P)	4.5	3.3	5.8	7.0
2003. Q2–Q3	4.25 → 3.75 (0.50%P)	4.0	1.8	3.8	5.5
2004. Q3–Q4	3.75 → 3.25 (0.50%P)	6.4	3.0	2.5	3.6
2008.Q4–09.Q1	5.00 → 2.00 (3.00%P)	3.9	–1.9	–1.1	0.9
2012. Q3–Q4	3.25 → 2.75 (0.50%P)	2.4	2.1	2.1	2.7
(2013. Q2)	2.75 → 2.50 (0.50%P)	2.1	2.7	3.4	3.7
2014.Q3 (?)	2.50 → ?	3.9	3.8(?)	?	?

최경환과 진념의 진검 승부

국가미래연구원, 2014년 8월 19일

"정부는 지속적인 내수진작 대책으로 설비투자 등 투자를 촉진하고, 신산업 등 새로운 성장 동력 확충을 위한 인프라를 구축하며 청소년 일자리 창출과 중산 서민층 생활안정과 지역불균형해소 및 농업서비스업 중장기 대책을 중점 과제로 추진하겠다." 누구의 말일까? 꼭 13년 전인 2001년 8월 16일 '준비된 김대중 대통령'의 진념 경제부총리가 내놓은 경기부양정책의 윤곽이다. 성장 인프라를 위한 내수촉진 확장재정으로 요약된다. 당시 정부는 6월 추경(5조 1천억 원)과 8조 원의 예산집행 등으로 14조 원의 재정지출 확대효과, 성장률로는 0.9% 정도의 효과가 있을 것으로 기대했다. 당시 GDP가 2013년의 절반인 651조 원이니까 현재로 환산하면 대략 두 배인 28조 원 규모라고 볼 수 있다.

'준비된 여성 대통령'의 2기 최경환팀이 7월에 내놓은 경제활성화 방안, 소위 「최경환노믹스」도 대충 비슷하다. 물론 형식적 구색은 훨씬 다양하게 되어 있다. 첫째 꼭지가 「내수활성화」고 둘째 꼭지가 「민생안정」이며 셋째 꼭지가 「경제혁신」이다. 요즈음 버즈-워드(자주 언급되는 말)가 '민생'이고 '혁신'이다 보니 처방전에 넣기는 넣었다. 그러나 계획만 나열되어 있는 것이 많아서 예고편 안내장 같은 느낌을 준다. 최경환 처방전의 핵심이자 13년 전 진념대책과 외견상 가장 닮은 부분이 첫째 꼭지, 즉 내수촉진 확장재정이다. 41조 원 패키지로 구성된 최경환의 처방전 안에 재정처방전은 12조 원이고 나머지 29조 원은 금융지원이다.

재정지원 규모만 놓고 보면 진념정책(28조 원 상당)보다 최경환정책이 훨씬 적다. 이 중 절반인 6조 원이 (서민용)주택건설지원이다. 29조 원의 금융처방전은 평택-익산 고속도로(2.6조 원), 수도권광역급행철도(3.1조 원) 및 평택호 관광단지(1.8조 원) 등 건설투자에 상당 부분 쏠려 있다. 최경환정책은 진념정책보다 훨씬 건설투자에 집중되어 있다. LTV-DTI 한도를 상향조정한 것도 따지고 보면 주택건설경기 부양책으로 볼 수 있다. 부총리 스스로 '걸어가 보지 않은 길'이라고 표현할 정도로 진념정책과 다른 점도 많다. 가장 돋보이는 부분이 '가계소득을 위한 기업증세'다. 진념정부는 투자활성화와 서민의 내수 진작을 위해 봉급생활자(600만 명)와 과세대상 자영업자(50만 명)의 소득세를 10% 정도 경감해 줄 필요가 있다고 봤다. 그러나 최경환정책은 기업소득의 노동소득분배와 배당을 촉진하기 위한 기업증세를 검토하고 있다. 기업소득이 가계소득으로 흘러들어가도록 임금인상이나 배당지급에 인센티브를 주거나 역행하면 과세하겠다는 거다. 진념정책이 직접적인 소득세를 인하했다면 최경환정책은 기업의 배당소득 혹은 기업소득배분에 과세하여 간접적으로 소득을 올리겠다는 거다. '혁명적인 발상'이기는 하나 효과에 대해서는 갸우뚱거리는 고개가 훨씬 많다.

최경환 재정확장 처방전이 경제활성화에 효과가 있을까? 첫째, 주택, 도로 혹은 철도와 같은 인프라 건설은 장기적인 효과는커녕 단기적 경제활성화에도 효과가 의문시된다. 역사가 그것을 증명하고 있다. 진념 부총리의 2001년 인프라 건설정책은 2002년에는 성공적으로 보였다. 성장률이 2001년 4.5%에서 2002년 7.4%으로 급등한 것이다. 그러나 그것은 건설 때문이 아니었다. 건설투자는 2001년과 2002년에 각각 6.5%와 6.4%로 거의 변화가 없다. 오히려 민간소비가 같은 기간 5.7%에서 8.9%로 증가했고 설비투자도 -8.8%에서 7.0%로 상승한 것이 경제성장에 결정적인 기여를 한 것이다. 문제는 2003년이었다. 경제성장률은 2.9%로 추락했고 민간소비와 설비투자는 각각 -0.5%와 -0.9%로 감소했다. 그 이유는 2002년의 7.4% 경제성장률 회복이 정부의 인프라 투자활성화 정책 때문이 아니라 진념정부의 히든-카드, 카드, 즉 ① 2001년의 네 차례 금리인하(5.25%→4.0%)와 ② 2000년과 2001년의 신용카드 사용 활성화 대책(복권제도, 소득공제, 길거리 회원모집 등)으로 인한 '민간소비의 과열거품' 때문이었다. 민간소비 증가율은 2001년 5.7%에서 2002년 8.9%로 급등하였다. 그러나 그 다음해에는 -0.4%와 0.3%로 급격히 추락하였다. 2001년 진념정책이 2003년에야 실패한 것이 드러난 셈이다. 둘째, 정규직 전환에 대한 부분적인 임금보조로 600만 비정규직의 실질적인 감소효과를 나타낼 것이라고 보기 어렵다. 더구나 1,800만여 명의 근로자의 소득이 증대되지 않는 한 민간소비의 증대는 기대하기 어렵다. 셋째, 기업소득에 대한 과세를 통하여 노동소득을 올린다는 착상도 기업의 불만만 높일 뿐 크게 기대할 것이 없어 보인다.

경제부진의 근본원인은 민간기업의 경쟁력 침체와 이에 따른 일자리 및 가계소득의 정체다. 일자리 부족이나 소득부진은 문제의 근원이 아니라 문제의 증상에 불과하다. 잘나가는 몇몇 기업을 빼면 거의 모든 기업과 중소자영업자의 생존 자체가 점차 힘들어지고 있다는 것이 문제의 핵심이다. 기업의 생존이 어려워지는 원인은 규제, 인적 자원의 창의력 부족, 정부의 기업혁신 부족 등 이루 말할 수 없이 많다. 40만여 개 기업 및 600만 자영업자가 정상적으로 성장하지 못하면 1,800만 근로자의 실질소득이 정상적으로 증대되기는 어렵다. 민영화나 공기업혁신이나 규제완화 못지않게 기업의 자본력과 기술력 확충이 시급하다. 정부의 역량이 집중되어야 할 부분은 기업의 자본력 확충과 기술혁신이다. 아무리 인프라 재정을 많이 투입해도 40만여 기업과 600만 자영업자의 자본-기술 경쟁력이 확충되지 않는 한 한국경제의 미래는 절대로 밝을 수가 없다.

[그림] 경제정책 도입 이후의 수출증가율

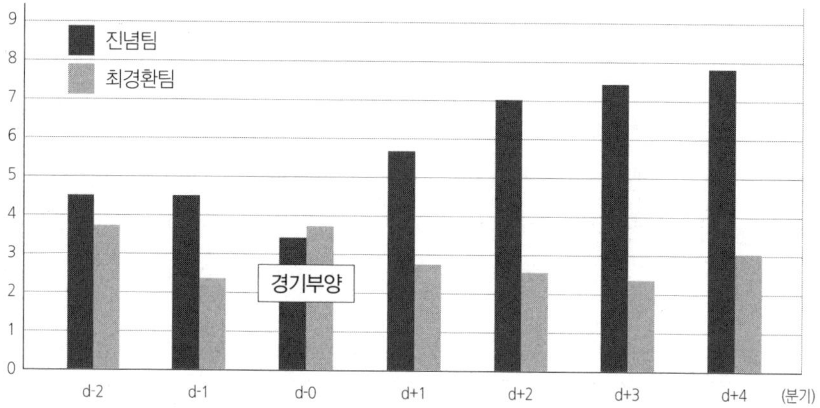

'디플레이션'이라는 이름의 사슴(鹿)

중앙선데이, 2014년 8월 30일

디플레이션(deflation)은 '지속적으로 물가가 하락하는 상태'다. 인플레이션율이 '마이너스'라는 말이다. 물가상승 속도가 떨어지는 '디스인플레이션(disinflation)'과는 다르다. 디플레이션이 무서운 이유가 있다. 첫째, '빚의 실질가치'를 올려서 사실상 빚 부담이 늘어난다. 우리나라같이 가계 빚이 큰 경우 심각한 문제가 될 수 있다. 둘째, 가격하락이 기업의 영업이익을 떨어뜨려 기업 활동을 위축시키면서 저성장을 초래할 수 있다. 디플레이션의 원인은 여러 가지다. 소비나 투자가 위축될 때 '수요위축→가격하락'의 고리가 형성된다. 좀 더 발전되면 저성장으로 인해 임금이 하락하고 이것이 소득감소를 가져와 다시 수요가 감소하는 '수요축소→가격하락→임금축소→소득축소→수요축소→가격하락'의 소용돌이가 반복해서 발생할 수 있다. 소위 '디플레-저성장 소용돌이(deflationary spiral)'다. 많은 사람이 우려하는 경우다. 통화 공급의 축소 또는 통화사재기(hoarding)도 디플레이션을 초래할 수 있다. 금본위제도하에서 급격한 경화의 국외유출(혹은 사재기)이 일어나는 경우 디플레가 초래된 역사적 경우는 매우 많다. 이것 말고도 1870-1900의 미국처럼 생산성이나 경제효율성 증대(상품공급증가)로 가격이 떨어지면서 디플레이션이 발생하기도 하는데 이런 디플레이션은 나쁠 것이 없다.

〈일본의 20년 디플레이션=경기침체?〉

일본의 디플레이션은 1990년대 초부터 최근까지 20여 년 이상 계속되고 있다. 1999년부터 2005년까지 7년은 소비자물가가 연속적으로 '마이너스'상승률을 보였다. 그 뿌리에는 1980년대 초반부터 시작된 생산자물가 디플레이션이 자리하고 있다. 일본 생산자물가 상승률은 1992년부터 2003년까지 11년 동안 한 해(1997년 0.7%)를 빼고는 11년 연속 '마이너스'였다. 이런 충격적인 디플레이션에도 불구하고 1992년 이후 2013년까지 21년 중 일본은행의 공식적인 '경기침체기'는 다섯 번(1991-93, 1998-99, 2001-02, 2008-09, 2011)에 불과하며 그 기간도 다 합해서 4년(19%)이 채 되지 않는다. 다시 말해 '디플레이션=경기침체(혹은 위기)'라는 자동적인 등식은 성립하지 않는다는 말이다. 1998년 이후 몇 년간 디플레이션과 동시적 경기침체를 살리기 위해 총 100조 엔에 달하는 공공사업이 집행되었지만 이것도 디플레이션대책이라고 하기보다는 경기활성화대책이라고 봐야 한다. 물론 디플레도 못 잡고 경기도 못 살리면서 재정적자만 늘리는 실패로 귀결되고 말았다. 디플레이션이 수요나 통화의 문제라기보다는 더 뿌리 깊은 구조적인 문제임을 암시하는 대목이다.

〈한국도 일본형 디플레이션=경기침체?〉

최경환 경제부총리는 며칠 전 “한국이 디플레이션 초기에 와 있다고 생각한다.”고 말하여 큰 파문을 일으켰다. “물가안정 목표 범위 2.5~3.5%에서 3년째 하한선으로 가고 있다.”는 것이 그 근거였다. 그러면서 “‘경제 전반에 퍼져 있는 축 처진 분위기’를 반전시킬 모멘텀을 찾아야 한다.”며 “금기시된 재정적자 확대, 부동산 시장 정책을 과감하게 하지 않고는 안 된다”고 강조했다. 「디플레이션=경기침체=적극적 경기부양책 필요」를 강조한 것이다. 한국은행 총재의 설명이 아니더라도 한국이 디플레이션에 진입했다고 보기 어려운 이유는 명백하다. 지난 1992년 이후 20여 년 중 절반이 넘는 13년 동안 일본의 소비자물가상승률은 ‘0% 혹은 마이너스’였지만 한국은 소비자물가 상승률이 ‘마이너스’였던 적이 한 해도 없었다. 최근 2-3년 소비자물가상승률이 1-2%대로 떨어진 디스인플레이션을 ‘물가안정’으로 평가할 것이지 디플레이션의 전조로 두려워할 것은 아닌 것 같다. 한국경제가 어렵긴 하지만 일본 형 경기침체라고 보기도 어렵다. 일본의 경제성장률이 2%에도 못 미치는 경우는 1992년 이후 2013년 까지 17번 있었지만 한국은 IMF와 서브프라임 위기(1997년과 2009년)를 제외하면 1992년 이후 한 번도 없었다. 작년 한국 경제성장률(2.8%)도 1992년 이후 일본이 한 번도 달성한 적이 없는 ‘고성장’에 속한다. 물론 서브-프라임 직후인 2009년 -5.5% 성장에 대한 반동으로 2010년 4.7% 성장을 제외하고 말이다. 국가의 경제정책이 선제적으로 예방하는 것은 옳고 또 좋다. 그러나 디플레이션이 아닌 것을 디플레이션이라고 하고, 경기침체라고 할 수 없는 것을 경기침체라고 우길 것은 아니다. 나아가 일본의 정책경험에서 보았음에도 불구하고 성공이 불확실하고 책임지지도 못할 재정적자나 국가부채를 증대시키거나 부동산 과열을 초래할 정책을 남발하는 것은 더욱 조심할 일이다. 독감을 암이라고 진단하여 항암제를 과잉 투여하는 것은 진(秦)나라 조고(趙高)가 사슴을 말이라고 우기는 것(指鹿爲馬)과 다를 바 없다. 좀 더 차근하고 신중한 정책을 주문하는 이유다.

[표] 1992년 이후 성장률과 물가상승률 : 한국과 일본

연도	경제성장률				소비자 물가상승률			
	한국		일본		한국		일본	
	%	2%미만	%	2%미만	%	2%이하	%	2%이하
1992	5.8		0.8	■	6.2		1.7	
1993	6.3		0.2	■	4.8		1.3	
1994	8.8		0.9	■	6.3		0.6	
1995	8.9		1.9	■	4.5		−0.1	■
1996	7.2		2.6		4.9		0.1	
1997	5.8		1.6	■	4.4		1.9	
1998	−5.7	■	−2.0	■	7.5		0.6	
1999	10.7		−0.2	■	0.8		−0.3	■
2000	8.8		2.3		2.3		−0.7	■
2001	4.0		0.4	■	4.1		−0.8	■
2002	7.2		0.3	■	2.8		−0.9	■
2003	2.8		1.7	■	3.5		−0.3	■
2004	4.6		2.4		3.6		0.0	■
2005	4.0		1.3	■	2.8		−0.3	■
2006	5.2		1.7	■	2.2		0.3	
2007	5.1		2.2		2.5		0.0	■
2008	2.3		−1.0	■	4.7		1.4	
2009	0.3	■	−5.5	■	2.8		−1.4	■
2010	6.3		4.7		3.0		−0.7	■
2011	3.7		−0.5	■	4.0		−0.3	■
2012	2.0	■	1.5	■	2.2		0.0	■
2013	2.8		1.5	■	1.3		0.3	

■ 표시는 경제성장률이 2% 이하, 소비자물가상승률이 0% 이하인 연도

※ 자료 : 한국은행

대통령 취임사의 「경제부흥」

중앙선데이, 2014년 10월 5일

2012년 2월 25일 늦은 겨울 아침 쌀쌀한 날씨와 삼엄한 경비에도 불구하고 여의도 국회의사당 앞뜰은 기대와 기쁨에 감격한 국민들로 넘쳐 났다. 소프라노 조수미와 바리톤 최현수의 애국가가 아니더라도 온 국민의 심장은 멎을 듯 벅찼고, 순국선열 및 호국영령에 대한 묵념이 아니더라도 숨이 멈출 듯 가슴이 메었지만 그날 5천만 국민의 기대와 이목을 집중시킨 것은 다름 아닌 '대통령 취임사'였다. "존경하는 국민 여러분! 700만 해외동포 여러분! 저는 오늘 대한민국의 제18대 대통령에 취임하면서 희망의 새 시대를 열겠다는 각오로 이 자리에 섰습니다."로 시작해서 "우리 국민 모두가 또 한 번 새로운 한강의 기적을 일으키는 기적의 주인공이 될 수 있도록 함께 힘을 합쳐 국민행복, 희망의 새 시대를 만들어 갑시다. 감사합니다."로 끝나는 대통령 취임사는 그 감동만큼이나 5년 동안의 국정철학과 각오가 서린 헌법과도 같은 중요한 의미를 담고 있었다.

〈취임사의 4대 국정기조〉

민생, 대통합, 국민행복을 약속하고 출범한 정부인수위원회 첫 회의(2013년 1월 7일)에서 대통령 당선인은 국민안전과 경제부흥을 국정의 두 중심축으로 설정한다고 했다. 며칠 뒤(1월25일)에는 '경제민주화를 통해 성장온기가 퍼져 무너진 중산층을 복원하는 것이 정부의 목표'라고 했다. ① '추격형 성장에서 선도형 성장'으로 전환하고, ② '수출 중심에서 수출내수 쌍끌이 구조'로 바꾸며 ③ '제조업 중심에서 서비스 동반성장체제로 전환'하는 '패러다임 변화'를 강조했다. 이 모든 것이 한데 어우러진 것이 대통령 취임사다. 대통령 취임사는 서언과 마무리말 외에 「경제부흥」과 「국민행복」과 「문화융성」의 3개의 장으로 구성되어 있다. 이 셋은 그대로 이 정부의 「4대 국정기조」로 포함되는데 마지막 국정기조는 「평화통일 기반구축」이다. 「경제부흥」을 취임사 머리에 둔 것은 가장 우선시하겠다는 의지 때문일 것이다.

〈경제정책의 초점변화〉

취임사에 담긴 대통령의 「경제부흥」 의지를 실현하기 위해 새 정부 제1기 경제팀이 내놓은 '공약가계부'와 '지역공약이행계획'은 그런대로 신선한 반응을 주었다. 그러나 2013년 8월 8일 내놓은 세제개편안(2014-17년 동안 누적12조 원 증세안)은 강력한 여론저항에 밀려 즉각 수정되었다. 실질적으로 제1기 경제팀의 최초의 체계적인 경제정책방향은 2014년 예산안을 제출(2103년 9월 26일)하면서 제시되었다. 「경제부흥」이 아닌 「경제활성화」를 목표로 내걸고 나온 중점추진과제에는 ① 경제활력회복, ② 일자리 창출, ③ 서민생활안정과 삶의 질 제고, ④ 국민안전과 든든한 정부, ⑤ 건전재정기반 및 재정운용개선의 5가지가 목표였다. 그러나 꼭 석 달 뒤(2014년 12월 27일)에 나온「2014년 경제정책방향」에서는 ① 경제활력회복은 내수활력제고로 바뀌고, ② 일자리 창출과 서민생활 안정과 삶의 질 개선은 묶어서 일자리 창출과 민생안정으로 바뀌며, ③ 경제체질개선(공공부문개혁 및 경제민주화 등 포함)이 덧붙여졌다. 바로 열흘 지난 2014년 1월 6일 발표한 연두기자회견에서 대통령은 한반도 통일기반구축과 5대 불안해소와 함께「경제혁신 3개년계획」을 마련할 것이라고 선언했다. 여기에는 ① 비정상의 정상화, ② 창조경제, 그리고 ③ 내수기반 확충이 3대 추진전략으로 들어가 있다. 3년 뒤(2017년) 잠재성장률을 4%로 끌어 올리고 일인당소득 3만 달러를 달성하며 고용률을 70%까지 올린다는 474 비전도 함께 밝혔다. 50여 일 뒤(2014년 2월 25일) 확정발표된「경제혁신 3개년계획」은 ① 비정상의 정상화를 기초가 튼튼한 경제로, ② 창조경제를 역동적인 혁신경제로, 그리고 ③ 내수기반 확충은 내수수출균형경제로 바뀌어져 있었다.

현 정부의 경제정책의 포커스는 정책목표가 조금씩 바뀌어 왔다. 인수위원회와 취임사를 통해 설정된「경제부흥」의 기치에도 불구하고 정부 초기에는「경제활성화(또는 경제활력회복)」를 강조하다가 2013년 말에는「내수활력제고」로 바뀌었고 바로「경제혁신」으로 대체되었다. 대통령 연두기자회견에서는 '내수기반확충'이라고 했는데「경제혁신 3개년계획」에서는 '내수수출균형'이라고 했다. 정부 출범 전후 가장 중요한 정책목표였던 '일자리창출'은「경제혁신 3개년계획」안에서는 하부 항목으로 묻혀버리고 말았다. '서민생활 안정과 삶의 질의 제고'는 '민생안정'으로 되었다가「경제혁신 3개년계획」에서는 빠지거나 여러 곳으로 분산되어 배치되었다. 작년 9월 5대 중점추진과제 중의 하나였던 '건전재정기반확충과 재정운용개선'은「경제혁신 3개년계획」에서는 아예 빠졌다. 정부정책에는 '앵커(anchor)'가 있어야 한다. 그래야 임기 내내 일관된 의사소통과 함께 일관된 목표, 일관된 정책을 펼 수 있고 또 그래야만 정책효과를 기대할 수 있다. 1년 남짓한 기간 동안 기본정책의 용어가 이렇게 자주 바뀌게 되면 정책에 대한 신뢰는 물론 일관성에 큰 손상이 올 뿐더러 실질적인 정책효과도 기대하기 매우 어렵다. 현 정부에는 「경제부흥」과 「국민행복」과 「문화융성」라는 훌륭한 '앵커(국정기조)'가 있다. 모든 정책은 이 네 가지 국정기조 위에 수립되어야 한다. 이미 설정된 국정기조를 흩트리는 새로운 용어가 자꾸 '개발'될수록 정책들은 우왕좌왕하고 국민들은 혼돈에 빠지지 않을까.

[표] 박근혜 정부 출범 이후 주요 경제정책 용어의 변화

<table>
<tr><th></th><th>2014년 예산편성
중점추진과제
(2013.9.26)
화두=경제활성화</th><th>2014년
경제정책방향
(2013.12.27)
화두=경제활성화</th><th colspan="2">2014년
신년기자회견
(2014.1.6)
화두=국민행복시대, 474</th><th>2014년
경제혁신3개년계획
(2014.2.25)
화두=한국경제대도약</th></tr>
<tr><td rowspan="4">경제</td><td>경제활력 회복</td><td>내수활력 제고</td><td rowspan="4">경제혁신
3개년계획</td><td>비정상의
정상화</td><td>기초가 튼튼한 경제</td></tr>
<tr><td>일자리창출</td><td rowspan="2">일자리창출
민생안정</td><td>창조경제</td><td>역동적 혁신경제</td></tr>
<tr><td>서민생활 안정
삶의 질 제고</td><td rowspan="2">내수기반
확충</td><td rowspan="2">내수수출균형</td></tr>
<tr><td>건전재정기반
재정운용개선</td><td>경제체질개선
–공공부문개혁
–경제민주화</td></tr>
<tr><td>사회</td><td>국민안전,
든든한 정부</td><td></td><td colspan="2">5대 불안 해소</td><td></td></tr>
<tr><td>안보</td><td></td><td></td><td colspan="2">한반도 통일기반 구축</td><td></td></tr>
</table>

2015년 예산안과 국정기조

중앙선데이, 2014년 11월 2일

2014년 국정감사가 총총히 끝나고 이제 세간의 주목은 2015년 예산안으로 쏠리고 있다. 언론은 세입세출규모나 재정적자 크기에만 관심을 둘 뿐 박근혜 정부의 국정기조나 국정과제와 2015년 예산 사이의 연관성 따위에는 별 관심이 없다. 정부도 5년 동안의 국정기조와 국정목표를 추진함에 있어서 이 예산이 어떤 의미와 유기적인 관계가 있는지에 대해서는 설명 없이 신속히 원안대로 국회가 통과시켜 주기만 바랄 뿐이다. 매년의 예산은 반드시 정부의 「국정기조」와 「국정목표」와의 유기적인 연계 속에서 수립되고 이해되고 평가되어야 한다. 왜냐하면 취임초기 설정한 국정기조는 바로 국민의 복리와 직결되는 중대하고도 시급한 국정과제를 담고 있어서 매년 예산을 통해 그것이 제대로 성취되어야만 궁극적으로 국민이 승리하기 때문이다.

박근혜 정부는 2013년 5월 「4대 국정기조」와 「14대 국정추진전략(이것은 전략이라고 하기보다는 국정목표에 더 가깝다.)」을 확정했다. 「4대 국정기조」란 대통령 취임사에서 언급되기도 했듯이 ①「경제부흥」, ②「국민행복」, ③「문화융성」, ④「평화통일 기반구축」이다. 그 하나하나 아래에는 여러 개의 「국정추진전략」이 설정되어 있는데 예컨대 「경제부흥」의 경우에는 (ⅰ)「창조경제」와 (ⅱ)「경제민주화」와 (ⅲ)「민생경제」의 세 가지 국정추진전략이 들어 있고 「국민행복」 아래에는 (ⅰ)「맞춤형 고용복지」, (ⅱ)「창의교육」, (ⅲ)「사회통합」 그리고 (ⅳ)「국민안전」이 들어 있다. 「문화융성」과 「평화통일기반 구축」의 「국정기조」 아래에도 각각 세 개의 「국정추진전략」이 수립되어 있다. 14개 「국정추진전략」은 어느 하나도 박근혜정부가 놓칠 수 없는 엄중한 국정목표나 마찬가지다. 이것을 포기하는 것은 취임초기의 정신을 포기하는 것일 뿐만 아니라 박근혜 정부의 근본적인 '정체성'을 부정하는 것과도 같다.

그런데 「경제부흥」 아래에 있는 세 개의 「국정추진전략」 중에서 「경제민주화」는 2015년 예산에는 거의 반영되지 않았다. 그리고 「창조경제」와 「민생경제」는 2015년 예산안의 '경제살리기' 안에 들어 있다. 판교 밸리 조성, 창업벤처 선순환 생태계조성, 핵심 성장동력의 R&D확대, 유망서비스산업육성사업 등이 반영되어 있지만 「국정추진전략-창조경제」 안에 있는 총 22개의 구체적인 「창조경제-국정과제」를 실행에 옮기는 노력은 미흡하다. 「국정추진전략-민생경제」 안에 있는 '서민생활 안정'과 '안정적 경제운영'이라는 두 국정과제들은 2015년 예산에서는 '희망나누기' 아래로 들어가 있지만 「국정과제 #42 건전재정기조정착」은 기대하기가 어렵게 되었다. 두 번째 「국정기조」인 「국민행복」안에는 (ⅰ)「맞춤형 고용복지」, (ⅱ)「창의교육」, (ⅲ)「사회통합」 및 (ⅳ)「국민안전」이 들어 있는데 2015년 예산안에서는 (ⅱ)「창의교육」과 (ⅲ)「사회통합」의 내용은 빠져 있다. 그리고 (ⅳ)「국민안전」은 「평화통일기반구축」의 핵심 내용인 방위능력 제고와 함께 '안전만들기' 안으로 편입되었다. 「문화융성」이라는 「국정기조」는 2015년 예산에는 '문화체험 기회 확대'라는 작은 항목만 들어 있다. 복잡한 것 같지만 간단하게 요약하면 이렇다 : 2015년 예산을 들여다보면 첫째, 박근혜 정부의 「4대 국정기조」는 2015년 예산에서는 '경제살리기'와 '희망나누기'와 '안전만들기'로 재편성되었다는 것이고, 둘째로, 그러는 과정에서 「경제부흥」 안에 있던 「경제민주화」는 제 위치를 잃고 말았고 「민생경제」는 '희망나누기'로 분리되어 나갔으며, 셋째로 「국민행복」 안에 있던 「창의교육」과 「사회통합」은 거의 반영되지 못하였고, 끝으로 「국민행복」 안에 있던 「국민안전」은 「평화통일기반구축」과 함께 '안전만들기'로 탈바꿈하였다는 것이다.

이런 2015년 예산안을 보면서 우려하는 점은 이런 것이다 : 2015년 예산에는 「국정기조」의 중추가 되는 「국정목표(즉, 국정추진전략)」들이 소홀한 취급을 받지 않는가 하는 의문이다. 예를 들어 「경제민주화」, 「창의교육」, 「사회통합」, 「문화예술진흥」, 「문화산업융합」과 같은 「국정목표」는 거의 언급되지 않고 있다. 물론 경제가 너무 어려운 상황이니 잠시 뒤로 물릴 수는 있다. 그러나 출범한 지 2년도 안되어 이런 중요한 「국정목표」들을 도외시해 버린다면 성공한 정부가 되기 힘들다. 둘째, '경제살리기'나 '희망나누기'나 '안전만들기'와 같은 부르기 편한 말들이 당초 설정된 「국정기조」의 개념을 혼란하게 하면 안 된다. 특히 「국민안전」을 「평화통일기반구축」과 「튼튼한 안보구축」과 묶어서 '안전만들기'로 명명한다면 「평화통일기반구축」이라는 「국정기조」는 '안전만들기'의 하위개념이라는 인상을 주기 쉽다.

[표] 정부의 4대 국정기조와 2015년 예산안

국정기조	국정추진전략	2015년 예산안	
경제부흥	경제민주화 (×)	⇒ 경제 살리기	경제활력 제고 • 일자리 창출 • 투자 수출 촉진 • 지역경제 활성화
	창조경제		성장동력 창출 • 창조경제 • 미래 (R&D) 투자
	민생경제	⇒ 희망 나누기	서민생활안정 • 생애주기 맞춤형복지고용 • 촘촘한 사회안전망 (※문화체험 기회확대) 취약계층 지원 • 소상공인 경쟁력 제고 • 생활안정 3종 지원
국민행복	맞춤형복지고용		
	창의교육 (×)	–	
	사회통합 (×)	–	
	국민안전	⇒ 안전 만들기	건강한 생활환경 • 안전관리체계개선
평화통일기반구축	튼튼한 안보		방위능력 제고 평화통일 기반구축
	한반도신뢰 PR		
	신뢰외교		
문화융성	문화참여확대	(⇒희망 나누기)	(※문화체험 기회확대)
	문화예술진흥 (×)		
	문화산업융합 (×)		

(※), (×)표는 사라진 전략

흔들리는 박근혜 정부의 「공약가계부」

중앙선데이, 2014년 11월 30일

2년 전 박근혜 대통령은 '희망의 새 시대'를 열겠다는 각오로 대통령직에 취임했다. 〈경제부흥〉, 〈국민행복〉, 〈문화융성〉을 이뤄 내기 위해 모든 것을 바치겠다고 선언했다. 석 달 뒤 발표된 「공약가계부」는 그런 대통령의지가 집약된 '압축파일'이었다. "4.11 총선공약, 대선공약, 박근혜 정부 140개 국정과제 등 그동안 내놓았던 〈국민과의 약속〉을 빠짐없이 이행하기 위한 실천계획으로서 국정과제 이행을 위한 소요뿐만 아니라 재원대책도 제시하여 실천가능성을 확보하는 것"이라고 했다. 그러나 「공약가계부」에 대한 화려한 후광(AURA) 이면에는 희미하던 결함들이 서서히 드러나고 있다.

첫째로 「공약가계부」에는 취임사의 정신과는 달리 〈경제부흥〉과 〈창조경제〉의 내용이 거의 없었다. 취임사 내용의 경중에서 볼 때 〈경제부흥〉이라는 국정기조는 맨 머리에 두었을 뿐 아니라 그 안에는 〈창조경제〉라는 핵심개념이 들어 있다. 그만큼 국정기조 중에서도 가장 중요하다는 의미였다. 그러나 「공약가계부」의 〈경제부흥〉에 대한 재정지원에는 주거안정지출(11.6조 원)와 교육비경감(8.7조 원)이 들어 있어 이를 빼면 '과학기술 역량 강화'를 위한 8.1조 원(전체의 6%)에 불과했다. 〈경제부흥〉과 〈창조경제〉가 그토록 중요한 공약이고 과제였음에도 불구하고 이에 대한 재원의 배려가 「공약가계부」에 없다는 것은 중대한 결함이다. 「공약가계부」는 〈경제부흥〉을 위한 가계부가 아니라 〈국민행복〉을 위한 「복지가계부」라는 표현이 더 타당하다.

둘째로 「공약가계부」의 여러 가지 〈국민행복(=복지)〉 프로그램들이 부실하게 계획되었다는 점이 드러나고 있다는 점이다. 예컨대 공약가계부에서 약속했던 프로그램 중에서 아직도 시행을 하지 못하거나(3-5세 누리과정지원, 고교무상교육 등) 변경(기초연금)되었다. 그건 그럴 수 있다. 그러나 어떤 프로그램들은 5년간 지출될 금액의 80% 이상을 2013-14년에 이미 지출한 상태(0-5세 보육양육수당, 소득하위 30% 반값등록금지원)가 되었다. 지원 대상이나 범위에 대한 정밀한 계산이 결여되었다는 증거다. 민간 기업에서 그런 착오가 일어났다면 넘어갈 수 있다. 그러나 국가기조가 걸려있고 대통령 정책의 상징적 이미지가 결부된 과제에서 그런 일이 일어난 다는 것은 상식적으로 이해하기 어렵다.

셋째로 첫해서부터 세입확충 측면에서 심각한 차질이 발생하고 있다. 비과세감면이야 그렇다 치더라도 지하경제양성화로 27.2조 원을 마련하겠다는 착상은 애초부터 난관에 부닥쳤다. 「공약가계부」에는 2013년과 2014년 국세수입을 각각 205.9조 원과 210.6조 원(합 416.5조 원)으로 예상했으나 실제 국세수입은 201.9조 원과 205.5조 원(합407.4조 원)에 불과했다. 각각 4조 원과 5.1조 원이 줄어든 셈인데 누계로 보면 당초 「공약가계부」 세수계획보다는 9.1조 원이 덜 들어온 셈이고 전체 국세확충목표(48조 원)의 19%에 달하는 금액이다. 「공약가계부」대로라면 금년(2015) 국세수입은 214.1조 원이 되어야 하는데 이는

2014년보다 4.2% 증가한 금액이다. 2014년 국세수입이 겨우 1.78% 증가한데다 작년 기업들의 실적이 나빴으므로 금년 법인세는 작년보다 훨씬 못할 것이 분명하므로 214.1조 원의 국세수입은 기대하기 매우 어려운 실정이다.

넷째로 세출절감으로 84.1조 원을 조달하겠다는 계획은 더욱더 어려워 보인다. 우선 줄이겠다던 SOC지출이나 산업지원은 경제 활성화 명분으로 오히려 늘어났고 복지지출의 축소나 농림수산 분야의 지출감축도 현실적으로 어렵다.

이렇게 되니 정치권은 물론 사회 전반에 또다시 '복지논쟁', '증세논쟁'이 불붙었다. 정밀하고 실행가능하게 「공약가계부」를 수립하지 못한 결과 복지국가에 대한 국민의 기대치만 잔뜩 올려놓은 채 이제 한쪽에서는 한국의 복지수준이 그렇게 열악한 것은 아니라고 주장하기 시작했다. 경제부총리조차 "한국은 이미 높은 수준의 복지가 시작됐다. 시간이 지나면 자연스레 (OECD수준에) 따라붙게 돼 있다."고 했다. 「공약가계부」에서 약속했던 복지를 줄이자는 얘기가 따라올 것 같은 분위기이다.

[표] 「공약가계부」

2013~2017년 지출	2013~2017년 재원
경제부흥 33.9조	세수증대 50.7조
국민행복 79.3조	
문화융성 6.7조	세출절감 84.1조
평통기반 17.6조	
합 : 137.5조	합 : 134.8조

도쿄발 120엔의 쓰나미

중앙선데이, 2014년 12월 28일

미국 달러에 대한 엔화환율이 12월 25일 다시 121엔을 돌파했다. 2007년 6월 이후 7년 6개월 만에 최고치다. 1976년 「브레튼-우즈(The Bretton Woods)체제」가 붕괴된 이후 지난 40년 동안 엔화환율은 대체로 다섯 번의 강세기(환율하락)와 다섯 번의 약세기(환율상승)가 반복되어 왔다(아래 [그림] 참조). 과거 엔화가 약세가 될 때에는 아시아 금융위기였던 1995-98년(60엔)을 제외하면 대체로 30개월 동안 20-30엔 정도 올랐다. 28엔(1988년), 32엔(2000년) 그리고 20엔(2005년)이 그랬다. 그런 역사적 추세에서 보면 2012년 10월 이후 지금까지 약 44엔 오른 것은 다소 과도한 면이 있다. 많은 외환전문가들이 엔화환율이 120엔을 넘지 않을 것으로 본 이유도 그 때문이다.

그러나 이번에는 다르다. 첫째, 금년 1-10월 일본 무역수지 적자가 사상 최대인 11조 엔(약 1000억 달러)에 달하고 있다. 둘째, 아베 정부와 중앙은행이 엔화

약세를 단단히 벼르고 있다. 무제한적 양적완화와 더불어 대대적인 엔화약세를 통하여 전 세계로 '자본특공대'를 급파하고 있다. 일본정부가 이렇게 적극적으로 시장에 개입하여 엔화약세를 벼른 적이 과거에는 없었다. 셋째로는 엔화약세, 즉 달러강세가 국익에 반하지 않는다는 미국의 '묵인'이 도사리고 있다. 조만간 연방기금금리(Federal Funds Rate)를 올리겠다는 생각이 그것을 뒷받침한다. 따라서 엔화환율이 달러당 130엔 혹은 그 이상으로 올라가더라도 이상할 것이 없다. 1995년 초 고베 대지진 이후 엔화환율은 80엔 대에서 143엔까지 치솟은 적이 있다.

문제는 지난 1976년 이후 다섯 번의 엔화약세가 예외 없이 한국경제, 특히 수출에 치명적인 타격을 미쳤다는 사실이다. 1988년 1월 이후 28개월 동안 엔화가치는 31% 가량 떨어졌는데 그동안 수출증가율은 1988년의 28.9%에서 1989년과 1990년 각각 2.7%와 3.5%로 추락하였고 경제성장률도 11.6%에서 6.8%로 하락했다. 1995년의 엔화 약세도 마찬가지였다. 엔화는 73% 정도 약세였는데 수출증가율은 1995년 30% 증가세에서 1996년과 1997년 각각 4.1%와 6.4%로 급격히 둔화되었고 경제성장률도 8.9%에서 -5.7%로 추락한 적이 있다. 세 번째 엔화약세는 2000년 1월부터 2002년 2월까지 32% 진행되었는데 한국의 수출은 2000년 24.6% 증가에서 2001년 -13.6%로 위축되었고 경제성장률도 10.7%에서 4.0%로 급락했다. 네 번째 엔화약세는 2005년 1월부터 30개월 진행되었는데 한국의 수출증가율이 2004년 31.4% 증가에서 2005년 11.4%로 악화되었고 경제성장률은 5.1%에서 0.3%로 하락한 적이 있다.

엔화약세가 수출에 미치는 영향은 대개 2년 정도의 시차를 지나서 나타난다. 시차가 발생하는 이유는 ① 일본 수출업자들이 유리한 환율 때문에 달러

표시 수출가격을 내리는 시간, ② 가격이 내린 일본제품으로 수입계약을 전환하는 시간, ③ 계약에 따라 생산하고 수출하는 시간 때문이다. 이 모든 시차요인이 결합하여 통상 엔화환율변동 이후 2년 정도 지나야 우리나라 수출에 가시적인 영향이 나타난다. 따라서 2012년 말에 시작된 엔저의 한국수출 타격효과는 2015년부터 본격적으로 나타난다고 봐야 한다. 2012년 말 아베정부 집권 이후 지금까지 57%의 엔화약세라면 진도 8에 가까운 역사상 유례를 찾기 힘든 '강진'이다. 한국수출과 경제위기는 필연적이다. 한국은 엔저 '쓰나미'에 대한 대비가 철저히 준비되어 있을까? 적어도 정부가 발표한 「2015년 경제정책방향(안)」에는 보이지 않는다.

[그림] 엔저의 역사와 우리나라 경제성장률

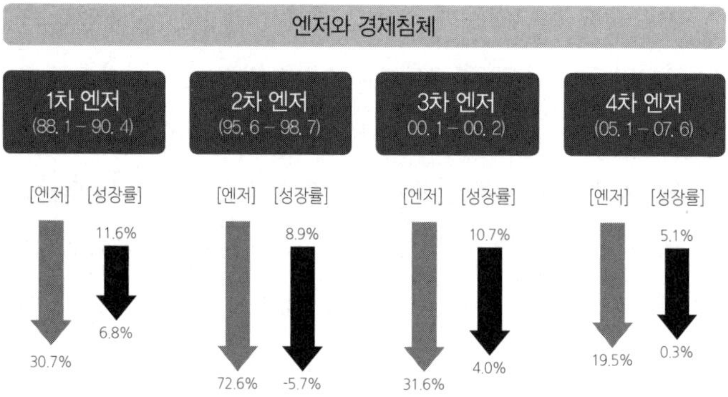

스위스국립은행의 '거대한 도박'?

중앙선데이, 2015년 1월 25일

2015년 1월 15일 스위스국립은행(SNB)은 2011년 9월 7일 이후 3년 4개월 지속된「유로화-페그 제도」를 전격 포기한다고 발표하였다. 미국은 물론 세계 주요 증시의 주가가 큰 폭으로 출렁거렸고 한국도 예외가 아니었다. 그러나 며칠 사이에 거의 모든 증시가 프랑코-겟돈(FRANCO-GEDDON, 스위스프랑화의 충격)에서 벗어나는 모습을 보면 스위스 국립은행의「유로화-페그 제도」포기조치가 국제증권시장에 미친 영향은 그야말로 일시적인 것에 불과했다.

그러나 국제증시에 미친 영향이 일시적으로 적었다고 해서 스위스 중앙은행의 행동이 국제환율정책에 미친 영향이 적다고 볼 수는 없다. 거꾸로 스위스의 조치는 국제환율질서에 매우 큰 의미 있는 선례를 남겼다고 봐야 한다. 첫째로, 급격한 시장 환율 변동을 안정시키기 위해 중앙은행이 환율 제도를 수시로 변경했다는 점이다. 어떤 사람은 이런 조치를 '거대한 도박(Big Gamble)' 혹은 '엄청난 실수'라고 폄하했지만 스위스로서는 그리하지 않을 수 없는 속사정이 있었다. 지난 2011년 9월 스위스 중앙은행이 스위스프랑화(CHF) 환율을 유로화에 고정(1유로=1.2CHF) 시키기 훨씬 이전인 2008년 초부터 유로화는 심각한 약세국면에 있었다. 부진한 유럽경제에 서브-프라임 위기와 유럽의 재정위기가 겹쳐 유로화에 대한 신뢰가 심각하게 추락했었다. 당연히 스위스 프랑화에 대한 수요가 폭등하면서 1유로=1.66CHF(2007년 말)이던 환율은 2011년 9월 1.2CHF까지(약 27%) 떨어졌다. 유로화에 대한 CHF의 강세는 스위스의 제조업 및 관광업에 심각한 타격을 줄 것이 뻔했다. 2-3년을 망설이던 스위스 중앙은행은 2011년 9월에 전격적으로 「유로화-페그 제도」를 도입한 것이다. 스위스 통화당국의 목적은 두 가지이다. 국가경쟁력 차원에서 더 이상의 CHF 강세를 용인하기 힘들다는 점과 최대 무역 상대국인 EU와의 환율을 1.2 정도 수준에서 안정적으로 동결하겠다는 것이다. 이를 위해 스위스 통화당국은 매년 엄청난 규모의 유로화를 매입해 왔다. 그 결과 지난 3년 4개월간 CHF환율은 1.2대에서 안정적으로 유지되었고 나름대로 SNB의 정책은 성공적으로 평가되고 있다. 둘째로 스위스 중앙은행은 선제적으로 환율정책을 리드한다는 점이다. 최근 주변 상황이 꼬이기 시작했다. 1유로=1.2CHF를 유지하는 데 엄청난 양의 통화 공급이 필요한 상황에서 유럽경제가 부진하고, 독일은 반대하지만 ECB가 미국형 양적완화(QE)를 도입할 태세여서 마이너스 금리임에도 불구하고 스위스 프랑화에 대한 수요는 폭증하고 있다. 유로화 약세를 홀로 뒤집기 어려운 추세가 되어 버리자 "더 상처받기 전에 지금 바로 행동하는 것이 낫다." 하면서 선제적으로 페그 제도의 포기를 선언한 것이다. 세 번째로는 스위스국립은행의 조치는 무언가 나타날 현상에 대한 전조일 수 있다는 해석이다. 예를 들면 상상을 초과하는 ECB의 양적완화조치(1월 22일 예정)나 혹은 러시아의 금융위기나 혹은 유럽의 위기를 예상하고 내린 조치일 수가 있다는 점이다. 끝으로 스위스 조치가 다른 나라의 환율정책에 파급영향을 줄 수 있다는 점이다. 당장 덴마크의 페그제 포기가 거론되고 있을 뿐만 아니라 홍콩의 페그제 포기에 대한 우려도 대두되고 있다. 중국 내에서도 스위스를 본받아야 한다며 중국의 페그형 관리변동환율제도에 대한 반성 이야기도 나오고 있다. 그렇다고 중국이 페그제를 포기하고 변동환율제도로 옮겨가지는 않을 것이다. 그러나 수출과 성장세가 부진한 상황에서 2년 이상 지속되어 온 1$=6.1위안의 달러 페그 제도를 변경할 가능성은 커졌다고 볼 수 있다.*

유로화에 대한 CHF처럼 최근 몇 년간 원화는 일본 엔화에 대해 전에 없는 강세를 지속하고 있다. 아베노믹스로 엔화가 약세를 보이는 가운데 천문학적인 경상수지 흑자로 우리 원화도 달러에 대해 강세를 보이는 것이 CHF와 흡사하다. 스위스도 기록적인 외환보유고($5,360억 달러)를 지니고 있고 우리도 사상 최대에 가까운 3,410억 달러를 가지고 있다. 만약 원-엔화 환율의 안정이 한국경제에 매우 중요하다면 우리도 스위스처럼 원-엔 환율을 예를 들어 100엔=1,000원 혹은 1,100원에 연동 할 수는 없는 것일까. 스위스나 홍콩이나 덴마크나 중국은 페그제도를 도입해도 되고 우리는 '반드시' 자유변동환율제도를 채택해야 하는 것인가? 조금 지나면 해답이 나올 것이다.

[그림] 유로화 당 CHF 환율 추이 (2015년 1월 이후)

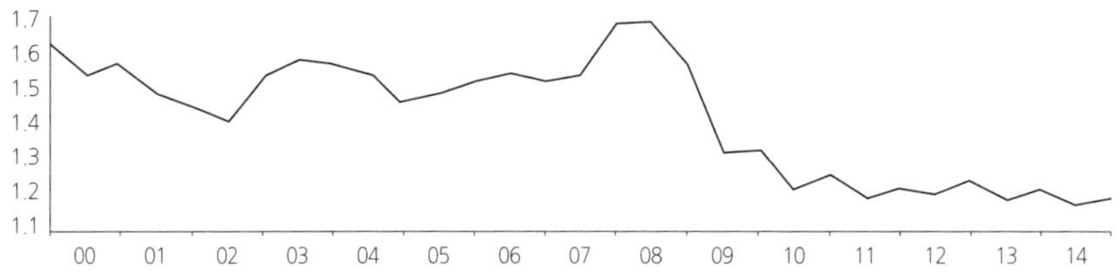

* 실제로 중국위안화 환율은 2015년 4월 달러당 6.1위안에서 12월 6.5위안으로 상승시켰음.

효과 없는 정부의 투자활성화 대책

국가미래연구원, 2015년 1월 23일

경제부흥을 국정의 제일기조로 삼고 출범한 박근혜 정부는 2013년 5월 1일을 기점으로 하여 지난 2년 동안 무려 일곱 차례의 투자활성화 대책을 내어놓았다(아래 [표] 참조). 2013년에 네 번, 2014년에 두 번 그리고 2015년에 한 번 발표했다. 평균 넉 달에 한번 대책을 내어놓은 셈이니 그만큼 절실하게 느꼈기 때문일 것이다. 그런데 일곱 번에 걸친 '투자활성화 대책'의 내용을 들여다보면 투자에 대한 절실함보다는 수타국수가락 같은 방점의 바뀜을 읽게 된다. 1-2차 투자대책은 '규제완화'였다. 때로는 '규제합리화'라고 부르기도 하고 '절차개선'이라고 부르기도 했지만 같은 말이다. 묶여 있는 것을 풀자는 거다. '한 번 물면 안 놓는 진돗개(2014년 2월 6일 대통령발언)'의 자세로 입지규제, 인허가 절차개선, 진입규제, 환경규제, 산지규제 등을 과감하게 완화하거나 철폐하여 투자를 촉진시키겠다는 것이다. 3차 투자대책 부터는 '인프라 구축'이 강조되었다. 무공해관광호텔, 국제테마파크, 도시첨단산업단지 확충이 골자로 들어갔다. 이를 위해 환경규제는 완화되어야 하겠고 환경영향평가제도는 좀 쉽도록 개선하고 또 화학물질안전관리협의체를 만들겠다고 했다. 4차 투자대책에서는 '유망서비스 산업'이 핵심 꼭지로 등장했다. 의료법인의 부대사업과 해외진출을 촉진한다든가 외국기관의 합작진출을 허용한다는 등의 의료 및 교육서비스 산업육성이 주된 내용이었다. 이때 까지는 처음 나온 것들이라 그래도 신선했다. 규제완화라는 대주제를 먼저 깔고 그 위에 인프라 구축과 서비스 산업 육성이라는 새 메뉴들이 계속 발표된 것이다.

문제는 2014년 3월에 발표된 5차 투자대책부터였다. 5차대책의 슬로건은 '지역주도 발전전략'이었다. 56개 지역행복생활권의 2146개 사업을 발굴한다는 것 외에 나머지는 대개가 이전 대책의 재탕 같았다. 개발제한지구 규제합리화나 산지규제 완화나 도시첨단산업단지 추가지정 그리고 투자선도지구 신설도 대개 전에 나왔던 '규제완화'의 범주에 들어가는 것이다. 만약 이들이 전에는 생각지 못했던 부분이라서 새로 포함시켰다면 1-2차 규제완화 투자대책이 미흡했다는 것을 인정하는 셈이 되는 것이고 새로울 것이 별로 없지만 강조한다는 차원에서 다시 넣은 것이라면 너무 싱거운 투자대책이 될 뿐이다. 5차 투자대책이 더욱 놀라운 것은 '지역주도 발전전략'이라는 내용이 투자대책을 발표하기 불과 보름 전(2014년 2월 25일)에 나온 「경제혁신 3개년계획」에도 없는 내용이라는 점이다. 「경제혁신 3개년계획」에는 '지역경제활성화' 및 '지역간 연계협력강화'는 있지만 투자대책의 핵심이라 할 '지역주도 발전전략'이라는 말은 없다. 현 정부가 올인 하다시피 하는 「경제혁신 3개년계획」과 투자활성화 대책이 따로따로 논다는 의문을 가지지 않을 수 없는 대목이다. 세월호 대재앙 이후 4개월 만에 나온 6차 투자대책(2014년 8월 12일)은 '유망서비스 산업육성'이라는 슬로건을 내걸었지만 금융이나 물류투자를 집어넣은 것 외에는 4차 대책에서 몇 걸음도 나가지 못한 것이고 2015년 1월 19일에 나온 7차 대책도 '관광인프라와 기업혁신'이라는 표제를 붙였지만 그 내용은 이전 내용의 재탕 혹은 삼탕에서 크게 벗어나지 않는다.

산업인프라가 열악하고 오만 가지 규제가 널려 있으며 신성장의 동력이 제조업에서 서비스 산업으로 옮겨 가는 대세하에서 정부가 발표한 투자활성화 대책이 틀린 것이라고 할 수는 없다. 그럼에도 불구하고 잦은 정부의 투자활성화 대책을 우려스럽게 주목하는 이유는 다음과 같다. 첫째로 새로울 것이 별로 없는 매우 개별적인 것에 불과한 것들을 국가의 투자대책이라고 장황하게 리스트-업(list-up)하면서 성과까지 내세우는 가벼움이다. 개별적이며 새로울 것이 없으면서 대책리스트에 반복하여 올라온 대표적인 것이 '현장대기 프로젝트'라는 이름으로 올라온 메디텔 사업, 풍력단지건설, 여수산단 녹지해제 사업, 무공해 관광호텔 사업 등이다. 이런 사업들이 추진되고 말고는 몇몇 기업 혹은 지방자치단체 수준의 투자사업일지언정 국가의 미래나 백년대계라고 할 수는 없는 '지엽적인' 것에 불과한 것들이다. 매년 400조 원이 넘게 투자되는 국가적 현실에서 몇 년에 걸친 몇조 원 단위의 사업을 가지고 성과라고 왈가왈부 따지는 것은 국가투자계획이라는 무게에 걸맞지 않은 셈법이다. 둘째로는 수차례에 걸친 대책에도 불구하고 지난 2년의 건설 및 설비투자 성과는 매우 부진하다는 점이다. 2013년 이후 2014년 말까지 8분기 건설투자와 설비투자 실적통계를 보면 하나같이 하락하고 있다.

그러나 무엇보다도 더 염려스러운 점은 전통 중소제조업 업종에 대한 투자 배려가 전혀 없다는 점이다. 한국의 경제성장이나 일자리나 분배 차원에서 정말 중요한 40만여 중소기업의 경쟁력회복 및 선진기업으로의 변신은 필수적임에도 불구하고 이들을 위한 근본적이고 획기적인 투자활성화 대책은 볼 수 없다는 점이다. 특히 조선, 전기전자, 자동차부품, 기계 등 화학 등 전통적으로 경쟁력을 유지하면서 한국경제의 중추역할을 담당해 온 중소중견 기업의 미래형 도약과 발전에 대한 대책이 전혀 들어 있지 않다는 점이다. 1차 투자활성화 대책에서 중소기업 지원대책이 들어있었지만 이는 창업승계를 용이하게 하는 것에 국한될 뿐이었다. 있는 것도 제대로 지키지 못하면서 막연한 구름 같은 곳에서 눈을 떼지 못하는 형국이다. 정부는 1차 투자대책에서 현행규제의 전수조사를 약속했었고, 2차 투자대책에서는 입지에 관한 「네거티브시스템」을 약속했었다. 이 두 가지만 완벽하게 하는 것도 현 정부로서는 벅찬 일일 것이다. 이것만 돼도 정부의 역할은 150% 달성된다고 본다. 재정도 어렵고 기업의 투자의욕도 땅에 떨어졌으며 세계 경제전망도 어두운 상황에서 누군들 투자를 살리는 방법이 쉽겠는가. 고만고만한 대책만 자꾸 내놓으면서 면피만 하려 하지 말고 핵심을 꿰뚫는 규제완화만이라도 진돗개처럼 물고 늘어져야 할 것 아닌가.

[표] 박근혜정부 출범 이후 투자활성화대책

차수	슬로건	주요내용	세부내용
1차	2013.5.1 단기적 규제개선	① 지자체PR지원(6건,12조)	산단내신설, 열병합발전소, 의료관광, 풍력
		② 규제절차개선	토지인허가 절차통일 및 협의기간명시
			개발제한지구 증축시 부담금 50% 승인기간 단축
			계획관리지역 건폐율(50%) 용적률(125%)
			업종진입완화 : 항만배후단지,외국기간통신사
		③ 중소기업지원	설비투자펀드 : 3조→5조
			창업가업승계
			기술융합 지식산업 특례보증
		④ 기타 주요사항	투자활성화TF 연중가동
			현행 규제 전수조사
			분기별 실적점검
2차	2013.7.11 구조적 규제개선	① 지체PR 지원	기업도시, 지역특화특구, 태양광, 공장증설
		② 융복합 제도개선	주기별 단계별규제해소, 특허일괄심사제, 30대 융합품목 인증기준 및 FAST TRACK
		③ 입지규제개선	네거티브방식도입
			개발계획기준 현실화
			산지개발행위제한완화
		④ 혁신도시개발촉진	용도변경 등 부동산매각 활성화
			혁신도시 자족기능 활성화
		⑤ 기타 주요사항	1차 : 단기대책 ⇒ 2차 : 구조적 제도개선
			주기적 점검, 지속보완
			현장방문, 국회협의, 지자체 협의 강화

차수	슬로건	주요내용	세부내용
3차	2013.9.25 환경산단	① 지체PR 지원	무해관광호텔, 국제테마파크,보전산지산단화 공공기관 LED 투자지원 ⇒ 5.6조 효과
		② 환경규제 개선	맞춤형 통합허가체제
			기업활동 단계별 환경규제 개선(도시형공장)
			환경영향평가절차개선
			화학물질안전관리 협의체 구성
		③ 산단경쟁력 강화	도시첨단산단 확대, 융복합입지확대 개발계획관련 제한완화, 민간개발활성화
		④ 기타 주요사항	1. 2차 : 79건 중 15건 완료, 63건 정상추진 중
4차	2013.12.13. 서비스 고용지자체	① 유망서비스 투자	보건의료 : 의법부대사업, 해외진출, 새모델
			교육 : 외국기관합작허용,배당,교육특구자율확대
			소프트웨어 : 인력양성, 불공정거래개선
		② 고용	고용지원 : 네거티브방식
			임금피크 지원확대
		③ 지자체	지자체 규제 : 일괄정비, 평가 및 공개
		④ 기타 주요사항	1-3차 120과제
5차	2014.3.12. 지역주도 발전전략	① 지역주도 : 맞춤+상향	56개 지역행복생활권 ⇒ 2146 사업
			지역특화발전PR 지원
		② 중앙정부 맞춤형지원	개발제한지구 규제합리화
			산업단지규제 완화
			지자체 자율재원확대
			도시첨단산단추가지정
			투자선도지구 신설
		③ 기타 주요 사항	7월말까지 지역특화발전PR 지원대상 최종선정

차수	슬로건	주요내용	세부내용
6차	2014.8.12. 유망서비스	① 보건의료	투자개방형외국병원, 해외진출
		② 관광 · 콘텐츠	복합리조트, 산지/한강개발,
		③ 교육	외국교육기관유치
		④ 금융	유망서비스지원펀드(3조), 유망기업상장활성화
			퇴직연금활성화, 금융지주회사 기능강화
		⑤ 물류	단지공급확대, 인천공항기능확대
		⑥ 소프트웨어	신기술민간투자(클러스터)촉진,홈쇼핑채널확대
		⑦ 기타 주요사항	15조 투자효과(18만개 일자리) 후속세부추진계획 및 분야별 설명회, 현장, 간담회 개최
7차	2015.1.19. 관광인프라 기업혁신투자	① 지체PR 지원	용산기지 개발(5조)
			한전부지개발(5조)
			열병합발전소(2.8조)
			산단내 OLED 증설
		② 핵심관광 인프라확충	관광호텔,면세점,신규복합리조트,해안경관개발
		③ 혁신유망기업 집적공간	판교창조경제밸리(1.5조)
			도시첨단산단 2차지구(6) 선정(3조)
			항공정비(MRO)산업육성
		④ 기술금융및벤처활성화	기술금융,(15:20조이상)
			벤처활성화 :
		⑤ 기타 주요사항	– 1-6차 대책 성과 검토 – 지연PR 26조 발굴 : 17조 착공(5조집행) – 복합리조트 : 8.5조(0.8조집행) – 개제규제개선 : 3.1조 – 도시첨단산단, 지특산단 : 4.3조 – 기타 : 1조 – 향후 20조 이상 추가투자 예상

기준금리를 내리면 경제가 살아난다고?

중앙선데이, 2015년 3월 21일

한국은행의 기준금리가 사상 최저 수준인 1.75%를 기록했다. 박근혜 정부 들어선 이후 벌써 네 번째 인하조치다.(2013년 5월, 2014년 8월과 10월, 2015년 3월 각각 0.25%p) 이번 금리 인하를 '깜짝 쇼'라 하는 사람이 많다. 통상적으로 기준금리를 인하하기 전달에 '시그널'을 줬고 또 인하를 주장하는 소수 의견을 개진했으므로 지난달 만장일치로 금리동결을 결정한 상황에서 이번 달에는 인하되지 않을 것으로 예상한 사람이 많았기 때문이다. 언론이 이번 금리인하를 '전격적 조치'라 꼬집자 한은총재는 "경제 성장과 물가가 한은이 전망한 경로대로 진행되지 않으면 금리로 대응하겠다"고 했기 때문에 사전에 전혀 시그널을 주지 않은 것은 아니라고 변명했다. 중요한 것은 시그널 여부가 아니다. 한은 총재 말대로 "성장 잠재력이 저하될 가능성이 있어 이를 막기 위해 금리를 낮추기로 했다."는 말이 현실적으로 정당하냐는 점이다. 다시 말해 기준금리를 내리면 민간소비와 투자가 살아나느냐가 문제의 핵심이다.

경제원론은 금리를 내리면 투자와 소비가 살아난다고 가르친다. 지난 20여 년간의 우리나라 실증분석도 기준금리 인하는 확실히 설비투자와 건설투자를 늘리는 데 기여한 것으로 입증한다. 설비투자(증가율)과 기준금리의 단순회귀분석을 해 보면 기준금리에 대한 설비투자의 탄성치는 약 5이고 유의수준은 99%를 훨씬 넘는다. 따라서 지난해와 금년에 걸친 0.75%포인트의 기준금리 인하로 약 3.75%포인트의 설비투자증가를 기대할 수 있고 설비투자가 GDP의 8%임을 감안하면 0.3%포인트(3.75%×8%)의 경제성장률 효과를 기대할 수 있다. 건설투자도 기준금리가 1%포인트 내려가면 2.5%포인트 정도 증가한다. 따라서 0.75%포인트 기준금리 인하는 건설투자(GDP의 14%)를 1.88%포인트 올릴 것이고 경제성장률도 0.26%포인트(1.88%×14%) 정도 상승한다. 결국 설비투자와 건설투자를 합하면 약 0.56%포인트 정도의 성장효과가 있는 셈이다. 물론 4-6분기가 지나야 설비투자와 건설 투자증대 효과가 나타나지만.

문제는 민간소비는 기준금리와 아무런 관계가 없다는 점이다. 2000년 이후 분기자료를 가지고 민간소비(증가율)과 기준금리 사이의 회귀분석을 해 보면 기준금리가 내려가면 오히려 민간소비가 감소하는 역관계가 나타난다. 2012년 이후의 기준금리 인하와 민간소비의 실적을 보더라도 잘 알 수 있다. 기준금리는 2012년 3.75%에서 2014년 2.0%로 하락했지만 민간소비증가율은 금리를 내리기 이전 2011년 2.9%증가보다 2014년 오히려 더 낮은 1.7%를 기록했다. 그 핵심이유는 기준금리의 하락으로 대출금리보다 예금금리가 더 많이 낮아진다는 점에 있다. 2008년 9월부터 2009년 2월까지 기준금리는 3.25%포인트 하락했는데 같은 기간 동안 신규 정기예금금리는 2.76%포인트 하락한 반면 신규 주택담보대출금리는 1.87%포인트밖에 하락하지 않았다. 2014년에도 기준금리가 0.5%포인트 하락할 때 예금금리는 0.31%포인트 하락한 반면에 대출 금리는 0.2%포인트밖에 하락하지 않았다. 이 비율대로라면 박근혜 정부 들어와 기준금리가 0.75%포인트 내리는 동안 예금금리는 0.47%포인트 내려 가계금융자산(약 2780조 원)의 이자수입은 13.1조 원 줄어드는 반면에 대출 금리는 0.3%포인트 내려 가계대출(약 1100조 원)의 이자부담은 3.3조 원 경감된다. 가계 전체로는 9.8조 원의 소득감소를 초래한다. 소비탄력성을 0.8로 본다면 민간소비는 7.8조 원 줄게 되고 이 금액은 2014년 민간소비 728조 원(GDP의 51%)의 1.1%에 해당되는 금액이며 경제성장률을 0.56%포인트 낮추는 효과가 있어서 기준금리 인하의 투자증대로 인한 성장효과(0.56%p)와 민간소비감소의 성장효과(-0.56%p)를 합하면 성장효과는 거의 상쇄되고 없는 셈이 된다. (아래 [그림] 참조)

[그림] 기준금리와 경제성장률

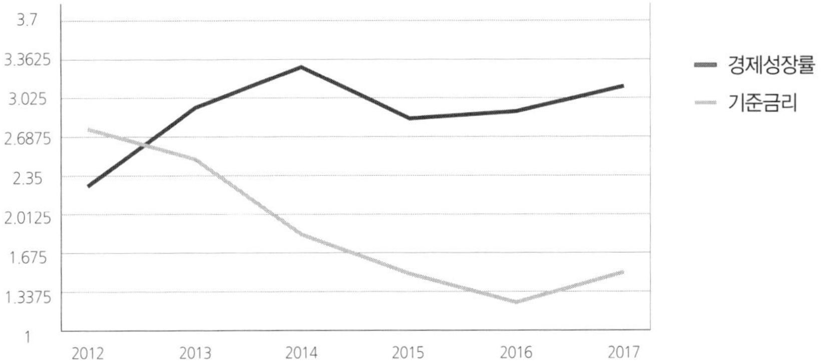

그러나 여기에는 기준금리 하락에 따른 '월세부담 증가효과'가 들어가 있지 않다. 예금금리가 떨어지면 임대인은 낮아진 이자소득을 만회하기 위해 그만큼 전세금을 올려 달라고 하거나 아니면 전세를 반전세 혹은 월세로 전환하려고 할 것이다. 이 과정에서 자연히 전세가격이 올라가고 그만큼 가계 빚도 늘어나고 임차인의 금리 혹은 월세 부담이 늘어나게 된다. 이건 이미 일어나고 있는 현상이다. 신규임차인뿐만 아니라 기존임차인의 부담도 계속 늘어나게 된다. 전월세 가구비중이 전체 가구의 46%가 넘는 상황에서 전세금 상승에 따른 이자부담 증가나 월세전환으로 인한 부담증가(전월세 전환율 7%-10% 내외)는 임차인의 부담증가로 전이되며 결국 민간소비를 옥죄고 성장을 둔화시키는 원인이 될 것이다.

흑자에 가려진 수출부진의 심각성

중앙선데이, 2015년 4월 12일

3월 수출실적이 발표되었다. 통관기준으로 작년대비 4.2% 감소한 470억 달러를 기록했다. 정부는 물론 언론조차 '사상 최대흑자' 혹은 '38개월 연속 무역수지흑자 행진'에 초점을 맞추며 수출감소의 심각성을 눈치채지 못하고 있다.

이번 수출실적이 충격적인 이유는 다음과 같다. 첫째, 지금의 수출부진은 이번 3월만의 이야기가 아니라 이미 오래전부터 지속되어 왔다는 점이다. 재작년과 작년 초 여러 번 수출이 증가하지 않는 정체된 모습을 보이더니 급기야 2014년 3분기부터는 3분기 연속 수출증가율이 '마이너스'를 기록하고 있다. 이것은 매우 드물고 심상치 않은 전조다. 분기별 수출이 3분기 연속하여 감소한 것은 지난 1980년 이후 역대 다섯 번째로 긴 수출 감소다. 1980년 이후 지금까지 35년 동안을 놓고 보면 가장 긴 기간 수출이 감소한 것은 5분기로써 2001년 IT버블붕괴 때와 1982년 남미 외채위기 때 두 번 있었다. 그 다음으로는 4분기 수출 감소를 보인 1998년 IMF위기와 2008-09년 금융위기였다. 따라서 최근의 3분기 연속 수출 감소는 역대 5위에 해당하는 장기간 수출부진인 셈이고 앞으로 더 지속된다면 IMF위기나 금융위기 때와 같은 '4분기' 혹은 그 이상의 연속 수출부진으로 이어질 가능성이 매우 높다.(아래 [표] 참조)

[표] 역대 최장기간 연속 수출감소 순위

순위	수출감소기간	분기	수출감소율	비고
1	2001.1-2002.1	5분기	12.2%	IT버블붕괴
2	1982.1-1983.1	5분기	7.0%	남미외채위기
3	1998.2-1999.1	4분기	18.7%	IMF위기
4	2008.4-2009.3	4분기	6.2%	금융위기
5	2014.3-2015.1	3분기	12.9%(#1)	현재진행중
6	1985.3-1985.4	2분기(#2)	12.5%	1984년 엔저(#3)
7	1989.4-1990.1	2분기	1.8%	1989년 엔저(#4)

※자료 : 한국은행, 국제수지기준, 분기자료
(#1) 2015.1~2월 평균, (#2) 1985.1분기 수출 감소(-5.1%)를 포함하면 연속3분기
(#3) 1984년 달러당 엔환율 225엔→260엔(15.5%), (#4) 1989년 달러당 엔환율 121엔→160엔(32.2%)

두 번째 충격은 수출감소율이다. 금년 1월과 2월 수출증가율(국제수지기준)은 각각 -10.3%와 -15.4%로 발표되었다. 통관기준으로는 1, 2월 수출증가율이 각각 -0.9%와 -3.3%였으므로 국제수지기준 자료는 통관기준보다 10-12%포인트 정도 낮게 나타난다. 그걸 감안하면 3월 통관기준 수출증가율(-4.2%)이라면 국제수지기준으로는 -16% 내외가 될 것이고 1분기 전체로는 -14% 내외가 될 것이 분명해 보인다.* 국제수지기준 수출증가율이 -14%를 넘나든다는 것은 지

* 실제 2015년 1분기 국제수지 기준 수출감소율은 13.2%였음.

난 1980년 이후 가장 수출이 부진했던 IMF 위기 때(-18.7%) 다음으로 가장 큰 수출감소가 되는 셈이다. 세 번째 충격은 한국의 경쟁력을 상징하는 산업 대부분에서 수출이 부진하다는 점이다. 금년 1월-3월 수출실적으로 보면 가전(-12.4%), 무선통신기기(-5.7%), 자동차(-10%), 정밀기계(-3.6%), 자동차부품(-3.2%), 철강(-3.5%) 등 한국의 주력 수출품목의 수출부진이 매우 두드러지게 나타나고 있다. 그리고 이들 주력산업의 수출증가율은 작년보다 금년에 훨씬 더 나빠지고 있다는 점이다. 무선통신기기(7.2%→-5.7%), 가전(-0.3%→-12.4%), 자동차(0.6%→-9.9%), 정밀기계(12.1%→-3.6%), 자동차부품(2.1%→-3.2%), 철강(9.4%→-3.5%)이 그렇다. 네 번째 충격은 전체 무역의 20%에 불과한 남북미주지역을 제외한 전지역에서 수출 감소세가 심화되고 있다. 아세안(-16.8%), 중국(-0.3%), 유럽(-9.4%), 그리고 중동(-5.3%)수출이 부진하다. 지역별 수출도 작년보다 금년이 훨씬 더 나빠지고 있다.

그러나 무엇보다도 더 충격적인 것은 안이하고 자만하는 당국의 자세이다. 첫째로 당국은 부정적인 상황이 아니라고 했다: "1, 2월에 이어 3월에도 유가하락 영향으로 수출이 감소했으나 수출물량과 수출기업 채산성 등을 감안하면 부정적인 상황은 아니다." 수출물량은 늘었는데 수출금액이 줄어들었다면 분명히 수출단가(채산성)는 나빠졌을 터인데 채산성이 개선되었다니 무슨 예기를 하는지 모를 지경이다. 둘째로 수출물량은 양호한 성장세를 시현했다고도 했다. 셋째로 한국의 세계수출 순위가 한 단계 상승했다고 자화자찬했다: "지난 2014년 4분기 기준 우리나라 수출 순위가 7위에서 6위로 한 단계 상승했다." 유로화 환율이 큰 폭으로 하락하여 유럽국가의 달러표시 수출규모가 낮아진 것을 생각이나 했는지 모르겠다. 여러 전문가들이 2012년 12월 아베정부와 함께 나타난 엔화절하의 효과는 약 2년 뒤인 2015년부터 한국의 수출에 치명적인 결과를 초래할 것이라고 누차 지적한 바가 있다. 정부당국은 진작 근본적인 수출대책을 내놓았어야 했다. '수출유망품목 마케팅 강화'와 같은 낡아빠지고 틀에 박힌 '단기적 수출 촉진대책'으로는 턱도 없다

부러지고 빗나간 화살 : 2015년 1분기 경제성장률

국가미래연구원, 2015년 4월 23일

2015년 1분기 경제성장률이 2.4%(전기비로는 0.8%)로 발표되었다. 언론의 반응은 놀라울 정도로 무덤덤하다. 그저 '저성장 장기화'라는 보도 정도가 눈에 띄는 경고음일 뿐 발표 당국인 한국은행조차 '사전에 전망했던 1분기 성장률(0.8%)에 부합하는 수준'이라는 한심한 평가를 내놓고 있다. 주식시장은 경제성장률 발표에 놀라기는커녕 오히려 어제보다 16포인트 더 오른 2,160선(4월 23일 12시 현재)을 오르내리고 있다. 겉보기에 멀쩡해 보이는 경제성장률 수치 이면에는 한국경제의 미래를 가늠하게 하는 매우 어두운 의미가 도사리고 있다.

첫째로 2.4% 성장의 절반인 1.2%포인트가 '재고증가' 때문에 발생했다는 점이다. 경제가 침체되어 재고가 쌓이는 것은 결코 바람직하지 않음에도 불구하고 재고가 증가하면 경제성장률은 올라간다. 재고증가분을 빼면 1분기 실질 경제성장률은 2.4%의 절반인 1.2%밖에 되지 않는 셈이다. 두 번째 중요한 사실은 최근 4분기 내내 경제성장률이 떨어지고 있다는 사실이다. 2014년 1분기 3.9%에서 3.4%, 3.3%, 2.7% 그리고 2.4%까지 4분기 연속 하락했다. 그 결과 1분기 경제성장률은 박근혜 정부 최악의 경제성장률을 기록하고 있다. 물론 2013년 1분기 성장률이 2.1%로 더 낮기는 하지만 정부출범일이 2월 25일이니까 이것을 박근혜정부의 수치라고 할 수는 없다.

[표] 2015년 1분기 경제성장률

경제성장률		부문별 실질성장률	성장기여도 (비중)	
GDP성장률 (2.4%)	내수 (3.1%)	민간소비	0.8	33.3
		정부소비	0.5	20.8
		투자	0.7	29.2
		재고	1.2	50.0
	순수출 (-0.7%)	수출	0.0	0.0
		수입	(-) 0.7	(-)29.2

※한국은행, 계절조정, 전년동기비

세 번째로는 경제성장률 부진의 핵심에 제조업 부진이 자리 잡고 있다는 사실이다. 2015년 1분기 제조업 실질성장률은 전년에 비해 0.7% 증가한 것으로 나타났다. 이 수치는 2009년 2분기 이후 23분기 만에 가장 낮은 것이고 세 번의 경제위기, 즉 1997년 IMF위기, 2001년 IT버블붕괴 위기 및 2009년 금융위기 기간을 제외하면 1980년 이후 35년 만에 가장 낮은 수치이다. 네 번째로는 수출부진의 심각성이다. 1분기 수출증가율은 0.0%였는데 이는 2009년 3분기(-0.7%) 이후 5년 반 만에 가장 낮은 결과이다.

박근혜 정부는 출범하고 나서 어떤 정부보다 더 경제활성화에 올인 했다고 해도 과언이 아니다. 셀 수도 없는 대책들과 회의가 있었다. 인수위원회가 발표한 140대 국정과제는 말할 것도 없고 경제활력 회복·성장잠재력 확충정책(2013.9.26.일 2014년 예산안 중점추진과제 중), 경제정책 65대 과제, 경제혁신 3개년계획(2014년 신년기자회견)과 창조경제(=역동적인 혁신경제), 2014년 1월 9일의 외국인투자활성화방안이 나왔었다. 최경환 경제부총리는 '세 가지 화살'과 '경제 살리기 총력전'을 내놓았다. 그동안 일곱 차례의 무역확대진흥회의가 있었고 전국에 창조경제혁신센터가 설립되었다. 나아가 기준금리도 네 번이나 내렸고 본원통화도 2013년 2월말 94.8조 원에서 2015년 2월말 116.6조 원으로 23%나 늘렸지만 지난 2년 동안 경제가 살아나기는커녕 수출과 제조업 침체는 더 깊은 수렁으로 빠져 들어가고 있다. 그동안의 정부의 대책이 전혀 약발이 듣지 않는다는 더 확실한 반증은 없다. 이제야말로 경제 정책의 확실한 패러다임 전환이 필요하다. 「국가대개조」 혹은 「국가대혁신」이 필요한 것 이상으로 「정책대개조」나 「정책대혁신」이 필요한 이유이다.

우리에겐 어떤 총리가 필요한가?

중앙선데이, 2015년 5월 17일

전한(前漢) 효원황제 때 경방(京房)은 역경(易經)의 대가 초연수(焦延壽)의 수제자로 미래를 예견하는 능력이 있었을 뿐 아니라 역사상 최초로 「인사고과 제도」를 제안하는 뛰어난 능력으로 황제의 총애를 받고 있었다. 하루는 경방이 효원 황제에게 주(周)의 려왕(厲王)과 유왕(幽王)이 어떻게 하여 나라를 망하게 했는지 그 까닭을 물었다. 황제는 일을 맡은 아래 사람들이 간사한 때문이라고 대답했다. 경방은 일을 맡긴 사람들이 간사한 것을 왕이 알고서 채용했는지 아니면 총명하다고 생각하고 채용했는지를 물었다. 황제는 당연히 그들이 총명한 줄 알았을 것이라고 답했다. 경방은 그들이 총명하지 않음을 지금은 어떻게 알 수 있는지 물었다. 황제는 결과적으로 나라가 혼란해졌고 임금이 위태로워졌으니 알게 된 것이라고 답했다. 경방이 다시 물었다. "어찌하여 려왕과 유왕은 이를 깨닫지 못하여 불초한 사람을 등용시켜 나라를 망하게 한 것입니까?" 황제가 대답했다. "난세의 모든 군주는 자기 신하를 다 현명하다고 생각할 것이오." 경방이 다시 물었다. "주나라 려왕과 유왕의 교훈을 보고도 제 환공(齊桓公)과 진2세 황제(胡亥)가 수조나 조고를 쓴 것을 보면 역사를 보고 깨닫지 못한 것 아닙니까?" 황제가 말했다. "오직 도를 지닌 품격과 능력이 있는 군주만이 과거 일을 가지고 교훈을 얻을 수 있을 뿐이오." 경방이 모자를 벗고 머리를 바닥에 조아리며 말했다. "폐하가 즉위한 이후로 수재와 한재와 명충의 피해가 있고 백성들에게는 굶주리고 돌림병이 돌고 있으며 도적질이 만연하고 죄수들이 저자에 가득하니 춘추에 기록된 모든 재변이 다 일어나고 있습니다. 폐하께서 보시기에는 나라가 잘 다스려지고 있습니까, 혼란스럽습니까?" 깜짝 놀란 황제가 말했다. "지극히 혼란하다고 생각하오. 무슨 말씀을 하시려는 것이오." 경방은 지금 모든 것을 맡기고 쓰는 사람이 누구인지를 물었다. 황제는 지금 어려운 것이 어찌 그 사람들 때문이겠느냐고 변호했다. 경방이 말했다. "모든 이전 군주도 같은 말을 했습니다. 신은 나중에 가서 오늘을 비판하며 황제를 욕할 것 같아 두렵습니다." 황제가 한참 있다가 물었다. "오늘날 정치를 어지럽히는 자들이 누구요?" 경방이 말했다. "밝으신 군주께서 의당 그 사람을 아십니다." 황제가 말했다. "모르겠소. 만약에 안다면 어찌 그들을 썼겠소." 경방이 말했다. "황제께서 가장 신임하시며 더불어 휘장 속에서 일을 도모하시며 천하의 선비들을 올리거나 내치는 사람이 바로 그 사람입니다." 황제가 마침내 솔직히 고백했다. "내가 이미 오래전에 알고 있었소."

효원 황제 곁에는 중서령(中書令) 홍공(弘恭) 석현(石顯)과 상서령(尙書令) 오록충종(五鹿充宗)이 있었다. 석현과 오록충종 등은 경방을 일단 쫓아내야 한다고 생각하고 묘안을 짜냈다. 경방이 제안한 「고공과이법(考功課吏法)」, 즉 '실적을 보고 채용'하는 고과법을 본인에게 적용하여 그의 실적을 평가한다는 명분으로 변방으로 쫓아낸 것이다. 경방은 싫었지만 황제께 정기적으로 직접 보고할 알

현기회를 얻는다는 조건하에 변방직을 수용하기로 했다. 수시로 황궁으로 갈 기회를 얻으면 되겠다고 생각했다. 그러나 황제를 둘러싸고 있는 석현 무리들이 경방의 알현기회를 열어 줄 리가 없었다. 경방은 할 수 없이 황제에게 밀봉한 친서(封書)를 올렸다. 그러나 이 봉서마저 황제의 책상 위에 올라오지 못했다. 결국 그들은 경방을 모함하여 참혹하게 처형시키고 말았다(BC 37). 석현은 반대파를 일망타진하기 위한 계책을 고안해 냈다. 일단 언제라도 황궁의 문을 열 수 있는 야간통행증을 부탁하여 황제의 허락을 받았다. 그리고는 고의로 밤늦게 문을 열고 궁 안으로 들어갔다. 당연히 많은 사람들이 이 사실을 황제에게 고발했다. 황제는 대수롭지 않은 듯 웃으면서 이 고발장을 석현에게 보여주었다. 석현이 울면서 말했다. "폐하께서 지나치게 소신을 사사롭게 대하시고 일을 부탁하시니 질투하지 않는 이가 없고 신을 모함하여 해치려고 하는 사람이 한둘이 아닙니다. 어리석은 신이 바라기는 중책을 뺏으시고 그저 후궁의 청소자리라도 주신다면 죽어도 한이 없을 것입니다. 오직 폐하의 저를 가련하게 여기는 마음만이 저를 살릴 수 있을 것입니다." 석현을 억울하고 가엽다고 여긴 황제는 후한 상을 내려 주며 더욱 그를 가까이하였다. 석현과 홍공과 오록충종의 권세는 하늘을 찌르게 되었다. 걸을 때도 모함받을 발자국을 남기지 않으려고 발을 포개어 걸을 정도라고 했다. 이들에 대한 여론이 극도로 나빠지자 악화된 여론을 희석시키기 위해 절개가 높고 평판이 좋은 간대부 공우(貢禹)를 등용시켜 인재를 대우하는 척 하기도 하였다. 전한은 효원 황제의 처(왕정군) 조카 왕망에 의해 멸망당하고 말았다.

자치통감의 저자 사마광(司馬光)은 이렇게 평론했다. "인군의 덕이 밝지 못하면 신하가 충성을 바치려고 해도 어찌 할 수가 없는 법이다. 경방의 충언이야 명백하고 당연한 것이지만 효원 황제는 그것을 깨달을 수가 없었다. 〈시경〉에 이렇게 써 있다. '얼굴을 맞대고 말했을 뿐 아니라 귀를 잡아당겨 말했다. 손으로 잡아끌었을 뿐 아니라 사실을 보여 주며 말하였다. 그대에게 가르치면서 거듭거듭 말했지만 나의 이야기를 겉으로만 듣는다.' 이 말은 효원 황제를 두고 하는 말이다." 순열(荀悅)은 이렇게 평론했다. "공자가 말하였다. 바른 사람을 등용하고 간사한 사람을 멀리하면 삐뚠 사람도 바르게 되느니라(擧直錯諸枉 能使枉者直, 顏淵 22). 정치는 올바름이라. 올바름으로 다스리면 누가 감히 부정을 저지르겠는가(政者正也 子帥以正 孰敢不正, 顏淵 17)." 바른 사람을 총리로 등용하여(擧直) 올바름이 위로부터 쌓이면(子帥以正) 만 가지 되는 아래의 일(萬機)이 저절로 알차게 되지 않겠는가.

치명적인 실수: '경제 살리기 총력전'에 빠뜨린 것

국가미래연구원, 2015년 5월 28일

지난해 7월 국가적인 스포트라이트를 받으며 출범한 최경환 경제팀은 어지러울 정도로 쉴새없이 새로운 개념 혹은 새로운 정책 어젠다를 펼쳐 놓았다. 2014년 7월 17일 취임식에서는 '세 가지 함정(저성장, 축소균형, 성과부재)를 타개하기 위한 세 가지 화살(가계소득증대, 재정확대, 경제체질개선)'을 쏘았고 닷새 뒤 제2기 내각을 출범시키면서는 "금융재정을 비롯해 정부가 동원할 수 있는 모든 수단을 써서 경제 살리기를 위한 총력전을 펼쳐 달라."고 부탁했었다. '추경에 버금가는 재정보강'이라는 명분으로 41조 원을 투입하여 ①내수활성화, ②민생안정, ③경제혁신의 3대 과제를 추진하겠다고 했고 2014년 8월에는 2013년에 발표한 95대 과제에 더하여 150대 '비정상의 정상화 과제'를 발표하기도 했다. 작년 말 경제개혁에 대한 대책이 미흡하다는 비판을 받자 다시 공공 교육 노동 등 구조개혁을 강조하던 최경환 부총리는 금년 3월에는 갑작스럽게 '한국판 뉴딜'이라는 카드를 내놓았고 이어 최저임금 인상과 디플레이션 우려 등을 언급하며 단기적인 경기부양정책으로 방향을 선회했다. 그러면 그동안 경제정책의 성과는 있었던가?

아래 [표]에서 보듯이 2015년 1분기 경제성장률은 최경환 경제팀이 출범하기 직전인 2014년 2분기에 비해 1.0%포인트 떨어졌고 민간소비는 같은 기간에 비해 0.2%포인트 하락했으며 설비투자는 2.0%포인트, 수출은 4.8%포인트 추락했다. 오직 건설투자만 0.5%포인트 증가했는데 건설부문의 경제성장률 증대 효과는 0.01%포인트(0.2%×건설투자의 비중 0.05)에 불과한 것이다. 셀 수도 없는 '최경환 노믹스의 슬로건'과 41조 원에 달하는 '추경에 버금가는 재정보강'과 5.7% 증가한 376조 원에 달하는 2015년 예산에 비하면 초라한 실적이 아닐 수 없는데 이미 예견되었던 일이 아닌가.

[표] 최경환 경제팀의 실적 : 2014년 하반기 이후 부문별 성장률 동향(%)

	2014Q2(A)	2014Q3	2014Q4	2015Q1(B)	(B-A)
GDP성장률	3.4	3.3	2.7	2.4	-1.0
민간소비	1.7	1.5	1.4	1.5	-0.2
설비투자	7.7	4.2	4.2	5.7	-2.0
건설투자	0.2	2.3	-1.5	0.7	0.5
수 출	3.6	1.6	0.5	-1.2	-4.8

최경환 경제팀의 정책성과가 부진한 원인은 어디에 있을까? 그것은 지난 10개월 동안 셀 수도 없이 나온 최경환 경제팀의 경제대책 중 유난히 보이지 않는 것에서 찾을 수 있는데 바로 그것은 '수출'이다. 위 [표]에서 보듯이 지난 1년 동안 가장 많이 악화된 부문은 민간소비도 아니고 설비투자도 아니고 수

출부문이었다. 수출 감소(4.8%)만으로도 경제성장률은 거의 2.5%포인트 악화된 셈이다. 왜 수출에 대한 대책이 빠져 있을까? 수출이 우리나라 경제성장에 있어서 중요하지 않아서일까? 그것은 아니다. 2014년 기준으로 볼 때 수출은 GDP의 50.6%이므로 민간소비(50.4%)보다 오히려 더 큰 비중을 차지하고 있다. 그러면 지난 10개월 동안 수출이 잘 되고 있어서였을까? 이 또한 아니다. 아래 [그림]에서 보듯이 수출증가율은 지난해 5월(-1.5%)와 8월(-0.4%)부터 감소의 기미가 보였으며 특히 금년 1월부터는 5개월 연속 수출증가율이 '마이너스'로 돌아섰고 감소폭도 점차 확대되는 추세를 보이고 있었다.

[그림] 최근 월별 수출증가율 동향

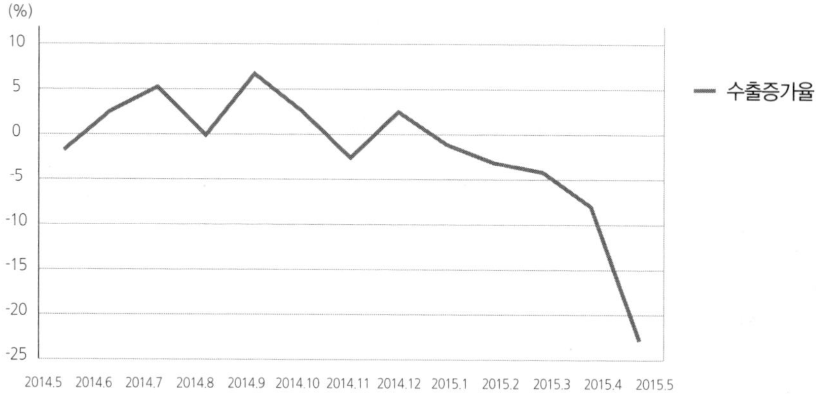

문제의 핵심은 항상 그랬듯이 낭만적이고 안이하며 남 탓하는 정부의 상황 인식이었다. 지난 3월만 해도 "유가하락 영향으로 수출이 감소했으나 수출물량과 수출기업 채산성 등을 감안하면 부정적인 상황은 아니다"라든가 "유가 하락이 본격화되기 시작한 지난해 10월 이후 세계 교역증가율이 감소한 상황에서도 우리 수출은 세계 7위에서 6위로 한 단계 상승했다"고 자화자찬까지

했다. 이런 상황인식하에서 두어 번 나온 수출대책들도 당연히 엔저를 활용한 설비투자 확대 기업에 대한 세금감면이라든가 저금리 외화대출확대와 같은 미봉책이거나 자유무역협정(FTA) 네트워크를 활용한 마케팅 활성화방안 같은 틀에 박히고 낡아 빠진 대책들만 내놓았다. 다행인 것은 늦게나마 정부와 한국은행과 국책연구기관들이 수출부진의 문제점을 인식하기 시작했다는 점이다. 정부는 수출 악화 원인이 단기 수출 촉진 대책으로 해결할 수 있는 문제가 아니라고 판단하고 주력 수출품목의 경쟁력 강화 등 무역구조 변화를 반영한 수출 활성화 대책을 마련할 예정이라고 한다. 한국은행이나 한국개발연구원도 수출부진의 이면에는 구조적 요인이 있다고 판단하고 개혁이 필요하다고 주장했다. 말이야 번듯하지만 항상 세계경제 탓만 하고 또 나오는 대책마다 구름 잡는 허황한 뒷북 같았던 과거 정부의 대책들과는 다른 근본적인 대책을 기대해 본다.

메르스 대책마저 뒷북일 땐 재앙

중앙선데이, 2015년 6월 14일

중동호흡기증후군(MERS, 이하 메르스사태) 때문에 한국경제에 심각한 경고등이 켜졌다. 수천 개 학교가 휴업하고 영화관, 경기장, 백화점, 놀이공원 입장객은 물론 동네 산책공원마저 사람의 수가 40%-70%씩이나 감소했고 고속도로와 일반 간선도로의 교통량도 10%-20% 급감했다. 곳곳에서 작년 세월호 사고 때에도 이렇지는 않았다고 아우성이다. 세월호 충격으로 소비여력이 제대로 회복되지 못한 상황에서 또다시 대형악재가 터져 버린 셈이다. 메르스사태의 경제충격에 대해 정치권에서는 한목소리로 '공포와의 전쟁'을 강조한다. 메르스 자체와의 전쟁도 전쟁이지만 그에 대한 공포를 더 우려하는 모습이다. '너무 과도한 공포'를 몰아내고 '너무 불안해 하지는 말자'고 했다. 경제부총리도 '평상시처럼 행동해 달라'고 한다. 공포를 유발하는 유언비어도 엄단하겠다고 한다. "정말 우리가 두려워해야 할 것은 두려움 자체"라는 루스벨트(FDR) 미국대통령을 들먹이지만 대공황의 공포를 잠재운 것은 정치슬로건이 아니라 '뉴딜

(New Deal)' 아니었던가. 메르스 공포가 문제라면 그 공포가 발생하는 근본원인, 즉 정부와 병원의 질병예방관리능력의 결함을 파악하고 그것을 근원적으로 제거하는 행동을 즉각 보여 주기만 하면 될 텐데 뜬금없는 공포나 유언비어만 강조하다 보니 어이없어 하는 국민들이 많다. 그래 가지고야 어찌 공포감이 없어지겠으며 어찌 경제가 살아나겠는가.

경제정책을 담당하는 기획재정부의 어떤 관계자는 메르스사태의 경제적 영향에 대해 "아직 판단하기는 어렵다"고 하면서 신용카드 사용액, 백화점·할인마트 매출, 놀이공원·극장 입장객수 등의 자료를 몇 주 정도 받아 봐야 전반적인 흐름을 알 수 있을 것 같다고 했다. 5월까지는 큰 영향이 없는 것 같고 사망자가 나온 6월 1일부터 한 주 정도 모니터링을 해 봤지만 아직은 잘 모르겠고 약간 우려되는 부분은 있는 것 같지만 전체적으로 (지표가) 어떻게 될지는 판단이 안 선다면서 서비스나 소비 등에 어느 정도 영향을 주는지 지켜보겠다고 했다고 언론은 전한다.

아니다. 메르스 사태의 경제적 충격은 매우 즉각적이고 클 것이다. 두고 봐야 알 수 있다고 말하는 사람은 다른 의도가 있거나 경제를 모르거나 둘 중에 하나다. 만약 자료를 보고 판단하여 대책을 세운다면 또다시 타이밍을 놓치는 뒷북정책이 되고 말 것이다. 세월호 충격을 대비해 보면 알 수 있다. 세월호 경제충격은 바로 그 다음 달인 5월부터 나타났다. 메르스 사태의 경제충격도 즉각적으로 나타날 것이다. 그리고 세월호 소비억제는 안산이라는 극히 국소적 지역에 뿌리를 둔 반면 메르스 사태는 서울 경기 인천 대전이라는 대한민국 경제중심부에서 발생했으므로 훨씬 광범위한 지역을 기저로 한다. 세월호 때에는 국제적으로 경계를 하지는 않았지만 지금은 한국을 꺼리는 분위기가 역력하다. 그리고 세월호의 경제충격이 자의식적 소비억제였다면 메르스 사태는 휴업이라든지 격리라든지 출입제한이라고 하는 훨씬 임팩트가 큰 강박적 경제활동억제에 뿌리를 두고 있다. 인구 2,500만의 서울·경기·인천·대전지역의 지역총생산은 전국의 51%(2013기준)에 달하고 소비지출은 국가전체의 54%(2013기준)에 달한다. 세월호 참사 때 민간소비 증가율(전년동기비)은 1년 만에 3.8%에서 2.0%로 1.8%포인트 하락시켜 GDP성장률을 0.9%포인트 떨어뜨렸다. 이것은 서울 경기 인천 대전 지역의 민간소비지출이 3.4%(1.8%/경제비중 0.54) 하락한 것과 동등하고 전체 소비에서 차지하는 비중이 30%인 오락문화·숙박음식·교통부문 지출이 10%포인트 하락하는 것과 맞먹는 셈이 된다. 메르스사태로 인한 이 지역의 세 분야 소비지출감소는 10%포인트보다는 더 클 것이 거의 확실하다. 2003년 홍콩의 '숙박 및 음식점업' 매출은 전년 동기보다 35.1% 줄었었고 도소매업은 10.4%, 운송 및 보관업은 10% 감소했었다. 만약 메르스 확산 사태가 6월 안에 잡히지 않으면 상황은 더 나빠진다. 외국인 관광객 감소효과를 더하면 충격은 더 확대된다. 대통령은 "메르스 사태가 경제를 위축시키는 요인으로 작용해서는 안 될 것"이라고 하면서 선제적인 맞춤형 대책을 지시한 것은 백번 옳다. 그러나 아직까지 추경을 생각한 단계는 아니며 불안심리 확산이 경제전반에 미치는 영향을 종합 점검해 '필요시' 추가적인 경기보완방안 마련도 추진할 계획이라는 말은 옳지 않다. 정책 현장에서는 통계수치가 나오는 것을 보고 판단하겠다고 한다. 자료를 보고나서 필요하다고 판단될 때 나오는 대책은 선제적인 대책이 아니다. 사망자가 2명에 3차 감염자까지 발생한 상황에서 메르스에 대해 '알아보고' '파악하고' '논의하고' '돌아보고'라는 것이나 메르스 검사를 보고 나서 접촉자를 격리시키겠다는 것과 뭐가 다른가. 현장의 경제충격에 대한 실사는 벌써 끝났어야 했다.

쏟아지는 경제대책과 흔들리는 국정기조

국가미래연구원, 2015년 7월 7일

지난 6월 25일 정부는 가뭄과 수출부진과 메르스 사태에 따른 '엄중한 경제 상황'을 벗어나기 위한 「2015년 하반기 경제정책방향」(대책A)을 발표했다. 대한민국 경제부총리가 6명의 장관(급)을 배석시키고 행한 국민에 대한 약속과 다짐으로서의 담화문이니 더 없이 무거울 수 없는 분위기의 발표문이었다. 경제부총리는 그날 "외부충격을 극복하고 침체에서 회복으로 경제의 물줄기를 바꾸기 위해서 ① 「5대 경제활성화 과제」 및 ② 구조개혁 방안을 담았다"고 했다. 유난히 눈에 띄는 것이 「5대 경제활성화 과제」였다. 박근혜 정부 인수위원회 시절의 "140개 국정과제"에서부터 "4대 국정기조 : 13대 전략과 140개 과제", "비정상의 정상화 10대 부문 80대 과제(2013년 12월)", "2014년 경제정책 65대 과제" "경제혁신 3개년 계획 : 3대전략과 15대 핵심과제와 100대 실행과제", "가계소득증대세제 3대 패키지" 등 유난히 숫자가 들어가는 대책을 많이 내놓아 신선감이 떨어지긴 했지만 그럼에도 이번 「5대 경제활성화과제」가 더없이 관심을 끌었던 것은 그만큼 경제가 위급하고 대책이 절실했기 때문이었다. 최경환 부총리의 「5대 경제활성화 과제」란 (1) 15조 원 이상 재정보강으로 성장률 3% 유지, (2) 청년 고용여건 개선, (3) 수출투자 획기적 개선, (4) 가계소득증대 및 (5) 리스크 직시와 적극대응이었다.

그로부터 꼭 1주일 뒤인 7월 3일 정부는 「추경 및 재정확대 정책」(대책B)을 발표했다. 세수 부족을 메우기 위한 세입 추경 5조 6천억 원과 메르스·가뭄 대응을 위한 6조 2천억 원의 세출 추경과 함께 21조 7천억 원의 재정확대정책을 내놓았다. 메르스 극복 및 피해 업종 지원에 2조 5천억 원, 가뭄·장마 대책에 8천억 원, 서민생활 안정에 1조 2천억 원, 생활밀착형 안전투자 및 지역경제 활성화에 1조 7천억 원이 투입될 예정이다. 그리고 기금 한도 증액(3조 1천억 원), 공공기관자체투자와 민자 선투자확대(2조 3천억 원), 신용·기술 보증과 무역보험 및 수출여신 확대 등 금융성 지원(4조 5천억 원)이 그것이다. 그리고 6일 뒤인 7월 9일 무역투자진흥회의에서는 116조 원 규모의 「투자활성화 및 수출 경쟁력 강화대책」(대책C)이 발표되었다. 수출기업 무역금융에 16조 2천억 원, 차세대유망기업육성에 6조 8천억 원, 수출마케팅에 12조 2천억 원, 그리고 내년까지 56개 기업의 69개 설비프로젝트에 91조 2천억 원이 투자되도록 한다는 계획이다. 두 주 사이에 엄청난 숫자의 대책과 어마어마한 규모의 자금동원 계획이 나온 셈이다.

불과 14일 동안에 쏟아져 나온 정부대책의 숫자와 규모도 방대하지만 가만히 들여다보면 의심이 가거나 신뢰감이 떨어지는 부분이 많다. 첫째로는 정책에 사용된 언어의 비일관성이다. 대책 A에서 부총리는 '경제활성화'라고 하는데 첨부된 세부대책 자료에서는 '경제활력강화'라고 했다. 뜻이 비슷하지만 부총리의 말과 정부의 정책자료가 서로 다른 것은 곳곳에서 발견된다. 장관은 '청년고용여건 개선'이라고 하는데 정책자료집에는 '고용절벽완화'라고 했고, 장관은 '수출투자 획기적 개선' 이라고 하는데 정책자료집은 '수출투자 활성화'라고 쓴다. 또 경제부총리가 발표한 「5대 경제활성화 과제」는 실제로는 6대 과제였다는 점이다. 정부의 대책자료집에는 6개 과제가 있었으나 소비여건개선과 서민중산층 지원강화를 묶어서 '가계소득증대 및 생계비절감' 과제로 발표한 것이다. 경제활성화나 경제활력강화가 그게 그것 같지만 그렇지 않다. 대통령의 '지시 워딩(WORDING)'이나 군 사령관의 명령은 한 점 한 획도 바뀌어서는 안 되는 법이듯이 경제부총리, 장관의 워딩도 한 점 한 획도 임의로 바뀌어서는 '영'이 서지 않는 법이다. 정책최고책임자의 워딩 자체가 그 지위의 권위를 의미하므로 아무리 뜻이 비슷하다 하더라도 그것을 달리 써 버리면 장관 본인이나 혹은 정책입안들이 용어를 부주의하게 쓴다는 인상을 줌으로써 본의 아니게 권위를 떨어뜨리게 되는 것이다. 그리고 정책당국의 압축된 정책의지가 담긴 용어가 자꾸 변형되면 정책의 내용이 변질되고 정책방향이 흐트러지게 되어 정책목표를 달성하기 어려워진다.

둘째로는 그동안에 나온 정책에 대한 평가가 미흡하다는 점이다. 그동안 정부는 투자활성화 대책을 내놓았고 무역투자진흥확대회의만 해도 여덟 번 개최했었다. 그럼에도 불구하고 투자는 계속 부진하고 수출이 부진하다면 대책을 쏟아내기 이전에 도대체 무엇이 문제인지를 분석하는 일이 더 시급한 것이 아닌가. 정부 대책 어디를 보아도 이런 부분에 대한 평가는 없다는 점이 매우 아쉽다. 그저 늘어놓기만 하고 약속만 하고 그 결과에 대해 꼼꼼하게 챙기는 노력이 매우 부족하다.

셋째로는 정부의 기본적인 경제정책의 이념적 구조가 계속 흔들린다는 점이다. 주지하듯이 박근혜 정부의 핵심 정책기조는 국민행복, 문화융성, 평화통일기반구축과 아울러 경제부흥이고 2014년 대통령 신년기자회견에서 밝힌 구상은 "경제혁신 3개년 계획"이다. 따라서 경제정책에 관한 한 경제부흥과 경제혁신 3개년계획보다 더 장기적이고 근본적인 것은 없다. 정부의 모든 경제정책은 이 틀의 범위를 벗어날 수도 없고 벗어나서도 안 되며 모든 경제정책과 대책은 경제부흥이라는 국정기조와 경제혁신 3개년 계획의 틀 안에서 균형 있게 자리 잡아야 한다. 경제부흥의 3대 부문은 ① 창조경제와 ② 경제민주화와 ③ 민생경제이고, 경제혁신 3개년계획은 ④ 기초가 튼튼한 경제, ⑤ 역동적인 혁신경제, ⑥ 내수수출 균형경제이다.

정부 출범 이후 그동안의 정책흐름을 보면 경제부흥에서는 경제민주화 부문이 희미해졌고 인수위원회 이후 그렇게 강조했던 '일자리 창출'은 그 이후 '청년고용여건개선'으로 말이 바뀌었다. 2014년 대통령 신년기자회견에서 발표한 경제혁신 3개년 계획의 가장 중요한 부분이었던 '비정상의 정상화'는 어디론가 사라지고 말았다. 이런 상황에서 쏟아져 나온 이번의 대책-A-B-C는 일시적인 메르스 충격대책과 함께 수출투자확대대책으로 집약되는데 이런 정책들이 경제혁신 3개년계획의 ① 기초가 튼튼한 경제, ② 역동적인 혁신경제, 그리고 ③ 내수수출 균형경제에 어떻게 연결되어 기여하는지 따져 보지 않을 수 없다. 경제혁신 3개년계획의 세 번째 축인 '내수수출 균형'은 '내수수출의 복합불황'의 심각한 어려움에 봉착하고 말았다. 게다가 금리인하 및 부동산 활성화 대책으로 폭발적으로 가계부채가 늘어남으로써 내수수출 균형과제의 제1과제인 가계부채의 구조개선, 즉 가처분소득대비 가계부채비율을 현재보다 5% 포인트 낮추는 일은 거의 불가능하게 되고 말았다.

첫째, 나열식은 지양되어야 한다. 수 백, 수천 가지 대책을 내놓은 것이 업적이 아니라 한 가지라도 똑 부러지는 대책을 내놓아야 한다. 비유하자면 내놓은 대책이 빙산의 일각이라면 그 대책에 대한 점검과 평가와 반성은 물 밑에 가라앉은 보이지 않는 빙산의 실체인 것이다. 둘째, 될 수 있는지 없는지, 실현 가능한지 불가능한지 챙겨 봐야 한다. 5년간 복지 예산 135조 원을 조달하기가 어려운 형편에 민간부문을 독려하여 91조 2천억 원을 일 년 안에 설비투자에 투입한다는 것이 가능하기는 한가? 셋째, 정책기조가 일관성 있게 유지되어야 한다. 특히 국정기조와 경제혁신3개년 계획의 '워딩(WORDING)'을 반복하여 씀으로써 국정기조와 국정방향의 개념이 변질되지 않고 유통되도록 한다. 넷째, 정책을 개발할 때 다른 정책목표와의 연관성에 유념하여야 한다. 가계부채 관리가 경제혁신3개년 계획의 중요한 정책과제라면 금리정책이나 부동산대책도 가계부채를 적절하게 관리하는 범위 내에서 수행되어야 정책 간에 얽히고설키는 일이 없을 것 아닌가. 국민이 진정으로 원하고 바라는 것은 대책의 숫자나 방대함이 아니라 정책이 가져다주는 보이는 '성과'이다. 대책만 내놓지 말고 대책의 성과를 내놓아야 할 때다.

[표 1] 2015년 6월 25일 경제부총리의 담화문과 정책보도자료 비교

경제 부총리 대국민 담화문		정책 보도자료	
5대 경제활성화과제	(1) 15조 이상 재정보강 (3% 성장유지)	경제활력강화	(1) 경기충격 극복 저성장 · 저물가 구조 탈피
	(2) 청년 고용여건 개선		(2) 청년 고용절벽 완화
	(3) 수출투자 획기적 개선		(3) 수출 · 투자 활성화
	(4) 가계소득증대 생계비절감		(4) 소비여건 개선
			(5) 서민 · 중산층 지원 강화
	(5) 리스크 직시 적극대응		(6) 리스크 관리

[표 2] 박근혜 정부 출범 이후 경제정책 용어의 변화

<table>
<tr><th>국정
기조</th><th>2014년 예산시
중점추진과제
(2013.9.26)
화두 : 경제활성화</th><th>2014년
경제정책방향
(2013.12.27)
화두 : 경제활성화</th><th colspan="2">2014년
신년기자회견
(2014.1.6)
화두 : 국민행복시대</th><th>2014년
경제혁신
3개년계획
(2014.2.25)
화두 : 경제대도약</th><th>2014년
세계지식포럼
(2014.10.14.)
화두 : 새로운
성장시대</th></tr>
<tr><td rowspan="2">경제
부흥</td><td>경제활력 회복</td><td>내수활력 제고</td><td rowspan="4">경제혁신
3개년
계획</td><td>비정상의
정상화</td><td>기초가 튼튼한
경제</td><td>기초가 튼튼한
경제</td></tr>
<tr><td>일자리창출</td><td rowspan="2">일자리창출
민생안정</td><td>창조경제</td><td>역동적 혁신경제</td><td>창조적 성장</td></tr>
<tr><td rowspan="3">국민
행복</td><td>서민생활 안정
삶의 질 제고</td><td rowspan="2">내수기반
확충</td><td rowspan="2">내수 수출 균형</td><td rowspan="2">균형 잡힌 성장</td></tr>
<tr><td>건전재정기반
재정운용개선</td><td>경제체질개선
-공공부문개혁
-경제민주화</td></tr>
<tr><td>국민안전,
든든한 정부</td><td></td><td colspan="2">5대 불안 해소</td><td></td><td></td></tr>
</table>

빚 탕감과 그렉시트(GREXIT) 비용

중앙선데이, 2015년 7월 12일

EU 채권단의 요구조건을 수용할 것인가를 여부를 묻는 그리스 국민투표는 압도적인(61% 대 39%) '반대'(OXI)로 결판났다. 투표 직전까지만 해도 근소하나마 '찬성(NAI)'이 우세할 것이라는 예측은 여지없이 깨졌고 그 충격 때문인지 아시아와 유럽의 주식시장은 큰 폭으로 떨어졌다. 한국과 일본의 증시는 각각 2.4%와 2.1% 하락했고 독일과 프랑스는 1.5%-2.0%, 미국과 영국은 0.2%-0.7% 정도 충격을 받았다. 치프라스 수상의 '정치적 도박'이 국민의 압도적 지지를 받게 됨에 따라 그리스의 유로-존 탈퇴(그렉시트, GREXIT) 가능성이 더욱 높아진 것으로 여기는 분위기가 역력하다.

그렉시트를 이야기하는 사람들에는 두 부류가 있다. 하나는 유럽이 흔들리기를 내심 바라는 유럽 바깥의 세력이다. 사실 유럽연합의 태동 초기(로마조약, 1957)에서부터 지금까지 미국 내에는 유럽의 통합화가 불가능하다고 여기거나 통합되지 않기를 바라는 분위기가 만만치 않았다. 이런 부류의 사람들은 유럽에서 자그마한 소란이 일어나도 유럽통합체제가 붕괴되는 것으로 과장하는 경향이 있다. 다른 하나는 그리스가 유로-존(EURO ZONE)에서 탈퇴해야만 그리스 문제를 해결할 수 있다고 보는 부류다. 차라리 그렉시트를 선택하라고 권고하는 크루그먼 교수나 스티글리츠 교수가 이런 부류에 속한다.

그러나 그렉시트는 그렇게 단순한 문제가 아니다. 국가부채(GDP의 175%), 대외부채(€4,000억=GDP 280% 내외), 실업률(27%)과 같은 그리스의 경제사회적 난관이 어려운 만큼이나 그렉시트도 어렵다. 첫째 이유는 그렉시트가 가져올 그리스 내부의 대혼란이다. 만약 그리스가 유로-존에서 빠져 나온다면 그리스는 독자적인 재정정책과 통화신용정책과 환율정책을 수행할 수 있게 되고 중앙은행은 발권력을 행사하는 장점이 있다. 그리고 드라크마 환율이 변동함으로써 경쟁력이 살아나서 그리스의 경제사회적 질병을 치유할 수 있게 된다. 그러나 그건 교과서에 있는 책상물림 생각에 불과하다. 일상생활에 필요한 자금을 인쇄하고 발행하는 데에만 최소한 수개월은 걸린다고 봐야 한다. 유로화로 표시된 예금을 인출해야 할 국민의 입장에서는 적용되는 환율수준이 중요할 텐데 어마어마한 국채부담과 복지지출을 감당해야 할 정부와 중앙은행으로서는 엄청난 발권이 불가피할 것이고 따라서 인플레를 피할 수가 없을 것이다. 그렇게 된다면 심각한 드라크마 절하를 초래할 것이어서 유로화 표시 예금잔고가 있어도 보유하기만 한 채(시재, HOARDING) 인출을 꺼리면서 시중에서는 심각한 유동성부족이 초래될 것이고 생리적으로 꼭 필요하고 불가피한 것 이외에는 거의 모든 경제거래가 동결되거나 아니면 드라크마에도 불구하고 유로화가 사실상 통용되는 이상한 이중통화유통체제가 될 것이다(유로화가 사실상 통용되는 만큼 그렉시트의 장점은 사라진다). 덴마크나 영국과 같이 EU에 속해 있으나 유로-존에서는 빠져 있는 나라를 모델로 제시하지만 그 두 나라는 처음부터 들어오지 않았으므로 그렉시트와 같이 '들어왔다가 나가는 경우'에 생기는 혼란과는 경우가 전혀 다르다. 또한 그리스 내부의 자산은 국외로 빠져 나갈 것이고 그와 더불어 그리스 금융산업과 금융기관의 연쇄붕괴가 초래될 가능성이 높다. 둘째 이유는 그렉시트가 가져올 유럽의 혼란이다. 그리스 경제와 금융이 혼란에 빠지면서 채무이행이 어려워지면 그리스 정부 혹은 기업에 대해 채권을 보유하고 있는 유럽국가 혹은 금융기관에게도 타격이 불가피해질 뿐만 아니라 경제체질이 허약한 유로-존의 다른 나라들에게도 충격이 번질 가능성이 있다. 셋째 이유는 그렉시트가 초래할 '공포 혹은 비용'에 비해 그리스의 현안을 해결하는 데 드는 비용은 그리 크지 않다는 점이다. 그리스의 GDP는 EU의 1.25%에 불과하고 그리스 총 대외채무 €5천억을 100% 다 탕감해 준다 하더라도 EU 총예금자산(€10조 6천억)의 4.7%에 불과한 규모다. 채무를 어느 정도 탕감한다 하더라도 그리스 문제는 EU로서는 충분히 감내할 수 있는 수준이다.

유로-존은 하루아침에 생긴 것이 아니다. 1950년대 이후 지금까지 60여 년 각고조탁, 우여곡절을 겪으면서 난산에 난산을 거듭하며 태어나서 70년대 오일쇼크, 80년대 개도국채무위기, 93년 파운드화 위기와 90년대 중반 아시아금융위기, 그리고 2008년 서브-프라임 금융위기 등 숱한 금융위기를 겪어 내고 거뜬히 살아남은 기적과 같은 생명체이다. 내부의 여러 한계에도 불구하고, 그리고 자국민들의 거친 정치적 반대에도 불구하고 그리스와 유럽의 지도자 간의 원만한 타협을 통해 그리스가 유로-존을 탈퇴하게 가만두지 않을 것이다. EU는 물론 치프라스나 그리스 국민도 그렉시트를 원하지 않는데 누가 어떻게 그렉시트를 운운한다는 말인가.

추락하는 제조업의 부활과제

KDI 나라경제, 2015년 8월

1. 추락하는 한국의 제조업 현황

4, 5년 전만해도 연간 15%를 넘던 제조업 매출액증가율이 2012년부터 부진해지면서 2013년과 2014년에는 오히려 감소세를 보이고 있다. 제조업생산도 2011년 6% 증가에서 2014년에는 0.1%로 추락했다. 당연한 결과겠지만 GDP에서 제조업이 차지하는 비중도 2011년 31.4%에서 2014년에는 30.3%로 떨어졌고 수출증가율도 같은 기간 26.6% 증가에서 0.5% 증가로 낮아졌다. 한국제조업의 경쟁력에 심각한 문제가 발생한 것이 분명하다. 물론 지난 2년 동안 가파르게 진행된 엔화약세와 글로벌 경제침체가 한국제조업의 활동을 위축시킨 것을 부정할 수는 없다. 그리고 그런 변수들은 우리가 어떻게 할 수 없는 불가항력적인 부분이 있다. 그렇다 하더라도 제조업의 추락에 대해 아무런 대책을 내놓지 못한다면 한국경제의 미래는 어두울 수밖에 없다.

[표] 제조업의 주요 통계

	매출증가율	%GDP	생산증가율	수출증가율
2011	15.1	31.4	6.0	26.6
2012	1.8	31.0	1.4	2.8
2013	−1.1	31.0	0.7	2.4
2014	–	30.3	0.1	0.5

2. 외국의 제조업 대책

(1) 미국의 Manufacturing Renaissance

제조업의 중요성에 대해 제일 먼저 눈을 뜬 나라는 미국이다. 서브-프라임위기가 발생한 2008년부터 일자리창출의 핵심은 금융업이 아니라 제조업이라는 판단 아래 제조업 르네상스(Manufacturing Renaissance)라는 이름의 종합대책을 내놓기 시작했다. 정책을 주도했던 오바마 대통령은 2011년 11월 국가경제위원회(National Economic Council) 직속으로 제조업 정책만을 주도하는 제조업정책실(Office of Manufacturing Policy)을 설치했고 다음 해인 2012년에는 제조업의 공정혁신을 주도할 국가적 네트워크(National Network for Manufacturing Innovation)를 구축했으며 2014년 11월에는 미국 제조업 경쟁력제고를 위한 새로운 행동강령(New Actions to Further Strengthening of US Manufacturing, Oct. 2014)을 내놓았다. 이 모든 제조업 대책의 핵심 내용은 유치(Onshoring)과 재유치(Reshoring)로 요약된다. 즉, 기존 국내 제조업 기업의 경쟁력제고(onshoring)와 함께 밖으로 나간 기업의 국내회귀(reshoring)를 촉진하자는 것이다. 보다 구체적으로는 창업과 제조업의 생산설비와 같은 고정자산에 대한 투자와 R&D투자를 적극 지원하는 것으로 되어 있다.

(2) 중국의 「중국제조 2025」

중국도 '중국제조 2025'라는 국가적 사업을 추진하여 10대 산업을 획기적으로 업그레이드시키겠다는 계획을 세웠다. 2015년 3월 초 열린 전국인민대표대회 정부업무보고에서 리커창 총리가 처음 언급한 이 정책은 제조업과 인터넷의 융합을 통한 제조업 업그레이드로 세계 2대 제조업 강국으로 부상하겠다는 것이 주된 목표이다.

「중국제조 2025」의 단계별 목표는

① 제1단계 : 제조강국 반열진입(~2025년),

② 제2단계 : 제조강국 중간수준(2035)

③ 제3단계 : 제조업 선도국가로 자리매김(~2045년) 으로 되어 있다.

이런 목표를 위하여 중국은 「5대 중점 프로젝트」를 세웠다 :

ⓐ 제조업 혁신센터(공업기술 연구기지) 건설

ⓑ 스마트 제조업

ⓒ 제조업 기초역량 강화

ⓓ 녹색제조

ⓔ 최첨단설비 혁신

(3) 독일의 「Industrie 4.0」

독일의 제조업혁신 정책은 「Industrie 4.0」으로 상징된다. 1차 산업혁명이 수력과 증기력에 의한 생산의 기계화혁명이고 2차 산업혁명이 전기의 발명에 따른 전동기계의 대량생산 혁명이라면 3차 산업혁명은 디지털기술의 혁명이고 4차 산업혁명은 디지털기술 및 인터넷 발달을 기초로 한 생산과정의 혁신을 의미한다. 「Industrie 4.0」의 핵심 아이디어는 생산 공정상에서 기계와 재료와 부품과 작업자 전체를 하나의 시스템으로 연결하여 자동적으로 결함을 제어하여 최적의 생산성을 창출하는 체계를 구축한다는 것이다.

전통적인 생산경영에서 중시되는 문제점의 발견과 원인분석에서 한걸음 더 나아가 앞으로 발생할 제조상의 문제점을 예견하고 그 해법을 제때 경영자에게 미리 제안하는 역할까지 할 수 있도록 한다는 것이 「Industrie 4.0」의 핵심이다. 미국의 제조업 혁신정책이 전통적인 방식을 택하고 있다면 독일의 제조업 정책은 보다 미래지향적인 방식을 따르고 있는 것으로 보인다.

(4) 일본의 「일본재흥전략 2020」

2013년 일본 각의에서 최종 확정된 「일본재흥전략」은 제조업에 국한된 정책은 아니지만 그 안에 포함된 산업진흥정책을 보면 벤처지원 확대와 로봇기술의 혁신을 주요 내용으로 하고 있다. 구체적으로는 벤처기업 지원에 적극적인 대기업을 선정하여 '벤처창조협의회'를 신설하고, 벤처기업과 대기업의 제휴를 촉진하며 창업가와 중소기업을 연결할 '후계자 인재뱅크'도 신설할 예정이다. 인재뱅크에 등록한 창업가가 후계자 문제를 고민하는 중소기업의 사업승계 및 신사업 전환에 협력토록 하고, 고등학교와 대학교에서의 창업가 교육도 강화하여 인재를 육성해 나간다는 방침이다. 향후 세계를 선도할 '로봇기술' 부문에서는 「로봇혁명실현회의」를 창설하여 제조업과 의료, 개별서비스, 산업, 물류 등의 각 현장에서 부가가치와 수익력 향상을 이루어 나간다고 했다.

로봇의 생산기여도를 제조업 분야에서는 현재의 2배, 서비스, 농업 등의 분야에서는 20배로 확대하는 계획도 세웠다.

3. 한국의 제조업 대책

우리나라도 제조업 대책이 없는 것은 아니다. 박근혜 대통령이 제시한 24개 핵심 개혁과제 중 하나인 「제조업 혁신 3.0 전략」에 부응하여 2014년에 나온 「제조업 혁신 3.0」도 2024년 제조업 4강 도약을 위한 대책을 담고 있다. 그 핵심 내용은 제조업의 스마트 혁신을 추진한다는 것이다. 2017년까지 민관이 함께 24조 원을 투자하여 1조 달러의 수출목표를 달성한다는 것이다. 구체적으로 들여다보면

(1) 2020년까지 대기업 주도로 스마트공장 1만 개 확산(2015년은 1000개),

(2) 사물인터넷(IoT) 등 8대 스마트 제조기술에 2017년까지 1조 원의 민관 R&D를 추진하며,

(3) 2023년까지 미래 성장 동력에 민관공동 5조 원 R&D 투자를 통해 2024년 수출 1천억 달러 규모의 신산업으로 육성하고,

(4) 창조경제혁신센터를 창업전주기 원스톱 지원거점으로 구축하는 것으로 되어 있다. 이와 더불어 기업이 핵심역량에 집중하고 또 신산업 진출을 용이하게 하기 위해 신속한 사업재편을 가능하게 하는 법적 기반(가칭 사업재편지원특별법)을 추진하는 한편 신속한 융합신제품 출시를 뒷받침해 나갈 계획이다.

다른 나라들의 제조업 대책들과 비교하면 한국의 제조업대책의 문제점은

다음과 같이 정리된다: 첫째, 미국과 같은 제조업위기에 대한 절박감이 묻어나지 않는다. 미국은 '제조업 르네상스'라는 기치 아래 국가경제위원회 아래에 제조업정책실을 따로 설치했고 또 국가적 혁신네트워크를 구축했으며 대통령 주도하에 새로운 행동강령을 내놓았다. 중국이나 일본도 제조업의 중요성을 인식하여 국가 차원의 장기적인 대책을 내놓고 있다. 물론 우리도 지난 2년 반 동안 17개 창조경제혁신센터를 세우기는 했다. 그러나 그것들이 원활히 작동하여 꾸준한 성과를 내기 위해서는 끈질기고 과감한 국가와 대기업의 지원이 없어서는 안 되는 것이다. 투자만 몇 조 원 하고 「창조경제혁신센터」만 몇 개 건립하면 해결될 문제로 생각하면 안 된다. 둘째, 스마트 혁신만이 제조업혁신의 다가 아니다. 인터넷기술을 통한 새로운 공정이 미래의 추세인 것은 사실이나 우리 제조업의 문제는 그보다 더 당장 시급한 기존 제조업체들의 공정혁신과 노후된 생산설비의 교체와 숙련기술자의 교육이다. 중국은 문제를 바로 보고 5단계 중점프로젝트 안에 전반적인 제조업 혁신센터(공업기술 연구기지) 건설, 제조업 기초역량 강화 및 최첨단설비 혁신프로젝트를 넣고 있다. 셋째, 제조업위기는 중소기업뿐만 아니라 대기업의 문제이기도 하다. 제조업 문제는 서비스업보다 더 중요하다. 며칠 전 대통령의 대국민담화에서 대통령은 4대 개혁과 함께 서비스업의 중요성을 다시 한 번 강조했다. 서비스산업은 부가가치나 일자리 창출에 매우 중요한 것은 사실이다. 그러나 그에 못지않게 더 중요한 것이 제조업이다. 과감하고 지속적인 제조업 투자 없이 지속적인 서비스업의 성장을 기대하기 어렵다.

역대 최악의 수출부진

중앙선데이, 2015년 9월 6일

정부, 국회, 언론 등 온 나라가 4대개혁에 매달려 있는 동안 국가성장의 원동력인 수출에 심각한 문제점이 드러나고 있다. 금년 8월의 수출실적은 393.3억 달러로 전년에 비해 15%나 감소했을 뿐 아니라 금년 1월-8월간 수출은 작년에 비해 6% 이상 감소했다. 수출 감소는 어제오늘 시작된 게 아니다. 2011년만 해도 26%를 넘었던 수출증가율이 2012년에는 2%대로 정체하더니 급기야 박근혜 정부가 들어선 2013년부터 계속 떨어져 2014년 3분기에는 '마이너스'로 돌아섰고 현재까지 4분기 연속 감소세를 나타냈다. 9월 수출실적이 560억 달러(사상 최고 수준)를 넘지 않는 한 역대 최장기 수출 감소(5분기)를 기록할 것이 확실하다. 지난 4월 중앙선데이 기고에서도 밝혔듯이 1980년 이후 35년 동안 수출이 5분기 연속 감소한 것은 IT버블이 붕괴한 2001년 1분기-2002년 1분기와 중남미 외채위기가 있었던 1982년 1분기-1983년 1분기의 딱 두 번뿐이었다. 여기서 끝나면 그래도 다행이다. 만약 금년 연말까지 수출 감소가 이어진다면 최장기 수출부진의 신기록을 경신하게 된다. 8월 실적만 보면 6년 이래 최악의 부진이지만 그동안의 수출 감소로 보면 역대 최악의 수출부진이 진행되고 있는 셈이다. 그리고 과거 수출이 부진했던 1982년과 2001년의 경제성장률은 각각 8.3%와 4.5%로 지금의 2.5%보다는 높았고 민간소비 증가율도 그때 7.4%(1982년)와 5.7%(2002년)가 지금의 1.8%보다 높았으므로 현재 국민과 기업들이 느끼는 체감 불경기는 그 당시보다 훨씬 더 나쁘다고 할 수 있다.

수출부진의 가장 심각한 문제점은 정책당국의 위기의식 결핍이다. 수출부진에 대한 정부의 단골 해명 원인은 '유가하락에 따른 수출단가 하락'이다. 월례 무역동향 보고서마다 산업통상자원부는 유가하락과 수출단가 하락을 수출부진의 원인으로 지적해 왔고 8월에는 톈진폭발사건이나 선박인도연기를 수출부진의 사유로 들기도 했다. 기록적인 수출부진이 지속되는데도 수출물량은 늘어난다거나 다른 국가들보다 수출감소율 폭이 낮음을 자랑삼아 드러내고 있으며 한 술 더 떠 세계수출 순위에서 프랑스를 제치고 한 계단 상승(7위→6위)했음을 크게 자화자찬하기도 했다(2015년 7월 1일자 산업통상자원부 자료). 최근의 수출부진이 선박이나 유가하락만의 문제라면 자동차(-9.1%), 일반기계(-15.5%), 가전(-8.7%), 평판DP(-6.8%), 자동차부품(-15.9%), 섬유류(-21.4%), 철강제품(-17.4%) 등 거의 전 품목에서의 수출부진을 무엇으로 설명할 것이며 중국, 유럽, 일본, 동남아 등 전방위적 수출 감소를 도대체 무엇으로 해명할 것인가?

정부당국의 안일한 현상인식은 안일한 해법에 고스란히 드러난다. 금년 초에 나온 「2015 "해외진출 촉진" 업무계획(3대 분야 6대 전략)」의 해외진출 다변화, 내수기업의 수출기업화 촉진, 전자상거래 등 새로운 수출방식 활성화는 전혀 새로울 것이 없는 틀에 박힌 계획이었고 4월에 나온 산업통상자원부의 수출활성화 대책이나 제8차 무역투자진흥회의(2015년 7월 9일)에서 발표된 산업통상자원부의 대책도 꼼꼼히 들여다보면 손에 잡히는 것이 별로 없다. 16조 원 무역금융지원을 골자로 하는 단기대책과 중장기 산업경쟁력을 키우는 6조 8천억 원의 민관합동 R&D투자(2018년까지)와 91조 원의 민간주도 설비투자대책이 골간인데 말하자면 민간 기업들이 2016년까지 주력품목 경쟁력 제고를 위해 91조 원의 설비투자를 단행하면, 정부 차원에서 이런 투자가 원활히 이뤄질 수 있도록 돕겠다는 것이다. 한마디로 요약하면 단기수출대책은 돈(무역금융)을 더 제공하겠다는 것이고 장기대책은 기업이 알아서 투자하면 봐서 뒤를 밀어주겠다는 식이다. 돈으로 치면 일본이나 중국이 훨씬 더 많을 것이니 단기대책이라 할 것도 별로 없고 수출경쟁력 살리는 것은 원래가 기업의 몫이지만 어려워서 못하기 때문에 정부가 앞장서서 나서야 함에도 불구하고 정부가 뒷짐지고 기업(특히 중견중소)의 등을 떠미는 격이 되고 말았다. 그러나 무엇보다도 답답한 것은 가장 확실한 수출대책인 환율정책에 대한 언급은 한마디도 없다는 점이다. 이런 식이라면 금년 하반기와 내년 경제는 지금보다 '훨씬' 어려울 것이다.

[표] 역대 최장기간 연속 수출감소 순위

순위	수출감소 기간	분기	수출 감소율	비 고
1	2014.3-2015.1	5분기	6.9%	2013~14 엔저
1	2001.1-2002.1	5분기	12.2%	IT버블붕괴
1	1982.1-1983.1	5분기	7.0%	남미외채위기
4	1998.2-1999.1	4분기	18.7%	IMF위기
5	2008.4-2009.3	4분기	6.2%	금융위기
6	1985.3-1985.4	2분기(#2)	12.5%	1984년 엔저
7	1989.4-1990.1	2분기	1.8%	1989년 엔저

※자료 : 한국은행, 국제수지기준, 분기자료

(#1) 2015.1~2월 평균 (#2) 1985.1분기 수출 감소(-5.1%)를 포함하면 연속 3분기

미국 금리인상의 필요성과 한국경제

국가미래연구원, 2015년 9월 16일

미국 연준(FRB) 공개시장위원회(FOMC)가 며칠 뒤 과연 금리인상을 단행할지 여부에 대해 전 세계가 촉각을 세우며 전전긍긍하고 있다. 현재의 세계경제 침체를 생각하면 올리지 말아야 한다는 생각(IMF가 대표적)이 있기는 하지만 현재 미국경제가 그리 나쁘지도 않고 또 약속은 약속인 만큼 지키지 않았을 경우의 혼란을 피하기 위해서라도 올려야 한다는 시각도 팽팽하다. 연준(FRB)은 이미 지난 2013년 초부터 기준금리의 인상을 계속 예고해 왔다. 가장 최근인 지난 7월의 연준 발표문에서도 "노동시장에서 추가적인 개선이 있고, 물가상승률 연간 목표치인 2%에 도달할 것이라고 합리적으로 자신할 때 첫 금리 인상이 있을 것"으로 선언했다. 이런 상황에서 금리의 인상을 또 미룰 경우 그것이 가져다주는 경제적 불확실성과 혼란은 물론 연준에 대한 신뢰의 상실 피해 또한 간과할 수 없을 만큼 적지 않다. 또한 지나치게 낮은 금리가 금융시장(특히 미국 상업은행)의 정상적인 발전을 크게 저하시키고 있다. 낮은 금리로 인하여 자금이 제1금융권을 이탈하고 통화승수가 낮아지며 결과적으로 은행의 신용창조활동을 크게 떨어뜨려 한편으로는 상업은행들의 수익성을 크게 악화시키고 다른 한편으로는 상품시장을 지나치리만치 추락시켜 왔다. 자금이 오로지 주식과 채권시장으로 쏠리면서 금융시장이 증권시장으로 편중되는 부작용을 낳은 것이 사실이다. 따라서 폭등한 주가를 안정시키고 금융시장의 균형적인 발전을 촉진시키기 위해 이번에 금리를 올릴 가능성은 그렇지 않을 가능성보다 크다고 봐야 한다.

지난 1970년대 이후 45년간 연준은 크게 보아 일곱 번 기금금리를 올렸는데(아래 [표] 참조) 평균적으로 보아 대체로 11번에 나누어 걸쳐 약 5.83%포인트를 올렸었다. 한 번에 평균적으로 0.52%포인트 올린 셈이다. 물론 고물가 고금리 시절이었던 1970년대와 1980년대에는 회당 인상폭이 훨씬 컸었고 점차 낮아져 2000년대 이후로는 한 번에 0.25%포인트 올리는 것이 정석으로 되었다. 따라서 확률적으로 보면 이번에도 0.25%포인트 올릴 가능성이 높다. 그렇지만 과거에도 여러 번(78년 두 번, 79년 한 번, 86년 두 번과 88년) 그랬듯이 0.125%포인트 올릴 가능성도 있다.

아래 [표]에서 보듯이 미국 연준은 금리를 인상하는 경우 보통 열 번 이상에 걸쳐 평균적으로 5.8%포인트 정도 올렸었다. 한두 번 기금금리를 올리고 그만둔 적은 거의 없다. 따라서 이번에도 최소한 여러 차례에 걸쳐 최소한 1-2%포인트 이상의 기금금리를 올릴 것은 거의 확실하다고 봐야 한다. 미국 금융가에서는 대체로 2017년까지 장기 시장금리가 현재 2%포인트에서 3.75%포인트까지 1.75%포인트 올라갈 것으로 보는 것이 대세이다. 그렇다면 2016년 내내, 그리고 어쩌면 2017년까지 금리인상의 추세는 지속된다고 보는 것이 타당할 것이다.

[표] 1970년 이후 연준 기금금리인상의 폭과 횟수

기 간	기금금리	인상폭(%포인트)	횟수	회당 평균(%)
72년 2월 - 74년 5월	3.50 - 13.00	9.50	11	0.86
76년 11월 - 80년 3월	4.75 - 20.00	15.25	21	0.73
83년 3월 - 84년 8월	8.50 - 11.75	3.25	4	0.81
86년 10월 - 89년 2월	5.88 - 9.75	3.87	12	0.32
94년 1월 - 95년 10월	3.00 - 6.00	3.00	8	0.38
99년 5월 - 00년 12월	4.75 - 6.50	1.75	6	0.29
04년 3월 - 07년 1월	1.00 - 5.25	4.25	17	0.25
평균		5.83	11.3	0.52

미국의 기준금리 인상은 세계 경제에 엄청난 영향을 미친다. 대규모 자본유출이 일어나고 금리가 전반적으로 상승하면서 대외부채가 많은 나라들이 큰 충격을 받게 된다. 실물경제가 추락하고 2차 충격파가 덮치면서 결국 세계금융시장이 크게 출렁이게 된다. 실제로 1990년 이후 미국금리인상은 여지없이 세계적인 금융충격을 불러왔었다. 1994년 1월-1995년 10월의 3%포인트 금리인상 직후 1997년 아시아 금융위기가 왔고 1999년 5월-2000년 12월 1.75%포인트 금리인상 직후 IT버블이 터졌고 2004년 3월-2007년 1월의 4.25%포인트 금리인상 이후 서브프라임 금융위기가 왔다. 이번에도 그럴 가능성이 있다. 그 중심에 중국이 있다. 중국이 잘 버틴다면 몰라도 중국에 위기가 확산된다면 걷잡을 수없이 확산될 가능성이 있다. 우리나라도 그 쓰나미의 핵심 반경안에 있어서 예외는 아니다. 왜냐하면 미국이 기준금리를 올리면 우리나라의 국가 리스크를 감안할 때 최소 1%포인트에서 2%포인트는 더 올라가야 하기

때문이다. 환리스크까지 감안한다면 그보다 더 올라갈 수도 있다. 그렇게 되면 가계부채 문제는 폭발할 가능성이 있다. 게다가 지금 수출상황도 더욱 나빠질 공산이 크다. 금융개혁은 손도 안 대고 있는 한국금융시장은 어떻게 보면 폭풍 전의 고요함과 같은 적막감이 감돌고 있는 셈이다.

왕안석의 신법과 정부의 4대 개혁

중앙선데이, 2015년 10월 4일

조광윤의 건국(AD 960) 후 백 년이 된 1060년대 북송(北宋)은 중국역사상 유례없는 융성시대(경력慶曆의 치 :1041-1048)를 지나 심각한 재정난에 허덕이고 있었다. 서쪽 하나라와 북쪽 신흥강국 요나라를 무마하는 과정에서 밖으로는 국가적 지출이 컸었고 안으로는 수입이 줄고 사치로 인한 씀씀이는 헤펐다. 국가재정 문제의 근본원인에 대해 당시 관료층의 의견은 크게 두 갈래로 나뉘었다. 왕안석(1021-1086)으로 대표되는 신법당은 낡아 빠진 제도와 법에 문제가 있다고 봤다. 당연히 왕안석의 신법당은 신속하고 강력한 법과 제도의 개혁, 즉「조세개혁」을 주장했다. "천변도 무서워할 것 없고(天變不足畏), 조종의 규칙도 신경 쓸 것 없고(祖宗不足法) 언론도 겁낼 것 없다(言論不足恤)"는「삼부족론(三不足論)」을 내세우며 개혁의 절실함을 역설했다. 반면 사마광(1019-1086)으로 대표되는 구법당은 법·제도는 아무 문제가 없으니 그냥 두고 관료와 국민의 도덕성 회복과 같은 의식개혁이 절실하다고 봤다. 사마광은 왕안석의 신법이라는 것이 "결국에는 백성들의 곡간에 머리를 처박고 더 많이 거두어들인다는 말에 지나지 않는다."라고 반박했다. "하늘이 내린 재화는 백성에게 있거나 관청 곡간에 있거나 둘 중에 하나인데 국가재정을 해결한다는 것은 결국 이상한 방법을 만들어 백성의 것을 빼앗지 않고서는 안 되는 것이니 부세를 더 걷는 것보다 나쁜 방법이다."라고 강조했다.

신종(재위: 1067-1085) 황제는 즉위한 그해 바로 왕안석에게 모든 권력을 위임했고 왕안석은 즉각 재정수입의 근본인 염철과 조세와 토지를 관장하는「삼사조례사」를 설치하는 한편 균수법, 청묘법, 농전수리법, 모역법, 시역법, 방전균세법, 치장법, 보갑법, 보마법 등과 같은 일련의 개혁입법을 내놓았다. 균수법이란 지방세 수입을 관장하는 관료들에게 재량권을 더 높여 줌으로써 재정수입을 확장하자는 법이고, 시역법은 중소상인에 대한 저리 융자제도였고, 청묘법 또한 춘궁기 농민에 대한 저리 융자제도였다. 모역법은 노역을 돈으로 대신 내도록 하는 법이었고, 방전균세법은 농업 생산성을 높여 세수를 확보하기 위해 정확한 농지통계를 조사하는 법이었고, 농전수리법은 수리시설 개선을 통해 농업의 생산성을 확대하자는 법이었다. 왕안석의 신법 내용은 어느 것 하나 농민이나 상인을 위한 획기적이고 또 혁명적인 내용을 담지 않은 것이 없었다. 세종 때의 변계량이나 정조뿐만 아니라 많은 후세 사가들이 왕안석의 법을 높이 평가하는 이유도 바로 내용의 혁신성 때문이다. 그러나 왕안석 신법의 문제는 실현가능성에 치명적인 결함이 있었다. 너무 이상에 치우치고 현실과의 괴리가 많은 법이라는 맹점을 지니고 있었던 것이다.

균수법의 경우 새로운 제도와 법으로 인해 힘이 더 커진 관료들이 신법을 바탕으로 자신들의 이익을 불리는 방법으로 제도를 운용함으로써 과거에는 대상인이나 부호들이 가져가던 이익을 관료들이 가져가는 체제로 바뀔 뿐이어서 백성들에게는 신법이 더 큰 부담으로 작용하게 되고 만 것이다. 청묘법이나 시역법도 갚을 때를 신중하게 생각하지 않은 농민과 상인들에게 무분별하게 대출받게 함으로써 결과적으로 농민과 상인들의 부채가 감당하지 못할 정도로 커지게 하는 부작용을 낳고 말았다. 8년 만인 1074년 왕안석은 실각했고 그의 신법들은 철종과 사마광에 의해 깡그리 폐기처분되고 말았다. 왕안석의 신법이 무너진 것은 그 법의 내용이 개혁적이 아니어서도 아니고 밀어붙이지 못해서도 아니다. 오직 그 법을 적용하고 실행함에 있어서 관료들과 국민의 현실적 동참이 따라 주지 못했기 때문이다.

정부는 공공, 노동, 교육 그리고 금융부문의 소위 4대개혁을 연내에 마무리하기 위해 매우 서두르고 있다. 그러나 임금피크제로 인한 절감된 재원을 반드시 청년고용에 활용한다는 '의무규정'도 없고 또 노사정 합의 위반에 대한 '제재규정'도 없으며 핵심사안인 청년고용촉진협의체를 구성하는 문제라든가 근로계약 체결 및 해지의 기준과 절차를 충분한 협의를 거쳐 한다고 규정한 것을 가지고 진정한 개혁이라고 할 수 있을지 의문스럽다. 또 국회에서 법으로 통과될지 여부도 불투명하다. 그러나 설혹 밀어붙여서 법으로 통과된다 하더라도 바뀐 제도와 법을 당사자들이 받아들이지 않거나 위반하면 무슨 소용이겠는가. 역사에 남을 개혁다운 개혁이 성공하려면 먼저 진정으로 박수를 받을 만한 개혁적인 법·제도를 내놓아야 하고, 그것을 정치지도자가 확실하게 밀어붙여야 하지만 그보다 더 중요한 것은 그런 다음에도 온 국민들과 관료가 합심하여 바뀐 법·제도를 마음으로 꾸준히 받아들여야 되는 것이 아닌가?

경제가 정말 살아난다고?

중앙선데이, 2015년 11월 1일

금년 3분기 실질GDP성장률을 발표한 기획재정부는 희색이 만면하다. "정부의 적극적 정책에 힘입어 내수의 성장 모멘텀이 확대되며 전기 대비 1.2% 성장률 달성하여 저성장 고리가 단절되는 결과"라는 종합평가를 내린 것이다. 기획재정부의 보도자료「2015년 GDP 흐름」(2015년 10월 26일 발표)을 보면 1.2%포인트 성장은 2010년 이후 5년 만에 최대라고 했다. 성장의 내용 면에서도 ① 3/4분기까지 내수 성장기여도가 전년대비 3.4%포인트로써 수출 감소(-1%포인트)를 보완했고 ② 산업별로도 서비스업·건설업 등 내수업종이 제조업 부진을 보완하여 ③ 내수성장세는 OECD 최상위권(통계수집이 가능한 OECD 23개국 중 4위)이라는 것이다. 정부는 이런 '성장'의 결과가 정부의 추경 등 재정집행 확대와 정부의 소비활성화 조치 등 메르스 사태 이후 신속한 정책대응이 긍정적 영향을 미친 것으로 평가한다고 했다. 구체적으로 3분기 성장 1.2% 중에서 정부소비와 정부투자의 효과는 각각 0.3%포인트와 0.5%포인트-0.7%포인트로 합쳐서 0.8%

포인트 이상이라고 했다. 2003년 사스 직후의 홍콩과 대만의 경제침체(2분기 지속)보다 훨씬 빠르게 벗어났음을 자랑했다. 그러면서 블랙 프라이데이 효과와 개별소비세 인하효과가 집중되어 4분기에도 내수중심 성장세가 이어질 것으로 예상하고 있다. 특히 3분기 추경 등 재정확대가 민간 활력 제고의 마중물 역할을 하면서 4분기 민간부문 성장을 촉진할 것이라고 낙관적 전망을 내놓았다. 장광설을 요약하면, 정부가 적극적으로 대책을 내놓은 덕택에 어려운 수출 여건하에서도 내수가 살아나서 OECD 최상위권의 성장세를 기록했고 앞으로도 지속될 것이라는 말이다(※실제 2015년 4분기 성장률은 0.8%, 2016년 1분기는 0.6%였음).

전기 대비 실질성장률은 분기 실적이 나쁘면 다음 분기에 높게 나오고 또 이번 분기가 높으면 다음 분기가 낮아지는 현상(기저효과)이 있어서 변동성이 매우 크다. 따라서 2분기 0.3% 성장 다음에 온 3분기 1.2% 성장의 한 분기 실적만으로 전체 경제를 너무 낙관한다면 가볍다 못해 경제흐름을 잘못 판단할 위험이 있다. 실제로 2003년 4분기 실질성장률은 전기 대비 2.6%로 매우 높았지만 그해 2003년 연간성장률은 2.9%로써 IMF위기(1998년)을 제외하면 1981년 이후 22년 만에 최악이었고 2009년 3분기 실질성장률 역시 전기 대비 2.8%로 높았지만 2009년 연간성장률은 0.7%로써 IMF위기(1998년)을 제외하면 1981년 이후 28년 만에 최저수준이었다. 따라서 정부는 한 분기의 실적만으로 정책업적을 너무 자랑하고 강조하다 보면 금방 얼굴을 붉히게 되기 쉽다.

지난 3분기 성장의 내용을 들여다보면 정부의 재정집행 주도형 성장이라는 점이 눈에 확연하게 들어온다. 정부소비(0.3%포인트)와 정부주도가 대부분인 건설투자(0.7%포인트)를 합하면 1.0%포인트로 분기성장(1.2%포인트)의 5/6에 해당하며 여기에다가 재고투자(0.2%포인트)를 더하면 1.2%포인트가 되어 3분기 성장은 이 세 항목에 의해 주도된 셈이다. 정부도 인정했듯이 이번 3분기 실적은 추경 등 재정집행 확대에 따른 정부소비(0.3%포인트)와 건설경기(0.7%포인트) 덕분이다. 따라서 재정능력이 고갈되면 언제라도 성장동력이 식을 수밖에 없는 성장이다. 실제로 2014년처럼 재정이 집중 투입된 이후 재원이 부족하거나 부양효과가 떨어지면 나타나는 '상고하저(혹은 front-loading 효과)'가 나타난다면 의외로 4분기나 그 이후 성장률이 추락할 가능성이 높다. 실제로 2014년 3분기에 서비스업 성장률은 전기 대비 1.2%였지만 4분기에는 0.6%로 낮아졌고 건설업도 2014년 3분기에 전기 대비 0.9%에서 4분기 -3.0%로 낮아졌었다.

[표] 부문별 성장률 기여도

전기대비		전년동기대비	
내수 (1.9%)	민간소비(0.6%)	내수 (3.8%)	민간소비(1.0%)
	정부소비(0.3%)		정부소비(0.5%)
	설비투자(0.2%)		설비투자(0.6%)
	건설투자(0.7%)		건설투자(0.8%)
	재고투자(0.2%)		재고투자(0.9%)
순수출 (−0.7%)	수출(−0.1%)	순수출 (−1.3%)	수출(0.3%)
	수입(0.6%)		수입(-1.6%)
1.2%		2.6%	

수출이 심각하게 붕괴되고 있음을 가볍게 보아서는 안 된다. 금년 들어 전년대비 순수출의 성장기여도는 -0.7%, -1.1%, 및 -1.3%로 3분기 연속 마이너스 성장을 보였을 뿐만 아니라 점차 그 마이너스 폭이 커지고 있다. 작년 3분기 이후 금년 9월까지 역대 최장기인 5분기 연속 수출이 감소하는 있는 가운데 10월 1일-20일 수출증가율은 -16%로 폭증했다. 금년 울산의 수출증가율은 -21%이고 경북의 수출증가율도 -14%나 된다.

모멘텀(momentum)이란 물체가 한 방향으로 지속적으로 변동하려는 경향, 즉 추진력·여세·타성이다(두산백과). 경제가 지속적으로 성장의 모멘텀을 갖기 위해서는 민간부문의 성장 모멘텀, 즉 민간소비와 설비투자가 결정적으로 중요하다. 그러나 위 [표]에서 보듯이 민간소비와 설비투자의 성장기여도는 매우 미미하다. 금년 1-3분기 설비투자 증가율은 전년대비 5.0%-6.8%대로 작년 상반기 7.2%-7.7%에 비해 미미하고 지식재산생산물투자의 금년 중 성장기여는 거의 없는 셈(0.0%-0.1%)이다. 반면에 금년 1-3분기 재고 투자의 성장기여도는 0.9%-1.3%포인트로써 성장률(전년대비) 2.2%-2.6%의 35%-50%를 차지하였다. 금년 제조업 성장률은 전년대비 0.7%-1.7%대로 극도로 부진한데다 서비스산업 성장률도 계속 낮아져서 3분기 2.6% 성장률은 2013년 1분기 이후 가장 낮은 수준이다.

금년 경제성장률은 박근혜 정부가 들어선 이후 최저 수준인 2.5%대를 이어가고 있다. 2015년 1-3분기 실질성장률은 2.5%, 2.2%와 2.6%에 불과하여 2014년의 3.9%, 3.4%와 3.3%에 비해서도 현저히 (1/3이나) 낮고 2013년(2.9%)에 비해서도 낮다. 정책당국은 수출부진, 제조업 붕괴, 민간부문의 성장동력 상실에 대해 솔직히 인정하고 그 원인에 대한 철저하고 다각적인 분석을 내려야 한다. 현재 한국경제 침체의 핵심은 제조업과 수출의 부진이다. 특히 전통수출산업의 경쟁력 상실이 심각하다. 울산과 구미와 창원을 살려야 한다. 경제부흥과 제2의 한강의 기적은 서비스산업이나 건설이 아니라 제조업에서 나온다. 비록 신흥개도국에게 불리하다 하더라도 유리할 수 있는 방법과 부문을 찾아야 한다. 이것은 새로운 먹거리를 찾는 창조경제 못지않게 시급하고 중요하다. 창조경제가 성공한다손 치더라도 창원과 울산과 구미가 붕괴되면 다 헛일이 되고 만다.

큰 산 YS를 떠나보내며

중앙선데이, 2015년 11월 29일

우리의 큰 산, 거산(巨山)이 홍(薨)했다. 십수만 인파가 영정 앞에서 붉은 눈으로 하얀 국화 꽃송이를 올렸다지만 그의 잃음을 슬퍼하는 사람이 어찌 그들뿐이겠으며, 국민을 대신하여 온몸으로 저항하다 쫓겨나고 멱살 잡히고 갇히며 밟히는 그의 모습을 떠올리며 오열하는 사람을 어찌 숫자로 헤아릴 수가 있겠는가. 그런 민주화의 거산이 대통령선거를 치른 1992년은 경제적으로 매우 어려웠다. 하루 수십 개 기업이 부도나고 사업을 비관하는 중소자영업자들이 하루가 멀다 하고 목숨을 끊었을 때였다. 이런 '총체적 경제위기'에서 국민은 민주화 영웅 거산에게 나라경제를 맡긴 것이다.

대통령 취임 즈음 일본엔화는 지속적으로 강세를 나타내어 달러당 150엔 하던 환율은 취임 2년 되는 1995년 5월에는 달러당 83.2엔까지 떨어졌다. 당연히 한국의 수출은 탄력을 받았다. 수출증가율이 1992년 9%에서 1993년 10%, 1994년 14%, 그리고 1995년 30%로 치솟으면서 경제성장률도 1992년

6.2%에서 1993년 6.8%, 1994년 9.2% 그리고 1995년 9.6%로 뛰어올랐다. 엔고에 따른 수출호황으로 총체적 위기를 벗어난 1995년은 문민정부 최고의 전성기였다. 이것이 문민정부 출범당시의「신경제 5개년계획」의 성과라고 할지 모르겠지만 그다음에 전개된 일을 보면 아닌 것이 확실하다.

문민정부 경제를 침몰시킨 IMF위기의 1차 도화선은 수출추락과 이에 따른 경상수지 적자였다. 30%를 넘던 1995년 수출증가율은 1996년 4.1%로 떨어지고 경제성장률도 같은 기간 9.2%에서 7.6%로 추락했다. 1993년 20억 달러 흑자이던 경상수지는 1995년 97억 달러 적자에서 1996년에는 대한민국 역사상 가장 큰 규모인 238억 달러 적자로 커졌다. 이것만 해도 당시의 대외준비자산으로는 감당하기 버거운 규모였다. IMF 2차 도화선은 1996년의 자본유출이었다. 소위 문민정부의「세계화」의 바람을 타고 1996년 해외직접투자 50억 달러, 해외증권투자 64억 달러 그리고 해외대출 127억 달러로 합계 241억 달러의 자본유출이 일어났다. 경상수지 적자 238억 달러를 합하면 총 479억 달러의 국제수지 적자가 발생한 셈이다. 1996년 당시 대외준비자산 332억 달러로는 턱없이 부족하기도 했고 그나마 가용 가능한 대외자산은 그보다 훨씬 적었던 것이 확실하다[당시 연준의장 앨런 그린스펜도 한국의 가용대외자산(40억 달러 정도)이 장부에 적힌 대외준비자산(1997년 220억 달러)보다 적은 것에 깜짝 놀랐다고 증언한 바가 있다. IMF로부터 실제로 수여받은 구제금융의 금액이 160억여 달러에 불과했던 것을 보면 1997년 당시 대외준비자산 220억 달러라도 제대로 가용할 수 있었다면 IMF위기는 피할 수 있었을지 모른다].

1996년 문민정부는 무분별하게 차입했다. 증권부문에서 215억 달러를 조달했고(그중 156억 달러는 국내기관의 외화표시채권발행) 250억 달러는 만기가 짧은 은행차입의 형태로 빌렸다. 어마어마한 금액을 빌려야 하는 형편임에도 불구하고 정책당국자는 외국인들이 마음 놓고 돈을 빌려주는 것이 "한국이 튼튼한 증거"라는 궤변을 늘어놓기도 했다. IMF조차도 한국의 펀더멘털이 튼튼하다고 거들었다. 당연히 국가의 대외채무는 1994년 800억 달러에서 1997년에는 두 배가 넘는 1,616억 달러로 늘어났다. 그런 가운데 경상수지적자는 더 커져만 갔다. 1997년 1분기 경상수지적자는 75.5억 달러로 사상 최대적자였다. 그리고 외자조달의 주된 창구였던 대외차입이 1997년부터는 급격히 고갈되기 시작했다. 분기에 70억 달러 정도 조달되던 대외차입이 1997년 1-2분기에는 40억 달러 수준으로 줄었고 3분기 이후부터는 17억 달러 및 22억 달러 대출회수로 돌변한 것이 결정적으로 IMF위기를 촉발했던 것이다.

경제정책으로 보면 문민정부는 아쉬운 것이 많다. 첫째로 환율정책의 실패였다. 1993년 집권이후 1995년까지의 수출호황이 국가적 경쟁력이라기보다는 엔고(달러 당 150엔에서 83엔)의 효과였음을 간과했었다. 그랬기 때문에 1995년 이후 엔화가 50% 이상 약세(1995년 4월 83엔에서 1997년 4월 126엔)로 전환되었음에도 불구하고 문민정부는 원화강세(1994년 1월 808원에서 1996년 4월 778원)를 유지했었고 이것이 1996년-97년 경상수지 적자를 치명적으로 키웠던 것이다. 둘째로, 상황과 타이밍에 맞지 않는 무리한 '세계화정책'의 추진이었다. 외환보유고도 충분치 않은데다가 경상수지적자가 폭발적으로 확대되고 있던 상황에서 무리하게 세계화를 추진했던 것이다. 셋째로는 무분별하게 차입했다. 특히 철저한 모니터링과 관리가 필요한 단기차입을 제대로 관리하지 못했다. 이것은 지금의 가계부채에도 그대로 적용되는 문제이다. 거산의 민주화의 정신을 오래 기리듯이 문민정부의 정책실패 또한 오래 기억되어야 할 것이다. 지난 2년 동안 엔화가 50% 이상 절하된 상황에서 6분기 연속 수출이 감소하고 있다. 수출이 10% 가까이 감소(울산은 23%감소)하고 있고 자본도 무섭게 빠져나가고 있다. 거산의 민주화 정신도 잊으면 안 되지만 문민정부의 IMF 실패의 교훈도 절대로 잊으면 안 된다.

수출부진, 더 걱정되는 대책

중앙선데이, 2016년 1월 24일

연초 벽두부터 수출이 심상치 않은 것이 1월 1일부터 20일까지 수출은 작년 같은 기간에 비해 8.9%나 감소한 것으로 관세청이 발표했다. 수출이 전년도에 비해 감소하기 시작한 것은 2014년 3분기부터였으니까 2015년까지만 보더라도 연속 6분기 수출이 감소한 셈인데 이는 한국경제 역사상 처음 있는 일이다. 과거에도 5분기 연속 수출이 감소한 적은 두 번 있었다. 1982년 1분기부터 1983년 1분기까지의 연속 5분기 수출 감소와 2001년 1분기부터 2002년 1분기까지의 연속 5분기 수출감소가 그것이다. 1997년 IMF위기 때나 2008년 금융위기 당시에도 수출은 연속 4분기 감소에 그쳤을 뿐 이번처럼 수출이 6분기 연속 감소한 적은 과거에 없었다. 만약 금년 1분기 혹은 그 이후까지 수출이 감소한다면 계속해서 '수출감소의 신기록'이 수립되는 셈이다. 수출감소가 오래 지속된 결과 2015년 수출은 2012년 수출보다도 10% 이상 낮은 수준인 2011년 수준으로 떨어지고 말았다.

지역별로 보면 모든 지역으로의 수출이 감소하고 있다. 2015년 지역별 수출은 2014년에 비해 미국(-0.6%), 캐나다(-6.0%), 일본(-20.5%), 중국(-5.6%), EU(-6.9%), 동남아(-7.6%), 중동(-12.5%), 중남미(-14.6%), 러시아(-49.9%), 동유럽(-15.3%)이다. 전세계 교역이 2015년 3.1% 정도 신장된 것에 비추어 보면 우리나라 수출부진이 글로벌 수출부진 때문이라고 치부할 수만은 없다. 또한 수출감소는 정부가 변명처럼 주장하듯이 석유화학제품에 국한된 것이 아니라 거의 모든 품목에 걸쳐 나타나는 것을 알 수 있다. 2015년 품목별 수출실적을 보면 경공업제품(-8.4%)의 경우, 타이어(-16.2%), 섬유사(-11.1%),직물(-9.6%), 종이류(-9.7%) 등이고 중화학제품(-4.9%)의 경우, 철강(-12.8%), 무선통신기기(-14.1%), 가전제품(-19.7%), 자동차(-6.8%), 자동차부품(-4.1%)으로 나타나고 있다. 물론 수출이 증가한 품목도 있기는 하지만 반도체(0.5%), 선박(0.3%)과 같이 증가폭은 매우 미미하다.

수출이 이렇게 오래도록 감소하게 되면 기업들은 일차적으로 국내생산설비에 대한 재투자를 중단하게 되고 결국에 가서는 폐업하거나 설비를 감축하여 다른 국가로 옮기게 된다. FTA와 같은 국가 간 자유무역협정은 관세인하규정을 포함하고 있지만 양국 간 투자자유화 관련 내용도 포함하고 있기 때문에 무역을 증진시키는 효과도 있지만 오히려 생산설비의 이동을 촉진하는 결과를 초래하기도 한다. 지난 2010년 이후의 국내설비투자 부진과 해외직접투자 확대의 이면에는 FTA의 확대도 중요한 역할을 했다고 봐야 한다.

이처럼 전 지역, 전 품목에 걸친 유례없는 장기간의 수출부진에도 불구하고 정책당국의 인식은 놀라우리만큼 '태연'하다. 불과 몇 달 전까지만 해도 "유가하락에 따른 수출단가 하락" 때문이라고 변명하거나 더 나아가 수출물량은 늘어난다거나 다른 국가들보다 수출 감소율 폭이 낮다거나, 심지어 세계수출 순위에서 프랑스를 제치고 한 계단 상승(7위→6위) 했음을 자화자찬하기도 했다(2015년 7월 1일자 산업통상자원부 자료). 정부당국의 안일한 현상인식은 안일한 해법에 고스란히 드러난다. 2015년 초에 나온 「2015 "해외진출 촉진" 업무계획(3대 분야 6대 전략)」의 해외진출 다변화, 내수기업의 수출기업화 촉진, 전자상거래 등 새로운 수출방식 활성화는 전혀 새로울 것이 없는 틀에 박힌 계획이었고 4월의 수출활성화 대책이나 7월의 제8차 무역투자진흥회의(2015년 7월 9일) 대책도 말하자면 민간 기업들이 주력품목 경쟁력 제고를 위해 91조 원의 설비투자를 2016년까지 단행하면, 정부 차원에서 '원활히 이뤄질 수 있도록 돕겠다'는 것이다. 며칠 전 나온 유일호 경제부총리팀의 2016년 업무보고 내용도 공허하긴 마찬가지다. 제목부터 새로울 것도 없고 위기감도 전혀 묻어나지 않는 '내수·수출 균형'으로 잡았다(이건 이미 2014년 2월25일 나온 경제혁신 3개년계획의 세 번째 꼭지였다). 그리고 그 내용도 김치·쌀·연어 등 프리미엄 농·수산물 수출을 확대하고 정상 외교를 활용한 프로젝트 수주에 총력을 기울이며 5대 유망소비재(화장품, 패션·의류 등)를 집중 지원한다는 등이다. 내수기업의 수출기업화라든가 주력산업 고부가가치화와 같은 틀에 박힌 대책은 그렇다손 치더라도 해외산업단지 조성을 통한 기업의 해외진출을 지원한다는 데에 이르러서는 실소를 금할 수가 없다. 수출이 안 되니까 기업더러 해외로 나가라는 얘기 아닌가. 그러면 국내 일자리는 누가 키운다는 말인가?

조용하지만 과도한 한국판 양적완화

중앙선데이, 2016년 2월 21일

2008년 9월 서브-프라임 금융위기가 촉발된 이후 전 세계의 중앙은행들은 각기 서로 다른 방식으로 양적완화(Quantitative Expansion: QE) 정책을 추진했다. 미국 중앙은행(FRS)의 양적완화 정책은 세 번에 걸쳐 '가다-서다(STOP-GO)'의 방식으로 진행되었다. 의도적으로 3단계로 나누었다기보다는 상황을 보아 가며 신중하게 점진적으로 통화 공급을 늘려 갔다고 보는 것이 옳다. 1단계로 2008년 9월부터 약 18개월에 걸쳐 본원통화를 8천 5백억 달러에서 2조 1천억 달러까지 1조 3천억 달러 늘렸고, 2단계로 2011년 초부터 7월까지 6개월 동안 7천억 달러 늘렸으며 3단계로 2013년 초부터 약 18개월 동안 1조 7천억 달러를 공급했다. 세 번에 걸친 미국의 양적완화 정책의 결과로 본원통화는 2008년 9월 서브-프라임 위기 직전 8천 5백억 달러보다 3조 7천억 달러 늘어난 셈이다.

EU의 양적완화도 2008년 금융위기 이후 대체로 세 단계로 진행된 것은 미국과 유사하다. 그러나 EU의 통화정책은 두 가지 점에서 미국과 다르다. 첫째, EU의 양적완화 시점이 미국보다 다소 늦다는 점이다. 예컨대 미국의 2단계 본원통화 공급은 2011년 1월부터였지만 EU는 8개월 늦은 그해 8월부터 본원통화를 늘렸고 3단계의 경우도 미국은 2013년 초부터 공급을 확대했지만 EU는 2년이나 뒤진 2015년에 들어서서야 본격적으로 통화 공급을 늘렸다. 이것은 무분별한 통화 공급을 경계하는 EU의 신중한 태도를 반영하는 것이다. 두번째 차이는 미국은 한번 늘린 본원통화를 거의 환수하지 않았으나 EU는 한번 본원통화를 확대한 뒤 다시 환수하는 경향이 매우 뚜렷했다. 특히 2013년과 2014년에는 2012년에 증가한 본원통화를 거의 환수한 결과 2015년 12월의 본원통화 규모는 2012년 9월 수준과 거의 같다. EU가 통화 공급 뒤에 다시 환수하는 'Forward-Backward' 방식의 통화정책을 시행한 것도 그만큼 EU가 통화 공급 확대에 '신중'했다는 것을 의미한다. 일본의 양적완화는 미국이나 EU와도 다르게 진행되었다. 아베 정부가 들어서기 이전까지만 하더라도 미국과 EU의 양적완화 정책에도 불구하고 일본의 본원통화는 대체로 10%대 소폭의 증가세를 고수했었다. 그러나 아베 정부가 들어서자마자 마치 축제(마츠리)라도 하듯이 요란하게 통화정책기조를 급격하게 바꾸어 연 55% 이상 통화 공급을 늘린 것이다. 최근에는 본원통화증가율이 다소 하락했지만 그래도 년 30% 이상씩 증가하고 있다.

미국이나 EU 혹은 일본의 양적완화 정책은 매우 잘 알려져 있는 반면 한국의 양적완화 정책에 대해서는 잘 알려져 있지 않다. 그런 까닭에 한국은행의 그동안의 통화정책이 매우 소극적이라고 비판하면서 동시에 과감하고도 무제한적인 양적완화를 강력하게 요구하는 기사를 많이 접하게 된다. 실상은 그렇지 않다. 오히려 과도하다고 할 만큼 양적완화가 이루어져 왔었다. 특히 2013

년 현 정부가 들어선 이후의 양적완화 정책은 1988년 민주정부가 들어선 이래 최고조에 달하고 있다. 역대 정부의 5년 동안의 본원통화 증가폭을 살펴보면 노태우 정부 10.4조, YS 정부 4.4조, DJ 정부 15.5조, 노무현 정부 18.4조, MB 정부 31.9조인 데 반해 2013년 이후 2015년까지 박근혜 정부 3년 동안에만 본원통화는 43.1조 증가했다. 3년 만에 49%가 증가한 셈이다. 역대 정부의 집권초 대비 집권 말 5년간 본원통화 증가율을 보면 노태우 정부 142.4%, YS 정부 24.4%, DJ 정부 68.7%, 노무현 정부 48.5%, MB 정부 56.6%인 데 반해 2013년 이후 2015년까지 박근혜 정부 3년 동안에만 본원통화는 49%가 증가했다. 노태우 정부 이후 본원통화 증가속도가 가장 빠른 셈이다. 그러나 노태우 정부 시절은 물가상승률이 8%를 넘고 경제성장률도 10%에 가깝던 시절이므로 실질적으로 본원통화 증가율이 그렇게 높은 것은 지극히 정상적인 현상이다. 경제규모에 비해 본원통화가 얼마나 많은가를 보는 척도인「마샬의 k」로 보면 현재의 본원통화가 얼마나 많이 공급되었는지 알 수 있다. 노태우 정부 6.63, YS 정부 4.25, DJ 정부 4.99, 노무현 정부 5.41, MB 정부 6.41인 데 반해 박근혜 정부 3년차인 2015년 말 현재「마샬의 k」는 8.4를 넘어섰다. 경제규모에 비추어 볼 때 지난 30여 년 그 어느 정부 때보다도 박근혜 정부 3년 동안의 본원통화 공급이 많다는 것이다. 미국과 같이 '가다 서다(STOP-GO)'의 방식도 아니고 EU와 같이 '전진과 후퇴'의 방식도 아니며 일본의 '마츠리'같이 요란하게 떠드는 방식의 양적완화는 아니지만 조용하게 그러나 그 어느 정부보다 더 많은 기록적인 양적완화(본원통화 공급)가 진행되고 있음을 간과해서는 안 된다.

무역투자진흥회의에서 보이는 것과 안 보이는 것

국가미래연구원, 2016년 2월 18일

2016년 2월 17일자 청와대 공식 사이트의 〈청와대뉴스〉는 이렇게 시작한다. "박근혜 대통령은 오늘 오후 청와대에서 제9차 무역투자진흥회의를 주재하고 기업 인, 정부 등 관계자들과 수출 회복 및 투자 활성화 방안에 대해 논의했습니다." 무역과 투자를 활성화하기 위한 방법을 모색하고자 2013년 5월 1일 다시 부활한 청와대 무역투자진흥회의는 이번 정부 들어서서 여태껏 아홉 번 열렸으니 매년 세 번 정도 열린 꼴이다. 그러나 그날 회의 내용 어디에서도, 또 담당부서인 산업통상자원부의 후속 자료 어디에서도 손에 잡히는 새롭고 생생한 수출회복 방안을 찾아보기 힘들었다. 수출회복 방안뿐만 아니라 심각한 수출 부진에 대한 위기감조차도 읽을 수가 없었다고 하는 것이 맞을지도 모른다. 어느 정도로 수출부진이 심각한지에 대한 인식이 부족하니 대책 또한 텅 빈 것같이 느껴질 수밖에 없는 것이다.

첫째로, 청와대나 현 정부의 정책철학의 방향은 수출보다는 내수활성화에 있는 것이 확실하다. 〈청와대뉴스〉는 이렇게 쓰고 있다. "특히, 박근혜 대통령은 세계 경제의 저성장이 장기화되는 상황에서는 내수활성화를 통해 수출이 부진할 때도 견딜 수 있는 경제 체력을 키워야 할 것이라고 말하며 발전 여지가 큰 스포츠산업, 공유경제, 교육서비스 수출 등 서비스 산업과 농림, 어업 분야를 활용해서 고용과 성장, 수출로 연결해 줄 것을 주문했습니다." 이 문장을 들여다보면 수출이 부진할 때 내수활성화로 풀어 나가자는 얘기이다.

현 정부의 내수(서비스 산업)중심의 경제운용철학은 이미 오래전에 드러났었다. 2014년 1월 6일 신년기자회견에서 대통령은 경제혁신3개년 계획의 구상을 밝힌 적이 있는데 그날 발표된 3대 추진계획 중에 하나가 내수활성화였었다(다른 둘은 비정상의 정상화와 창조경제였음). 물론 "내수활성화를 통해 내수와 수출의 균형을 이루겠다."라고 하긴 했지만 수출주도형인 한국경제에서 '수출과 내수를 균형'하자고 하면 수출에 방점이 있는 것이 아니라 내수에 방점이 찍힌 것을 부인할 수는 없을 것이다. 지난해 울산의 수출은 21.1%가 감소했고 전라남도도 22.0%가 감소했으며 경상북도나 대구도 각각 15.5%와 9.2%가 감소했고 금년에도 현재(2월 10일)까지 국가전체 수출도 20.6%나 감소했다. 경제성장의 동력이던 수출이 이젠 한국경제 저성장의 중력파로 작용하고 있는 상황임에도 불구하고 아직까지도 '내수활성화를 통해 견딜 수 있는 경제 체력을 키워야 할 것이라'는 말은 수출부진의 심각성을 전혀 인지하지 못하는 확실한 증거이다.

둘째로, 아홉 번이나 개최된 무역투자진흥회의의 내용 중에서 대부분의 무역(수출)진흥대책은 재탕 혹은 삼탕으로 새로울 것이 거의 없는 내용이다. '수상태양광 발전사업 지원'도 2015년의 8차 회의에서 논의된 내용이고 입지·환경 등 사전 진입규제를 네거티브 방식(금지항목을 제외한 나머지는 모두 허용하는 방식)으로 바꾸겠다고 강조한 것도 이미 2013년 2차 회의 때 나왔던 대책이다. 동일한 내용의 반복은 무역투자진흥회의뿐만 아니라 대통령기자회견에서도 이미 드러났던 일이다. 2014년과 2015년 대통령 기자회견을 보면 474(잠재성장률 4%, 고용률 79% 및 국민소득 4만 달러), 유라시아 철도, 농업과 문화의 융합, 친환경 에너지타운, 규제개혁과 같은 단골 메뉴의 반복임을 알 수 있다.

무역통상 주무부처인 산업통상자원부가 이번에 내놓은 대책의 요지는 다섯 가지다 :

① 주력 수출 품목의 품목·시장 다변화(수출감소 최소화),
② 수출 유망품목 발굴[5대 유망소비재(화장품, 의약품, 농수산품, 패션의류, 생활유아)],
③ 중소·중견 내수기업의 수출기업화(3천 개에서 5천 개로 목표 상향),
④ 온라인 수출확대,
⑤ 수출애로 현장해결[수출 카라반(Caravan) 실시] 등이다.

어디서 본 듯한 데자부(deja-vu) 대책들이라 전혀 새로울 것이 없기도 하지만 그 어느 것 하나 과거에 나온 대책(특히 규제개혁)의 성과에 대한 구체적인 평가도 없고 부족한 점을 보완·개선하기 위한 후속대책도 없으며 그동안의 상황변동에 따른 구체적이고 진지한 개선책을 찾아보기 힘든 것이 사실이다. '수출 부진은 전 세계적 현상'이고 또 중국 등 세계 경제 둔화와 유가급락 등 경기적 요인이 작용하므로 수출이 단시일 내 반등하기는 어려운 상황이라고 판단하는 정부에게서 뚜렷한 대책을 기대하는 것 자체가 무리한 생각인지 모르겠다.

산업자원부의 평가대로 우리에게 진정으로 필요한 것은 기존 주력 제조업 수출 산업의 고도화이다. 이를 위해서는 반도체 및 전기전자의 ICT 산업, 철강, 조선, 자동차 및 부품 등 한국경제를 견인해 오던 산업의 경쟁력 상실요인이 무엇인지 파악하고 그를 고도화하기 위한 대책을 세워야 하는 것이다. 이 모든 산업은 서비스가 아니라 제조업이다. 수출산업의 고도화는 제조업의 고도화이고 제조업의 고도화가 바로 수출산업의 고도화와 같다. 독일, 미국, 일본 등 선진국들이 이미 제조업의 중요성을 다시 깨닫고 제조업혁신에 박차를 가하고 있지 않은가. 제조업 혁신은 사람과 설비의 고도화가 핵심이다. 몇 조 혹은 몇 십조의 돈으로 해결될 문제가 아니다. 이와 함께 중소중견기업의 수출기업 육성도 중요하다. 그러고 나서 중장기적으로 민간 신산업 투자 촉진을 통한 새로운 대체 수출 품목 창출이다. 이 모든 것은 제조업혁신의 중요성을 다시 한 번 인식하는 데에서 출발해야 하는 것이다.

기준금리를 내리면 안 되는 열한 가지 이유

국가미래연구원, 2016년 3월 9일

한국은행 금융통화위원회 회의가 열릴 때마다 주변에서는 기준금리를 내려야 한다는 둥 올려야 한다는 둥 말들이 많다. 지난번 금통위회의(2월 16일)가 '금리동결'로 결정되자마자 시장에서는 오는 3월, 적어도 상반기 중에 추가적으로 금리를 내릴 가능성이 높다고 봤다. 2월 금통위보고서에서 분명히 "*금융안정*에 유의하여 통화정책을 운용해 나갈 것"이라며 "이 과정에서 주요국의 통화정책 및 중국 금융·경제상황 변화 등 해외 위험요인, 자본유출입 동향, 지정학적 리스크, 가계부채 증가세 등을 면밀히 점검해 나갈 것"이라고 했음에도 불구하고 "한 금통위원의 소수 반대의견이 있었으면 다음 번 회의에서는 '반드시(?)' 내렸다"는 듣보논(듣지도 보지도 못한 논리)을 들이대며 인하 쪽에 바람을 불어넣기도 했다. 현재 시점에서 한국은행이 기준금리를 또 내려 금융시장을 불안정하게 만들면 안 되는 이유야 일일이 열거하기가 힘들 정도로 많지만 열한 가지만 나열해 보도록 하자.

(1) 여태껏 기준금리를 너무 많이 내렸다.

김대중 정부를 포함한 네 번의 정부 중에서 아직 3년밖에 안 된 박근혜 정부의 기준금리 인하율이 제일 컸다. 김대중 정부(4.75%에서 4.25%로 10.5% 인하), 노무현 정부(4.25%에서 5.0%로 17.6% 인상), 이명박 정부(5.0%에서2.75%로 45% 인하)에 비해 박근혜 정부 3년 동안 이미 45.5%(2.75%에서 1.5%로)나 인하되어 역대 어느 정부보다 정책금리 인하율이 크다. 다른 정부와는 달리 경제성장률이 올라가는데도 기준금리를 내리기도 했다(2013년 Q2). 최근 소비재 중심으로 물가가 올라가는 현상을 보면 디플레라고 하기도 어렵고 또 대통령의 말대로 그렇게 경제가 나쁘지는 않은 수준이라면 더더욱 기준금리를 내려야 할 이유가 없지 않은가.

(2) 기준금리 인하의 효과가 별로 입증되지 않는다.

기준금리를 내렸음에도 불구하고 소비나 투자나 경제성장에 미친 효과는 별로 뚜렷하지가 않다. 특히 2003년 이후에는 기준금리가 인하되었음에도 불구하고 즉각효과(impact effect) 및 1분기 직후 성장효과는 거의 없는 것으로 드러나고 있다. 예컨대 2003년 Q2-Q3의 0.5%포인트 인하에도 불구하고 경제성장률은 당기에 오히려 2.2%포인트 하락했고 1분기 뒤에도 인하 전 성장률 수준을 회복되지 못했다. 그것은 2004년 Q3-Q4의 0.5%포인트 인하나 2008 Q4-2009 Q1의 3.0%포인트 인하, 그리고 이명박 정부인 2012 Q3-Q4의 0.5%포인트 인하 때에도 마찬가지였고 다섯 번에 걸친 박근혜 정부의 기준금리도 마찬가지다. 예금 잔액이 대출 잔액보다 두 배 가까이 크고 기준금리 인하 시 대출금리 인하폭보다 예금금리 인하폭이 두 배 가까이 큰 상황에서 기준금리 인하는 대출자의 금리부담을 줄이는 효과보다 이자수입의 감소가 네 배만큼 크기 때문에 내수를 위축시킬 것이 뻔하다. 이러한 상황에서 무리하게 금리를 더 낮추자는 논리는 설득력이 떨어진다.

(3) 지금의 경제침체는 그동안 금리가 높았기 때문이 아니다.

지금의 경기악화가 기준금리 인하로 대응해야 할 성질의 경기악화가 아니라는 점이다. 수출이 월별로는 14개월 연속, 분기별로는 7분기 연속 '감소(전년동기대비)'하고 있는 것이 경기침체의 핵심 원인이라면 어떻게 기준금리 인하로 수출을 살릴 수가 있겠는가. '금리인하→환율절하'효과를 기대한다고 하지만 환율변동은 외환시장을 통해 일어나야지 금리를 가지고 조정했다가는 소 잡는 칼로 닭 잡는(우도할계) 격이 되고 말 것이다. 민간소비 부진의 원인이 가계소득 침체라고 한다면 더욱 금리인하로 접근해서 풀릴 문제는 아니다.

(4) 이미 외국자본의 해외 유출이 심각한 상황이다.

2015년 중 외국인투자가들의 투자회수가 533억 달러나 빠져나갔다. 이규모는 2008년 서브프라임 당시 빠져나간 돈과 거의 비슷하다. 경상수지가 1,000억 달러 흑자였기에 망정이지 만약 적자였다면 외환위기가 발생하고도 남았을 것이다. 만약 우리나라가 금리를 내려서 미국과 우리나라 수익률(금리) 차이가 더 벌어지거나 거기에다 환차손의 위험까지 더해진다면 자본의 해외유출 규모는 걷잡을 수 없이 확대되면서 금융시장의 불안을 야기할 가능성이 크다. 외환보유액이 3,600억 달러 정도 된다지만 하루 외환시장 거래량이 400억 달러임을 감안한다면 며칠이면 동나고 말 것이다. 현재 외환보유액이 결코 안심할 수준이 못 됨을 아는 사람은 다 안다.

(5) 국내자본의 해외유출 규모도 커서 걱정된다.

2015년 국내 금융기관이나 기업의 대외투자규모는 외국인의 투자회수보다도 더 많은 535억 달러에 달했다. 외국인의 국내투자 회수보다 더 큰 금액이다. 국내금융기관 혹은 기업이 대외투자를 많이 하는 이유는 국내수익률이 상대적으로 낮기 때문이다. 따라서 만약 국내금리가 더 떨어진다면 더 많은 국내자본이 해외투자로 빠져 나갈 것은 거의 분명하다. 외환위기의 잠재적 발단 원인은 외국투자가는 물론 국내금융기관이나 기업에게도 있다.

(6) 외환시장에서 원화환율 약세불안을 초래할 가능성이 높다.

이미 외국자본의 회수와 국내자본의 과도한 대외투자로 인해서 원화환율의 약세현상이 나타나고 있는 상황에서 기준금리를 추가적으로 더 낮추면 원화 약세는 가속화될 것이고 이로 인해 투기적인 자본유출이 초래될 가능성이 높다. 최근 원·달러 환율은 하루 등락폭이 10원을 넘을 정도로 변동성이 커졌고 주식시장과 채권시장의 외국인 투자자금도 지속적으로 순유출되는 등 불안한 흐름이 지속되고 있다.

(7) 가계부채를 급격히 확대시킬 우려가 높다.

현재 가계부채 1,200조 원은 이미 포화점을 넘어섰다는 것이 정설이다. 소득에 비해 과도한 가계부채는 금융기관의 전반적인 침몰을 초래할 정도는 아니라 하더라도 경제의 자생적 회복을 심각하게 훼손할 정도로 과도하다는 것은 아무도 부인할 수 없다. 이런 임계점의 상황에서 추가적으로 금리를 더 내린다면 가계부채가 축소되기는커녕 더욱 확대될 가능성이 높다.

(8) 은행산업의 수익성과 건전성이 크게 훼손될 것이다.

은행산업은 대출금리와 예금금리의 적정수준의 차이, 즉 예대마진을 바탕으로 하여 성장해 왔다. 그러나 초저금리 시대가 오래 지속되면서 어느 나라 할 것 없이 은행산업이 심각한 생존의 위험에 처해지게 되었다. 독일의 도이치은행의 도산 소문도 그렇고 유럽과 미국의 은행산업 영업부진도 예대금리차 축소에 기인하는 바가 크다. 우리나라도 예외는 아니어서 우리나라 은행산업의 수익성이 지난해에 크게 떨어진 적이 있고 당분가 이런 추세는 이어질 것이 확실하다. 이런 상황에서 금리가 더 내려간다면 전체 금융 산업의 가장 근본적인 기반이 되는 은행산업의 건전성을 심각하게 훼손시킬 가능성이 높다.

(9) 기업의 근본적인 구조조정과 혁신이 상당히 지연될 것이다.

전반적으로 경기가 나쁜 가운데 지나치게 낮은 저금리 상태가 지속되면 기업들은 생존을 위한 근본적인 혁신을 모색하는 것이 아니라 손쉬운 차입을 통해 연명해 나가게 될 것이며 이런 상태가 오래 지속되면 1997년 위기를 발생시킨 것과 같이 기업의 부채비율을 심각하게 상승시킬 것이다.

(10) 미국이 조만간 금리를 올릴 가능성이 크다.

최근 우리 금리를 낮추어야 한다는 여론이 갑자기 높아진 이면에는 중국경제 침체의 기조 위에 2월 초반 도이치은행의 부실 소문과 함께 유럽 은행산업의 부실문제가 대두되고 게다가 미국경제의 상황이 좋지 않아서 전반적으로 볼 때 미국이 금리를 올리지 못할 것이라는 예상이 팽배해졌기 때문이다. 그러나 도이치 은행과 유럽의 은행산업의 위기도 잦아들고 미국의 실물경제도 그다지 나쁘지 않을 것으로 전망됨에 따라 미국이 조만간 금리를 올릴 것이라는 분위기가 새삼스럽게 확산되고 있다. 미국이 조만간 금리를 올릴 것이 거의 확실한 상황이라면 어떻게 한국이 기준금리를 올릴 수 있겠는가.

(11) 한국의 지정학적인 리스크가 한층 커졌다.

북한의 핵실험과 장거리미사일 발사로 인하여 한반도 긴장관계는 전에 없을 정도로 고조되고 이는 그대로 금융시장에 반영되고 있다. 과거와 같이 지나치다 할 정도로 민감하게 반응한 것은 아니지만 그래도 수면 아래에서는 남북관계의 긴장악화가 상당히 실질적 금융시장에 영향을 주는 것을 읽을 수 있다. 이런 시점에 한국은행이 기준금리를 내린다면 금융시장의 불안정에 불을 댕기는 역효과를 일으킬 가능성이크다.

한국은행의 기준금리는 성장정책의 수단이 아니라 금융안정의 수단이다. 다른 기관이라면 몰라도 한국의 중앙은행은 첫째, 한국경제에 대한 최고의 전문성이라는 소신을 갖고, 둘째, 책임 없는 사람들의 무책임한 요구를 묵묵히 배제하여 중심을 잡으며 셋째, 오로지 긴 안목으로 금융시장의 안정을 통하여 국민경제의 건전하고 성숙된 발전에 기여해야 한다. 중앙은행이 흔들리면 한국경제가 흔들린다.

뒤죽박죽 양적완화 논리와 한국은행

국가미래연구원, 2016년 5월 10일

(1) 급하다고? 문제의 핵심은 대우조선해양이다.

무엇이 그다지도 급하기에 묻지도 따지지도 말고 한국은행은 돈을 붓기만 하라는 것인가? 조선3사의 천문학적인 부실규모가 당장 큰 문제라고? 2015년 말 현재 대우조선해양과 현대중공업과 삼성중공업 3사의 부채규모는 65.9조 원이다. 가계부채(=가계신용) 1,200조 원에 비하면 5.5%에 불과하다. 그것도 2년 전인 2013년 말 부채규모는 59.3조 원이었으니 2년 동안 11.1% 밖에 늘지 않은 셈이다. 그렇게도 낮은 초저금리였음에도 불구하고 연간으로 따지면 5.6% 증가한 셈이니 같은 2년 동안 가계부채 증가속도 18.4%보다도 훨씬 낮다. 결론적으로 조선3사의 부채가 문제라면 가계부채는 훨씬 더 큰 문제이다. 조선산업의 구조조정을 위해 한국은행이 돈을 풀어야 한다면 가계부채의 해결을 위해서는 훨씬 더 많은 돈을 풀어야 한다. 조선해운산업의 구조조정을 위해

서둘러 한국은행이 돈을 풀어야 한다는 논리에 동의하지 못한다.

문제의 첫 번째 핵심은 대우조선해양이다. 대우조선해양은 2105년 무려 5조 5,051억 원의 영업 손실을 기록했고 2016년 1분기에도 263억 원의 영업 손실을 기록하면서 흑자전환에 실패했다. 부채비율은 7,308.5%(동아일보 5월 5일)에 달하여 221%, 306%에 불과한 현대중공업과 삼성중공업과는 차원이 다른 문제이다. 어렵기는 하지만 그래도 현대중공업과 삼성중공업은 그런대로 흑자를 내고 있다. 그리고 나름대로 어려운 상황을 헤쳐 나가기 위한 자구계획에 매진하고 있다. 그러나 대우조선해양은 이미 6조 5천억 원에 달하는 공적 자금을 쏟아부었지만 결국 헤어나지 못했으며 분식회계라는 도덕적 해이 행위를 저지른 의혹까지 초래했다. 이것은 대우 자체에게도 문제가 있지만 현재의 구조조정 방식에도 문제가 있음을 시사한다. 이것이 두 번째 문제의 핵심이다.

(2) 먼저 대우조선의 구조조정 방식을 결정하라.: 헤쳐 모여야 한다.

기업구조조조정은 크게 5단계로 나뉜다. 1단계는 주채권은행과의 재무구조개선 약정단계이고, 2단계는 채권단과 해당기업 간의 자율협약(채권단과의 공동관리)이고, 3단계는 기업개선작업, 즉 워크-아웃(work-out) 단계이며, 4단계는 법정관리, 즉 기업회생관리단계이고, 마지막으로 5단계는 기업청산이다. 현재 대우조선은 채권단과 재무구조개선약정을 체결한 상태로써 2단계인 자율협약보다는 강도가 다소 낮은 수준이다. 대우조선 주채권은행이자 최대주주인 산업은행은 자율협약, 워크아웃, 법정관리 등 구조조정 3가지 카드를 병렬로 검토하고 있는 것으로 알려져 있다. 다른 한편에서는 법정관리도 불사한다는 얘기가 들리고 있다.

그러나 문제는 이런 구조조정방식이 아니다. 국책은행으로서는 "일단 회사를 살리는 게 목표"라며 "대우조선해양을 포기해야 한다는 생각은 전혀 하지 않고 있다"고 말했다. 그러나 물불을 가리지 않고 모든 부분을 안고 가는 이런 방식은 올바른 구조조정이 아니다. 업계 일각에서는 조선과 같은 중후장대 사업은 중국 등에 밀려 경쟁력을 상실하고 있는 만큼 과감하게 버리는 결단이 필요하다고 하지만 대우조선의 경쟁력이 있는 부분은 살리되 경쟁력이 없는 부분을 도려내는 것이 올바른 구조조정이다. 한때 LNG(액화천연가스)선 발주물량 133척 중 51척을 독식할 정도의 기술력이 있다면 그 부분은 살리되 경쟁력이 없다고 판단되는 부분은 도려낼 필요가 있다. 대우조선해양은 헤쳐 모여야 한다. 경쟁력이 없는 부분을 워크아웃하든지 법정관리하든지 경쟁력이 있는 부분을 자율협약으로 독립시키든지 다른 회사와 M&A를 하든지 하는 방식의 문제는 그 다음의 마이너(minor)한 문제일 뿐이다.

(3) 그다음은 국책은행의 자본확충과 구조조정이다.

이 과정에서 소요되는 재원은 일차적으로는 재정에서 충당하고 이차적으로는 국책은행의 자본확충이나 기채로 해결하면 된다. 산업은행의 자본 확충은 대우조선해양 등 조선업종의 구조조정 방향이 결정되고 나서 정해지는 것은 당연하다. "조선업 구조조정이 어떻게 진행되는지에 따라 자본 확충의 시기와 규모가 달라질 수밖에 없다"는 산업은행 당국자의 말은 옳다. 해운조선 산업의 업황이 어떻게 전개되느냐에 따라 산업은행의 자본 확충규모도 달라질 것은 확실하다. 이것도 저것도 정해지지 않은 지금의 상황에서 자본부터 확충하자는 것은 본말의 전도이다. 2015년 말 기준 산업은행의 BIS 비율은 14.28%로써 시중은행 평균치 14.85%와 비슷한 수준이다. 그러나 조선·해운·철강 등 구조조정 대상 기업에 빌려준 자금 규모가 큰 편이라는 점을 고려할 때 건전성 위험이 존재한다. 실제 산은은 지난해 경기침체 여파로 7조 3천억여 원의 부실채권을 떠안았다. 따라서 부실기업매각 등 자체 구조조정계획을 통해 국제결제은행(BIS) 기준 자기자본비율을 올리는 것 또한 자본 확충 못지않게 시급하다.

이와 함께 대우조선이 이 지경으로 오기까지 간여한 모든 경영책임자는 물론 관리책임이 있는 국책은행 관계자와 채권은행 책임자, 그리고 중요한 정책결정에 간여한 정부 책임자에게도 응분의 책임을 물어야 한다. 문제는 그런 대기업의 부실에 대해 구조조정을 한다는 명분으로 천문학적인 국민의 돈 공적자금을 갖다 부으면서도 온갖 비효율과 비능률과 비도덕을 빚어내는 국책은행을 바로잡지 못하면 조선 산업의 몰락 자체보다 더 위험한 해악이 되는 것이다.

(4) 한국은행은 최후의 보루(last resort)여야 한다.

정부는 수출입은행, 산업은행 등 국책은행에 한은이 출자하게끔 하는 방안을 검토해 온 것으로 알려져 있다. 반면에 한국은행은 손실 최소화 원칙에서 볼 때 출자보다는 대출이 적절하다면서 정부입장에 대해 난색을 표명했다. 미국 중앙은행(Fed)이 AIG와 GE 등에 유동성을 지원할 때도 출자 대신 대출을 택해 상환 절차를 분명히 했다는 설명이다. 그러면서 '은행자본확충펀드'를 대안으로 제시했다. 대출 방식은 담보 설정 등이 가능하고 또 언젠가는 채권이 회수될 것이므로 통화가치를 안정시킬 수 있다는 생각이다. 한국은행의 이 생각 또한 성급하고 섣부르다. 먼저 (1) 대우조선해양의 구조조정 방안이 마련되고 (2) 그에 바탕한 국책은행의 구조조정 및 자본 확충방안이 적절히 수립된 다음에 (3) 출자든 대출이든 결정되어야 제대로 된 순서다.

한국은행이 먼저 나서면 안 되는 이유는 다음과 같이 명백하다. 첫째, 이미 한국은행의 재무구조도 염려스러울 만치 위태롭다. 현금통화 90조 원에 통화안정증권잔액은 186조 원에 달하고 지준예치금은 113조 원이나 되어 합하면 389조 원에 달한다. 둘째, 역대 어느 정부보다도 박근혜 정부 들어와서 3년 동안 훨씬 많은 본원통화발행(양적완화)이 진행되었다. 특히 이명박 정부 5년 동안 늘어난 본원통화 31.9조 원보다도 박근혜 정부 3년(2013년-2015년) 동안에만 43.1조 원이나 늘어났다.

[표 1] 역대 정부 본원통화 증가(양적완화) 비교표

	본원통화잔액(임기초)	증가(조 원)
노태우 정부	7.5	10.6
김영삼 정부	18.1	4.4
김대중 정부	22.5	15.5
노무현 정부	38.0	18.4
이명박 정부	56.4	31.9
박근혜 정부(2013년-2015년)	88.3	43.1

셋째, 국회와 달리 한은 총재와 금융통화위원들은 국민이 선출한 사람이 아니므로 법에서 정한 명확한 기준과 범위 없이 한국은행 임의로 발권력을 남용해서는 안 된다. 한국은행법 제65조 ①항은 통화와 은행업이 직접적으로 위협을 받는 중대한 긴급사태 발생 시에 금융기관에 대하여 일시적으로 여신을 할 수 있다고 되어 있다. 1997년 외환위기 직후나 2008년 금융위기에서와 국가적

금융안정의 관점에서 명백하고도 시급한 경우(evident and imminent)가 아니면 발권력을 함부로 동원해서는 안 된다. 1997년 외환위기 당시 한국은행이 수출입은행에 대한 출자 형태로 정부의 구조조정을 지원한 것에 대해 비판이 나온 적이 있듯이 비록 외환위기와 유사한 상황이라 하더라도 특정 산업이나 기업을 타깃으로 하는 발권력 동원은 역사적인 예로 볼 때 특혜시비로 비판받을 수 있다는 점을 명심해야 한다.

금융불안의 초대장 : 한국의 금리인하

국가미래연구원, 2016년 6월 6일

미국의 공개시장위원회(이하 FOMC)가 금명간 금리를 인상할 가능성이 점차 높아지고 있다. 과거에도 공공연히 금리를 올려야 한다는 주장을 펼친 FOMC 회원이 있었지만 최근에는 구체적으로 6월 혹은 7월 중에 금리를 올려야 한다고 주장하는 FOMC 회원들이 많아졌다. 달라스 연방은행 총재 카플란도 이번 금리인상에 동의한다고 했고(5월 17일 화요일) 뉴욕연방은행 총재 더들리도 금리인상이 6월-7월 의제에 들어 있다(5월 19일)고 하면서 강력하게 인상을 지지하는 듯한 발언을 했으며 옐런 연준 의장도 "몇 개월 안에 금리를 인상하는 게 적절할 수 있다."고 말했다(5월 27일). 다른 FOMC 회원이라면 몰라도 옐런 연준 의장과 12개 연방은행 중의 최상위를 점하는 뉴욕연방은행 총재의 언급이라면 미국금리인상이 임박했음은 결정적이라고 봐야 할 것이다. 물론 옐런 연준 의장의 발언에도 불구하고 시장 전문가들의 6월 인상확률은 종전 30%에서 34%로 조금 오르는 데 그쳤지만 7월 인상확률은 60% 이상으로 두 배 이상 높아졌다.

미국의 금리인상 가능성이 높아지면서 각 나라 중앙은행의 고민이 깊어지고 있다. 지난 3월 ECB가 기준금리를 0.05%에서 0.00%로 깎아 '제로금리 시대'를 선언했지만 한 추정에 의하면 5천 억 유로가 넘는 자금이 빠져나가고 주가지수도 연초 대비 6% 가까이 하락하는 등 부작용이 나타나고 있기 때문에 금리를 더 내릴 수는 없게 되었다. 따라서 시장에서는 유럽중앙은행(ECB)이 6월 2일 통화정책회의에서 기준금리를 동결할 것으로 예상하고 있다. 지난달처럼 ECB의 추가 부양 의사를 강조하는 한편 유럽의 마이너스 금리 도입은 신중해야 한다는 의견이 주를 이루고 있기 때문이다. 일본은 미국 금리인상 소식에 엔화 가치도 떨어지고 주가도 덩달아 오르고 있어서 일단은 금리인상을 반기는 표정이다. 그러나 긴 안목에서 보면 추가적인 금리인하 혹은 양적완화의 가능성을 위축시킴으로써 일본중앙은행의 역할을 위축시킬 것이라는 우려가 높아지고 있다.

한국은행도 고민이 깊어지고 있다. 한편으로는 추락하는 경기를 끌어올리고 기업 구조조정에 따른 충격을 완화하기 위해서 한은이 금리를 인하해야 한다는 목소리가 높다. 앞장서서 금리 인하를 주문하는 것이 한국개발연구원(KDI)이다. 올해 성장률을 종전의 3.0%에서 2.6%로 0.4%포인트나 낮추면서 완화적 통화정책으로 경기를 부양해야 한다는 주장을 펴고 있다. 금리 인하를 통해서 경제주체들의 '안심 심리'를 이끌어 내야 한다고 주장하는 사람도 있고 추가적인 경기 하락을 막기 위해서도 금리 인하가 필요하다는 지적도 있다. 현재 경기침체와 디플레이션이 심화되고 있고 구조조정 과정에서 악화될 수밖에 없는 경기 사정을 고려하면 금리 인하의 필요성과 필요한 인하 폭은 더욱 커지고 있다고 말하는 사람도 있다.

다른 한편으로는 미국이 금리를 올리는 경우 내외금리차가 줄어 국내에 투자된 외국인 자금이 유출될 가능성이 있으므로 금리를 인하할 수도 없다는 주장이 맞선다. 지난해 말 미국의 금리 인상 당시 중국에서도 외국인 투자자금이 대규모로 유출돼 증시 폭락 등 금융시장이 충격을 맞았고 한국 증시도 휘청거렸다.

만약 연준이 예상대로 이자율을 0.25%포인트 올리고 한국은행은 기준금리를 0.25%포인트 내린다고 가정해 보자. 그러면 한국과 미국의 기준금리 차이는 1.0%포인트에서 0.5%포인트로 떨어지는데 이는 2007년 9월 0.5%포인트 이후 9년 만에 가장 낮은 수준이다. 2000년 1월 이후 지금까지 16년 동안 한국과 미국의 기준금리 차이는 3.25%와 -1.5% 사이를 오갔지만 평균적으로는 1.5% 선에서 유지되었었다. 특히 2004년 초까지만 해도 2%-3%대를 유지하던 한국과 미국의 금리차는 2004년 6월부터 금리차가 줄어들어 2006년 5-7월에는 -1%까지 하락했다. 2004년 6월부터 그해 12월까지 미국은 기준금리를 1.25%에서 2.25%로 1%포인트 올리는 동안에 한국은 오히려 기준금리를 3.75%에서 3.25%로 0.5%포인트 낮추는 바람에 금리격차는 2.75%포인트에서 1.0%로 낮아졌고 그 이후 2005년과 2006년 미국이 2.25%에서 5.25%로 3.0%나 올리는 동안에 한국은 3.25%에서 4.25%로 1%포인트 밖에 올리지 않은 결과 2005년 후반과 2006년 6월 한미 금리격차가 마이너스로 떨어졌고 2006년 6월에는 -1%까지 벌어진 적이 있다.

한미 간의 금리격차가 2.75%에서 -1.0%로 떨어진 2004년부터 2006년까지 3년 동안에 무슨 일이 일어났을까? 금리를 의도적으로 낮춘 3년 동안 경제성장률은 2004년 4.9%, 2005년 3.9%, 2006년 5.2%로 큰 변화가 없었다. 달러당 환율은 2004년 1,043원, 2005년 1,013원, 2006년 930원으로 오히려 소폭 강세를 띠었다. 주목하는 것은 증권투자 동향이다. 먼저 외국인 국내증권투자의 경우 2004년 184억 달러, 2005년 141억 달러, 2006년 79억 달러로 계속 줄어들었다. 반면에 해외증권투자는 2004년 118억 달러, 2005년 176억 달러, 2006년 312억 달러, 2007년에는 564억 달러(사상 최대치)로 폭발적으로 늘어났다. 그 결과 증권투자수지는 2004년 66억 달러 순유입에서 2005년 35억 달러, 2006년에는 234억 달러, 그리고 2007년에는 271억 달러의 순유출을 기록했다. 이것은 당시까지 역대 최대 순유출 규모였다. 이 순유출자금을 조달하기 위해 2006년과 2007년에는 각각 441억 달러와 416억 달러라는 천문학적인 자금을 차입하기에 이르렀고(당시 경상수지흑자는 2004년 297억 달러에서 2005년 126억 달러, 2006년 36억 달러로 쪼그라들었다) 2008년 서브-프라임 위기로 들어가는 특급 초대장이 된 셈이었다.

물론 2004년-2007년과 현재는 상황이 많이 다르다. 그러나 첫째 유사 이래 예를 찾아보기 힘든 수출부진이 장기화되고 있고 둘째, 경상수지 흑자규모가 빠르게 줄어드는 상황에다가 셋째, 여소야대의 불안한 정국과 넷째, 조선해운 등 산업전반적인 구조조정의 마찰과 다섯째, 대북긴장고조 등의 주변 여건을 고려할 때 지금은 2004-2007년보다 나을 것이 별로 없지 않은가. 2012년 중반까지만 해도 3%대를 유지하던 한미 금리격차가 계속 떨어져 0.5% 혹은 그 이하로 내려간다면 2007년처럼 급격히 외국인의 국내투자자금이 빠져나가서 금융 불안이 발생하지 말라는 보장이 없지 않은가.

외환보유액 제방은 튼튼한가?

국가미래연구원, 2016년 12월 12일

지난 두 달 연속 외환보유액이 줄어들었다. 금년 9월 3,686억 달러에서 11월 3,625억 달러로 두 달 사이 61억 달러나 줄어든 셈이다. 특히 경상수지 흑자가 지속되는 상황이라면 한국은행 외환보유액은 늘어나야 할 텐데 오히려 줄어드는 것이 이상하다. 한국은행 외환보유액의 구체적인 구성내용이 공개되지 않고 있는 현실에서 외환보유액이 어디서 얼마나 왜 줄어들었는지를 알 수는 없지만 최근의 달러 강세로 인한 영향이 컸을 것은 미루어 짐작할 수가 있다. 2016년 8월 말에 비하여 11월 말 현재 엔화와 달러화는 각각 9.15%와 4.67% 약세가 되었다. 한국은행이 외환보유액의 절반을 달러 자산에 운용하고 나머지 절반을 엔화와 유로화 표시 채권에 운용한다고 가정하면 엔화 및 유로화 채권투자 규모는 약 1,843억 달러 규모가 된다. 이를 절반씩 나누어 엔화와 유로화에 운용한다고 하면 엔화 및 유로화 채권투자 규모는 각각 920억 달러가 되는데 이 중 엔화가치 하락에 따른 엔화채권의 평가손실규모는 약 84억 달러가 되고 유로화 채권의 평가 손실은 43억 달러가 된다. 따라서 엔화 및 유로화 가치 하락에 따른 외환보유액 하락규모는 약 127억 달러 정도였을 것으로 추산된다.

외환보유액의 또 다른 하락요인은 채권가격의 하락에 따른 평가손실이다. 트럼프 당선 이후 국제채권 가격은 많이 하락했다. 예컨대 미국재무성 채권(10년 물)의 경우 금년 8월 말 수익률은 1.57%였으나 12월 9일 현재 수익률은 2.46%로 그 사이에 수익률이 57%나 뛰었는데 이를 채권가격으로 환산하면 거의 1% 정도 하락했다는 것을 의미한다. 따라서 만약 같은 기간의 채권매각 규모가 600억 달러라고 한다면 그 사이에 약 6억 달러 정도 평가 상의 가치하락이 일어났음을 뜻하는 것이다. 같은 기간 국제수지상의 준비자산 증가규모가 대략 72억 달러 정도 된다고 보면 외환보유액 61억 달러 감소는 대체로 계산이 맞아떨어지는 셈이다:

달러강세에 따른 평가손실 (-)127억 달러
+ 채권가격하락에 따른 손실 (-) 6억 달러
+ 국제수지상의 준비자산 증가 72억 달러

= 외환보유액 감소 (-) 61억 달러

물론 채권의 경우 실제로 매각하기 전에는 항상 매입한 때의 가격으로 평가하므로 채권가격의 변동에 다른 평가손익은 외환보유액에 나타나지 않는다. 그러나 미국 트럼프 정부하에서 지속적으로 금리가 상승하게 되면 보유채권의 가격하락에 따른 외환보유액의 감소는 불가피할 것이다. 예를 들어 한국은행의 보유 대외채권이 전체 외환보유액의 80%(2,880억 달러)라고 하고 만기가 모두 5년 이내라고 가정할 때 향후 5년 동안 채권가격이 30%만 하락한다고 하여도 외환보유액의 평가손실 규모는 864억 달러에 달한다.

지난 2012년부터 2016년 3분기까지 누적경상수지 흑자는 3,953억 달러에 달한다. 그러나 같은 기간 외환보유액은 2,982억 달러에서 3,686억 달러로 704억 달러 밖에 늘지 않았다. 그 이유는 대부분의 경상수지 흑자가 한국은행으로 유입된 것이 아니라 민간 금융기관이나 기업으로 흘러 들어갔기 때문이다. 아래 [표]에서 보듯이 2011년 말에 비해 은행의 대외채권은 812억 달러 늘었고 기업 등의 대외채권은 1,273억 달러 늘었다. 같은 기간 은행의 대외부채는 199억 달러 줄었고 기업 등의 대외부채는 51억 달러 늘었다. 결국 2011년 말에 비해 은행과 기업 등의 순대외자산은 2,233억 달러 늘었고 한국은행의 외환보유액은 704억 달러 늘었으니 합하여 2,937억 달러 증가한 셈이다. 그렇다 하더라도 같은 기간 경상수지 흑자누계(3,953억 달러)보다는 1,000억 달러 이상 적다. 그것은 아마도 2011년 말 이후 거주자의 대외자산 증가나 비거주자의 국내투자 회수와 관련이 있는 것이 분명하다. 다시 말해 지난 5년 동안의 경상수지 흑자(3,953억 달러) 중에서 약 1,000억 달러는 기록에 잡히지 않은 거주자의 대외자산 증가나 혹은 비거주자의 투자회수로 빠져 나갔을 가능성이 크다고 봐야한다.

[표] 경상수지 누적흑자 3953억 달러의 향방

	대외채권		대외부채		외환보유액
	은행	기업	은행	기업	
2011. 말	1,008	731	1,963	1,204	2,982
2016년 3분기	1,820	2,004	1,764	1,255	3,686
변 동	+812	+1273	–199	+51	+704

3,600억 달러의 외환보유액 규모는 2008년과 같은 외환위기를 예방하기에 충분한가? 답은 3,600억 달러 외환보유액 규모 자체는 외환위기를 예방하는 데 충분하지 않다는 것이다. 2008년 위기 직전인 2007년만 하더라도 외환보유액은 2,618억 달러였으므로 지금과 비교하여 손색이 없는 상당한 규모였다. 그럼에도 불구하고 당시 한국정부는 미국, 일본 등과 총 600억 달러 규모의 통화스왑협정을 맺어 긴급하게 유동성부족을 해결하지 않으면 안 되었다. 외환보유액 자체가 외환위기를 예방하는 데 별로 큰 의미가 없는 것은 IMF위기 당시에도 마찬가지였다. 당시 한국은행의 공식적인 외환보유액은 230억 달러를 넘었으나 유동성 부족으로 인해 결국 총 160억 달러의 IMF 긴급구제금융에 의존할 수밖에 없었다.

그러나 한국의 외환보유액이 외환위기를 막기에 충분하지 않다고 해서 한국이 외환위기에 봉착해 있다는 것을 의미하지는 않는다. 첫째로, 큰 폭의 경상수지 흑자가 계속되고 있는 점이다. 지난 5년간 누적 경상수지 흑자는 3천억 달러를 뛰어넘고 있다. 이런 경상수지 흑자가 지속되는 한 외환위기를 걱정할 이유는 희박하다. 물론 최근에 수출이 부진하기는 하지만 수입 또한 크게 줄어들고 있으므로 외환부족 상태를 걱정할 필요는 없다. 둘째, 지난 몇 년간 중앙은행 이외 금융기관들의 외환보유액이 상당 폭 증가했다는 점이다. 은행과 기업의 대외자산은 각각 812억 달러와 1,273억 달러나 늘어났다. 거의 한국은행 외환보유액의 55%에 달하는 규모다. 은행과 기업의 이런 외화자산은 외환위기를 예방하는 데 큰 방패막이가 되어 줄 수가 있는 '예비 외환보유액'이라고 할 수 있다. 따라서 경상수지 흑자기조가 유지되고 또 민간부문의 외환보유액이 계속 확대되는 한 외환위기 가능성은 매우 낮다고 봐야 한다.

그러나 외환위기 가능성이 낮다고 해서 전혀 위기가 일어나지 않는다고 장담할 수도 없다. 특히 외국인의 국내증권투자 규모가 460조 원(약 4천억 달러)이나 되므로 외국인 투자자금이 갑자기 유출된다면 큰 충격이 될 것은 분명하다. 따라서 금융당국은 몇 가지 점에 유념하여 외환위기를 사전에 예방하도록 해야 한다. 첫째, 외국인투자자금의 유출입을 매일 단위로 면밀히 모니터링해야 한다. 둘째, 은행과 기업 등 민간부문이 보유하고 있는 대외자산을 일제히 정기적으로 점검하여 그들의 포지션을 관리하여야 한다. 특히 민간부문 대외자산의 유동성을 높이는 방향으로 관리하여 만일의 경우 동원할 수 있는 대비태세를 강화해야 한다. 셋째, 금리와 통화정책에서 패착을 하지 않도록 유의해야 한다. 특히 미국의 금리가 인상되는 시점에서 한국의 금리를 낮추는 정책실패를 범하지 않도록 유념해야 한다. 넷째, 달러 가치가 급격히 불안해지지 않도록 외환시장에 대한 관리감독도 강화해야 할 것이다. 다섯째, 달러 가치가 상승할 것을 기대한 민간부문의 투기적 달러 매입을 철저히 관리 감독해야 한다. 경상수지 흑자와 외환보유액을 감안할 때 외환위기가 발생할 가능성은 높지 않다. 그러나 국내경제가 장기간 불황을 벗어나지 못하는 상황에서 미국 트럼프 정부의 불확실성이 높아진데다가 국내정치적 리스크가 크게 높아졌으니 위기의 가능성이 높아지고 있는 것도 사실이다. 정책당국의 역량이 시험대에 올랐다고 봐야 한다.

IV

흔들리는 문재인 정부의 J-노믹스 (2017-2018)

선진 대한민국의 시대정신과 9대 핵심 정책과제

국가미래연구원, 2017년 1월 10일

모든 국가는 국민(사회)과 정부, 그리고 경제로 구성되어 있고, 국민들이 국가에 요구하는 핵심가치는 크게 공정, 통합, 혁신 세 가지로 요약된다. 공정과 통합은 일반국민집단과 전문가집단 공통적으로 가장 중요한 핵심가치로 인식하고 있다. 다만 전문가집단들은 혁신을 강조하고 있는 반면 일반국민들은 안전(경제안정 및 재난안전)을 더 중요한 핵심가치라고 지적하고 있다. 그러나 혁신은 국가와 경제와 국민(사회)의 부조리, 비효율 및 비능률을 척결함으로써 생산성과 효율성을 높이자는 것이므로 혁신이 일어날 경우 필연적으로 경제안정과 사회 안전이 따라 올 것이다. 즉 혁신이라는 전문가집단들의 핵심가치(방법)와 안전이라는 일반국민들의 핵심가치(목적)는 서로 다른 것이 아닌 방법이냐 목적이냐의 차이에 불과하다. 국가의 3대 요소인 국민(사회), 정부 및 경제에 관해 국민이 요구하고 있는 3대 핵심가치 공정(정의), 통합, 혁신(개혁)을 적용하면 ▲공정(정직)사회 ▲공동체 사회 ▲자유·창의 ▲부패척결 ▲균형·분권·책임 ▲혁신·투명 국정 ▲포용성장 ▲노사화합 ▲중기중심개혁 등 총 9가지 국가의 핵심정책과제가 설정될 수 있다.

(1) 공정하고 정의로운 사회를 세워야 한다

대다수 국민들은 우리 사회가 공정하지 못하다고 믿는다. 권력 실세들의 자제들이 국가 공공부문은 물론 경제부문에서 입사나 혹은 인사에서 부당한 혜택을 입는 사례가 허다하다 믿는다. 뿐만 아니라 최순실 국정농단의 단면에서 보듯 대학교의 입학절차가 공정투명하지 않으며 아파트 관리비 비리에서 보듯이 사회 곳곳에 비리와 부정이 만연해 있다고 느낀다. 공익을 내세우는 사회단체들조차도 경비유용이나 인사에서 정의롭지 않은 경우가 많다고 느끼고 있다. 정부나 경제가 아닌 민간부문, 즉 학교, 사회단체, 종교단체, 지역단체, 친목단체 등과 같은 일반 국민 및 사회부문에서조차 공정성과 정의성이 보장되지 않는 사회라면 그것은 그야말로 뿌리까지 썩고 죽은 사회나 마찬가지다. 이를 바로잡기 위해서 무엇보다도 민간부문의 투명성과 자체감사기능 및 정부(외부)당국의 감시감독기능이 획기적으로 보강돼야 한다. 범죄자 정보의 신속한 공개를 통한 범죄예방 체계구축 등이 필요하다.

(2) 약자를 돌보는 공동체 사회를 세워야 한다

사회에는 약자가 있게 마련이다. 자연적인 조건에 의한 구조적인 약자(예: 장애인, 환자, 노인, 결손가정 자녀)도 있고 시스템에 따른 제도적인 약자(예: 입사실패자)도 있으며 일시적인 약자(예: 질병으로 인한 일시퇴직자나 경기부진으로 인한 실업자)도 있게 마련이다. 국가와 사회는 이러한 약자를 보호해야 할 의무가 있다. 약자가 된 귀책사유가 본인에게 없는 경우는 말할 것도 없고 귀책사유가 본인에게 있다고 하더라도 최소한의 인간다운 생활을 영위하기 위한 권리는 주어져야 한다

(헌법32조, 근로의 권리, 34조 사회보장권). 헌법에 의해 규정된 국민기본권 보장이 최소한의 기본권 보장이라면 이와 별도로 사회는 사회대로 국민의 기본적인 인간다운 생활을 보장해야 할 도덕적 책무를 지닌다고 봐야 한다. 또 국가는 이런 사회의 공동체 돌보기를 적극적으로 권장 유도하는 체제를 구축해야 한다.

(3) 자유 · 창의를 통해 민간부문이 혁신되어야 한다

민간부문 혁신의 핵심 동력은 자유와 창의다. 경제는 물론 과학, 문화, 체육 및 모든 인간 활동에서 자유와 창의는 혁신을 이루어내는 원동력이다. 따라서 헌법 제119조 1항의 민간과 기업의 자유와 창의 보장규정은 경제적인 활동뿐만 아니라 모든 인간의 활동으로 확대 적용되어야 한다. 특히 과학, 교육, 문화, 체육, 예술 등과 같은 창조적 인간 활동에서는 더욱 창의성과 자유가 보장되어야 한다.

(4) 근원적이고 상시적으로 공공부문의 부패를 척결해야 한다

대한민국의 정부 및 공공부문에는 부패가 만연해 있다. 굳이 국제통계를 들먹거리지 않더라도 한국의 정부 및 공공부문에는 지위의 높고 낮음에 상관없이 부정부패와 부당함이 전염병처럼 퍼져 있다. 부정부패, 부당함을 근원적으로 척결하기 위한 종합적이고 체계적이며 효과적인 대책이 시급하다.

(5) 공공부문의 균형 · 분권을 통해 책임지는 정부를 구축해야 한다

중앙정부의 과도한 권한 칸막이 및 정보 집중을 완화해야 한다. 특히 중앙부서 간의 업무 및 정보 칸막이를 터서 서로 정보 및 인사를 교환하고 협의하며 정책을 수행하도록 해야 한다. 예를 들어 금융감독원과 국세청과 국민의료보험공단의 정보가 서로 공유되도록 함으로써 금융정책과 국세행정과 의료복지 행정이 서로 유기적으로 효율적으로 수행될 수 있도록 서로 보완하고 소통해야 한다. 중앙정부와 산하 기관 사이에도 상하관계가 아니라 서로 보완관계에서 업무가 처리되도록 해야 하며, 산하 기관의 전문성과 자율성이 최대한 보장되도록 인사 및 재정의 권한이 독립적으로 견지되어야 한다.

중앙정부와 지방자치단체 사이에도 근본적으로 비교 우위 입장에서 업무와 권한과 인사를 서로 나누어 행사하도록 해야 한다. 지방정부의 재정이 자립될 수 있도록 점진적으로 제도를 개선해 나가야 하며 중앙정부의 역할은 축소하고 지방정부의 역할은 제고되어야 한다.

모든 중앙정부, 지방정부 및 공공기관은 고유 업무의 영역을 분명히 규정하여 책임을 전적으로 질 수 있도록 해야 한다. 이를 위해 모든 정부 및 공공기관의 고유책임업무를 분명하게 명시하고, 모든 정부 및 공공기관의 토의 및 의사결정의 기록을 예외 없이 의무적으로 남기도록 하며 이를 공개토록 법으로 정해야 한다.

(6) 끊임없이 혁신하는 투명한 국정이 되어야 한다

민간부문이 생존을 위해 끊임없이 스스로 혁신하는 것과 마찬가지로 정부와 공공부문도 끊임없이 혁신하도록 체제를 갖춰 줘야 한다. 이를 위해서는 모든 공공부문 구성원에게 혁신을 해야 하는 인센티브를 줘야 한다. 그리고 이 인센티브제도가 제대로 작동하기 위한 올바른 평가시스템이 갖추어져야 한다. 공공부문의 평가시스템은 공공부문 내부가 아니라 중립적이고 전문적이며 효과적인 외부에 의해 작동되어야 한다. 특히 공공부문 서비스에 대해 직접적으로 영향을 받는 국민들의 다수 의견이 정책수립 단계, 시행 및 평가 단계에서 수시로 충분히 반영되는 소통시스템이 구축되어야 할 것이다.

(7) 포용성장하는 경제가 되어야 한다

국가발전이 어느 특정 부문(예: 공공부문)이나 특정 기업(예: 재벌, 대기업) 혹은 특정 지역에 치우쳐 일어나는 것이 아니라 모든 부문에서, 모든 규모의 기업에서 그리고 모든 지역에서 골고루 일어나야 한다. 그런 관점에서 국가사회의 발전은 서로가 서로를 이끌어가는 동반성장 형태로 발전하는 것이 바람직하며 어느 부문만이 과도하게 발전하는 것은 억제하고 지양해야 한다. 따라서 산업부문, 기업규모 및 지역적인 양극화는 정책적으로 해소되어야 할 과제이며 반대로 산업부문, 기업규모 및 지역적인 동반성장은 그 자체로 중요한 국가의 헌법적 정책과제(균형 있는 국민경제의 성장)가 되는 것이다(헌법 119조 2항).

(8) 노사자결의 원칙과 적절한 근로자소득이 보장되어야 한다

값싸고 질 좋은 노동력의 풍부한 공급은 1960년대 이후 한국의 공업화 발전에 있어서 가장 중요한 요인이었다. 그러나 노동력의 경제적 성과에 비하여 노동인구에 대한 소득배분은 충분치 않았다는 인식이 팽배해짐에 따라 1960년대 이후 노사 간의 관계는 대립과 투쟁의 연속이었다. 노사관계가 미래지향적으로 상생적으로 발전되지 않으면 한국경제의 미래가 없는 것은 확실하다. 따라서 한국의 노사관계가 상생적으로 발전하기 위해 정부는 노력해야 한다. 무엇보다도 정부 당국이 기업, 특히 재벌의 편을 들어 주는 듯한 인상을 주는 행위는 지양해야 한다. 정부는 오직 중립적인 관점에서 노사 양측의 자결적 해결을 지원하고 조정하는 역할을 담당해야 한다. 그리고 노사 문제는 양측의 협의를 통해 의견대립을 조정하도록 해야 하며 정부가 어떤 정책을 밀어붙이는 듯한 행동을 보여서는 안 된다(헌법 119조 2항, 경제주체간의 조화). 아울러 근로자의 적정한 소득이 보장되도록 정부가 적극적으로 나설 필요가 있다(헌법 119조 2항, 적정한 소득의 배분).

(9) 중소기업의 경쟁력강화가 국가경제정책의 핵심이 되어야 한다

지난 40년의 재벌 중심의 경제성장 정책은 지양되어야 한다. 재벌중심 정책의 포기는 바로 그것이 시장 지배력과 경제력 남용을 막는 길이며(헌법119조 2항) 국가공공부문 및 민간사회부문의 부정부패를 방지하는 길이고 또한 동반성장을 창달하는 길이기도 하다. 앞으로 국가경제정책은 중소영세자영기업(중소기업)의 경쟁력 확충에 모아져야 한다. 이를 위해 인수·합병(M&A)을 통한 중소기업의 대형화 유도, 중소기업의 설비현대화 지원, 중소기업 인력자원의 교육강화, 해외첨단 중소기업의 국내협력진출 강화, 중소기업 인력의 해외연수 기회 확충, 2세대 중소기업 인력의 양성과 지원 등 대대적인 중소기업 경쟁력 강화 정책이 수행되어야 한다.

촛불혁명이 비추는 새로운 경제체제

동아일보, 2017년 1월 14일

공자(孔子)의 십대 제자 중 하나인 염유(冉有=子有)가 나라가 해야 하는 바에 대해 물었을 때 공자는 "부요하게 하는 일이다.(富之, 子路 9)"라고 대답했다. 경제가 잘 되어야 한다는 말이다. 그러나 공자에게는 경제적 풍요로움보다 더 중요한 것이 있었다. 그것은 '균형과 안정'이었다. 공자는 이렇게 이어서 말했다.

"내 듣기에 국가를 다스리는 지도자는 부족함을 걱정하지 않고 고르지 않음을 걱정하며(不患寡而患不均), 가난함을 걱정하지 않고 불안정함을 걱정한다(不患貧而患不安)고 했다. 모두가 고르게 나누면 가난한 사람이 없는 법이며(蓋均無貧) 서로 화합(和)하면 부족함이 없게 잘살게 되는 법이고(和無寡) 사회가 안정(安)되면 국가가 쓰러지는 법이 없는 법이다.(安無傾, 季氏1)"

모두가 고르게 나누면 가난함이 없고 서로 화합하면 부족함이 없으며 안정되면 국가가 쓰러지지 않는다는 공자의 생각은 우리 헌법 제119조 2항의 「경제민주화 규정」과 놀라울 정도로 흡사하다. 즉, 균형 있는 국민경제의 성장 및 안정, 적정한 소득의 분배, 시장지배 및 경제력 남용방지 그리고 경제주체 간의 조화는 공자의 생각과 완벽하게 일치한다. 이미 2천5백여 년 전 공자는 양극화와 그로 인한 사회불안의 심각성을 깊게 꿰뚫으며 국민의 기본적 생존권 보장과 균형성장과 경제주체 간의 조화의 필요성을 강조한 것이다.

박근혜 정부는 국민행복과 경제민주화라는 두 기둥을 바탕으로 '요람에서 무덤까지'를 연상시키는 '생애주기별 맞춤형 복지'를 거창하게 내걸고 출범했다. 그러나 요란한 출항 이후의 박근혜 정부 복지정책 항로는 선거 때 약속과는 사뭇 달랐다. 기초연금이나 보육에 관한 공약이 상당부분 파기, 축소, 혹은 연기되었다. 보편적 생활복지를 위한 사회적 투자정책은 일자리 창출 중심의 맞춤형 고용복지로 방향을 돌림으로써 복지대상이 크게 줄어들었다. 그 결과 복지정책을 매개로 한 사회통합이 일어난 것이 아니라 오히려 소득 불평등이 확대되고 계층 간 이동이 더 어려워짐으로써 사회갈등과 불화가 더 악화되었다. 박근혜 정부의 「한국형 복지국가론」이 선거용으로 급조됐다는 비판이 나오게 되는 이유다. 돈만 있으면 쉽게 복지국가를 건설 할 수 있다고 너무 안이하게 생각했다는 증거다.

공자 제자 중에서 이재의 귀재로 불리는 자공(子貢)이 공자에게 이렇게 물은 적이 있다. "백성들에게 은혜를 널리 베풀고 많은 사람에게 복지혜택을 준다면 어진 정치라고 할 수 있겠습니까?" 공자는 이렇게 대답했다. "어찌 어질다고만 하겠느냐. 필히 성군의 정치이리라.(何事於仁 必也聖乎, 雍也 28)" 이어서 말했다. "요순과 같은 전설 속의 성군마저도 그런 정치를 못한 것을 괴로워하셨다." '널리 베풀고 많은 사람들을 구제하는 것(博施濟衆)'은 공자뿐만 아니라 전설 속의 요순 정치의 궁극 목표였다. 그만큼 어렵다는 말이다.

나라가 온통 어지럽다. 아래로 민생은 참담하고 위로 정치권은 뿌리째 흔들린다. 법치의 권위와 민주주의 질서마저 실종되었다고 믿는 사람이 늘고 있다. 몇 날 몇 밤쯤의 배고픔과 추위야 참을 수 있으련만 경제부흥과 국민행복을 가져다 줄 것으로 철석 같이 믿었던 대통령과 국가시스템에 대한 신뢰가 허무하게 무너졌음을 깨닫는 순간 기댈 곳 없는 서민의 분노와 고통과 실망은 촌각도 견딜 수가 없는 지경이 되고 말았다. 수백만 촛불 민심은 단지 대통령 한 사람이 물러난다고 해서 모든 문제가 해결되는 것이 아님을 알고 있다. 촛불은 그냥 시작일 뿐 더 큰 국가과제가 남아 있음을 알고 있다. 그것은 모두가 공정하고, 서로 통합 또는 협력하며 끊임없이 스스로 혁신하는 새 나라 새 경제를 바로 세우는 일이다. 공자의 말로 번역한다면 "모두가 고르게 나누어 가난함이 없으며(蓋均無貧) 서로 화합하여 부족함이 없고(和無寡) 사회가 안정되어 쓰러지지 않는(安無傾) 국가"를 세우는 일이다. 그것이 어찌 대통령 한 사람만 바꾼다고 이루어질 일인가. 촛불민심은 그 너머로 스스로는 아무런 바른 일도 제대로 할 수 없는 정치권에게 그들이 해야 할 거역할 수 없는 국가과제를 거센 파도처럼 명령하고 있는 것이다.

정유난국(丁酉難局)의 헌법적 타개방안

헌정, 2017년 1월호

〈2% 저성장의 늪에 빠진 한국경제〉

2016년 경제성장률이 2.7%로 발표되었다. 최종결과가 아닌 임시 속보라서 수정될 여지가 있기는 하지만 한 해 전 2015년 성장률 2.6%와 거의 같다. 2017년도 크게 다르지 않아서 대부분의 연구기관들은 2%대 성장을 예상하고 있다. 가장 높게 본 한국은행(2.8%)과 가장 낮게 본 전경련 산하 한국경제연구원(2.1%) 사이에서 국내외 9개 주요 기관들의 2017년 성장률 전망치의 평균값은 2.5%로 나타났다. 결국 2012년 이후 6년 동안 2014년(3.3%)을 제외하고는 한 번도 2%의 벽을 넘어서지 못한다는 얘기다.

[표 1] 주요 기관의 2017년 경제성장률 전망

기 관	2017년(%)
정 부	2.6
한국개발연구원	2.4
한국은행	2.8
OECD	2.6
IMF	3.0
LG경제연구원	2.2
한국경제연구원	2.1
한국금융연구원	2.5
현대경제연구원	2.3
평 균	2.5

〈왜, 무엇 때문에 저성장인가?: 수출, 설비투자 및 소비 등 총체적 부진〉

무엇이 한국경제를 2%대의 저성장 족쇄에 채우는 것인가. 경제성장률이 5%를 넘던 2007년 및 2010년을 저성장이 고착화된 2015년-2016년과 비교해 보면 저성장의 이유 몇 가지가 분명하게 드러난다. 첫째로 2007년과 2010년 성장은 수출이 주도했다는 점이다. 2007년, 2010년 그리고 2011년 모두 수출은 10%대 이상 증가했다. 반면에 2015년과 2016년 수출증가율은 각각 0.8%와 1.4%에 불과했다. 역사상 가장 낮은 수치라고 보면 틀림없다. 둘째로 2007년과 2010년 설비투자가 각각 9.7%와 22.0% 증가함으로써 성장의 원동력이 되었다는 점이다. 반면에 2015년과 2016년에는 설비투자 증가율이 5.3%와 -2.4%로 급격히 하락했다. 수출이 부진하니 설비투자를 늘릴 이유가 없고 또 있다한들 국내가 아닌 국외에 설비투자를 늘리는 것이 실상이다. 셋째로 2007년과 2010년 민간소비는 약 5% 증가함으로써 성장의 견인차 역할을 했으나 2015년과 2016년에는 그 절반에도 못 미치는 수준인 2.2%와 2.4%로 추락했다. 수출과 투자가 부진하니 일자리와 소득증가가 정체되면서 민간소비가 늘어날 여력이 사라진 것이다. 다만 2015년 이후 건설투자 증가율이 크게 높아져 어느 정도 성장률을 끌어올리는 역할을 한 것은 두드러진다. 결국 수출부진, 설비투자 부진 및 소득부진에 따른 민간소비 부진 등 건설경기를 제외한 전 부문이 침체함으로써 한국경제가 총체적으로 저성장의 늪으로 빠져 들어간 것이 분명하다.

[표 2] 고성장기와 저성장기의 성장요인 차이

	고성장기			저성장기		
	2007	2010	2011	2012	2015	2016
경제성장률	5.5	6.5	3.7	2.3	2.6	2.7
민간소비	5.1	4.4	2.9	1.9	2.2	2.4
정부소비	6.1	3.8	2.2	3.4	3.4	3.9
건설투자	1.5	–3.7	–3.4	–3.9	3.9	11.0
설비투자	9.7	22.0	4.7	0.1	5.3	–2.4
수 출	12.7	12.7	15.1	5.1	0.8	1.4
수 입	11.6	17.3	14.3	2.4	3.2	3.0

※한국은행 통계

〈트럼프 행정부 출범 이후 한국경제 전망은 더 어둡다〉

수출부진이 한국경제의 암초라고 했을 때 앞으로의 전망은 어둡다. 첫째로 트럼프의 보호무역정책은 분명히 우리나라의 대미 수출에 큰 타격이 될 것이다. 미국은 당장 TPP(환태평양 경제동반자기구)에 참여하지 않을 것이며 북미자유무역협정(NAFTA)을 다시 협상하겠다고 선언했다. 우리가 참여하지 않은 TPP포기가 줄 영향은 미미하겠지만 NAFTA 재협상은 미국 시장을 보고 멕시코에 진출한 우리나라 기업들의 대미수출에 큰 타격이 될 것이다. 둘째로 미국이 대중국 수입에 대해 높은 관세라도 매기면 중국을 통해 미국으로 우회 수출하던 한국기업에도 큰 충격이 올 것은 분명하다. 또 미국의 보호무역 조치로 중국 수출경제가 침체되면 한국의 대중국 수출 또한 전반적으로 타격을 입을 것이다. 셋째로 한미FTA에 대한 재협상을 요구할 가능성이 매우 높다. 특히 법률, 금융, 운송 및 지적재산 같은 서비스교역에 대한 재협상을 요구할 가능성이 높다.

트럼프 충격은 거기에 그치지 않을 전망이다. 미국금리가 인상되면서 한국의 금리도 덩달아 오르지 않을 수가 없게 된다. 미국금리가 높아질수록 한국에서 미국으로 자금이 빠져 나갈 가능성이 커지고 이를 막으려면 불가피하게 한국의 금리를 올려야 한다. 게다가 달러가치가 상승하게 되면 한국의 금리인상폭은 더 커지게 된다. 달러가치 1% 상승은 미국금리 1% 상승과 동등한 영향이 있기 때문이다. 그렇게 되면 가계부채의 금리부담이 커지고 그만큼 국민들은 소비여력을 잃게 된다. 게다가 달러 가치의 상승으로 엔화가치가 크게 떨어지면 그만큼 한국기업의 일본에 대한 경쟁력도 하락하게 되어 삼성, 현대차와 같은 주력기업의 대일 경쟁력에 치명적인 손상을 입게 된다.

〈부동산 경제 활성화는 답이 아니다〉

수출부진, 설비투자부진 및 소비부진이 총체적 경기침체의 원인이라면 성장의 해법도 거기에서 찾아야 할 것이다. 최경환 경제팀의 건설경기 부양을 통한 경제활성화 정책이 실패할 것이라고 봤던 이유도 바로 거기에 있다. 즉, 아파트나 도로 혹은 복합 오락시설(리조트)건설과 같은 방식으로 경제를 지속적으로 살릴 수 없다는 것은 명백하게 입증된 지 이미 오래다. 1989년 노태우 정부 시절의 200만 호 대책이나 2001년 진념 경제팀의 '부동산건설 올인정책'이 그 좋은 예이다. 진념 경제팀은 1년 이상 보유한 기존주택을 판 뒤 신축 분양주택을 구입할 때는 양도소득세 세율을 종전의 20~40%에서 10%로 대폭 낮추고, 사회간접자본(SOC) 예산도 당초 11조 원에서 14조 원 수준으로 늘렸으며 아파트를 지을 공공택지 개발 물량을 8백50만 평에서 1천만 평으로 확대하는 동시에, 기업의 비업무용 부동산에 대한 취득세 중과세 제도도 폐지했다. 임대사업자의 임대주택용 대출한도를 현행 최고 3천만 원에서 6천만 원으로 늘려주고, 임대주택을 담보로 발행된 자산담보부증권(ABS)에 대해서도 이자소득세 감면혜택을 주기로 했다. 진념 경제팀의 '부동산경기 올인'은 IMF사태 발발 직후 도입된 아파트 분양권 전매 전면허용 조치와 전매제한 기간철폐, 공공개발택지에 건설된 민영주택의 재당첨제한기간(2년) 철폐 등 주택청약조건을 거의 무제한적으로 완화함과 어우러져 대대적인 주택투기를 조장했을 뿐 성장에 기여하지는 못했다.

'준비된 여성 대통령'의 2기 최경환 경제팀이 2014년 7월에 내놓은 경제활성화 방안, 소위「최경환노믹스」도 대충 비슷하다. 물론 형식적으로는「내수활성화,「민생안정」및「경제혁신」을 내걸었지만 핵심은 건설경기 부양이었다. 주택건설지원, 평택-익산 고속도로(2.6조 원), 수도권광역급행철도(3.1조 원) 및 평택호 관광단지(1.8조 원) 등 건설투자에 상당 부분 쏠려 있다. LTV(담보가액 대비 대출비율) 상향 조정도 결국은 건설경기 부양대책이다. 본인 스스로 아무도 가보지 않은 길이라고 했지만 성장에 미친 영향은 아무도 들여다보지 않을 결과를 내놓고 말았다.

〈어떻게 경제를 살릴 것인가? 헌법에 답이 있다〉

1960년 이후 지금까지 50년 이상 한국 경제발전의 핵심은 수출이었다. 수출은 설비투자를 유도하고 수출과 설비투자 활황은 곧바로 일자리와 소득증대를 통해 소비증대를 초래하는 선순환을 만들어 내었다. 수출 없는 성장은 가능하지도 않고 바람직하지도 않다. 내수(특히 건설)가 이끄는 경제는 곧바로 투기 혹은 인플레 혹은 경상수지 적자라는 심각한 부작용을 초래함으로써 좌초되고 말았다. 1989년 이승윤 경제팀 이후나 2002년 진념 경제팀 이후나 2014년 최경환 경제팀 이후의 성장실패가 다 그것을 증명하고 있다.

새로운 수출형 한국경제 성장전략의 해답은 헌법에 있다. 헌법 제119조 2항은 이렇게 되어있다: "국가는 균형 있는 국민경제의 성장 및 안정과 적정한 소득의 분배를 유지하고, 시장의 지배와 경제력의 남용을 방지하며, 경제주체 간의 조화를 통한 경제민주화를 위하여 경제에 관한 규제와 조정을 할 수 있다." 헌법 전문에도 국민생활의 균등한 향상을 기한다고 되어 있다. 헌법 제123조 2항에서는 국가는 지역 간 균형 있는 발전을 위하여 지역경제를 육성할 의무가 있고 3항에서는 중소기업을 보호 육성해야 한다고 명시하고 있다. 또 같은

조 5항에서는 국가가 농어민과 중소기업의 자조조직을 육성해야 하며 그 자율적 활동과 발전을 보장한다고 되어 있다.

첫째로 헌법 제123조 3항에 따라 수출 중소기업이 육성되어야 한다. 국가의 모든 정책역량을 수출 대기업 중심에서 수출 중소기업 중심으로 바꾸어야 한다. 금융자원과 정보자원은 물론 유능한 인적 자원이 중소기업으로 흘러 들어갈 수 있도록 제도를 마련해야 한다. 흩어진 중소기업 지원체제를 통합하고 관련 부처의 위상을 정부의 최고위로 격상시켜야 한다. 경제정책의 중심 타워를 기획재정부가 아니라 중소기업청과 산업통상자원부가 맡도록 해야 한다. 금융지원정책 또한 대기업지원을 억제하고 중소기업지원을 대폭 강화하는 방향으로 전환해야 한다. 특히 낙후된 중소기업의 시설과 장비를 초현대식으로 개편하고 중소기업의 금융비용을 근본적으로 경감시키는 지원을 강화해야 한다.

둘째로 헌법 제123조 2항에 따라 지역경제가 활성화되어야 한다. 지역경제 발전 5개년 계획을 세워서 체계적으로 각 지역마다 특성화 수출산업을 육성하도록 해야 한다. 매년 예산을 책정할 때에는 그 전해에 가장 성장이 뒤떨어진 5개 지역을 선정하여 집중적으로 재정재원이 투입되도록 제도를 마련해야 한다. 중앙정부의 책임은 거시적 성장률을 높이는 것만이 아니라 지역 간 성장률 격차를 줄이는 것이 최상의 의무가 되도록 해야 한다.

셋째로 헌법 제34조 1항에 따라 모든 국민들이 인간다운 생활을 영위할 수 있도록 최저계층에 대한 배려를 업그레이드시켜야 한다. 특히 높은 실업률로 고통받는 청년층과 노후대책이 결핍된 노령세대에 대한 근본적이고 탄탄한 대책들을 마련해야 한다. 재정이 부족하면 부족한 대로 최선을 다하는 모습을 보여야 한다. 그것이 정부의 헌법적 책무이다.

넷째로 기업 또한 국내 일자리를 창출하기 위해 해외공장 건설을 자제하고 국내투자를 늘려야 하며 부득이 국외에 공장을 건설하는 경우에라도 내국인 파견을 적극적으로 늘려서 일자리 창출에 기여해야 할 것이다. 헌법 제126조가 규정하는 것처럼 국가가 사영기업의 경영통제나 관리를 할 수는 없으므로 트럼프처럼 국내투자를 강요할 수는 없을지 모르나 국가경제가 난국에 처한 지금과 같은 상황에서 기업이 국내에서 일자리를 창출해 주지 않으면 누가 일자리 위기에서 우리를 건져내 줄 것인가.

경제위기는 과연 오는가?

동아일보, 2017년 2월 11일

정국만큼이나 뜨겁게 회자되는 단어는 아마도 '경제위기'일 것이다. 굳이 4월 위기설이 아니더라도 너 나 할 것 없이 한국경제가 '백척간두' 위기에 처해 있다고 외치며 이런저런 해법을 쏟아 내고 있다. 정치권만 그런 것이 아니다. 'IMF급(級) 경제 위기'가 올 거라고 믿는 경제전문가가 10명 중 7명이라는 보도도 있다. "미증유의 위기봉착"이라는 경총이나 "1997년 혹은 2008년 위기보다 더 심각하다"는 전경련은 물론 국책연구기관들조차 그런 분위기에 동조하는 느낌이다. 한국 경제가 위기에 봉착했다고 주장하는 중요한 근거는 대체로 ① 막대한 가계부채 위에 국제금리가 올라가면서 외환 및 금융시장이 불안해지고, ② 경제성장률은 2%대로 떨어졌으며, ③ 수출이 부진한 가운데 트럼프 행정부의 보호무역이 강화된다는 점을 들고 있다. 여기에 급격히 진행되는 노령화나 과도한 복지지출로 인한 국가재정건전성 악화도 중장기 위기요인으로 지적된다. 과연 이런 이유로 한국경제에 위기는 올 것인가?

트럼프 당선 직후 달러가 강세로 반전하자 두어 달 동안 외환보유액이 60여 억 달러 가량 줄면서 위기분위기가 고조된 적이 있었다. 2년 이상 지속된 수출 감소세와 미국 연방은행의 고금리 정책과 맞물려 외환시장이 크게 출렁거렸다. 달러가치가 오르고 금리가 오르면 외환보유액은 구조적으로 줄게 되어 있다. 왜냐하면 외환보유액의 절반가량이 유로화나 엔화 표시 자산인데 달러가치가 오르면 유로화와 엔화 가치는 떨어지므로 자연히 외환보유액이 줄어든다. 또 보유외화자산의 대부분이 채권형태인 상황에서 금리가 올라 채권가격이 떨어지면 외환보유액도 자동적으로 줄게 된다. 달러가치가 금리에 따라 변동하면서 발생하는 평가상의 외환보유액 변동은 규모가 크지 않아서 크게 걱정할 것이 없다. 문제는 과도한 자본유출인데 경상수지 흑자가 매년 천억 달러 가까이 유지되는 한 급격한 자본유출로 인한 외환위기 가능성도 '매우' 희박하다고 봐야 한다. 만에 하나 수천 억 달러 규모의 자본유출이 일어난다 하더라도 중앙은행의 외환보유액(현재 3800억 달러)과 통화스왑 계약(현재 1220억 달러), 그리고 민간부문 보유 외환(대외채권 약 2천억 달러)과 금융부문(대외채권 약 1820억 달러)로 메워 내기에 충분하다고 보는 것이다. 단기간의 환율 불안이나 주가변동은 피할 수 없겠지만 1997년이나 2008년과 같은 외환위기가 일어날 가능성은 매우 희박하다.

다음으로 지적되는 것이 2%대 성장률의 문제다. 지난해 경제성장률이 2.7%(속보치)로 발표되면서 저성장 고착화에 대한 우려가 매우 높다. 2000년대 4.8%씩 성장하던 나라가 2011년 이후 2%대 성장(2011-2016 연평균 2.9%)으로 추락했으니 놀라는 것은 당연하다. 그렇다면 2%대 성장은 과연 위기적인 저성장인가? 꼭 그렇다고 할 수만은 없다. 1970년 이후 반세기 동안 미국이나 영국이나 독일의 성장률은 2%대에서 크게 벗어나지 않았다. 10년 단위로 끊어서 보더라도 미국은 1970년대 3.2%, 80년대 2.8%, 90년대 3.2% 그리고 2000년대 1.7% 그리고 2010년 이후 2.1%의 성장률을 보였다. 영국이나 독일도 거의 마찬가지였다. 2% 성장은 정상적인 상태, 즉 '창타이(常態, normal)' 라는 말이다. 2%대 성장률만을 가지고 경제위기를 운운한다는 것은 아무래도 과장된 측면이 있다.

문제는 일본이다. 1970-80년대 4%를 넘나들던 일본의 성장률은 1990년대에 1%대로 하락한 뒤 2000년대에는 0.6%대로 주저앉고 말았다. 잃어버린 20년이라는 일본의 문제는 2%대 성장이 아니라 1990년대 이후의 1%대 이하의 성장률에 있는 것이다. 1991년 이후 2015년까지 25년 동안 성장률이 2%에도 못 미쳤던 해가 19년이나 되었다. 지난 5년만 해도 2013년 2.0% 한 해 빼곤 매년 1%대 성장이었다. 한국이 걱정해야 할 것은 일본과 같은 1%대 또는 그 이하 성장률의 고착화이다. 1%대 이하의 성장하에서는 일자리도 안보도 복지도 아무것도 보장하기 힘들다. 지금과 같이 투자가 정체되고 소비증가세가 2%대 아래로 머물면서 동시에 수출이 증가하지 못한다면 1%대 혹은 그 아래 성장은 불 보듯 뻔하다. 지난 몇 년간 인위적인 추경집행이 없었더라면 1%대 성장률을 기록했을 가능성이 높다. 그러나 주택건설경기를 통한 경기부양은 주택가격 버블과 가계부채라는 부작용만 드러낸 채 정답이 아닌 것이 드러났다. 정부의 일자리 창출대책은 구호만 무성했지 별 뾰족한 대책도 성과도 없어 보인다. 초저금리 상태가 지속되었음에도 불구하고 투자는 뒷걸음질만 쳤고 수출(국제수지기준)은 28개월이나 연속 감소했다. 규제완화든 소득보전이든 체질개혁이든 간에 그야말로 '경천동지할 파격적인 대책'이 나오지 않고서는 1%대 성장률의 족쇄를 벗어날 길이 없어 보인다. 밋밋하거나 시시콜콜하거나 정도를 빗나간 대선후보들의 경제처방이 전혀 믿음직스럽지가 않아 보인다.

한국은행은 언제까지 금리인상을 버틸 수 있을까?

동아일보, 2017년 3월 13일

드디어 미국이 금리를 인상했다. 이번의 '전격적인' 금리인상은 매우 중요하다. 미국 공개시장위원회(이하 FOMC)가 그동안의 소극적(즉 동결) 금리운용정책에서 보다 적극적인 금리 인상정책으로 선회했음을 선언하는 확실한 신호탄을 쏜 것이기 때문이다. 지금까지 금리동결을 주도해 왔던 옐런 FOMC 의장이 지난 3월 3일 느닷없이 '선제적'으로 금리인상의 운을 뗀 것은 이제 FOMC가 비둘기파에서 매파로 전환되었음을 공공연히 예고한 것이다. 사실 옐런 의장의 매파로의 '변절'이 아니더라도 금리를 결정하는 FOMC는 비둘기파 우세에서 매파 우세로 구성이 이미 바뀌었다. 현재 10명인 FOMC 위원의 절반인 5명이 새로 교체된 데다가 그동안 결원이던 두 자리 위원마저 조만간 매파 성향의 친 트럼프 인사로 선임될 가능성이 높다. 따라서 이제 국제금융시장은 FOMC가 얼마나 자주 그리고 얼마나 많이 금리를 인상할 것인가에 촉각을 곤두세우는 분위기다. 당초 연내 두 번 인상에 그칠 것이라는 예상은 이제 세 번 혹은 네 번까지도 가능한 것으로 보고 있다. 그리고 내년에도 금리인상 추세는 분명히 이어질 것으로 확신하고 있다(※실제로 2017년에 네 번 올렸다).

문제는 한국은행이다. 우리에게는 금리를 올리지 못할 요인이 산적해 있다. 무엇보다 1,300조 원이 넘는 가계부채가 어려운 문제다. 금리가 1%포인트만 올라가도 연간 이자부담은 13조 원이 늘어난다. 한 해 민간소비 771조 원의 1.7%에 해당하는 금액이다. 통계에 잡히지 않는 사금융 금리부담을 감안하면 민간소비 위축효과는 그보다 훨씬 클 것이다. 민간소비의 감축은 자영업을 크게 위축시킬 것이고 나아가 가계부채의 건전성 즉, 상환가능성은 심각하게 훼손될 것이다. 또 금리인상은 가뜩이나 추락한 투자를 더욱 움츠러들게 할 것이고 특히 지난 몇 년간 경제를 이끌어 왔던 부동산 시장에 큰 타격을 줄 것이다.

그렇다고 금리를 올리지 않고 마냥 버틸 수도 없다. 미국의 금리는 올라가는데 한국은행은 금리를 올리지 않고 버틴다면 곧바로 한미 간에 금리역전 현상이 일어난다. 5년 만기 국고채 금리의 경우 한국이 1.995%, 미국이 2.10%니까(3월 10일) 이미 금리역전은 일어난 것으로 보인다. 금리역전 상황에서는 외국인 투자가들이 대량으로 한국 채권시장에서 채권을 팔고 나갈 것이고(실제로 그런 일이 벌어지고 있다) 동시에 원화환율도 동반 상승시킬 것이다. 환율상승은 환차손을 피하기 위한 자본유출을 가속화시키면서 '자본유출→환율상승→자본유출→환율상승'의 연쇄반응적 악순환을 걷잡을 수없이 가속화시킬 가능성이 크다.

물론 한국은행이나 금융당국이 수수방관 하지는 않을 것이다. 자본유출과 환율급등의 두 마리 토끼를 동시에 잡아야 하는데 그러기 위해서는 금리를 올리거나 아니면 보유하고 있는 달러를 방출해야만 한다. 금리인상을 억제하는 만큼 달러유출의 규모는 커질 것이고 그만큼 외화보유액도 빨리 고갈될 것이다. 반대로 외환보유액 방출을 피할수록 환율불안이 커질 것이고 환차익을 노린 자본유출압력은 높아질 것이며 시장금리도 상승압력을 받게 될 것이다. 금리를 잡아매어 둘수록 외환보유액이 고갈될 것이고 외환보유액을 붙들고 있을수록 환율과 시장금리가 오를 수밖에 없는 이런 상황이야말로 난처한 딜레마가 아닐 수 없다.

이런 정책함정에서 당국이 피해야 할 최악의 악수는 마냥 버티는 일이다. 금리든 환율이든 현재 상황을 억지로 유지하기 위해 버티는 일이야말로 '바람을 거역하는(leaning against the wind)' 일이 된다. 가계부채에만 매달려 금리인상을 주저하는 만큼 외환시장의 교란과 불안정은 커진다. 또 외환을 풀어 억지로 환율상승을 억제하는 만큼 외환보유액의 고갈은 심화될 것이다. 미국과 세계에서 불어오는 '금리상승' 및 '달러가치 상승'의 거대한 바람을 거역하기보다는 그에 순응하여 올라가면 같이 올리고 내려가면 같이 내려가도록 해야 한다. 이런 정책을 '바람에 순응하는(leaning with the wind)' 정책이라고 한다. '금융시장의 안정'이라는 미명 아래 거대한 금리와 환율의 바람을 거역하는 정책이야말로 최악의 정책적 선택이 될 것이다. 대선이라는 대혼돈의 계절에 한국은행과 정책당국이 얼마만큼 독립적이고 효율적으로 금리 및 환율정책을 수행할 수 있을지 절체절명의 시험대에 서 있는 셈이다.

환율조작국 유감(遺憾)

〈동아일보, 2017년 3월 25일〉

경제금융정책의 컨트롤타워인 기획재정부(이하 기재부)와 한국은행은 지난 3월 17-18일 독일 바덴바덴 G20 재무장관회의를 기점으로 환율정책의 기조를 확실히 변경한 것으로 보인다. 국제적 쟁점인 미국의 환율조작국 지정에 관하여 기재부 장관은 "안 가 본 길이 아니며 다만 가고 싶지 않을 뿐"이라고 언급하는가 하면 한국은행 총재는 환율조작국 지정 가능성을 '배제할 수 없다'고까지 말하면서 환율조작국 지정에 대한 용인의 태도를 엿보인 것이다. 환율조작국 지정 가능성이 낮다며 대수롭지 않게 여기던 그동안의 태도와는 사뭇 다른 모습이 아닐 수 없다. 환율정책의 투명성을 특별히 강조한 미국의 단호한 입장이 결정적인 원인이었다고 배경을 설명하기까지 했다.

환율정책의 양대 축인 기재부와 한국은행 수장의 환율조작국을 용인하는 것 같은 언급은 매우 유감스럽다. 교역이 국가경제에 절대적으로 중요하고,

그 교역에 환율이 지대한 영향을 미치는 한국적 상황하에서 정책수장의 공공연한 언급은 더더욱 적절치 못하다. 첫째, 국제규범 어디에도 '환율조작국'이라는 단어는 없다. 소위 BHC법이라고 불리는 「무역활성화 및 진작법(Trade Facilitation and Enhancement Act of 2015)」 제7절 701조에는 "일정 요건을 갖춘 주요 교역대상국(major trading partners)에 대하여 심층분석보고서(enhanced analysis report)를 제출"하도록 하고 있을 뿐 그 어디에도 '환율조작국'이라는 불명예스런 단어는 없다. 따라서 환율조작국 대신에 '심층분석대상국'이라고 말하는 것이 옳다. 둘째, 언론은 둘째 치고서라도 한 나라 국가정책 수장들이 '심층분석대상국'이라고 말하지 않고 그 어디에도 없는 '환율조작국'이라는 용어를 무분별하게 쓰는 것은 매우 부적절하다. G20회의 직후 중국 재무장관은 정책적 불확실성과 선진국 일각에서 강화되는 보호무역주의를 우려한다고 했을 뿐 환율조작에 대한 일언반구 언급이 없었다. 중국의 '환율조작' 혐의에 대한 트럼프의 맹렬한 비난에도 불구하고 미국재무장관 므누신조차 "심층분석 및 평가 중"에 있다고만 말할 뿐 환율조작국이라는 단어를 쓰지 않았다. 일본도 마찬가지다. G20회의가 끝난 후 아소 재무상은 "우리는 환율에 관한 G7 및 G20 합의문을 유지하기로 했다."고 말하면서 "나는 므누신으로부터 그 어떤 압력(push back)도 받지 않았다."고 단호하게 말했다. 오로지 한국의 기재부장관과 한국은행 총재만이 G20회의 직후 환율조작국의 가능성을 부풀려 언급하고 있는 셈이다. 셋째, 규정상 한국은 '심층분석대상국'이 되지 않는다. 미국 BHC법에 규정하고 있는 심층분석대상국의 경우 다음 세 가지 요건을 동시에 다 갖추어야 한다: ① 대미무역흑자가 200억 달러 이상이어야 하고, ② 경상수지 흑자가 GDP의 3% 이상이어야 하며 ③ 외환시장 순매입규모가 GDP의 2%(약 300억 달러) 이상이어야 한다. 그러나 우리는 2011년 및 그 이후 6년간 외환보유액 증가폭이 한 번도 연 200억 달러를 넘은 적이 없으므로 ③번 요건이 충족되지 않는다.

넷째, 만에 하나 미국이 심층분석대상국으로 지정한다 하더라도 그것의 부당성과 불법성을 강하게 반박하기는커녕 기재부 수장이 앞장서서 "양자협의"를 미리 예단하고 나아가 "양자협의를 통해 빠른 시간에 해제될 수 있도록 노력해 나가는 것"이 방안이라고 설명하는 것은 매우 부적절하다. 상대방으로 하여금 그렇게 지정하라고 말하는 것과 다를 바 없다. 다섯째, 정부와 외환정책당국은 심층분석대상국 지정에 따른 경제 제재조치를 너무 가볍게 보고 있다. BHC법안에 규정된 제재조치는 대미투자 불허가, 정부조달참여제한 및 IMF에 대한 압력감시 요청 등으로 겉보기에 따라 영향이 작아 보일 수가 있다. 설사 그렇다 하더라도 그들의 제재조치를 가볍게 여기는 태도를 보인다면 그들은 예컨대 한미FTA 재협상 카드와 같은 더 강한 제재조치를 들이밀 가능성이 높은 것 아니겠는가. 여섯째, 이러한 정책당국의 입장에 편승하여 진행되는 최근의 지나친 원화강세, 환율하락에 대해 "큰 우려가 되지 않는다."는 식으로 언급하는 것은 당국 스스로 외환시장의 안정을 크게 무너뜨리는 발언으로 앞으로 나가도 너무 나간 것이 아닐 수 없다.

환율조작국이라는 개념 자체가 불명확하고, 심층분석대상국으로 지정될 가능성이 전혀 없는데도 불구하고 그것을 환율조작국의 가능성으로 부풀려 해석하며 나아가 그것에 따른 상대방의 제재가 경제에 큰 영향을 주지 않을 것이라고 미리 예단하는 듯한 정책수장들의 발언은 정책의 최고 수장으로서의 품격도 떨어뜨리고 동시에 전적으로 미국편에 서는 듯한 인상을 주거나 우리의 전략적 위치를 다 드러내 보여 주는 가벼운 발언이 아닐 수 없다. 같은 G20회의를 마치고서도 환율조작에 관련된 언급을 일체 입에 담지 낳고서 오히려 미국의 보호무역주의 강화를 비판한 중국이나 일체의 압력이 없었다는 일본에 비해 너무나 유감스럽게 대비된다.

성장률 상향조정을 낙관하지 못하는 이유

동아일보, 2017년 4월 23일

한국은행과 KDI가 올해 경제성장 전망치를 상향 수정했다. 한국은행은 2.5%에서 2.6%로, KDI는 2.4%에서 2.6%로 성장전망치를 업그레이드시켰다. 두 기관이 성장 전망을 동시에 올렸으나 그 근거는 사뭇 달랐다. 한국은행은 경제전망의 상향조정 배경으로 설비투자의 개선을 꼽았다. 지난 1월에 설비투자가 금년 중 2.5%밖에 증가하지 않을 것으로 봤으나 이번에는 6.3% 상승할 것으로 예측하면서 경제성장 전망치가 크게 올랐다. 설비투자가 전체 경제의 8% 이므로 이것을 3.8%포인트 상향조정하면 성장률이 0.3%포인트 올라가는 효과가 나온다. 반면에 KDI는 수출증가 때문에 성장 전망치가 달라졌다. 작년 말에 금년 수출을 1.5% 증가할 것이라고 봤던 것을 이번에는 4.9%로 본 것이 성장률 전망치 상승에 결정적인 원인이 되었다. 결국, 한국은행은 성장률전망의 상향 조정 이유로 설비투자를 든 셈이고 KDI는 수출증가를 근거로 본 셈이다. 그러면 향후 경제는 한국은행과 KDI가 전망한 대로 나아질 것인가?

지난 10여 년간 설비투자는 매우 부진했다. 최근 10여 년간 설비투자 증가율은 연평균 3.1% 증가에 불과했다. 특히 작년에는 2.3%나 감소했다. 따라서 한국은행의 설비투자 증가율 전망치 6.3%는 조금 과도하다는 느낌이 든다. 특히 미국 금리가 하반기 이후 올라간다면 설비투자 증가율은 침체될 것이 확실하다. 최근에 수출이 증가하는 것에는 확실한 이유가 있다. 지난 2015년 가을 달러당 122엔이던 일본 엔화가 브렉시트 우려가 절정에 달했던 2016년 6월에 101엔까지 강세로 반전되었다. 엔화강세는 전기전자, 자동차는 물론 석유화학 제품의 국제 가격경쟁력을 크게 높임으로써 약 1년의 시차를 두고 최근의 우리나라 수출증가를 견인했던 것이 확실하다. 그러나 2016년 6월 이후 최근까지 9개월 동안의 엔화 환율 움직임은 크게 우려스럽다. 달러당 101엔에서 최근 111엔대까지로 상승한 것이다. 그에 반해 우리나라 원화는 오히려 달러당 1,200원에서 1,100원대로 하락하였다. 이렇게 되면 우리 수출제품의 가격경쟁력은 일본에 비해 다시 떨어지고 그것이 약 1년의 시차를 두고 금년 하반기부터 수출부진으로 나타나게 될 것이다. 결론적으로 설비투자의 확장에 따른 한국은행의 성장률전망 상향조정이나 수출확장에 따른 KDI의 전망조정 모두 일시적인 현상이지 장기적인 트렌드라고 보기 어렵다.

그렇다면 새 정부의 성장전략은 어떻게 짜야 하는가? 중소기업 중심의 새로운 수출투자전략이 보다 중요해졌지만 재정의 역할도 매우 중요해졌다. 재정의 역할을 강조한 IMF나 미국 재무성의 권고는 옳은 지적이다. 문제의 핵심은 어느 부문에 재정투입을 집중하느냐 하는 선택이다. 낙후된 도시 시설의 재정비 등 사회 인프라 투자에 재정지출을 집중할 수도 있고 고령자 복지나 청년실업자 수당에 집중할 수도 있으며 R&D 투자에 재정을 투입할 수도 있고 중소기업의 경쟁력을 근본적으로 강화하는 데 재정지출을 집중할 수도 있다. 아니면 과거 미국 레이건 정부처럼 국방지출을 획기적으로 확대할 수도 있다.

여러 재정지출부문 중에서 어디에 우선순위를 두느냐 하는 문제는 가장 중요하면서도 어려운 문제다. 그것이 어려운 첫 번째 이유는 어떤 재정정책이 가성비, 즉 드는 비용에 비해 가장 효과가 크고 빠른 정책인지 잘 모르기 때문이다. 경제정책 전문가라고는 하지만 그들에게 여러 가지 재정정책 수단의 효과와 신속성에 대한 정확한 지식을 기대하기는 어렵다. 둘째로는 하나의 정책을 취하면 사실상 다른 여럿을 미루거나 포기해야 하는데 이 경우 형평성을 이유로 들어 배제되는 그룹의 집단반발이 일어나기 쉽기 때문이다. 셋째로는 어떤 재정정책이라도 대통령이나 행정부가 독단적으로 결정할 수 있는 문제가 아니기 때문이다. 이제는 대통령이나 행정부가 밀어붙인다고 되는 일이 거의 없다. 국회가 동의를 해야 하고 또 국민도 수긍해야 한다. 겨우 절반 남짓한 지지를 받고서 된 대통령이 다른 절반의 동의와 지지를 받는 일이 어찌 쉽겠는가. 성장률 상향조정에도 불구하고 향후 경제를 낙관하지 못하는 궁극적인 이유가 여기에 있다.

J-노믹스와 사이다와 고구마

동아일보, 2017년 5월 13일

아카시 향기가 흩날리는 날 문재인 대통령의 취임사는 한마디로 감동이었다. 지역-계층-세대 간 갈등이 해소되고, 비정규직 문제가 해결되며, 차별이 없고, 기회는 평등하며, 과정은 공정하고 결과는 정의로운 세상, 나라를 나라답게 만드는 대통령이 되겠다고 '천명'했다. 한 번도 '경험'하지 못한 나라 정도가 아니라 꿈꾸기조차 벅찬 나라였다. 헌법 전문보다 더 가슴을 울렸다. 취임 이후 행보는 사이다보다 더 청량했다. 총리 등 최초의 인사는 물론 국민들과 여민관 비서들과의 격의 없는 소통행보는 신선함을 넘어 경이롭기까지 하다. 그만큼 문재인 대통령의 '배부른 고구마'에 대한 기대가 높아지는 것은 당연하다. 이미 선거운동 때 밝혔지만 J-노믹스라고 불리는 문재인 경제정책은 '사람 중심 경제'다. 인간으로서의 존엄과 가치를 가지며, 행복을 추구(헌법 10조)하고 일할 권리(헌법 32조)와 인간다운 생활을 할 권리(헌법 34조)가 보장된 '사람 중심의 경제'를 구축하겠다는 것이다. 개인과 기업의 자유와 창의를 존중하고 균형 있는 성장과 안정과 적정한 소득의 분배 및 시장지배력의 남용을 방지하여 경제 민주화를 달성하겠다는 말이다(헌법 119조). 일자리와 소득, 교육, 의료, 안전, 보육, 환경, 이 모든 것이 사람을 위한 것이고 따라서 국가정책의 최우선 순위가 주어지는 것은 맞다. 여기까지 총론에 이의나 토를 달 사람은 없다. 문제는 각론이다.

J-노믹스의 첫 단추는 '대규모 재정자금의 추가편성집행'일 것으로 보인다. 소위 '10조 원 규모의 일자리 추경편성'이다. 최근 기재부의 '10조 원 일자리 추경' 언급이 윗선의 재가를 받은 것인지는 확실하지 않지만 재가를 받고 낸 거라면 어디에 얼마를 쓸지 구체적으로 밝히지도 않고 불쑥 10조 원 추경을 편성한다는 것을 납득하기 어렵다. 국가 경제정책 추진의 중추기관으로서 재가 없이 발표하는 것은 더욱 있을 수가 없는 일이다. 세금을 무겁게 느끼는 국민들의 부담을 조금이라도 진지하게 숙려한다면 무엇보다도 먼저 들여야 할 재정의 규모에 대해 국민들의 진솔한 동의를 먼저 구했어야 한다. 그것이 국민과의 소통이다. 국가재정법상의 근거가 되는가의 논란도 그렇지만 과거 정부가 다 그랬으니 할 수가 있다면 그것이야말로 문재인 후보가 그토록 비판했던 '실패했던 기존의 방식' 아니고 무엇이고 결별하겠다던 '구시대의 잘못된 관행'이 아니고 무엇인가. 재정지출이 10원이든 10조 원이든, 3.5% 증가든 7% 증가든 상관없이 국민설득이 우선되어야 한다. J-노믹스의 첫 번째 성공조건이다. 41% 득표에다 557만 표 차이의 압승이라고 하지만 총유권자 4,250만 명의 69%인 약2,932만 명과 투표자의 59%인 약1,931만 명의 국민은 지지하지 않았음에 대해 조금은 유념해야 한다. 단순 다수라는 이유 하나만으로 추경과 국가재정을 쉽게 본다면 독선적인 과거 정부와 전혀 다를 바 없다.

과거 정부가 시장만능주의에 빠져 실패했다면 문재인 정부의 J-노믹스가 빠지면 안 되는 함정은 정부만능주의다. 민간부문도 완전하지 않지만 정부도 만능이 아니다. 정부가 겸손해야 하는 이유다. 민간부문이 잘하는 부문은 민간부문에게 맡겨 둬야 한다. 속성상 민간부문이 잘하지 못하는 부문이 있다. 공정하고 투명하며 공동체적인 거래를 하는 것이 그렇다. 재벌 등의 불공정거래가 대표적이다. 그런 분야는 반드시 국가가 개입해야 한다. 그러나 그 또한 국가, 즉 행정부와 사법부와 의회가 모두가 동시에 공정하고 깨끗하며 투명하지 않다면 국민의 입장에서는 도긴개긴일 뿐이다. 전한의 왕망의 신나라 개혁정책이나 북송 왕안석의 신법개혁이 내용이 틀려서 실패한 것이 아니라 순서가 틀려서 실패한 것이다. 먼저 자신(공공부문)을 수신제가(개혁)하고 나서 국가(민간부문과 시장)를 다스려야 함에도 불구하고 그러지 못한 것이 결정적인 실패원인이었다. 규구준승(規矩準繩, 모범이나 잣대)이 바르지 않으면 어떻게 제대로 측량이 되겠는가. 재벌개혁을 주도하는 공공부문에 대한 전폭적이고 지속적인 지지와 신뢰를 얻으려면 공공부문의 개혁이 반드시 먼저 이루어져야 한다. 공공부문의 우선 개혁 없이는 재벌개혁은 절대로 성공하지 못한다. 이것이 J-노믹스의 두 번째 성공조건이다. 문재인 정부의 J-노믹스가 성공하지 않기를 바라는 사람은 없다. 그러나 반드시 성공할 것이라고 믿는 사람이 그처럼 많은지는 의문이다. 국민의 설득을 끌어내는 일과 공공부문의 우선적 개혁이 사이다 같은 취임사나 고구마줄기처럼 간단한 문제가 아니기 때문이다.

양극화와 계층갈등의 해법

국회보, 2017년 5월 23일

지난 5월 10일 대한민국 제19대 문재인 대통령의 취임사는 한마디로 감동적이었다. 지역-계층-세대 간 갈등이 해소되고, 비정규직 문제가 해결되며, 차별이 없고, 기회는 평등하며, 과정은 공정하고 결과는 정의로운 세상, 나라를 나라답게 만들겠다고 선언했다. 한 번도 '경험'하지 못한 나라 정도가 아니라 꿈꾸기조차 벅찬 나라다. 이런 나라가 한 번이라도 있었는지는 잘 모르겠지만 하여간에 눌렸던 국민의 심금을 울리기에 충분했다. 「J-노믹스」라고 불리는 문재인 경제정책의 핵심은 '사람중심 경제'다. 인간으로서의 존엄과 가치를 가지며, 행복을 추구(헌법 10조)하고 일할 권리(헌법 32조)와 인간다운 생활을 할 권리(헌법34조)가 보장된 '사람 중심의 경제'를 구축하겠다는 것이다. 개인과 기업의 자유와 창의를 존중하고 균형 있는 성장과 안정과 적정한 소득의 분배 및 시장지배력의 남용을 방지하여 경제민주화를 달성하겠다는 말이다(헌법 119조).

지난 수십 년간 경제가 성장하면서 빈부의 격차는 급격하게 확대되었다. 소득, 재산, 토지소유, 문화향유, 심지어 건강혜택까지도 빈부 간의 격차는 줄어들지 않았다. 뿐만 아니라 중산층이 계속 엷아지면서 극소수의 초부유층과 다수의 빈민층으로 구성된 삐뚤어진 사회구조로 고착되고 있다. 이렇듯 양극화가 확산되는 것은 자본주의 최악의 필연이다. 수요자와 공급자가 서로 대등한 위치에 서 있다면 그 시장경제는 완벽하게 효율적이지만 정보나 시장장악력이나 경제력에서 확연하게 불평등한 지위에서의 거래라면 당연히 비효율적인 동시에 불평등한 거래가 일어나고 이것이 중첩되어 구조적인 양극화를 잉태하게 된다. 다시 말해 양극화는 자본주의 필연적 귀결인 것이다. 따라서 양극화와 계층갈등 해소를 위한 정부나 사회의 '간섭'은 정당하다. 해법은 크게 두 가지 방향으로 전개되어야 한다: 사회의 극빈층, 노약층에 대한 '응급처방'을 강화하는 「단기대책」과 경제사회 '불평등 요인을 구조적으로 제도적으로 제거'하는 「중장기대책」이다. 극빈층, 노약층에 대한 소득 및 복지지원 강화와 같은 「단기대책」이야말로 헌법(제34조)에서 보장하는 인간다운 생활을 할 권리의 핵심이므로 그 중요성은 국방에 뒤지지 않는다.

'경제사회의 불평등을 구조적으로 제도적으로 제거'하는 「중장기대책」은 다양한 각도에서 시행되어야 한다. 무엇보다도 먼저 경제사회적 약자에 대한 불평등을 고착시키는 관행을 제도적으로 막아야 한다. 임금이나 처우나 근로조건에 대한 그들의 정당한 요구가 더 공정하고 공평하게 반영되도록 제도가 마련되어야 한다. 그런 점에서 공정거래위원회의 역할은 양극화 해소의 1차 관문이다. 그러나 불공정과 불평등을 해소하는 것은 양극화의 가속화를 막을 수는 있어도 양극화를 근원적으로 시정하는 일은 되지 못한다. 인적 투자를 통해 사회적 약자는 물론 사회전반의 경쟁력을 제고시키는 일이 필수적이다. 그런 점에서 「J-노믹스」의 '사람에 대한 투자'는 정당하다. 과거 기업중심의 정책에서 사람중심 투자로 바꾸어 기업과 국가의 경쟁력을 살리는 생각은 더욱 올바르다.

문제는 정부가 주도하는 인적 투자는 합법적이고 가장 능률적이어야 하는데 과연 그런가 하는 점이다. 먼저 합법성에 관해서는 그 누구도 아닌 정부의 정책행위는 그야말로 이의를 달 수 없는 명확한 적법성에 기초해야 함에도 불구하고 정권을 잡았다는 이유만으로 법, 규정을 임의로 해석하고 한다면 정권이 바뀔 때마다 과거정부정책을 뒤집는 일이 반복될 수밖에 없다. 그야말로 도긴개긴이다. 시간이 다소 걸리더라도 법과 규정을 고치고 난 뒤 정책을 수행해야 한다. 바쁠수록 돌아가야 한다.

두 번째로는 정부주도 정책의 능률성이다. 박근혜 정부의 '창조경제'를 통한 경제부흥과 국민행복은 그 누구도 부정하기 힘든 정당한 목표였으나 박근혜 정부의 인물들이 이루어 놓은 결과물은 참담하지 않았던가. 정부만능주의에 빠진 정부는 모두 실패했다. 「J-노믹스」도 성공하기 위해서는 반드시 정부만능주의의 함정에 빠지지 않아야 한다. 민간부문도 완전하지 않지만 정부도 만능이 아니다. 경제문제에 관해 정부가 겸손하게 경제부문의 의견을 경청해야 하는 이유다. 속성상 민간부문이 잘하지 못하는 부문이 있다. 공정하고 투명하며 공동체적인 거래를 하는 것이 그렇다. 재벌 등의 불공정거래가 대표적이다. 그런 분야는 반드시 국가가 적극적으로 개입해야 한다.

그러나 그 또한 순서가 있다. 국가, 즉 행정부와 사법부와 의회 등 공공부문이 먼저 공정하고 깨끗하며 투명하게 개혁되어야 한다. 그렇지 않으면 국민은 신뢰와 지지를 보내기 어렵다. 여기서 공공부문의 개혁이라 함은 검찰개혁만 말하는 것이 아니다. 정부기관과 법원과 국회도 개혁해야 할 부분이 많이 있다. 지방자치단체나 공기업에도 개혁에 예외가 아니다. 이런 부분들이 국민의 눈높이에 맞추어 먼저 깨끗해지지 않으면 정부(대통령) 주도의 개혁은 국민의 공감과 지지를 얻을 수가 없다. 왕안석의 신법개혁은 내용이 틀려서 실패한 것이 아니라 순서가 틀려서 실패했다. 먼저 자신(공공부문)을 수신제가(개혁)하고 나서 국가(민간부문과 시장)를 다스려야 함에도 불구하고 순서를 바꾸어 시도한 것이 결정적인 실패원인이었다. 규구준승(規矩準繩, 모범이나 잣대)이 바르지 않으면서 어떻게 제대로 측량이 되겠는가.

경제사회 '불평등 요인을 구조적으로 제도적으로 제거'하는 「중장기대책」의 또 다른 핵심은 중소기업 육성이다. 특히 헌법 제123조 3항에 적시된 것처럼 수출 중소기업 육성에 대해 올인(ALL-IN)해야 한다. 국가의 정책역량을 수출 대기업 중심에서 수출 중소기업 중심으로 바꾸어야 한다. 경제정책의 중심 타워도 기획재정부가 아니라 중소기업청과 산업통상자원부가 맡도록 해야 한다. 특히 낙후된 중소기업의 시설과 장비를 초현대식으로 개혁하고 중소기업의 금융비용을 근본적으로 경감시키는 지원을 강화해야 한다. 또한 헌법 제123조 2항에 따라 지역경제가 활성화되어야 한다. 지역경제발전 5개년 계획을 세워서 체계적으로 각 지역마다 특성화 수출산업을 육성하도록 해야 한다. 중소기업과 지역경제 활성화는 재벌개혁만큼이나 중요하다. 「J-노믹스」에 잘 보이지 않는 부분이 이 부분이다.

이 모든 것을 위해 필요한 재정을 먼저 구체적으로 밝혀야 한다. 그리고 그런 범위 내에서 증세를 얘기해야 한다. 양극화를 해소해야 한다면서 증세를 맨 먼저 내세우면 바로 국민적 저항에 부닥칠 것이다. 공자(孔子)는 이렇게 말했다. "국가를 다스리는 지도자는 부족함을 걱정하지 않고 고르지 않음을 걱정하며(不患寡而患不均), 가난함을 걱정하지 않고 불안정함을 걱정한다(不患貧而患不安)"고 했다. 양극화와 갈등 구조 해소는 국가지도자 최우선 책무임에 틀림없다.

2017년 일자리 100일 계획과 1993년 신경제 100일 계획

동아일보, 2017년 6월 4일

대통령업무지시 제1호 일자리위원회가 '일자리 100일 계획'을 발표했다. 모든 국정체계는 '일자리 중심'으로 가다듬되 단기대책은 100일 계획에서, 그리고 중장기계획은 5년 로드맵에서 마련하겠다고 했다. 이용섭 부위원장이 밝힌 100일 계획의 핵심은 여러 꼭지로 되어 있다. 첫째는 모든 정부정책과 예산집행이 고용에 얼마만큼 기여하는지 더욱 엄밀하게 따져 보겠다는 고용 영향 평가제도 강화이고, 둘째로는 고용창출 민간 기업에게 더 많은 세제상의 인센티브를 주겠다는 고용 인센티브제공이다. 그 외에도 민간부문의 틀과 체질을 일자리 중심구조로 전환한다든가, 중소벤처기업부 및 4차산업혁명위원회를 신설하겠다고도 했다. 그러나 이번 일자리위원회 100일 계획의 압권은 금년 중 1만 2천 명 충원을 포함해서 앞으로 5년 간 17만 4천 개 공무원 일자리를 확대하겠다고 공언한 것이다.

1993년 YS 문민정부도 비슷한 100일 계획과 5년 로드맵을 내놓은 적이 있다. '신경제 100일 계획'이라는 이름의 단기대책은 경제 활력을 불어넣기 위한 금리인하(당시 한국은행은 정책금융 금리를 6%에서 5%로 1%포인트 인하했음)와 물가압력을 잡기 위한 생필품 가격통제와 공무원 봉급동결이 핵심내용이었다. 이에 이어서 중장기 '신경제 5개년 계획'을 내놓았는데 금융·부동산실명제를 포함하는 4대 부문(재정, 금융, 행정규제 및 경제의식) 개혁과 성장잠재력 확충을 투 트랙(Two-Track)으로 설정했다.

1993년 YS문민정부의 키워드는 '신(新)경제'였다. 박재윤 당시 경제수석은 신경제를 "국민의 참여와 창의를 경제발전의 바탕으로 하는 온 국민이 함께하는 경제"로 정의했다. YS문민정부의 신경제 신드롬(유행)에는 몇 가지 재미있는 현상이 포착된다. 첫째, 서두르듯 발표한 100일 계획에는 정작 구체적이고 세부적인 계획은 대부분 뒤로 미루었다. 추진할 정책의 대강의 방향 혹은 추상적인 얼개만 100일 계획에 설정해 놓고서 세세한 핵심 정책은 나중에 정하는 방식이다. 예를 들어 「중소기업활성화 대책부문」을 보면 "형식적으로 추진되어 온 중소기업 정책의 실효성을 제고하는 방안을 마련할 계획"으로 되어 있고 「새로운 농정추진 및 조기추진과제」도 세부내용은 모두 나중에 확정하는 것으로 미루어 두었다. 이런 울리는 꽹과리 정도의 것을 가지고서 당장 무엇인가 할 내용을 담은 '100일 계획'이라고 부를 수는 없다. 둘째, 이런 일을 추진하기 위해 민관합동의 신경제계획위원회를 구성했다. 셋째, 정부 여러 부처의 요란한 중간성과 보고대회 및 언론과 학계, 국책연구기관의 '실시간 홍보성 화답'이 뒤 따랐다는 점이다. 여당은 신경제 관련 정책대토론회를 개최했고 관료들은 틀에 박힌 장밋빛 성과를 자랑했다. "정부가 신경제 100일 계획을 세우고 있다는 소식만으로도 경제 마인드가 살아나 실물투자와 경제가 살아나고 있다."는 어느 관료의 아부성 멘트에는 실소를 금할 수가 없었다. 재계마저도 적극 호응하는 시늉을 보내야만 했다. 넷째, 100일 계획이 끝날 즈음 대통령의 '성대한 5개년 계획 선포식'이 뒤따랐다. 그것을 김영삼 대통령은 자신의 경제 비전으로 포장했다. 그리고 대통령이 주재하는 신경제추진회의를 매월 개최하고 때로 민관합동회의를 성대하게 개최하여 국민의 주목과 지지를 끌어내려고 했다.

화려하고 현란한 미사여구에도 불구하고 YS정부 신경제계획하에서 한국경제는 결딴났다. 90%에 육박하던 초기 대통령지지도는 4년도 안 돼 10%대로 떨어졌다. 하나회 척결, 금융실명제, 지방자치제 도입, 전직 대통령 단죄 등 정치적 개혁실적에도 불구하고 섣부른 환율정책 및 개방정책으로 경상수지 적자는 폭증하고 단기외채가 급증하였으며 한국경제는 침몰하고 말았다.

문재인 정부의 일자리 정책이 YS문민정부의 신경제 정책과 같은지 다른지 분별할 수는 없다. 위원회 구성이라든지 100일 계획, 혹은 5개년 계획과 같은 다소 구태적인 형식을 택한 점이 비슷해 보이기는 한다. 그러나 구체적인 일자리 5년 로드맵의 내용이 나오지 않았고 그런 대책들이 어떻게 추진되는지 챙겨 볼 수 없는 현재 상황에서 서로를 비교하기는 어렵다. 다만, '신경제 계획'에서처럼 꼼꼼한 앞뒤 계산 없이 정책과 계획을 서둘러 발표하고, 성대한 선포식으로 포장하며, 현란한 중간성과 보고대회나 정책홍보만을 앞세우면서 이런저런 비판에 대해 재갈을 물리려 한다면 그 결과는 보나마나 뻔할 것이다.

흔들리는 옐런 체제와 미국의 금리인상 정책

동아일보, 2017년 6월 24일

지난 6월 14일 미국 중앙은행(연준)은 기준금리(연방기금금리, Federal Funds Rate)를 예상대로 0.25% 포인트 인상했다. 작년 12월, 금년 3월에 이어 세 번째 인상이다. 금년 중에 한 번 정도 금리를 더 올릴 것이라고 발표했다. 금리인상의 배경은 지난 3월과 거의 동일했다. 노동시장은 좋아지고 있으며 경제도 완만하게 상승한다고 했다. 가계지출도 꾸준히 증가하면서 실업률도 2001년 이후 최저인 4.3%로 떨어진데다 앞으로 더 떨어질 것으로 예측된다고 했다. 그러나 겉보기 유사함의 이면에는 몇 가지 주목할 만한 변화가 포착된다.

무엇보다 인플레 목표가 크게 흔들리고 있다. 연준의 물가목표는 2012년부터 지금까지 줄곧 2%였다. 작년 말까지 기준금리 인상을 미루어 오면서 그 근거로 '물가목표 미달'을 들었었다. 금년 3월 금리인상 때에도 사실 물가 2% 목표를 달성하지 못했지만 "목표에 거의 가깝다."는 논리로 올렸었다. 그러나 최근 소비자물가상승률은 2월 2.7%에서 5월 1.9%로 석 달 연속 떨어졌다. 연준이 선호하는 물가지수인 근원소비자물가지수는 5월에 1.7% 상승에 그쳤다. 2015년 5월 이후 최저치이고 석 달 연속 시장 전망치를 밑돈 것이다.

"통계수치에 의존한다(data dependent)"고 수도 없이 강조해 왔던 그동안의 정책 기조로 보면 물가목표에 미달한 이번에 금리를 올리지 않았어야 했다. 옐런 의장은 애플사 전화기 단가 하락이나 유가하락 등을 이유로 들면서 이번의 낮은 물가를 일시적인 현상일 뿐이라고 폄하했다. 고용상황의 호조는 임금과 물가상승으로 이어질 것이 확실하다고 했다. 그러나 금리결정위원회(FOMC) 위원들이 금년 물가상승 예상치를 1.9%에서 1.6%로 낮게 예측한 것을 보면 대부분 FOMC 위원들은 물가상승률의 둔화를 일시적이라고 보지 않는 것을 알 수 있다.

금융시장도 매우 당황했고 민감했다. 옐런과 FOMC에 대한 비판이 쏟아졌고 연준의 신뢰도가 크게 떨어졌다는 지적이 불거졌다. 연준 정책에 대한 시장의 의혹은 장기금리에서 그대로 나타났다. FOMC의 지속적인 기준금리 인상에도 불구하고 장기금리는 꿈쩍도 않았다. 통상적으로 만기가 길수록 금리는 높아지는 우상향 '수익률곡선(yield-curve)'이 정상인데 지금은 거의 수평에 가까운 '이상한 현상'이 전개되고 있는 것이다. 시장은 그런 현상을 옐런과 FOMC에 대한 불신의 방증이라고 했다. 옐런 의장이 무어라고 하더라도 믿지 못하기 때문에 장기금리가 오르지 않는다는 것이다.

옐런 체제에 대한 불신은 금융시장에만 국한된 것이 아니다. 연준 구성원들의 생각도 매우 흔들리고 있는 것이 분명하다. 미니애폴리스 연방은행 니시카리 총재는 이번 금리인상을 정책실수라고 꼬집었고 세인트루이스 연방은행 총재 불라드와 시카고 연방은행 총재 에반스도 금년 말까지는 금리인상을 미루자고 제안했다. 미국 연준 내에 금리인상에 부정적인 생각이 있고 또 확산되고 있다는 확실한 증거이다. 옐런 의장의 임기는 내년 2월 3일이면 끝난다. 트럼프 대통령과 매끄럽지 않은 관계를 감안하면 임기 종료 후 교체되는 것은 거의 확실하다. 이미 후임 물망자가 언론에 보도되고 있다. 또 7명인 연준 이사 중에서 그동안 결원이던 3명이 조만간 새로운 인물로 충원이 될 것이 확실하다. 새로운 의장이 임명되고 7명 중 3명의 이사가 새로 충원될 연준의 금리정책은 과거 정책과 달라질 것은 분명하다. 새 연준은 2% 물가 목표를 낮추든지 금리인상을 중단하든지 해야 할 것이다. 필자는 2% 목표를 소폭 낮추되 금리인상은 다소(6-9개월) 늦출 가능성이 높다고 본다. 그러나 연준의 자산감축, 혹은 양적완화축소는 확실하게 예정대로 단행될 것이다. 2008년 금융위기를 수습하는 과정에서 풀린 4.5조 달러 규모의 재정증권 및 부동산 담보부 증권(MSB) 금융자산을 점진적으로 매입하는 정책(그들은 그것을 '정상화계획'이라고 부름)은 단행될 것이다. 금년 말부터 시작하여 매월 백억 달러씩 줄이되 석 달 단위로 백억 달러씩 늘려나가 일 년 뒤에는 매월 5백억 달러 규모로 자산을 감축하는 계획은 추진될 가능성이 높다. 그렇게 되면 신흥국으로 빠져나갔던 미국계 자금의 미국 환류는 불가피할 것이고 우리나라도 그 영향에서 벗어날 수 없을 것이다. 금년 말부터 예상되는 연준의 양적완화축소 정책이 우리나라 금융시장에 어떤 파급영향을 줄지 지금쯤이면 면밀한 분석이 끝나고 그에 대한 대비책이 준비되어 있어야 할 것이다.

한미FTA 재협상, 미국의 진의는 무엇일까?

동아일보, 2017년 7월 21일

문재인 대통령이 방미일정에서 돌아온 지 채 보름도 안 된 7월 12일 미국은 한 통의 편지를 보내왔다. 산업통상자원부 장관 앞으로 보낸 서한에서 미국무역대표부는 "한미FTA협정 제22.2조에 의거하여 협정개정(amendments)이나 수정(modifications)을 포함하는 한미FTA협정의 운영(operations)상의 제반문제를 협의(consider)하기 위한 특별공동위원회를 30일 이내에 개최할 것을 요청한다"고 했다. 그리고 "특별공동위원회와 후속협상을 통하여 ① 한미FTA협정의 적용문제를 점검(review)하고, ② 시장접근에 있어서의 현안문제점을 해결함과 동시에 ③ 가장 중요하고 심각한 미국의 대한국 무역적자 문제해결을 강조할 것"이라고 했다. 성급한 한국 언론은 이것을 곧바로 재협상(re-negotiation)요구로 보도했다. 그러나 그것은 경솔하게 잘못 말려드는 일이다. 한미FTA협정문에는 재협상이라는 단어가 없다. 또 미국의 무역협상권한은 행정부에 있는 것이 아니라 미국 의회에 귀속되어 있다. 다수 상하원 의원들이 행정부에 대해 무역

촉진권한법에 따른 절차, 즉 협상 90일 전 의회에 통보하고 협상 30일 전에 협상목표를 공개하라는 규정준수를 요구하고 있는 점에서 볼 때 현재 미국 행정부는 기존 한미FTA협정의 재협상이 아니라 특별공동위원회에서의 협의라고 봐야 한다.

그러나 편지내용의 ① 한미FTA협정의 적용문제(implementation)에 관해서는 미국이 별로 따질 것이 없어 보인다. 한국이 협정을 잘못 적용(implementation)한 적도 없고 또 미국이 공식적으로 문제를 제기한 적도 없다. 협정을 잘못 해석하거나 혹은 협정의무를 위반하거나 혹은 협정에서 보장하는 혜택을 거절한 적도 없다. 한국에게 흠잡힐 만한 잘못은 없다는 얘기다. 미국이 계속해서 협정적용이나 협정의무위반이나 협정이익거부를 일방 주장한다면 한국은 합의(consensus)할 수 없다. 결국 미국은 협정(제22-4조)에 따른 분쟁해결절차를 밟아야 하는데 이 절차는 매우 지루하다. 양국 및 제3국의 3인 위원으로 된 분쟁해결위원회를 구성하는 데에만 최대 126일이 소요되고 최종보고서를 제출하는 데에도 최장 225일이 걸릴 수 있다. 게다가 분쟁에서 미국이 반드시 승소한다는 보장도 없다. 남은 카드는 한미FTA협정의 일방적 파기 선언밖에 없다. 다음으로 ② 시장접근에 있어서의 현안문제점이란 주로 금융, 법률, 경영자문과 같은 전문서비스업 분야에 대한 보다 폭넓은 규제완화일 텐데 이 부문에 관해서는 큰 무리 없이 양국이 합의를 도출할 수 있다.

문제의 핵심은 ③ 한국에 대한 무역적자이다. 지난 5년 동안 미국의 대한국 무역적자는 중국(+516억 달러), 독일(+152억 달러)에 이어 세 번째(+139억 달러)로 증가폭이 커졌다. 그러나 이 정도의 대한국 무역적자로 한미FTA협정을 개정하거나 파기까지 한다는 것은 상상하기 어렵다. 첫째, 한미FTA종료로 얻을 미국의 경제적 이익이 크지 않을 것이다. 물론 한국의 대미 수출은 크게 타격을 받겠지만 그것이 미국의 고용증가나 성장으로 이어지는 것이 아니라 거의 일본이나 중국의 수출로 메워질 것이다. 둘째, 한국의 미국에 대한 부정적인 시각이 크게 높아질 것이다. 한국의 대미수출이 타격을 받으면 받을수록 대미반감은 비례하여 커질 것이다.

만약 미국 행정부의 진의가 대한국 무역적자의 축소에 있다면 양국의 의견 합치는 쉽다. LPG나 셰일석유와 같은 전략상품의 대미수입을 늘이거나 쟁점이 되는 철강이나 자동차 혹은 그 부품에 대한 관세양허 수준을 재조정하거나 혹은 서비스 분야의 시장접근성을 높이는 방향으로 규제완화를 추진하면 어렵지 않게 합의에 이를 수가 있다. 이 과정에서 농산물 같은 우리 관심분야에 대한 관세 양허율 조정을 얻어 낸다면 서로 상생하는 결과를 얻어 낼 수도 있을 것이다. 그러나 만약 미국의 진의가 방위비분담증액이나 싸드(THAAD) 배치와 같이 다른 이익을 챙기려고 무역적자를 지렛대로 이용하려는 것이라면 문제해결은 복잡하게 꼬인다. 특별공동위원회 협의를 통하여 다른 이익을 추구하려는 시도를 한다면 그것도 적절하지 않지만 우리 측에서 단순한 협의 요청을 지레 한미FTA의 재협상 요구로 부풀려서 문제를 확대 해석하는 것 또한 바람직하지 않다. 최근 5년간 캐나다와 멕시코와의 무역적자가 큰 폭으로 줄어들었는데도 NAFTA 재협상을 진행하는 것을 보면 미국의 진의가 무엇인지 헷갈린다.

일자리 정책 100일의 백중흑점(白中黑點)

동아일보, 2017년 8월 14일

'국민의 위대한 선택'으로 출범한 문재인 정부가 백일이 되었다. 무엇보다 먼저 일자리를 챙기겠다던 취임사대로 지난 100일 동안 정부의 경제정책은 일자리에 초점을 맞추었다. '일자리가 곧 복지'라는 슬로건을 내걸고 「대통령직속 일자리위원회」를 새로 구성하고 「일자리 100일 계획」을 발표함은 물론 '일자리상황판'까지 청와대 위민관 내에 설치하기도 했다.

문재인 정부의 일자리정책은 공공부문을 선도적 목표로 설정했다. 정부가 모범적인 고용주로써 공공부문의 일자리를 적극 만들어 낸다는 것이다. 안전, 치안, 복지, 교육 부문 공무원증원과 사회공공서비스 공공부문 일자리 등 총 81만 개 일자리를 창출하겠다고 단언했다. 정부는 예산·세제 등 정책수단을 일자리 중심으로 재설계한다는 차원에서 예산을 「고용영향 평가제도」와 연계하기로 했으며 공공기관 청년고용을 의무적으로 3%에서 5%로 확대할 계획이다. 공공부문 고용에 대한 논란은 접어 두자. 설사 정부가 주장한 대로 공공부문 81만 개 일자리가 만들어진다고 하더라도 총상용근로자(2016년 1,297만 명)의 6%에 불과하므로 고용률을 1.87% 포인트 올릴 뿐이다. 그러므로 이것이 설혹 성공했다고 하더라도 문재인 정부의 일자리 정책이 성공했다고 국민들이 평가하지는 않을 것이고 또 실패했다고 하더라도 일자리 문제의 본질은 아니라고 여길 것이기 때문이다.

문재인 정부 일자리 정책의 성공핵심은 민간부문 일자리에 있다. 정부가 지금까지 내놓은 민간부문 일자리 대책으로 주목을 끄는 것은 '일자리 지원 3종 패키지'다. ① 고용을 늘리거나, ② (지난 3년 평균 인상률보다) 더 많이 임금을 올리거나, ③ 비정규직을 정규직으로 전환하면 세액공제 혜택을 준다는 것이다. 그런데 이 3종 패키지 정책은 박근혜 정부 시절 '가계소득증대 3종 세제 패키지'와 꼭 빼닮았다. ①은 기존에 있던 「고용창출 투자세액공제」와 「청년고용증대세제」를 통합한 것에 불과하고 ②, ③은 기존에 있던 것을 기간과 대상을 확대시킨 것일 뿐이다.

문제는 별 효과가 없었던 과거제도와 흡사한 '일자리지원 3종 패키지'같은 이런 대책을 가지고 민간일자리가 획기적으로 창출되겠는가 하는 점이다. 정부가 야심차게 내놓은 ①「고용증대 세액공제제도」의 경우 순 고용증대 효과는 연간 10만 명을 넘기 매우 힘들 것 같다. 박근혜 정부의「고용창출 투자세액공제제도」의 경우 예상 세액공제금액은 3,904억 원(2012년)인데 1인당 세액공제를 천만 원이라고 하면 고용창출효과는 3만 9천 명에 불과하고 1인당 5백만 원이라고 봐도 8만 명을 넘지 않는다. 당시 상용근로자 1,110만 명의 0.3%-0.7%에 불과한 수치다. ②「임금인상 세액공제제도」의 혜택도 주로 임금인상

여유가 있는 대기업에 유리하게 쏠릴 가능성이 큰데다가 제도를 악용하려는 경우 임금인상을 오히려 억제시키는 역효과가 발생할 여지가 없지 않다. 과거 3년 평균 임금인상률을 기준으로 세액공제혜택 여부를 측정하는 특성상 임금인상률이 3년 동안 매년 1% 인상하다가 4년차에 1% 인상하면 혜택을 받지 못하지만 매년 0%이다가 4년차에 1%를 인상하면 혜택을 받는다. 따라서 「임금인상 세액공제제도」는 매년 임금을 자연스럽게 올리기보다는 반대로 인상을 억제하여 계단식으로 올리게 하는 역작용을 낳을 수가 있다. 고용실적에 따른 금리우대나 이자환급제도도 이미 적용이 되고 있는 제도라서 얼마나 새로운 효과가 있을지 의문이 가지 않을 수 없다.

일자리 창출(혹은 일자리 멸실방지)의 본산은 민간기업, 그것도 창업기업보다는 기존기업이다. 민간기업의 일자리 창출의 원칙은 공공부문과는 근본적으로 다르다. 경쟁력을 바탕으로 한 생산(즉 성장)이 있어야 일자리가 만들어진다는 것이지 역으로 자리를 만든다고 경쟁력과 생산과 성장이 저절로 일어나지 않는다는 점이다. 기업이 기업할 의욕을 잃지 않고, 자신감을 잃지 않고, 경쟁력을 잃지 않도록 지원하는 것이 핵심 일자리 정책이라고 믿는다. 신산업 혹은 미래먹거리 산업 육성 못지않게 죽어 가는 전통산업의 4차산업적 구조전환 혹은 경쟁력 강화방안에 대한 지원을 파격적으로 늘려야 일자리가 사라지지 않는 것이다. 문재인 정부의 일자리정책의 백중흑점은 전통기업 지원을 너무 가볍게 보는 것 같다는 점에 있다. 10개 일자리 만드는 동안 20개가 사라지면 그게 무슨 일자리 정책인가.

보유세 인상에 앞서 생각할 아홉 가지 숙제

동아일보, 2017년 9월 10일

9월 4일 정기국회 교섭단체 대표연설은 놀라웠다. 죽산 조봉암의 국유토지 유상배분조치(농지개혁)를 "한국 경제의 비약적인 성장토대를 제공했다는 점에서 성공했다."는 주장도 놀랍지만 140년 된 헨리 조지의 지대회수 이론에 더욱 놀랐다. "지대를 지불하면 임금과 이자는 그만큼 줄어들므로 지대의 수준에 따라 임금과 이자의 수준이 줄어든다.(①지대상승→ ②임금축소)"는 해석을 갑론을박할 생각은 없다. 또 "지대 추구는 기업가의 창의성과 도전정신을 빼앗고 건전한 시민의 일할 의욕을 꺾고 있으며, 날이 갈수록 심각해지는 한국 사회의 불평등과 양극화의 핵심에는 '지대 추구'의 특권이 존재하고, 모든 불평등과 양극화의 원천인 '고삐 풀린 지대'를 그대로 두고서는 새로운 대한민국의 성장 동력을 마련하기 어렵다(②임금축소→ ③양극화확대)"는 말에 토 달 생각도 없다. 문제는 '과다부동산 보유자에 대한 보유세 도입'이 과연 지대추구사회의 덫에 빠진 사회와 양극화를 해결하는 진짜 해답이냐 하는 것이다(④부동산보유세 인상→ ⑤

지대하락→ ⑥임금상승→ ⑦양극화해소). 그 내용이 무엇인지는 아직은 모호하나 '2017년 지대개혁'이 새로운 대한민국의 멈춰진 심장을 다시 뛰게 하는 '가장 위대한 도전'이 될 수 있을 것이냐는 것이다. 주택 보유세를 올려도 주택가격이 크게 하락하지 않으며 따라서 사회의 양극화가 크게 개선되지 않을 것 같은 아홉 가지 이유를 정리해 보았다.

첫째, 보유세를 조금 올린다고 부동산가격이 떨어진다는 보장이 없을 것 같다. 팔려고 내어 놓으려는 사람도 가격이 너무 낮아지면 팔려고 하지 않을 가능성이 크다. 몇 십만 원 혹은 몇 백만 원 보유세를 당분간 더 내더라도 몇 천만 원 폭락한 가격으로 내놓지 않을 가능성이 크다. 둘째, 높은 보유세 때문에 팔려고 한다면 높은 보유세 때문에 살 사람도 없을 가능성이 크다. 높은 보유세 때문에 한쪽에서 파는데 누가 그 집을 사려고 하겠는가? 셋째, 보유세를 올리면 상당부분 임차인에게 전가될 가능성이 높다. 늘어난 보유세를 전가할 방도가 따로 없는 1주택 소유자조차 주택을 팔기보다는 보다 높은 임대료로 임대를 놓을 가능성이 크다. 주택가격이 크게 떨어질수록 팔지 않고 임대로 내어 놓을 가능성이 클 것이다. 넷째, 주택 혹은 토지보유에 대한 보유세를 올리면 다른 쪽으로 돈이 몰리면서 풍선효과가 발생할 가능성이 있다. 금융실명제에서 봤듯이 주택 보유세를 강화하면 회화, 골동품, 주식 혹은 해외투자와 같은 타 분야로 투기가 이전될 가능성이 높다. 이렇게 되는 경우 부동산투기는 잡힐지 몰라도 또 다른 투기에 의한 불로소득이 발생하는 것이다. 다섯째, 가만히 있어도 부동산 가격 상승으로 종합부동산 등 보유세 부담이 커지는 상황에서 또다시 보유세율 혹은 과세 대상자를 더 확대하면 조세저항을 불러일으킬 가능성이 높다. 현재 보유세(재산세+종부세)로 일 년에 약 10조 원 정도 걷히는데 기존에 부담하는 사람들에게 더 올리든 그동안 내지 않던 사람들에게 새로

물리는 경우이든 조세저항은 피하기 어렵다. 여섯째, 헨리 조지가 말한 국가가 회수해야 할 지대란 '철도통과라든가 도로건설과 같은 공공개발 혹은 경제발전에 따른 우연적이고 어부지리 같은 지가 상승'을 말하였다. 따라서 조지의 이론대로라면 공공개발에 따른 이익을 환수하면 되는 것이다. 전혀 가격상승을 보지 못한 토지나 주택에 대해 투기방지 목적으로 보유세를 부과하는 것은 억울한 과세가 된다. 반발이 클 것이다. 일곱째, 만약 보유세 인상에도 불구하고 주택가격이 잡히지 않는다면 '주택가격이 도저히 오를 수 없는 높은 수준'까지 보유세를 올려야 할 것이다. 그 수준이 어느 수준인지 검토가 먼저 필요하다. 여덟째, 부동산 투기와 양극화를 잡기 위해 보유세를 물리는 것이라면 주택가격이 극도로 안정되면 보유세를 거두지 않고 철폐해야 한다. 과연 그럴 수 있을 것인가? 못할 것이다. 왜냐하면 보유세를 없애는 순간 다시 주택가격이 뛸 것이다. 그렇다면 보유세는 '주택가격이 도저히 오를 수 없는 높은 수준'에서 고착되어야 할 것인데, 국민들이 그 수준을 매년 감내할 수 있겠는가? 없을 것이다. 아홉째, 최근 부동산 가격의 급등은 보유세가 낮아서가 아니라 이전 정부의 과도한 저금리와 부동산투자 유인책 때문이었다. 보유세 인상은 최근 부동산 가격급등의 원인을 잘못 찾아 내린 처방이다. 또 한 번 주택시장에 혼돈의 소용돌이가 몰아칠 것 같다.

한미FTA 2.0 개정협상의 10대 원칙

동아일보, 2017년 10월 11일

우여곡절 끝에 한국은 미국과 자유무역협정(FTA)의 개정협상 테이블에 앉았다. 저쪽이 폐기카드를 들먹인다고 이쪽마저 그런다면 전략이라 치더라도 너무 가볍고 감정적이다. 폐기를 하면 저쪽이 더 큰 손해를 입는다는 연구결과도 좀 궁색해 보이기는 마찬가지다. 국가이익이 걸린 중대한 문제에 옹졸하게 감정을 섞는 것은 모닥불에 휘발유를 끼얹는 격이 되고 만다. 한미 FTA 개정협상은 감정이나 혹은 과거에 얽매일 문제가 아니다. 두 나라가 더욱 호혜적으로 발전하는 방향으로 업그레이드되는 결정적인 계기가 되어야 한다. 그러기 위해 한미 FTA 2.0 개정협상에 나서는 양측이 반드시 지키고 받아들여야 할 10대 원칙을 정리했다.

첫째, 2012년 3월 발효한 이래 지금까지 한미 FTA협정은 두 나라 국가경제 발전과 국민 상호 간의 경제협력 및 교류진전에 크게 기여한 것임을 인정해야 한다. 이것을 인정하지 않는다면 한미 FTA협정은 폐기하는 것이 맞다. 한국의 대미 수출이 560억 달러에서 700억 달러로 늘고 미국의 대한 수출이 390억 달러에서 420억 달러로 증가한 것을 훨씬 넘어서는 효과가 있었다. 양국 간의 인적·물적 교류확대의 계기가 되었을 뿐만 아니라 앞으로 미래에도 더욱더 그럴 수 있는 초석을 쌓은 것에 주목해야 한다. 둘째, 양국은 한미 FTA 발효 후 지금까지 드러난 여러 문제점들에 대해 인식을 같이하고 이를 개선하여 보다 더 수준 높은 경제협력관계를 구축하기 위해 개정협상을 개최하는 것임을 이해해야 한다. 처음부터 한미 FTA가 완벽한 협정이라고 생각한 사람은 아무도 없다. 문제나 결점이 있을 수밖에 없는 협정이었다. 그런 문제점 들을 보완하여 더욱더 완벽한 FTA협정이 되도록 개정 혹은 수정하는 것은 너무나 당연한 것이다. 셋째, 미국은 물론 한국도 한미 교역 불균형의 심각성에 대해 인식을 같이하며 이를 WTO 및 교역에 관한 국제규범의 틀 안에서 해결하기 위해 다각적인 방법을 강구하기를 약속해야 한다. 한미 무역불균형의 원인은 실로 다양하다. 한미 FTA가 원인이 아닐 수도 있다. 그러나 그렇다 하더라도 한국은 한미 무역불균형이 심각한 현안문제인 것을 인정해야 한다. 왜냐하면 우리 무역의 '파트너'이기 때문이다. 그리고 그것을 FTA협정을 포함한 국제규범의 틀 안에서 해소하기 위해 최선을 다해야 한다. 우리가 한미 FTA개정협상에 능동적으로 임하는 것도 심각한 한미 무역불균형이 양국의 호혜적 교역발전에 도움이 되지 않는 것을 냉정하게 인식하고 있다는 것을 보여 주는 행위이다. 넷째, 농수산물, 의약품, 지적재산권, 투자, 국경 간 교역 및 금융서비스 교역 등 여러 분야에 있어서 보다 개방된 한미 FTA협정을 체결하도록 약속해야 한다. 한미 FTA협정 안에는 다양한 형태의 폐쇄적 조치들이 산재해 있다. 이런 부분들에 대한 전반적인 개방계획이 이번에 마련되도록 해야 한다. 다섯째, 한미 FTA협정의 개정협상은 상호주의에 입각하여 서로 윈-윈하는 방향으로 진행되어야 한다. 저쪽만 유리할 수도 없고 반대로 우리만 유익할 수도 없다. 주는 것이 있어야 받는 것이 있다. 이번 개정의 핵심내용은 미국의 무역적자를 해소하는 것이다. 그 방법은 두 가지다. 하나는 미국의 수입을 관세인상이나 규제로 막는 방법이고 다른 하나는 다른 분야(예컨대 농업이나 서비스나 투자)에서 미국의 수출시장을 터 주는 방법이다. 당연히 두 번째 방법이 더 매력적이고 또 국제교역규범에 합당하다. 문제는 한국 시장 쪽에서의 반발이다. 한국 내 시장 반발을 어떻게 수습하느냐에 한미FTA 개정협상의 성공여부가 달려 있다고 봐도 틀린 말이 아니다. 여섯째, 개정협상은 투명하게 진행되어야 한다. 우리나라 「통상협상법」 제1조 및 제4조가 투명성과 정보공개를 규정하고 있다. 일곱째, 두 나라 모두 양국 간 교역의 문제를 정치적 목적으로 이용하거나 왜곡하는 것을 배격해야 한다. 여덟째, 개정협상에 민간 기업이나 유관단체의 적극적인 동참이 있어야 한다. 무역협정은 양국 기업과 국민을 위한 것이므로 적극적인 의견반영이 반드시 따라야 한다. 아홉째, 한미FTA가 보다 발전 형태로 지속적으로 발전하기 위해 한미 FTA협정의 개정 혹은 수정 절차에 대한 명확한 규정이 마련되어야 한다. 열 번째, 한미 FTA협정의 개정에 따라 피해를 입게 되는 부문 혹은 분야에 대한 각국 정부의 적극적인 구제보완 조정조치가 뒷받침되어야 한다. 녹록치는 않겠지만 양국 협상대표단의 훌륭한 결과를 기대해 본다.

경제성장률이라는 함정

동아일보, 2017년 10월 30일

금년 초만 해도 2.5%대 저성장을 예고하던 한국은행이 입장을 바꾸어 IMF와 정부처럼 3% 전망그룹에 동참하였다. 정부도 그렇고 시장 분위기도 한은의 3% 성장률 수정전망에 한껏 고무되는 분위기다. 경제가 좋다는데 얼굴 찌푸릴 이유야 없지만 한은의 경제성장률 수정전망에 대해 반길 수만은 없는 몇 가지 우려가 깊이 숨어 있다. 전략상 항상 긍정적 전망을 내놓는 정부는 그렇다 치더라도 중립적이고 냉철한 한국은행이 경제성장률 전망치를 올릴 수밖에 없었던 결정적 이유는 설비투자 때문이다. 예상치 못했던 반도체 특수로 연초 2.5% 증가할 것으로 봤던 설비투자가 14.0%로 수정되면서 성장률 전망치가 크게 올라간 것이다. 한마디로 금년 경제가 예상보다 좋게 나온 것은 예상치 못한 반도체 특수에 따른 설비투자 때문이다.

2000년 이후 17년 동안 설비투자 증가율이 10%를 넘은 적은 2010년(22%) 한

번밖에 없다. 그것도 전년도 2009년의 7.7% 감소에 따른 기저효과가 크게 작용한 것이므로 이동평균해서 보면 연 10% 증가율에 못 미친다. 사실 지난 10여 년 저성장의 뿌리에는 지독한 설비투자 부진이 자리하고 있었다. 그에 비해 금년 14% 설비투자 증가는 대단히 예외적인 현상이다. 반도체 특수가 매년 지속적으로 확장되지 않는 한 경제성장률은 떨어질 수밖에 없다. 한국은행은 내년도 설비투자 증가율을 2.8%로 크게 낮추어 잡았다. 그만큼 내년 경제가 걱정된다는 말이다. 이것이 첫 번째 우려다.

두 번째 우려는 수입의 급증세다. 금년 초 한은은 수입이 2.3% 증가할 것으로 봤는데 이번 예측에서는 4.8%포인트 오른 7.1%로 수정 전망했다. 지난 5년간 수입은 꾸준히 감소했다. 그러던 수입이 증가세로 반전되어 확대된다는 것은 경제성장에 별로 좋은 현상이 아니다. 수입이 1%포인트 증가하면 경제성장률은 약 0.4%포인트 떨어진다. 7% 증가만 해도 경제성장률 약 2.8%포인트가량 갉아먹는 것이다. 참고로 1995년과 1996년 수입 증가율이 각각 32.0%와 11.9%로 폭증한 다음 해에 한국경제는 IMF위기로 빠져 들었다.

세 번째 우려는 경제성장률 자체가 이미 일반 국민의 살림살이와는 동떨어진 통계가 되어 버린 지 오래되었다는 점이다. 연일 주가가 사상 최고치를 갈아 치운다고는 하지만 우리 증시에서 외국인이 차지하는 비중은 30%를 넘었다. 외국인 투자가들은 대부분 한국경제를 끌고 가는 우량회사 주식들을 절반가량 혹은 그 이상 보유하고 있다. 이들 우량 회사들이 일으키는 부가가치 창조는 외국인 지분만큼 그들의 호주머니에 들어가게 된다. 게다가 성장률이라는 개념 안에는 안 팔려서 쌓인 재고가 고스란히 들어가 있다. 재고가 쌓이면 쌓일수록 기업의 경영은 어려워도 한은이 발표하는 경제성장률은 올라가는 역설이 나타난다. 올해 설비투자 증가가 상반기 경제성장률(2.8%)의 약 절반 정도(1.4%)를 기여했다면 재고증가는 약 1/6(0.4%) 기여했다. 결코 작지 않은 수치다. 게다가 경제성장률이라는 것이 생산량의 증가를 반영할 뿐 생산비용증가나 가격하락과 같은 경영애로 사항을 전혀 반영하지 못한다. 쌀 생산이 증가했지만 쌀값 하락으로 농가가 어려운 것이 좋은 실례다. 경제가 3% 성장했다고 기업의 경영상황이나 국민의 경제상황이 3% 나아졌다고 생각하면 그보다 더 큰 오류는 없다.

이런 근본적인 오류를 내포하고 있는 경제성장률에 집착한 경제정책은 성공할 수가 없다. 과거 MB정부의 747 정책이나 박근혜정부의 474 정책이 실패한 이유가 따지고 보면 경제성장률 집착 때문이라 해도 과언이 아니다. 성장률에 집착하다 보면 부작용을 초래하는 정책이 나오게 마련이다. 1989-90년 신도시 200만 호 건설이나 2001년 말 주택 재당첨 금지해제조치, MB정부 4대강 개발정책, 그리고 2014 이후 LTV-DTI 확대조치가 다 그런 발상에 기인했다. 입으로는 아무도 안 가본 길을 가는 창조경제라고 하면서도 발걸음은 닳아 빠진 옛길을 밟았다. 혁신성장을 외치는 문재인 정부는 무엇보다도 성장률 집착을 버려야 한다. 건설경기 위축을 염려하여 연착륙이라는 미명하에 신DTI 전국 확대 적용을 미루었다면 그건 잘못이다. 자꾸 3%에 매달리는 것 같아 걱정되는 이유가 바로 그런 때문이다.

문재인 정부의 5대 경제딜레마

동아일보, 2017년 11월 29일

대통령에 대한 국민지지율이 70%를 넘는 고공행진을 계속하고는 있지만 문재인 정부는 과거 어떤 정부보다도 힘들고 어려운 난제에 봉착해 있다. 북핵 도발을 둘러싼 남북 대화와 대립 사이의 갈등이나 미국과 중국 사이에서의 위치잡기 난제, 일본과의 관계개선 숙제와 같은 군사외교적인 갈등도 갈등이려니와 경제정책 면에서도 전에 찾아보기 어려운 여러 딜레마들이 동시에 펼쳐져 있다.

그 첫째가 금리 문제이다. 미국은 당장이라도 기준금리를 올릴 기세다. 미국 연준 의장이 바뀐다고는 하지만 그래도 시장 분위기는 12월 인상 쪽으로 기울고 있다. 국내시장전문가들도 열이면 아홉이 금리를 올릴 것이라고 보고 있다. 부동산 투기를 잡거나 혹은 급격한 국내자금의 해외유출을 막기 위해서라도 국내금리를 올리는 것이 정답일지도 모른다. 그러나 그랬을 경우에 닥칠

후폭풍은 감당하기 어렵다. 1,419조 원에 달하는 가계부채의 금리부담이 늘어날 것이 뻔하다. 1% 포인트 대출금리 인상은 14조 원 이상의 이자부담을 가중시킨다. 가뜩이나 장사가 잘 안 되어서 생활자금으로 가계대출을 끌어다 쓰는 형편에 이자까지 올라간다면 이들 자영업자의 생활형편은 어떻게 되겠는가. 게다가 금리인상으로 투자가 위축되거나 소비가 줄어든다면 실물경제는 어찌 될 것인가.

두 번째가 환율이다. 최근 원화환율은 무서우리만치 빠르게 절상되고 있다. 금년 초 1,208원이던 달러당 원화환율은 1,080원대까지 11% 떨어졌다. 미국 달러에 대해서만 절상된 것이 아니다. 일본 엔화에 대해서는 연초 100엔당 1,030원대이던 것이 970원대까지 6% 떨어졌고 위안화에 대해서도 연초 175원에서 166원대로 5% 하락했다. 아마 금년에 세계에서 가장 절상이 많이 된 통화가 원화일 것이다. 환율이 떨어질수록 수입물가가 낮아진다고 마냥 좋아만 할 것은 아니다. 그만큼 우리나라의 대외 가격경쟁력이 떨어져 앞으로 수출은 줄어들고 수입은 대폭 늘어날 것이 확실하다.

세 번째로는 보유세를 포함하는 강력한 부동산 투기억제 대책 도입문제다. 지난 몇 달 동안 정부는 6월 19일, 8월 2일, 10월 24일 세 차례 부동산대책을 내어놓았다. 그러나 이런 여러 대책에도 불구하고 여전히 서울지역의 부동산 가격이 잡히지 않고 있다. 정부는 보유세(특히 종합부동산) 강화와 같은 강력한 억제책을 도입해야 할지 고민 중에 있는 듯하다. 부동산투기를 잡으려면 당연히 도입해야 하겠지만 살얼음 같은 실물경제를 죽이지 않으려면 부동산경기를 세게 가라앉힐 수도 없는 고민이 있다.

넷째로는 최저임금문제이다. 내년도 최저임금은 이미 7,530원으로 정해져 있다고 하지만 최저임금에 포함되는 임금의 범위가 무엇인지는 아직 정해지지 않았다. 매달 지급되는 기본급과 수당 등이야 당연히 최저임금에 포함되겠지만, 숙식비·교통비 등 복리후생비나 매달 지급되지 않는 상여금 등과 같이 비정기적이거나 가변성이 큰 일시적 급여는 통상 최저임금에 반영되지 않는다. 이들 복리비와 상여금이 최저임금에 새로 산입되지 않는다면 업계는 부담이 너무 커진다고 비명을 지른다. 그렇다고 복리비나 상여금을 최저임금에 포함시키면 최저임금 상승의 의미가 없어진다고 근로자들이 아우성이다. 최저임금 범위를 기존처럼 좁게 잡으면 기업이 어렵고 넓게 잡으면 근로자들의 반발이 거세질 것이다.

다섯째로는 한미 FTA협상 문제다. 아직 양국 간의 쟁점이 표면적으로 드러난 것은 없지만 최근 미국 국제무역공사(ITC)의 한국 회사 제품에 대한 긴급수입제한 권고조치를 보면 협상이 순조로울 것 같지는 않은 분위기가 역력하다. 전략적이든 아니면 실제적이든 미국은 자동차를 포함한 제조업, 금융, 서비스, 지적재산권은 물론 농업부문에까지 전방위 개방공세를 취해 올 것이 분명해 보인다. 그러나 농민의 반발을 생각하면 문재인 정부는 농업부문을 절대로 양보 못할 것이다. 그렇다면 결과는 뻔하다. 농업부문을 그대로 두면서 다른 덜 민감한 분야를 대폭 개방하든지 아니면 FTA를 폐기하든지. 둘 다 쉽지 않은 문제다. 반도체 특수에 기댄 경제성장률 3.2%에 도취되어 앞으로 다가올 다섯 겹 경제파고를 제대로 잘 헤쳐 나가지 못한다면 대통령에 대한 지지율만 떨어지는 것이 아니라 그 부담이 온통 국민의 몫이 되고 만다. 내년도 중국의 대규모 반도체 공급개시가 걱정이 되는 이유이다.

일자리 정책 : 로드맵과 로드킬

동아일보, 2017년 12월 25일

2017년 5월 10일 문재인 대통령은 취임 첫 행정명령으로 일자리위원회의를 구성했다. 20여일 뒤 이용섭 위원장이 발표한 「일자리 100일 계획」의 핵심목표는 국정운영의 패러다임을 일자리 중심으로 전환하고, 新성장동력 창출과 경제체질 개선을 통해 고용창출력을 제고하며, 공공부문이 일자리 창출의 마중물 역할을 수행하겠다는 것이다. 약 넉 달 뒤인 10월 보다 다듬어진 형태의 정책구상이 「일자리 5년 로드맵」이라는 이름으로 나왔다. 정책기본방향은 일자리-분배-성장의 선순환 구조정착을 위하여 5대 분야 10대 중점과제를 선정하고, 미래 고용위기에 선제적으로 대비하며 기업의 경쟁력과 일자리 양과 질과 혁신성장의 공급확충이 서로 상충되지 않고 상승 작용하도록 정책을 조화시킨다는 것이지만 핵심 내용은 5대 분야 10대 과제다.

5대 분야 10대 과제란 일자리 중심의 국정 운영(일자리 인프라 분야), 공공부문

81만 개 일자리 창출(공공분야), 혁신창업, 산업경쟁력 강화, 신산업 및 신서비스 육성, 사회적 경제 활성화(민간분야), 최저임금 시간당 1만 원과 비정규직 남용 방지 등 근로여건 개선(일자리 질 개선분야) 및 청년·여성·신중년 등 맞춤형 일자리 지원(맞춤형 지원 분야) 등이다. 대부분 추상적이기는 하나 대통령과 정부의 일자리 정책의지가 돋보이는 것은 확실하다.

문제는 성과다. 문재인 정부가 출범한 지도 7개월이 넘었다. 5년 임기의 12%를 넘긴 셈이다. 마지막 1년을 레임덕이라고 본다면 유효임기 4년의 15%나 지난 셈이다. 그동안 문재인 정부의 일자리창출 성적은 어떤가? 대통령 취임 직전인 2017년 4월 말 대비 11월 말까지 7개월 동안 취업자는 2,657만 7천 명에서 2,684만 5천 명으로 26만 8천 명이 늘었다. 작년 같은 기간 43만 9천 명 늘어난 것에 비하면 턱없이 적다. 금년 3%대 성장률을 기록하고도 취업자 증가수가 더 적다는 것이 충격적이다. 2013년 이후 5년 중에도 가장 낮다. 2015년 35만 3천 명 증가, 2014년 28만 4천 명 증가, 2013년에도 42만 7천 명 증가했다. 적어도 지금까지는 박근혜 정부시절보다도 취업자 증가수가 더 낮은 것을 부정할 수 없다.

2016년에 비해 가장 두드러지게 취업자 증가수가 위축되는 곳은 서비스분야다. 도소매·음식숙박업 부문은 2016년 5월부터 11월까지 취업자가 592만 8천 명에서 602만 1천 명으로 9만 3천 명 증가했으나 문재인 정부에서는 603만 9천 명에서 604만 4천 명으로 5천 명 증가에 그쳤다. 8만 8천 명이 축소되었다. 사업·개인·공공서비스 부문에서는 작년 5월-11월 동안 967만 4천 명에서 948만 6천 명으로 18만 8천 명 증가했으나 올해에는 11만 8천 명 증가에 그쳐 7만 명이나 취업자 증가수가 위축되었다. 전기·운수·통신·금융서비스부문에서도 2016년 5월-11월 취업자 증가수는 304만 9천 명에서 311만 7천 명으로 6만 8천 명이 증가했으나 금년에는 같은 기간 303만 6천 명에서 306만 4천 명으로 2만 8천 명 증가에 그쳤다. 위 세 서비스분야에서 줄어든 취업자 증가수가 19만 8천 명이다.

그렇다면 문재인 정부의 일자리 정책이 전혀 성과가 없었던가? 그것은 아니다. 제조업 취업자 수가 작년 5월-11월 사이 6만 명 감소에서 금년 4만 8천 명 증가로 반전되었다. 그리고 공공행정·국방 서비스 부문 취업자도 같은 기간 103만 1천 명에서 111만 3천 명으로 8만 2천 명 늘었고 보건사회복지 부문에서도 191만 2천 명에서 198만 4천 명으로 7만 2천 명 취업자가 증가했다. 이 두 부문에서만 취업자 증가수가 15만 4천 명 늘어났으니 공공·복지부문 일자리는 크게 늘어난 게 사실이다. 그러나 이런 공공부문 취업자 증가보다 훨씬 더 빠른 속도로 부동산임대업(2만 감소), 교육 서비스업(4만 2천 감소), 협회·단체(1만 5천 감소)에서의 일자리 감소 때문에 전체적으로 취업자 증가폭이 크게 둔화되는 것이다. 내년부터 시간당 7,530원의 최저임금과 52시간 근무제도 같은 민감한 정책들이 실시된다. 이런 정책들은 운수업, 음식숙박업, 금융업, 개인사업 서비스업과 같은 서비스업 고용시장에 적지 않은 부정적 영향을 끼칠 것으로 보인다. 공공분야 중심의 일자리 로드맵이 의도하지 않은 민간분야 일자리 로드킬로 변모되지 않을지 걱정하는 이유가 여기에 있다.

6대 일자리 블랙홀과 초망착호(草網着虎)

동아일보, 2018년 1월 14일

문재인 행정부는 일자리 행정부다. 취임사에서도 '무엇보다도 먼저' 일자리를 챙기겠다고 국민과 약속했다. 일자리상황판을 설치할 때부터 대통령의 강력한 의지는 충분히 읽혔다. 연이어 나온「일자리 100일 계획(6월1일)」,「100대 국정과제(7월19일)」,「일자리로드맵(10월18일)」,「산업정책방향(12월18일)」, 그리고「2018년 경제정책방향(12월29일)」까지 모두 '일자리'를 정조준하고 있다. 이만하면 정부로부터 기대할 대책은 나올 만큼 나왔다.

이제 그 실적을 따져 보자. 2017년 12월 총취업자는 2,642만 1천 명으로 작년 대비 25만 3천 명 늘었다. 늘었으니 다행이기는 하다. 그러나 이 증가수치는 2008, 2009년 금융위기 (각각 취업자 1만 2천 및 1만 6천 감소) 이후 가장 낮다. 3%라는 비교적 높은 성장률에도 불구하고 박근혜 정부 4년의 연평균 44만 명 취업자 증가보다도 훨씬 낮다. 이 추세라면 정부가 말하는 소위「3-3-3(3%성장, 일인당

3만 달러, 30만 취업자 증가) 정책목표」는 달성하기 어렵다.

지난해 12월 제조업과 농림어업은 취업자가 각각 8만 9천 명과 6만 4천 명 늘었다. 작년 취업자 증가가 부진한 것은 한마디로 서비스부문 때문이다. 서비스부문에서는 9만 8천 명 느는 데 그쳤다. 2013년부터 2016년까지 4년 동안 이 부문에서는 연평균 42만 개의 일자리가 늘어났었다. 2016년에도 42만 3천 명 증가했다. 그러나 지난해는 증가폭이 10만 명에도 못 미쳤다. 지난 4년 평균의 23%에 불과하다. 통계가 작성되기 시작한 2005년 이후 역대 최저 수준이다. 금융위기였던 2008년과 2009년의 11만 3천과 16만 9천보다도 더 낮다. 따라서 작금의 일자리 문제의 핵심은 바로 이 서비스부문에 있다.

취업자 증가폭의 감소는 거의 모든 서비스 산업에서 전방위적으로 일어나고 있다. 이 중에서도 특히 주목할 것은 여러 서비스업종에서 취업자 증가폭이 줄다 못해 오히려 절대적으로 감소하고 있다는 점이다. 음식점·숙박서비스업 4만 8천 명 감소, 교육 서비스업 2만 5천 명 감소, 전문과학기술 서비스업 2만 1천 명 감소, 출판영상방송업 1만 6천 명 감소, 운수업 1만 명 감소, 시설관리 및 지원 서비스업 9천 명 감소 등이다. 이를 6대 일자리 블랙홀이라고 부르자. 이 6대 일자리 블랙홀 서비스업에서만 지난 한 해 12만 9천 명의 일자리가 사라졌다. 같은 기간 공공행정 및 국방사회보장행정부문(8만1천)과 보건업 및 사회복지서비스 부문 취업자 증가 2만 3천 명을 합친 10만 4천 명 증가를 능가하는 수치다.

이런 실망적인 일자리 통계는 대통령 취임 후 그동안 추진된 각종 일자리 정책의 효과를 의심하기에 충분한 근거를 제공한다. 특히 최저임금인상의 효과가 본격적으로 나타날 것인데다가 성장률마저 3% 달성이 어려워진다면 일자리 불안감은 더 커진다. 문재인 정부가 주장하는 것처럼 보다 나은 나라와 국민이 주인인 나라를 만들면서 동시에 일자리를 창출하기 위해 앞으로도 작년처럼 공공행정, 국방 및 사회보장행정과 보건업 및 사회복지서비스 부문에 취업자가 더 늘어나야 할지도 모른다. 그러나 그 사이에 6대 일자리 블랙홀에서 취업자가 지속적으로 사라진다면 그것을 어떻게 온전한 일자리 정책이라 할 수 있겠는가. 작년 12월 29일 나온 「2018년 경제정책방향」의 일자리 대책으론 안 된다. 그 제1장 일자리소득주도성장의 제1절 양질의 일자리창출 제도기반 확충 정도로는 안 된다. 언제까지 외국인투자나 유턴기업을 기다릴 것인가? 언제 정부합동지원반을 구성해서 언제 고용유발형 프로젝트를 발굴하겠다는 것인가? 초망착호(草網着虎), 즉 풀 망으로 호랑이잡기가 따로 없다.

6대 일자리 블랙홀에 대한 대책이 시급하다. 무엇보다 먼저, 취업자 감소의 근본원인이 어디에 있는지 파악해야 한다. 특히 전문과학기술서비스부문과 교육서비스부문 취업자 감소 원인을 규명해야 한다. 그리고 거시적인 대책이 아니라 미시적인 나노-대책을 마련해야 한다. 맞춤형 대책 말이다. 이 경우 탁상공론이 아니라 현장 당사자와 머리를 맞대고 대책을 논의하는 것이 필수적이다. 끝으로 최저임금 인상이 어느 정도로 취업자 감소에 영향을 미치는지 세밀한 분야별 분석을 서둘러야 한다. 그렇지 않으면 일자리는 실패한다. 일자리가 실패하고서도 문재인 정부가 성공했다 할 수 있겠는가?

제조업의 소리 없는 침몰의 아우성

동아일보, 2018년 2월 3일

현재 실물경제 지표가 심상치 않다. 작년 4분기 경제성장률이 전기에 비해 0.2%포인트 감소한 것만 가지고 그러는 것이 아니다. 직전 3분기 성장률이 '지나치게(1.5%)' 높았으니 4분기에 떨어지는 것은 어찌 보면 당연하다. 그러나 직전 분기에 비해 경제성장률이 떨어진 경우는 2008년 4분기 이후 9년 만에 처음 있는 일이라 놀라는 것이다. 성장의 내용을 들여다보면 놀라는 이유가 더 분명하다. 지난해 4분기 경제성장률이 떨어진 것은 주로 제조업성장률이 전기대비 2.0% 감소한 때문이었고 제조업성장률이 저조한 것은 제조업생산이 부진한 때문이다. 지난 4분기 제조업생산은 작년에 비해 5%나 감소했다. 분기별 제조업생산이 5%나 감소한 적은 IMF위기나 금융위기를 제외하면 1985년 이래 한 번도 없었기 때문에 놀라는 것이다.

제조업 생산부진은 한두 업종이 아니라 거의 모든 업종에서 일어나고 있다.

통계청 자료에 따르면 지난해 12월 제조업생산은 24개 중분류 업종 중 22개 업종에서 생산이 감소했다. 자동차(-25.2%), 가구(-23.5%), 의복·모피(-15.7%), 금속가공(-13.5%) 등 11개 업종은 두 자릿수로 감소했다. 반도체 등 전자부품(19.3%)과 통신·방송장비(12.8%) 등 두 업종에서 활기를 띠었으나 대세를 반전시키기에는 역부족이었다. 전반적으로 제조업 생산 분위기는 매우 차가운 셈이다. 그 결과 4분기 평균제조업가동률은 70.9로 떨어졌다. 이 수치 역시 IMF기간의 65-68 나 금융위기였던 2009년 1분기 66.5를 제외하면 1980-1981년의 65-67 이래 가장 낮은 수준이다.

사실 평균제조업가동률의 하락은 어제 오늘만의 일이 아니다. 2011년 초부터 7년 동안 예외 없이 꾸준히 낮아졌다. 2011년 81.3에서 시작해 2012년 78.5, 2013년 76.5, 2014년 76.1, 2015년 74.5, 2016년 72.6 그리고 2017년 4분기 70.9까지 떨어졌다. 한 해도 반전 없이 한 방향으로 추락한 것이다. 제조업가동률이 떨어지면 당연히 설비투자와 국내기계수주의 위축이 따라온다. 실제 2017년 4분기 설비투자증가율은 1.9%에 그쳤다. 3분기 20.6%에 비하면 매우 크게 하락했다. 국내기계수주도 4.7% 증가에 그쳤다. 3분기 31.8%의 1/7 수준에 불과하다. 제조업가동률이 떨어지니 새로운 설비에 투자할 이유가 없고 설비투자가 없으니 국내기계수주가 사라지고 그러니 공장가동률은 더 떨어지는 악순환이 반복되고 있는 것이다.

이런 추세는 2018년에도 지속될 것으로 보인다. 한국은행이 발표한 제조업 기업경기실사지수(BSI)를 보면 2018년 1월 제조업 업황 BSI 지수가 생산이 부진했던 작년 12월의 81에 비해서도 더 떨어진 77을 기록했다. 총 23개 중분류 제조업 중에서 16개 업종의 1월 업황이 나빠졌다고 조사되었다. 특히 석유정

제 코크스업은 79에서 55로 떨어졌고 자동차업은 70에서 59로 떨어졌다. 지난해 생산이 활발했던 전자영상 통신장비업마저도 업황 BSI지수가 101에서 93으로 하락했다. 비금속광물(75→62), 목재나무(73→56), 가구(75→65)도 마찬가지다.

이제 증상은 분명하다. 무언가 제조업에 대한 근본적인 대책이 필요해 보인다. 제조업은 한국 경제성장의 보루다. 싫든 좋든 제조업 성장 없이는 한국의 성장이 없었고 앞으로도 없을 것이기 때문이다. 서비스업도 중요하지만 미국이나 독일이 강조하는 것은 항상 제조업 아니었던가. 작년 12월 27일에 나온 2018 경제정책방향으로는 부족하다. 3대 전략 중 두 번째 전략인 혁신성장의 내용도 이곳저곳 혁신이라는 말만 붙였지 빈약하다는 느낌을 지울 수가 없다. 예컨대 [기존산업 혁신 : 주력산업의 경쟁력 강화]라는 꼭지 아래에 "조선, 해운, 자동차 등 주력산업의 현황과 미래 여건 등을 고려하여 업종별 경쟁력 제고 방안을 1분기까지 마련하겠다."라든가 "주요 산업별로 업황·경쟁력 수준 등을 분석·진단하는 시스템을 구축하고, 이를 토대로 산업혁신을 위한 경쟁력 강화방안을 수립하겠다."는 미래어법 다짐은 전혀 절실해 보이지 않는다. 이미 7년째 생산과 가동률이 떨어지고 그래서 설비투자가 눈에 띄게 추락하는데 언제까지 '대책방안을 앞으로 수립하겠다.'고만 할 것인가.

안보와 통상 : 미국의 일치론, 한국의 분리론

동아일보, 2018년 2월 27일

드디어 통상을 안보로 간주하겠다는 선언이 터져 나왔다. 트럼프 대통령은 취임 직후인 2017년 4월 미국 무역확장법(Trade Expansion Act 1962) 제232조를 근거로 국가안보 차원에서 철강수입에 대한 규제방안을 검토하라고 지시했다. 그 결과 상무부는 며칠 전 철강재 수입에 대한 일괄 24% 관세부과, 일괄 67% 수입물량(쿼터)제한 혹은 한국을 포함하는 특정 12개국에 대한 53% 관세부과의 세 가지 대안을 대통령에게 제안했다. 한미자유무역협정 수정협상이 진행되는 가운데 한국산 세탁기와 태양광전지에 대해 50% 관세부과라는 긴급수입제한조치를 발동하더니 그것도 모자라 이제는 국가안보를 거론하며 강력한 수입제재를 가할 태세다.

국가안보(National Security)란 소제목이 달린 무역확장법 제4장은 두 조항으로 되어있다. 제231조는 공산지역으로부터의 수입제품에 대해서는 어떤 특혜도 금지한다는 조항이고 제232조는 국가안보를 보호(safeguard)한다는 명분을 내세우며 (a)부터 (d)까지 네 개 항목으로 구성되어 있다. (a)항은 국가안보손상위협(threaten to impair the national security)이 있다고 미국 대통령이 결정하는 경우 다른 나라와의 무역협정을 중단하고 각종 관세철폐나 규제철폐 혹은 혜택제공을 금지한다는 내용이다. (b)항은 국가안보손상위협 여부에 관한 조사요구를 세 곳에서 제기 할 수 있도록 했는데, 모든 정부부서나 국가기관 혹은 민간 이해당사자의 요청이나 국가위기관리국 스스로의 판단에 따라 조사에 착수할 수 있다. 조사결과 국가안보 손상위협이 있다고 판단되면 국가위기관리국장은 즉각 대통령에게 보고하며 최종 결정은 대통령이 내린다. (c)항은 국가안보손상위협이 있다고 판단하기 위하여 반드시 고려해야 할 두 가지 사항을 규정하고 있다. 하나는 국방산업 측면을 다각적으로 고려하라는 것이다. 국방전략물자의 국내생산, 국내산업의 생산능력, 생산에 필수적인 원료자원의 공급여력, 국내 국방산업의 투자와 미래 발전 및 수입제품의 국가안보 위협 여부 등을 면밀히 검토하여 결정하라는 내용이다. 다른 하나는 실업이나 산업침체와 같은 경제적 어려움(이를 국가복지, welfare to the Nation이라고 표현했음)도 국가안보적 차원으로 간주하라는 점이다. 즉, 수입으로 인한 국내산업의 피해나 실업, 조세수입의 감소, 기술력이나 투자의 감소, 수입급증으로 인한 과다 재고 등과 같은 국내 경제적 어려움도 국가안보의 문제처럼 고려하여 결정하라고 명문화했다.

경제, 산업적 피해를 국가안보손상위협으로 간주할 수 있다는 제232조 (c)항 하단은 국가안보와 통상을 동일시하겠다는 선언이다. 미국 마음대로 국가안보손상위협이라고 단정하여 무역을 규제할 수 있도록 하겠다는 속내를 드러낸 셈이다. 긴급수입제한조치와 같은 국제규범에도 불구하고 국가안보손상위협이라는 자의적이고 도발적인 개념을 들이대는 것은 매우 이기적이고 자의적이지만 미국은 늘 그래 왔다. WTO 협정문 제20조의 국내법을 존중한다는 규정과 제22조 국가안보에 따른 예외인정과 같은 유리한 규정도 있지만 불리하면 WTO의 결정도 인정하지 않는 나라가 미국이다. 미국에게는 통상이 곧 국가안보이고 국가안보가 곧 통상이었다.

그러나 청와대나 대통령의 생각은 다른 것 같다. 안보논리와 통상논리는 다르다며 궤도를 달리 가져가겠다고 했다. 우리의 국가안보나 대미통상도 그쪽에서 더 큰 열쇠를 가지고 있는데 우리만 다른 궤도를 의연하게 가겠다니 무슨 말인지 이해가 잘 되지 않는다. 안보는 손을 잡고 통상은 겨뤄 보겠다는 생각 같은데 상대방은 안보의 손과 통상의 손이 같은데 어떻게 그들과 안보의 손은 잡고 통상은 뿌리치겠다는 말인가. 공연히 상대방의 감정만 더 자극하는 모양새가 된 것은 아닌지 걱정이다. 감정적인 미국에 대해 감정적으로 대응하는 것 같다. 안보와 통상은 분리될 수가 없다. 동서고금을 통해 단 한 번도 분리된 적이 없다고 해도 과언이 아니다. 미국이 통상을 잃으면 안보도 잃는다고 생각하듯이 우리도 통상을 잃으면 안보를 잃고 안보를 잃으면 통상을 잃는다. 미국의 오해를 더욱 확대시킬 여지가 있는 행동은 전략적으로 적절히 조절할 필요가 있다. 미국이 무서워서가 아니라 한국의 안보와 통상과 국익을 지키기 위해서 말이다. 한미 간의 진솔한 소통과 이해가 절실하다. 흥분하는 자는 반드시 진다.

금리인하의 대명사 이주열 총재와 한국은행의 미래

국가미래연구원, 2018년 3월 19일

한국은행 총재가 연임되었다. 1974년 김성환 총재 이후 44년 만에 처음 있는 일이다. 연임된 이주열 총재는 소감을 이렇게 밝혔다. “총재 연임은 거의 전례가 없었기 때문에 이번에 다시 지명된 것은 큰 영광이지만 무엇보다도 한은으로서도 무척 영예스러운 일이라고 생각한다.”고 말했다. 덧붙여서 “중앙은행의 독립성과 중요성을 인정받은 것으로 볼 수 있다.”고도 했다. 전례가 거의 없었던 것은 맞다. 본인에게 영광인 것도 맞을 것이다. 그러나 한국은행으로서도 영예인지는 확실하지 않다. 현 총재의 지난 4년 임기 동안 한국은행의 업적이 다른 어떤 때보다도 뛰어났다면 그의 연임은 한국은행의 영예라고 할 수 있다. 왜냐하면 외부에서 영입되어 왔던 대부분의 다른 총재와 달리 그는 한국은행 출신이기 때문에 그렇다. 그러나 중앙은행의 독립성과 중요성이 인정받았다는 그의 주장은 받아들이기 힘들다.

먼저 한국은행의 업적을 살펴보자. 2013년 3월 박근혜 정부 출범 이후 기준금리는 여섯 번 내렸고 2014년 4월 현 총재 취임 이후에만 2.5%에서 0.25%포인트씩 5번 내렸다. 전례가 없던 일이다. 기준금리가 도입된 이후 금리를 인하한 횟수로는 이주열 총재가 다섯 번으로 가장 많다. 전철환, 박승 및 이성태 총재 시에 네 번 내렸고 김중수 총재 때에는 세 번 내렸다. 금융위기 기간을 제외하면 역대 한은총재 중 임기 내 가장 큰 폭으로 기준금리를 내린 총재였다. 임기 중 금리를 올린 횟수로도 이주열 총재는 한 번으로 가장 적다. 김중수 총재 시에 다섯 번, 박승과 이성태 총재 시에 네 번 그리고 전철환 총재 때에 두 번 올렸다. 임기 내내 금리를 내린 총재였다고 해도 과언이 아니다. 금융위기가 발생한 2008년 9월 5.25%에서 2009년 2월 2.0%로 3.25%포인트 기준금리를 내린 것을 제외하면 이주열 총재 임기 중에 기준금리는 가장 자주 그리고 가파르게 내려갔다. 게다가 김대중 정부를 포함한 네 번의 정부 중에서 박근혜 정부의 기준금리 인하 폭이 제일 컸다. 김대중 정부 중 4.75%에서 4.25%로 10.5% 인하했고, 노무현 정부에서는 4.25%에서 5.0%로 17.6% 인상되었으며, 금융위기가 있었던 이명박 정부에서는 5.0%에서 2.75%로 45% 인하했지만 박근혜 정부에서는 2.75%에서 1.25%로 55%나 인하되었다.

이주열 총재 임기 중의 금리인하에 결코 높은 점수를 줄 수 없는 첫 번째 이유는 금리인하의 당위성에 대해 의문이 있기 때문이다. 박근혜 정부 초기 현오석 부총리와 최경환 부총리는 경제활성화 정책에 몰두하면서 한국은행의 완화적 통화정책을 줄기차게 요구했었다. 척하면 삼척이라는 말이 그때 나왔다. 기준금리를 여러 차례 내렸음에도 불구하고 소비나 투자나 경제성장에 미친 효과는 미미했다.

특히 2003년 이후에는 기준금리가 여러 차례 인하되었음에도 불구하고 즉

시 효과(impact effect) 및 1분기 직후 성장효과는 거의 없는 것으로 드러나고 있다. 예컨대 2003년 2-3사분기의 0.5%포인트 인하에도 불구하고 경제성장률은 당기에 오히려 2.2%포인트 하락했고 1분기 뒤에도 인하 전 성장률 수준을 회복되지 못했다. 그것은 2004년 3-4사분기의 0.5%포인트 인하나 2008년 4사분기-2009년 1사분기의 3.0%포인트 인하, 그리고 이명박 정부인 2012년 3-4사분기의 0.5%포인트 인하 때에도 마찬가지였고 다섯 번에 걸친 박근혜 정부의 기준금리도 마찬가지다. 예금 잔액이 대출 잔액보다 두 배 가까이 크고 기준금리 인하 시 대출금리 인하폭보다 예금금리 인하폭이 두 배 가까이 큰 상황에서 기준금리 인하는 대출자의 금리부담을 줄이는 효과보다 이자수입의 감소가 네 배만큼 크기 때문에 내수를 위축시킬 것이 뻔한 상황에서 무리하게 금리를 더 낮추자는 논리의 설득력이 떨어진다. 사실 역대 한국은행 총재 재임기간 중의 경제성장률 평균치는 이주열 총재 재임기간이 2.9%로 이성태 총재 재임 기간의 3.9%나 김중수 총재 재임 기간 3.1% 보다도 낮다.

한국은행의 저금리 정책은 또 다른 측면에서 부작용을 낳았다. 과도하게 낮은 금리는 경상수지 흑자 자금의 국내유입을 억제하고 반대로 해외 유출을 촉진하면서 통화당국의 통화금융관리 능력과 외환관리 능력을 현저히 떨어뜨리게 된다. 2014년과 2017년 사이 국내유동성은 대규모로 해외로 빠져 나갔다. 국제수지상의 금융계정에서는 총 3,853억 달러의 대외자산 증가가 나타났는데 그중 약 90%인 3,433억 달러는 민간부문의 대외자산 증가이고 약 10%인 419억 달러만이 한국은행의 외환보유고 증가로 귀속되었다. 같은 기간 중 경상수지 흑자 누계가 3,680억 달러였으므로 그 대부분이 민간부문의 해외자산 증가로 누출된 셈이다. 국내 민간기업이나 금융기관의 대외자산이 반드시 나쁜 것이라고 할 수는 없다. 통화당국의 외환보유고와 함께 국내 민간부문이

보유하는 대외자산도 외환위기 시에 요긴한 방어막으로 활용될 수 있기 때문이다. 그러나 과연 외환위기가 발생 했을 때에 민간부문의 대외자산을 얼마나 신속하게 효과적으로 국내로 유입하게 할 수 있을지는 의문이다. 1997년 외환위기 직전 한국은행의 장부상의 외환보유고 약 240억 달러의 대부분도 사실상 회수가 불가능한 국내 금융기관에 대한 채권이었음을 상기할 필요가 있다.

세 번째로 과도하게 낮은 금리로 인하여 가계부채가 폭증하면서 부동산 가격을 급격하게 높여 놓았다. 현재 가계부채는 이미 1,500조 원을 넘어 임계점을 초과했다는 비판이 많다. 가계소득에 비해 과도한 가계부채는 금융기관의 전반적인 침몰을 초래할 정도는 아니라 하더라도 경제의 자생적 회복을 심각하게 훼손할 정도로 과도하다는 것은 아무도 부인할 수 없다. 한국은행은 과도한 저금리로 부동산 투기를 조장하고 가계부채를 임계점 이상으로 높여 놓았다는 책임에서 자유로울 수가 없다.거기에다 저금리로 인한 낮은 예대금리차로 인해 은행산업의 침체가 지속되었다. 은행은 대출금리와 예금금리의 적정수준의 차이, 즉 예대마진을 바탕으로 하여 영업하고 성장한다. 그러나 초저금리 시대가 오래 지속되면서 어느 나라 할 것 없이 은행산업이 심각한 생존의 위험에 처하게 되었다. 독일의 도이치은행의 도산 소문도 그렇고 유럽과 미국의 은행산업 영업부진도 예대금리차 축소에 기인하는 바가 크다. 우리나라도 예외는 아니어서 우리나라 은행산업의 수익성은 최근 몇 년간 크게 떨어졌다. 이와 더불어 지나치게 낮은 저금리는 기업이 근본적인 개혁혁신을 미루면서 손쉬운 차입을 통해 연명해 나가게 만들 것이며 이런 상태가 오래 지속되면 1997년 위기를 발생시킨 것과 같이 기업의 부채비율을 심각하게 상승시킬 것이다.

이주열 총재가 박근혜 정부 시절 기록적으로 금리를 내린 것이 정책적인 소신이었는지 아니면 은근한 인하압력에 대한 정치적인 호응이었는지는 아무도 알 수가 없다. 그러나 몇 달 전까지만 하더라도 미국의 상황에 따라 거리낌 없이 올릴 것 같던 분위기에서 급격한 자본유출 걱정은 없다면서 금리 인상에 유보적인 태도를 보인 점은 매우 석연치 않다. 흔들리는 민생경제와 과도한 가계 부담을 우려하는 현 정부하에서 총재 자리에 눈독을 들이는 누구라도 금리를 올리는 정책을 공공연히 주장하기는 어려울 것이다.

그러나 한국은행의 기준금리는 성장정책의 수단이 아니라 금융안정의 수단으로 활용되어야만 한다. 정치적인 목적이 아니라 국익적인 목적에서 운용되어야 한다. 적어도 한국은행 출신이라면 그렇게 생각해야 한다. 그걸 위해서 한국은행의 독립성과 전문성이 보장될 필요가 있다고 확신하는 것이다. 다른 기관이라면 몰라도 한국의 중앙은행과 기준금리는 첫째, 한국경제에 대한 최고의 전문성이라는 소신을 갖고, 둘째, 책임 없는 사람들의 무책임한 요구를 묵묵히 배제하여 중심을 잡으며 셋째, 오로지 긴 안목으로 금융시장의 안정을 통하여 국민경제의 건전하고 성숙된 발전에 기여해야 한다. 중앙은행이 흔들리면 한국경제가 흔들린다. 지난 4년 동안의 한국은행 기준금리 정책은 이주열 총재의 연임을 가능하게 한 '초저금리'의 기록만 세웠을 뿐 실물성장도, 금융안정도, 물가안정도 이루지 못한 정책이었다. 누구의 영광이며 독립성과 중립성이 인정받았다고 자찬하면서 한국의 기준금리를 내려도 급격한 자본유출이 없다고 예단해서 말할 것이 아니라 금융안정을 위해 한국은행이 해야 할 일이라면 자리를 걸고라도 하겠다고 했어야 옳다.

최악의 경제 시나리오

동아일보, 2018년 3월 26일

2016년 9월 규모 5.8 경주대지진과 2017년 11월 규모 5.4의 포항대지진 여진이 아직도 가라앉지 않은 가운데 터진 대형 충격파들로 휩싸인 한국경제는 미세먼지처럼 한 치 앞을 가늠할 수 없을 정도로 답답하고 불안하다.

금년 1월 시행된 최저임금인상은 작년 7월 결정되고 나서부터 일자리 감소에 큰 영향을 미쳤다. 작년 6월말 대비 금년 2월 현재 전체 취업자는 93.7만 명이 줄었다. 전년 동기비로 보더라도 2월 취업자는 10.4만 명 증가에 그쳐 2009년 이후 9년 만에 가장 낮은 증가를 보였다. 최저임금 16.4% 인상의 일자리 감축 효과가 본격적으로 나타나면 충격은 더 커질 것이 분명하다. 일자리만 감소하고 기업경영에는 아무런 부담이 안 된다면 괜찮겠지만 노동비용 상승과 영업단축 등 기업 경영부담도 가중되는 것이 경제에 큰 부담이 된다. 그 다음으로 52시간 근로제한 조치다. 이 조치는 생산현장에는 가히 혁명적이라고까지 할 수 있다. 노동자의 소득을 실질적으로 줄임은 물론 경쟁력이 취약한 공장의 해외이전과 자동화를 가속화시킴으로써 일자리와 실질소득이 증대되기보다는 그 정반대의 현상을 초래할 우려가 매우 높다. 그 다음으로는 미국 기준금리 인상이다. 예상됐다고는 하지만 이미 한미 간 금리가 역전되었고 앞으로도 미국은 여러 차례 금리를 올릴 것이 확실하다. 그렇게 되면 한국도 금리를 올릴 수밖에 없는데 올리자니 가계부채 부담과 투자위축이 걱정되고 안올리자니 자본유출과 금융시장 불안이 염려되는 진퇴양난의 형국이다.

여기에다 미국은 한국에 대해 전방위적으로 강력한 보호무역 조치를 들이대고 있다. 냉장고와 세탁기 같은 소비재에서부터 태양광전지, 철강, 알루미늄과 같은 생산재에까지 관세를 물리려는가 하면 국가안보조항을 들이대며 무역을 규제할 움직임을 보이고 있다. 엊그제 발표한 한미FTA 타결안을 보면 철강에 대한 관세 25% 부과는 면제하는 대신 대미 철강수출은 예년의 70%로 제한되고 안전기준 완화적용 미국산 자동차도 제작사별 5만 대로 두 배 늘려 주었다. 게다가 내년부터 점진적으로 낮추려던 수입 픽업트럭에 대한 25% 관세 인하계획도 20년 더 늦추었다. 대미 철강수출은 줄고 미국차 수입시장은 대폭 열어 준 셈이다.

이런 충격들이 규모 5-6급 충격이라면 그보다 훨씬 큰 규모 8-9급 재앙은 미중 간의 무역 전쟁이다. 트럼프 대통령의 궁극 목표는 중국 견제다. 국무장관, 국가경제자문위원회(NEC) 의장, 국가안보보좌관과 같은 백악관 핵심 측근을 모두 강경파로 교체한 것도 사실 중국을 겨냥한 것이라고 봐야 한다. 말로는 불공정무역이나 지적재산권 도둑질이라고 하지만 사실은 중국 경제의 부상을 막지 못하면 미국의 장래는 없다는 절박감이 현재 미국의 정치지도자들, 특히 공화당 지도부 뇌리에 깊숙이 박혀 있다. 따라서 과거 공화당 부시정부처럼 무역 분야에서의 견제는 물론 대만, 베트남, 티베트 및 신장자치구 문제 등 정치 혹은 국방의 민감한 부분을 계속 건드리면서 중국을 흔들려고 할 것이 분명하다.

또 다른 대형 위협은 북핵 폐기에 관한 북미협상이다. 우리는 북한이 핵 폐기를 선언하면서 북미협상이 성공하고 국제사회에 적극 동참하기를 진심으로 바란다. 그러나 북한이 그렇게 나올지는 의문이다. 그저 현재 수준의 핵동결을 북한이 들고 나올 것으로 보는 사람이 많다. 그러나 그것은 트럼프나 국가안보보좌관 볼턴이 결코 수용할 수 없다. 그것은 미국이 사실상 패배를 인정하는 것이나 다를 바가 없다. 북한이 설혹 핵폐기를 하겠다고 해도 미국은 잘 믿으려고 하지 않을 것이다. 미국은 CVID(완전하고 검증가능하며 되돌릴 수 없는 폐기)를 요구할 것이 뻔한데 이를 위한 검증절차를 북한이 순순히 용인하기도 어려울 것이라고 보는 사람이 많다. 북한에게 대단히 모욕적으로 보일 것이기 때문이다. 북미협상이 실패하는 경우 그것은 규모 8-9를 넘어서는 충격이 될지도 모른다. 북미 간의 중재자 역할을 해 온 정부 체면에 손상이 가는 것은 물론 미국이 강력한 무력제재를 촉발할 가능성이 제기되면서 한반도 분위기가 급격하게 얼어붙을 가능성이 있다. 가뜩이나 일자리가 줄어들고 수출이 둔화되면서 금리가 오르는 판국에 미중 간의 무역전쟁이 깊어지고 또 북미협상 결렬까지 겹들여지면 그 파급효과는 생각하기조차 싫은 최악의 시나리오가 아니겠는가. 그 위에 헌법개정에 따른 국론분열까지 더해진다면 국가부도까지 가지야 않겠지만 대혼란은 피할 수 없지 않을까.

김기식 사태, 무엇이 다른디?

국가미래연구원, 2018년 4월 12일

천지를 먹물로 뒤덮는 것도 모자라 가슴 조일 듯 숨 막히고 서러운 사건이 김기식 금융감독원장 두둔 스캔들이다. 피감기관 돈으로 국외출장을 간 것이 한두 번이 아닌데다 그 목적마저 공무인지 단순 여행인지 분명하지 않다는 지적이 일고 있다. 또 쓰고 남은 정치후원금 5천만여 원을 '공공목적'으로 사용하지 않고 임기 종료 직전 자신이 직접 간여하던 연구원에 기부함으로써 보좌진들의 퇴직금으로 유용하도록 했다는 의혹도 일고 있다. 외국출장에 동행한 인턴과의 관계에 의문이 이는 것은 물론 그 인턴이 순식간에 정책비서가 되고 또 초고속 승진한 것에도 고개가 갸우뚱해진다. 야권에서 김기식 금융감독원장에 대해 제기하는 의혹은 뇌물수수와 직권남용과 정치자금법 위반 및 공직자윤리법 위반이다. 집권 여당에서는 악의적인 흠집 내기라면서 인격살인이라고 방어하고 있다. 더 나아가 금융개혁을 방해하려는 음모라거나 '여비서'를 강조하는 저의가 무엇인지 되묻기도 한다. 혹자는 김기식원장의 문제로 인한

여야 대립마찰 때문에 국회가 표류하고 있다는 궤설을 늘어놓기도 한다. 청와대 옹호처럼 김원장이 법을 위반한 것이 아닐지도 모른다. 그건 공정한 사법절차를 밟아 보면 안다. 김원장 문제의 본질이 그가 법을 어긴 것이냐 아니냐에 있다고 판단한다면 그것은 큰 오산이다. 김원장 문제의 본질은 그보다 훨씬 깊고 넓으며 높은 것에 있다.

첫째, 김원장은 전혀 '새로운 대한민국'에 적절하지 않은 사람이다. 문재인 대통령의 취임사의 첫마디가 무엇이었던가? '새로운 대한민국'을 향해 첫걸음을 내딛는다고 하지 않았던가? 그가 말하는 새로운 대한민국이 갑질 의혹을 사는 외유를 여러 번 다녀오고 정치자금을 편법으로 유용하며 한참이나 나이 어린 여성을 인턴으로 채용하여 빈축을 사는 사람을 금융감독의 수장으로 임명해야만 하는 나라인가? 이것이 '구시대의 잘못된 관행과 과감히 결별'하는 일인가? 대통령부터 새로워지는 일인가? 이것이 낮은 자세로 일하는 것인가?

무엇이 다른디?

둘째, 김원장의 행태는 전혀 국민의 눈높이와 맞지 않는다. 김원장의 행태가 다른 국회의원이나 혹은 청와대나 고위직 공무원의 행태와 다를 것이 없다고 하더라도 그것은 그렇고 그런 국회의원이나 청와대나 고위공무원 눈높이와 같을지는 몰라도 국민의 눈높이와는 천지처럼 다르다. 취임사에서 대통령은 "이게 나라냐고 국민이 물었다"고 지적했지만 국민은 또다시 그 대통령에게 이게 나라냐고 묻고 있다. 취임하는 그날부터 나라를 나라답게 만들겠다고 호언장담했지만 취임한 지 335일 지난 지금까지도 나라다운 나라라고 확신하는 사람을 길거리나 시장바닥에서 보지 못했다.

무엇이 다른디?

셋째, 김원장에 대한 두둔과 변명은 분열과 갈등의 정치를 바꾸는 것이 아니라 오히려 조장 악화시키는 일이다. 취임사에서 말하는 전혀 새로운 대통령이 되지 못하는 것이며 신뢰받지 못하는 대통령이 되는 것이다. 잘못한 일을 잘못했다고 인정하지 않는 일이며 특권과 반칙을 조장하는 세상을 만드는 일이다. 겸손하지 못한 권력이 되는 일이며 소통하지 않는 대통령이 되는 첩경이다. 사소한 허물 하나라도 즉각 국가중책에서 축출되기는커녕 구중심처 온 청와대가 나서서 흠투성이 각료를 끼고 두둔하는 그런 나라라면 그런 광화문 시대는 반갑지가 않다.

무엇이 다른디?

2018년 1월 고용통계 변경과 3대 의문점

국가미래연구원, 2018년 4월 23일

정부(통계청)는 2018년 1월부터 고용통계를 바꾸었다. 금년 1월의 고용자료만 바꾼 것이 아니라 2000년 7월 이후 17년 6개월의 자료를 모두 바꾸었다. 바꾼 이유는 2015년 인구센서스 결과 기존 고용통계상의 인구구조와 센서스에 의한 추계인구구조 사이에 차이가 있어서 그것을 보정할 필요가 있어서라고 했다. 고용통계와 인구통계 사이의 정합성을 높이겠다는 말이다. 그렇게 바꾼 뒤 다음과 같은 변화가 일어났다.

〈취업자가 왜 크게 증가하는 것으로 나타나는가?〉

2018년 2월 14일 발표된 고용통계(이하 신자료)와 종전 자료(이하 구자료)를 비교해 보면 매년 취업자가 거의 20만 명 가까이 증가한 것으로 나타난다(아래 [표 1] 참조). 특히 2014년의 경우 신자료에 의한 취업자는 구자료보다 무려 30만 명이나 많은 것으로 나타난 반면 2016년은 17만 4천 명 증가에 그치고 있다. 20여 만 명 차이라면 적지 않은 숫자이다. 최근 전년동기 대비 취업자증가 숫자가 10만여 명에 불과한 것을 감안하면 더욱 그렇다. 왜 이렇게 신자료-구자료 취업자 통계 차이가 20만여 명이나 증가하여 나타나는지, 그리고 왜 연도별로 크게 다른지 통계당국은 설명할 필요가 있다.

[표 1] 연도별 취업자 신자료-구자료 비교 (단위: 천 명)

연도	2017년 자료	2018년 자료	차이
2013	25,066	25,299	+233
2014	25,599	25,897	+298
2015	25,936	26,178	+242
2016	26,235	26,409	+174

〈취업자 증가가 왜 월별로 다르게 나타나는가?〉

월별 취업자 자료도 신자료-구자료 차이가 일정한 패턴을 보이고 있다. 예컨대 2016년 월별 취업자 통계를 비교해 보면 아래 [표 2]에서 보듯이 신자료-구자료 차이가 연초에서 연중으로 갈수록 적어지다가 다시 연말로 갈수록 커지는 '컵(CUP)모양'을 보이고 있다. 자료의 제약으로 다른 연도에 대해서 비교를 하지 못했으나 추측건대 같은 방식으로 조정을 했을 것이라고 생각된다. 통계당국은 증가폭이 하락했다가 다시 증가하는 컵(CUP) 모양의 구조적 차이를 보이는 것에 대해서도 설명을 해야 할 것이다.

[표 2] 2016년도 월별 취업자 통계의 신자료-구자료 비교

월	2017년 자료	2018년 자료	차이
1	25,445	25,646	+201
2	25,418	25,615	+197
3	25,800	25,980	+180
4	26,153	26,325	+172
5	26,450	26,613	+163
6	26,559	26,718	+159
7	26,603	26,765	+162
8	26,528	26,696	+168
9	26,531	26,697	+166
10	26,577	26,746	+169
11	26,592	26,762	+170
12	26,168	26,347	+179

〈신자료에서는 2017년 월별 취업자 증가가 왜 좋게 나타나는가?〉

정부의 고용통계 조정으로 나타난 가장 재미있고 또 특이한 사실은 2017년 6월 문재인 정부 출범 직후 12월까지 7개월 동안의 월별 취업자 증가폭의 변화이다. 먼저 고용통계 조정 이전의 자료를 보면 2017년 6월 이후 월별 취업자 증가폭은 최근 5년 이래 최저 수준이다. 즉, 6월 이후 12월까지 7개월 중 7월과 9월을 제외한 5개월에서 가장 적은 취업자 증가를 기록했다. (아래 [그림 1] 참조)

[그림 1] 구자료의 2017년 월별 취업자 증감(원자료, 전년동기비)

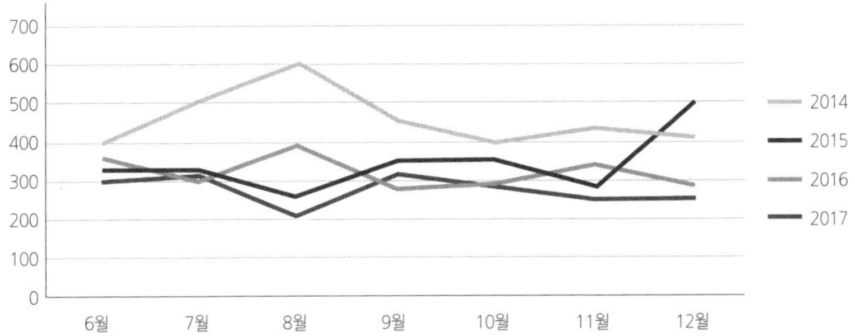

그러나 통계가 조정되고 난 뒤의 2017년 6월 이후 취업자증가를 보면 매우 달라져 있다. 아래 [그림 2]에서 보듯이 2014년 이후 월별 취업자 증가는 2015년 혹은 2016년이 가장 적은 것으로 나타나고 있다. 2017년 6월 이후 월별 취업자 증가는 단 1개월도 2015년이나 2016년에 비해 적지 않은 것으로 나타나고 있다. 왜 이렇게 2017년 취업자 통계가 좋게 나타나는지 의문이 생긴다.

문재인 정부의 국정 최우선 과제가 일자리다. 그런 정부하에서 집권 초기부터 일자리 통계가 역대 어느 정부보다도 더 나쁘게 나오는 것은 여간 난감한 일이 아닐 수 없을 것이다. 그런 시각에서 보면 구자료에 의하면 2017년 6월 이후 12월까지 취업자 증가가 최근 4년 동안 가장 나쁘던 것이 통계자료를 '조정'한 신자료에 의하면 2015년이나 혹은 2016년 취업자 증가가 가장 나쁜 것으로 나타나는 것에 대하여 의문을 가지고 보는 것은 어쩌면 당연하다. 통계당국의 명쾌한 설명이 필요한 대목이 아닐 수 없다.

[그림 2] 신자료의 2017년 월별 취업자 증가(원자료, 전년동기비)

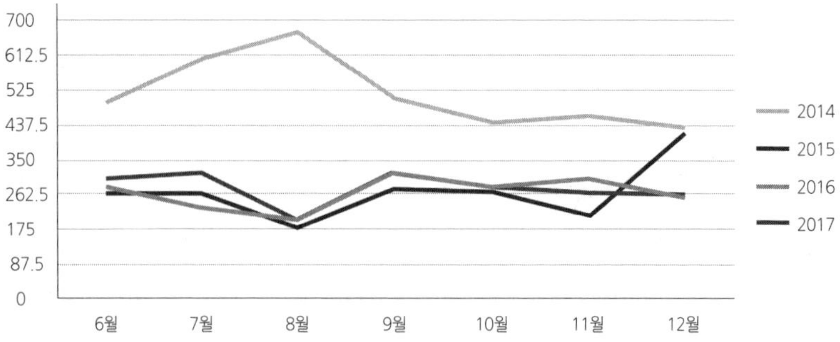

경기침체 진입의 확실한 증거들

국가미래연구원, 2018년 5월 19일

경기논쟁이 뜨겁다. 언론의 시각처럼 정부의 경제최고사령탑과 같은 정부 내 국민경제자문회의 부의장의 '의견대립'이라서가 아니라 같은 경제통계자료를 놓고 어떻게 저리도 생각이 다를 수가 있는지 놀라워서 뜨겁다. 일단 '팩트'를 가지고 말하자. 김동연 장관이 말하는 대로 월별 자료를 가지고 일희일비하는 것은 곤란하다. 월별자료를 가지고 나쁘다고 판단하는 것도 곤란하지만 월별자료를 가지고 좋다고 판단해서도 안 된다. 따라서 우리는 좀 더 긴 안목에서 몇 분기의 자료를 가지고 추세를 갖고 따져 보자.

경제성장률은 지난 2018년 1분기 2.8%였다. 이 수치는 문재인 정부 들어서고 나서 최악이다. 지난 3분기만 놓고 보더라도 3.8%에서 2.8%로 지난 3분기 동안 확실히 낮아지고 있다. 건설업(7.15→2.7%→1.3%)과 제조업(6.4%→2.7%→3.0%)의 성장은 두드러지게 나빠졌다. 성장률 안에 내재되어 있는 재고증가나 국내

초우량기업의 외국인투자가 몫 부가가치 창출분을 빼고 본다면 실제 국민경제성장률은 2.8%보다 훨씬 낮다고 봐야 한다. 민간소비증가세 가 회복(작년 1분기 2.1%→금년 1분기 3.4%)되었다고 하지만 설비투자증가율의 하락(작년 1분기 16%→금년 1분기 9.2%)은 더 충격적이지 않은가? 이 정도면 가히 '경제침체수준'이라고 하고도 남는데다가 앞으로 더 떨어지는 추세에 있을 가능성이 높다.

다음으로 수출을 보자. 2017년 수출은 전년에 비해 15.8% 증가했다. 유례없는 반도체 호황 덕분이었다. 그러나 금년 1월부터 5월 10일까지의 수출 증가율은 8.7%에 불과하다. 최근 3분기 통관기준 수출증가율은 24.0%→8.4%→10.1%로 하락추세가 역력하다. 4월 -1.5%가 유별나기는 하지만 그것을 빼고 보더라도 2017년 3분기 이후 수출증가율 자체가 떨어지는 추세에 있는 것을 부정하기는 어렵다. 통상마찰과 국제금리 상승을 감안한다면 앞으로 수출증가율이 더 떨어질 가능성은 매우 높다.

기업 규모별로 수출실적지수(한국은행 기업경기실사)를 보면 대기업은 2017년 11, 12월 95-98에서 2018년 3, 4월 86-89로 확연히 떨어졌고 중소기업도 같은 기간 82-77에서 79-73으로 크게 하락했다. 산업별로는 중화학공업이나 경공업 모두 수출실적이 부진한 것으로 나타나고 있다. 거시경제지표는 종종 현실과 동떨어져 나타날 수가 있으므로 이번에는 기업들이 현재의 경기를 어떻게 보고 있는지 살펴보자. 한국은행의 기업경기실사지수 중에서 업황 실적지수를 보면 기업이 경기를 어떻게 보고 있는지 확실히 드러난다. 전 산업 업황 실적지수는 지난해 중반 이후 내내 77-81 사이를 이어 갔다. 그 말은 지난해 중반 이후 내내 기업 업황 실적이 나쁘다는 기업의 숫자가 좋다는 숫자보다 약 20% 많다는 것을 보여 준다. 게다가 제조업과 특히 대기업 제조업의 업황 실적지수는 지난 6개월 동안 각각 83→77, 90→82로 현저히 그리고 꾸준히 떨어지고 있다. 중화학(84→78)과 경공업(78→72)도 마찬가지다. 비제조업과 서비스업의 경우에도 업황 실적이 지난 6개월 크게 떨어지지는 않았지만 대개 79-81 수준에 머물러 있었으므로 실적이 나쁘다는 기업의 숫자가 좋다는 기업보다 20% 정도 더 많은 상황은 계속된 셈이다. 결국 대기업 제조업의 업황은 나쁜 기업이 좋은 기업보다 20% 많은 가운데 날이 갈수록 점점 더 나빠진다고 인식하는 기업이 늘어나고 있음을 보여 준다. 업황 실적 중에서도 매출실적 업황을 보면 제조업, 특히 대기업 제조업의 매출 업황지수가 지난 6개월 각각 89→82, 97→88로 현저히 떨어진 것을 알 수 있다.

기업의 실적만 나쁜 것이 아니라 기업의 매출전망이나 설비투자 전망도 전혀 밝지 않다. 전 산업의 매출전망지수는 2018년 1월 91이었으나 금년 5월 86으로 떨어졌고 그중에서도 특히 제조업(94→86)과 대기업(101→90)과 중화학공업(96→87)의 매출전망이 큰 폭으로 나빠졌다. 기업의 설비투자 전망도 매우 어두워지는 것으로 나타났다. 특히 수출기업의 설비투자 전망은 2017년 11월 100에서 2018년 4월 95로 떨어졌으며 대기업제조업의 설비투자 전망도 같은 기간 99에서 93으로 하락했다. 일반 국민의 소비심리도 별로 다르지 않다. 소비자 경제심리지수도 지난 6개월 동안 떨어지는 추세가 분명하게 나타나고 있다. 지난해 11, 12월 경제심리지수는 100을 웃돌았으나(100.2) 금년 3, 4월에는 95.6과 97.5로 떨어졌다.

요약하면 이렇다. 경제성장률도 낮은데다가 수출증가율도 떨어지고 있다. 특히 대기업과 중화학공업의 수출증가율 둔화가 두드러지게 나타나고 있다. 기업들도 전반적으로 업황 실적이 나쁘다고 느끼는데다 점점 더 나빠진다고 말하고 있다. 특히 매출실적과 설비투자가 매우 부진하다고 지적하고 있다. 기업의 미래 업황 전망도 나쁘고 또 점점 악화되고 있다. 일반 소비자들의 경기심리지수도 100에서 95-97대로 하락하고 있다. 상황이 이런데 도대체 어느 정도로 경제가 더 악화되어야 정책 당국은 경기침체를 인정할 것인가? 경제정책은 선제적이어야 효과가 있다. 아직도 경기가 회복세에 있다고 한다면 경제활성화 정책은 언제 발동될지도 모르는 일이다. 경제정책의 효과는 항상 1-2년의 시차를 두고 나타나기 마련이다. 얼어 버린 경제에서 국민들은 언제쯤이나 봄을 기대할 수 있을 것인지 당혹스럽다.

수출이 과연 회복되고 있는가?

국가미래연구원, 2018년 6월 1일

2018년 5월 수출은 509.8억 달러로 전년 동기에 비해 13.5% 증가했다. 산업통상자원부 수출입동향보도자료(6월1일)는 침이 마를 듯 찬사로 가득 차있다.

"역대 5위 수출 실적 기록"
"사상 최초로 3개월 연속 500억 달러 돌파"
"사상 최초로 상반기 중 3회 500억 달러 돌파,"
"1-5월 누적은 전년동기비 8.2% 증가한 2,464억 달러로 사상 최대 실적"

대단한 수출실적인 것만은 분명하다. 특히 지난 4월 수출이 1.5% 감소한 것에 비추어 보면 더욱 돋보이는 성과다. 그 어려운 여건 속에서도 선전한 기업의 노고에 박수를 보내야 할 것이다. 그러나 과연 정부가 말하는 대로 '전반적인 수출증가세가 지속되고 있는 것'일까?

먼저 조업일수로 따져 보면 이번 5월 수출은 하루 평균 23.7억 달러로 지난해 21.4억 달러에 비해 10.8% 증가에 그쳤다. 여기에도 함정이 없지 않다. 작년 5월에는 유난히 징검다리 휴일이 많았다. 5월 3일(수) 석가탄신일과 5월 5일 어린이날(금), 5월 7일 일요일, 5월 9일 대통령선거일 등 하루건너 하루 꼴로 휴일이 이어졌었다. 따라서 그 사이에 낀 5월 4일과 8일은 비록 정상 근무일이라 하더라도 사실상 휴일이었던 기업들이 대단히 많았다. 따라서 이 2일을 휴일이었다고 가정한다면 작년 5월의 일평균 수출은 23.6억 달러가 되므로 올 해 수출(23.7억 달러)와 거의 같아진다. 작년의 휴일을 감안한다면 올해 수출이 거의 증가하지 않았다는 말이다.

그러나 휴일의 숫자에 기초한 이런 주장에는 다소 무리가 있다. 따라서 어느 한 달의 수출실적을 가지고 평가하기보다는 조업일수의 편차가 거의 없는 3월-5월 석 달간의 수출통계를 가지고 판단하는 것이 훨씬 합리적일 것이다. 2017년 3월-5월 수출은 1,444.1억 달러였는데 금년 3월-5월 실적은 1,525.4억 달러로 5.6% 증가에 불과하다. 이것은 2017년 연간 수출증가율 15.8%의 거의 1/3 수준이다. 이 점이 첫째로 우려스럽다는 점이다.

다음으로 13대 주력상품의 수출실적을 보자. 올해 3월-5월 수출이 작년 같은 기간에 비해 크게 증가한 품목은 반도체(42.0%), 컴퓨터(37.8%), 석유제품(29.5%), 석유화학(12.3%) 그리고 일반기계(11.4%)다. 그러나 선박류(-63.2%), 무선통신기기(-7.8%), 디스플레이(-17.9%), 가전류(-19.2%), 자동차(-5.4%) 등에서는 수출이 크게 감소했다. 결과적으로 13대 품목 전체로는 금년 수출이 1,177억 달러로 작년 1,134억 달러에 비해 3.8% 증가에 그치고 있다. 그러니까 13대 주력상품의 수출증가율 감소속도가 훨씬 빠르다는 점이 두 번째로 우려스러운 점이다.

마지막으로 원/100엔 환율은 문재인 정부 출범 이후 내내 1,020원대를 유지했었으나 작년 9월을 기점으로 급격히 하락하여 지금은 980원대까지 4%가량 떨어졌다. 이 때문에 한국제품의 대일 경쟁력이 앞으로 크게 떨어질 것이 세 번째 우려되는 점이다. 미국의 보호무역주의 파고에다가 또 향후 국제금리상승효과를 감안하면 앞으로 수출이 크게 우려스럽다는 것이 이 때문이다. 아무래도 정부 말처럼 수출증가세가 지속될 것 같지 않다는 말이다.

[그림] 최근 수출증가율

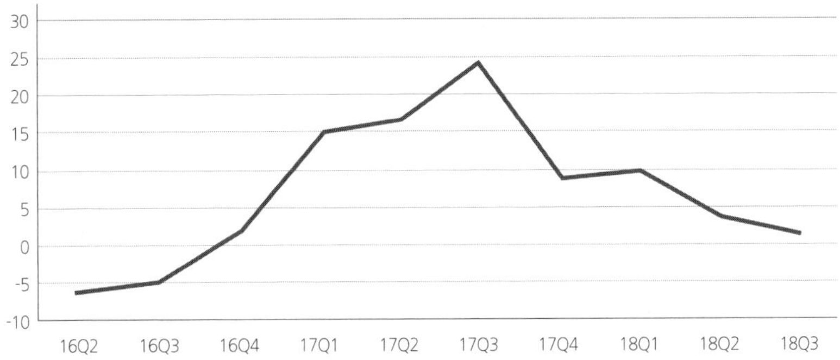

문재인 정부의 1년 성과 : 투자가 죽어가고 있다

국가미래연구원, 2018년 7월 29일

2018년 2분기 경제성장률(속보) 통계가 나왔으니 문재인 정부가 들어선 후 경제성장률 통계 성적이 나온 것이 2017년 3분기 이후 꼭 1년이 되었다. 이쯤에서 문재인 정부 1년의 경제성적표를 분해해 보는 것이 필요할 것 같다.

(1) 경제성장률: 2.8%-2.9%대 성장 고착화

지난 문재인 정부 1년 동안의 성적표는 2017년 3분기 3.8%의 반짝 성장 이후 3분기 연속 2.8%-2.9% 성장률에 고착되어 있다. 집권 이후 두 번에 걸쳐 총 20조 원 이상의 추경을 편성 집행했지만 작년 4분기 이래 성장률은 2.8%-2.9%에서 벗어나지 못하고 있다.

(2) 민간 및 정부소비가 경제성장을 견인

지난 2017년 3분기 이후 최종소비의 경제성장률 기여도는 꾸준히 상승해 왔다. 아래 [그림 1]에서 보듯이 2018년 1분기의 경우 최종소비의 경제성장률 기여도는 2.7%로써 당기 경제성장률 2.8%의 96%가 소비부문에서 나온 것이다. 2018년 2분기에도 최종소비의 경제성장률 기여도는 2.1%로써 같은 기간 경제성장률 2.9%의 72%가 소비부문에서 나온 것이다. 최종소비 중에서도 정부소비의 경제성장률 기여도가 두드러지게 높아졌는데 2017년 1분기 정부소비의 경제성장률 기여도는 0.4%포인트에 불과했으나 2018년 1분기에는 두 배가 넘는 0.9%를 기록하였다. 정부부문의 소비가 전체 경제성장률의 1/4 이상을 차지한다는 말이다.

그러나 민간소비의 경제성장률 기여도는 2018년 2분기에 1.3%포인트로 크게 떨어졌다. 이는 문재인 정부가 들어서기 이전 2017년 1-2분기 1.1%포인트 성장률 기여도와 크게 다르지 않다. 만약 시장금리가 상승하고 최저임금인상에 따른 실물경기 위축이나 하반기 수출위축이 수반된다면 민간소비의 경제성장률 기여도는 더 떨어질 가능성이 높다.

[그림 1] 소비의 경제성장률 기여도 추이

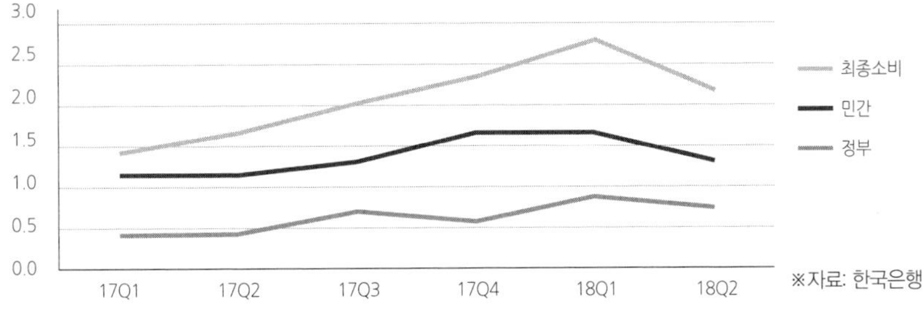

※자료: 한국은행

(3) 순수출의 경제성장률 기여도 추이

수출의 경제성장률 기여에서 수입의 경제성장률 역기여도를 뺀 순수출의 성장기여도 추이를 보면 문재인 정부 출범 이후 현저하게 높아지고 있다. 2017년 2분기만 하더라도 순수출은 경제성장률을 2.3% 포인트 갉아먹는 요인이었으나 2018년 2분기에는 경제성장률(2.9%)의 절반에 가까운 1.3% 포인트나 기여하였다. 이것은 수출물량이 2018년 2분기에 전년 동기에 비해 크게 늘어난 반면 수입물량은 상대적으로 덜 늘어남으로써 나타난 현상이다. 2018년 2분기의 순수출 효과가 앞으로 지속될지는 두고 봐야 한다. 앞으로 수입물량이 크게 늘거나 수출물량이 줄어든다면 순수출의 경제성장효과는 네거티브로 돌아설 가능성이 많다.

[그림 2] 순수출의 경제성장률 기여도 추이

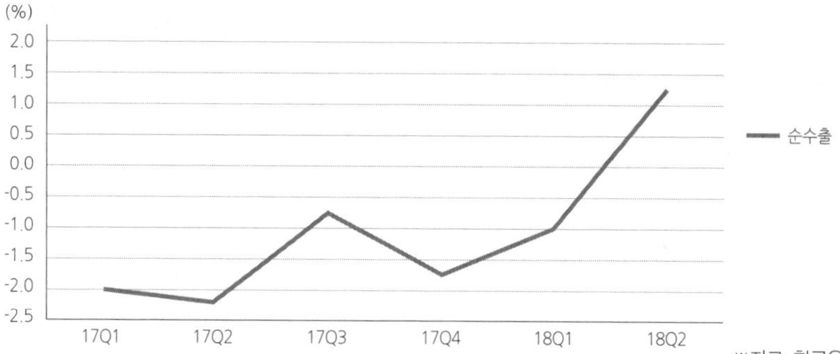

※자료: 한국은행

(4) 급락하는 투자의 성장기여도

겉보기에 문재인 정부 1년의 경제성적은 별 문제가 없어 보이지만 가장 우려스러운 부분은 고정자본형성, 즉 투자의 경제성장률 기여부분이다. 문재인 정부가 들어선 2017년 5월 이후 고정자본형성의 경제성장률 기여도는 지속적으로 떨어져 왔다. 고정자본형성은 2017년 2분기 성장률에 3%를 기여했으니 경제성장률 2.8%보다도 더 크게 기여했었다. 그러나 그 이후 성장률 기여도는 지속적으로 떨어져 2018년 2분기에는 오히려 성장률을 0.4%포인트 갉아먹고 있다. 투자의 성장률 기여도가 떨어지는 것은 건설투자뿐만 아니라 설비투자도 마찬가지다. 과거 2012년 4분기와 2013년 1분기 총고정자본의 경제성장률 기여도는 -2.4%포인트까지 기록하기도 했는데 2018년 2분기 투자의 경제성장률 삭감효과 -0.4%포인트가 어느 정도로 더 추락할지는 두고 봐야 할 것이지만 국제금리 상승, 미중 무역전쟁, 국내 최저임금과 근무시간단축 등의 난제를 고려한다면 전망은 결코 밝지 않다.

[그림 3] 문재인 정부 이후 총고정자본형성(투자)의 경제성장률 기여도 추이

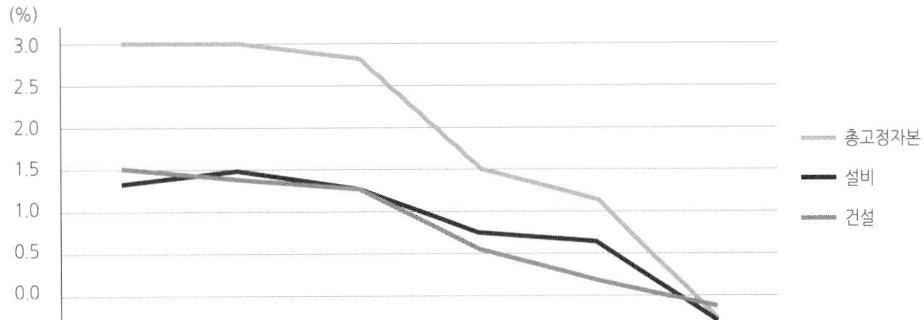

※자료: 한국은행

(5) 위태롭게 뒤뚱거리는 소비, 수출 그리고 투자의 성장 세 바퀴

결론적으로 문재인 정부가 출범한 이후 경제성장률은 2.8%-2.9%를 유지하고는 있으나 매우 위태롭다. 첫째, 금리상승과 가계부채 부담, 최저임금 상승으로 인한 일자리 증가폭의 감소, 지속되는 수출증가세 둔화를 감안한다면 민간소비의 경제성장률 기여가 앞으로 계속될 가능성이 낮다. 그러나 재정을 추가로 투입하여 정부소비를 늘인다고 하더라도 소비부문의 성장률기여도가 2.0%포인트 초반을 넘기기는 어려울 것이다. 둘째로 2018년 들어 수출증가율이 꾸준히 떨어지고 있고 미중 간의 무역전쟁으로 향후 수출전망이 어둡다. 순수출의 성장률기여 전망도 밝지 않다. 셋째로 투자의 경제성장률 기여도도 현저히 떨어져 살아나기 힘들다. 기업의 투자분위기를 압박하는 금리인상, 최저임금 인상과 52시간 근무시간 단축, 원가공개압력 및 경영간섭 등으로 투자마인드가 급격히 떨어졌다. 경제성장을 견인하는 세 바퀴, 즉 소비, 수출 그리고 투자 가운데 어느 하나도 전망이 밝지 않다.

꺼져 가는 한국의 경쟁력

헌정, 2018년 8월호

제헌국회 이후 70년

1948년 5월 10일 국제연합의 관리 아래 총선거를 실시하여 구성된 국회, 즉 제헌의회가 헌법을 제정한 지 올해로 꼭 70년이 되었다. 남과 북이 절단된 상태에서 수백만 명이 희생된 처절한 전쟁을 치르고도 한국은 세계 10대 대국으로 발전했다. 1960년대만 하더라도 1인당 GDP가 멕시코나 브라질은 물론 아프리카 콩고나 가나보다 못하던 나라가 세계적인 대국이 된 것은 누가 뭐라 해도 '경제'의 힘이다. 쌀이 모자라 보리나 수수, 조로 연명하던 나라가 쌀이 남아도는 나라가 되었고, 자동차는커녕 라디오 하나 제대로 만들지 못하여 부품을 수입해 와 조립하던 나라가 첨단 반도체칩을 생산하며, 세계 최대의 조선국가가 되고, 전기가 모자라 초롱불을 켜고 공부하던 나라가 원전을 수출하는 나라가 되었으니 이런 기적을 만들어 낸 게 경제의 힘이 아니고 무엇인가?

경제활력의 가파른 하락추세

이런 한국 경제기적의 기둥이 빠르게 허물어지고 있다. 한국 경제를 이끌어 온 제조업의 활력이 크게 떨어지고 있다. 1990년대까지만 해도 20% 가까이 증가하던 제조업은 2000년대 들어 한 자리 숫자로 성장률이 떨어졌다. 조선과 자동차 산업은 눈에 띄게 기력을 잃어 가고 있고 반도체를 제외한 전자산업 또한 과거의 활기를 전혀 찾지 못하고 있다. 예컨대 조선의 메카였던 현대중공업의 경우 2013년 말 매출은 54조 원이었으나 2017년 말에는 15조 원에 불과하다. 현대자동차도 같은 기간 4년 동안 매출이 87조 원에서 96조 원으로 겨우 10% 늘어나는 데 그쳤으니 상황이 얼마나 심각한지 잘 알 수 있다. 경제활력이 떨어지는 것은 서비스업도 마찬가지다. IMF위기 이전까지만 해도 17-18%씩 증가하던 서비스업 명목GDP는 최근 3% 성장도 어려울 정도로 힘들어졌다.

경쟁력의 추락

한국경제의 성장활력이 떨어지는 근본이유는 뭘까? 동어반복 같지만 무엇보다도 경쟁력 상실이다. 한국 자동차와 선박의 경쟁력이 떨어지는 것은 물론 한국 운송서비스나 여행서비스의 경쟁력도 같이 떨어지고 있다. 수입 자동차의 국내시장 점유율이 20%를 육박하는 것은 물론 2012년 100억 달러나 흑자를 기록했던 운송수지는 2017년 53억 달러 적자로 돌아섰다. 해외여행지급액도 이미 300억 달러를 넘어서서 여행수지 적자는 170억 달러를 넘어섰다. 수출증가율은 뚝뚝 떨어지는데도 수입자동차는 폭발적으로 늘어나고 여행수지나 운송수지는 터무니없이 적자가 커지고 있다. 국산 대신 외국산 자동차를 구입하고 국내 관광지 대신 해외로 여행이나 유학을 보내는 사람을 탓할 수도 있다. 그러나 그것은 문제의 해결의 본질이 아니다. 미봉책일 뿐이다. 상처를 가린다고 상처가 없어지는 것이 아닌 것과 똑같다. 국민이든 외국인이든 한국 상품을 사고 싶게 만들고 한국관광을 가고 싶게 만드는 것이 핵심 아니겠는가.

한국의 제조업과 서비스 경쟁력이 떨어진 결정적인 이유는 투자부족이다. 경쟁력은 투자에서 나온다. 최신 설비와 최적의 인적 자원에 대한 투자 없이 경쟁력은 기대할 수 없다. 공장을 새로운 설비로 갖추고 우수한 직원을 끊임없이 투입하고 교육하지 않고서는 경쟁력은 살아나지 않는다. 많은 비평가는 국내투자 대신 해외투자에 힘을 기울인 국내 대기업들을 비판해 왔다. 사실 많은 한국기업들이 생산설비를 해외에 건설하고 생산기반을 국내에서 해외로 이전함으로써 국내 일자리가 사라진 것은 사실이다. 그러나 보다 저렴한 노동력을 활용하기 위해 생산 거점을 옮기는 것을 누구도 막을 수는 없다. 그럼으로써 발생하는 국내 일자리 상실도 막을 수는 없는 대세임에 틀림없다. 마치 외제 자동차를 선호하고 해외여행을 즐기는 국민을 누구도 탓할 수 없는 것과 똑같다. 저임금에 바탕을 둔 사업은 해외로 옮기는 것이 불가피하다. 그런 해외투자 행위 자체가 개별적으로는 합리적인 선택이고 판단인 것이다. 문제의 핵심은 높은 고임금을 주고도 경쟁력이 있는 사업을 국내에 유치하고 육성하는 투자를 국가나 기업이 게을리했다는 점이라는 것이다.

반도체를 예로 들어 보자. 모두가 인정하듯이 최근 몇 년간 우리나라 경제는 반도체가 먹여 살렸다고 해도 과언이 아니다. 1980년대 초 반도체투자가 없었다면 2017년과 2018년 경제는 거의 성장을 못했을 것이 분명하다. 그런 반도체를 누가 육성하고 키워 왔는가? 고 이병철 회장과 고 정주영 회장의 과감한 투자 아니었으면 지금의 삼성과 SK하이닉스는 없었을 것 아닌가? 그 분야에서 종사하던 전문가들 아니었으면 지금의 반도체는 없었을 것 아닌가? 마찬가지로 1970년대 자동차나 조선이나 전자산업에 대한 과감한 투자가 없었다면 1980년대 이후 한국의 경제성장은 없었을 것 아닌가? 기업의 투자가 국가의 미래를 좌우한다는 대원칙은 언제, 어디에서나 적용되는 원칙이다. 그렇기 때문에 독일의 인더스트리 4.0, 미국의 제조업 르네상스, 중국의 제조업 2025 등 거의 모든 국가가 기술혁신 투자에 국력을 쏟아붓고 있는 것이다.

한국의 경쟁력 투자를 위한 제언

한국의 미래는 기업의 투자에 달려 있다. 이를 위해서 국가와 기업과 국민은 각기 제 몫을 다해 줘야 한다. 먼저 국가는 기업경쟁력을 국가 경제정책의 최상위에 두어야 한다. 기업과 기업에 종사하는 전문가들과 근로자들을 중시하라는 말이다. 무조건 재벌을 우대하라는 말이 아니다. 재벌 총수를 봐 주라는 말은 더욱 아니다. 미래 한국을 이끌 기업을 발굴하고 존중하고 필요한 지원을 최대한 아끼지 말자는 말이다. 그 기업은 대기업일 수도 있고 또 중견중소 기업일 수도 있다. 큰 기업이라고 무조건 죄악시하거나 죄인 취급하지는 말아야 할 것이다. 장래성이 있는 중소중견 기업을 서둘러 발굴하고 정책적 지원을 서두르자는 말이다. 마치 우수한 선수를 육성하여 세계대회에서 좋은 성적을 거두도록 하듯이 우수한 기업을 적극 도와서 미래 한국경제를 이끌게 도와주자는 말이다. 과거에 잘못한 것이 있으면 그 죄과를 묻되 족쇄를 채워 움직이지 못하도록 할 것이 아니라 더 훌륭한 성과로 자신의 죄를 속죄할 기회와 책임을 줘 보자는 말이다. 경제의 낙오자들을 추스르고 돌봐 주는 데 국력을 탕진할 것이 아니라 한국경제의 선두주자 및 미래 주자들에게도 더 힘차게 한국경제를 이끌도록 격려를 보내줘 보자는 것이다. 기업에게도 책임은 있다. 단기간의 이익에만 눈이 어두워서는 안 된다. 기업의 사회적 책임이 기업 이익에 앞서는 것이다. 어떤 대기업의 사훈의 하나가 사업보국이었다. 기술과 일자리와 소득으로 기업은 국가에 보답해야 할 책무가 있다. 오로지 자신의 이익만 챙기는 기업은 '사업을 가장한 도둑'일 뿐이다. 창출한 이익을 기술혁신과 일자리와 국가복지를 위한 납세로 순환하는 것이 신성한 기업의 책무다. 국민에게도 책임이 있다. 불건전하고 비생산적인 투기를 자제하고 국가의 미래를 위한 소비와 투자에 힘을 쏟아야 할 것이다. 자제할 것은 자제하고 권면할 것은 권면해야 한다. 무분별한 외제차 선호행위나 불건전한 부동산투기 행위는 억제해야 한다. 당장은 득 될 것이 없어 보이더라도 인기를 좇아 진학하기보다는 기초과학과 인문학을 존중하는 학풍이 진작되어야 할 것이다. 돈이 된다고 너나 나나 할 것 없이 K-pop 훈련생에 몸을 던질 것이 아니라 젊은이들이 자신의 능력과 소질에 맞는 분야에 매진할 수 있는 풍토가 조성되어야 할 것이다.

국가와 국민과 기업의 세 가지 중에서 어느 것이 국가경제의 경쟁력에 가장 중요하냐고 묻는다면 단연 기업 아니겠는가. 농자천하지대본(農者天下之大本)과 같은 말 아니겠는가. 일자리와 국세가 다 기업에서 나오는 것 아니겠는가? 그렇다면 국가정책을 내어놓을 때 그것이 기업에 어떤 영향을 미칠지 좀 더 세밀하게 따져 보고 대책과 함께 내어놓아야 할 것 아닌가? 한쪽만 보고 정책을 내어놓는다면 똑바로 앞으로 나갈 수가 없지 않겠는가? 최저임금이나 52시간 근로시간 단축이나 특수직 노동3권 보장이나 다 먹고 살자고 하는 일인데 기업을 죽여 가면서 밀고 갈 수는 없지 않겠는가? 하지 말자는 것이 아니라 차근차근 하자는 말인데 너무 일방적으로 서두는 것 같아서 불안하다는 말이다. 최저임금이야 기업이라고 하는 큰 수레에 나사 같은 작은 것일지는 몰라도 그것이 빠져 버렸을 때 결과는 엄청난 것이 될 수도 있는 것이라서 걱정이다.

2018년 7월 고용통계의 진실

국가미래연구원, 2018년 8월 19일

〈총취업자 증가의 감소는 이미 2017년 5월부터 시작되었다〉

며칠 전 통계청은 2018년 7월 고용통향을 발표했다. 작년 같은 기간에 비해 취업자는 5천 명 증가하는 데 그쳤다. 2010년 1월 1만 명 감소 이후 8년 6개월 만에 최저 수준을 기록했다. [그림 1]에서 보듯이 취업자 증감은 2017년 4월 45만 명 증가를 정점으로 하여 문재인 대통령이 당선된 그해 5월 이후 지속적으로 떨어지고 있음을 알 수 있다. 2015년과 2016년에 걸쳐 매년 25만 명 증가하던 취업자 수가 2017년 5월을 기점으로 꾸준히 떨어진다는 점을 어떻게 해석해야 할까? 문재인 정부의 정책에 대하여 기업이 불안감을 느끼고 투자를 꺼린다는 증거가 아닐까?

[그림 1] 전체 취업자 증감(전년동기 대비) 추이

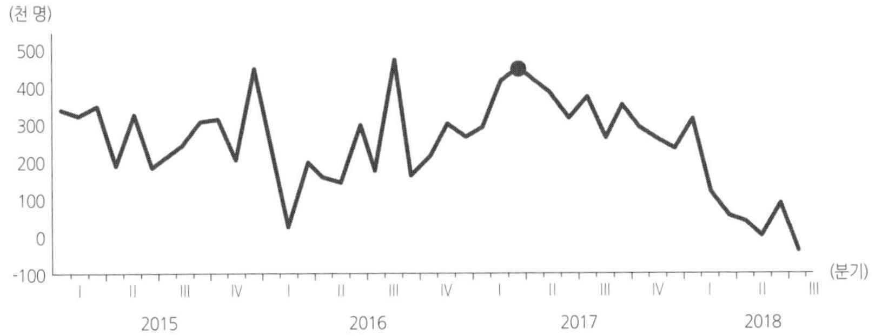

※자료: 통계청.(일시 휴직자 제외) 이하 같음.

〈주 54시간 이상 근무자의 숫자는 100만 명 이상 크게 줄고 있다〉

총취업자의 증가폭이 줄어드는 가운데 주 54시간 이상 근무하는 취업자는 빠른 속도로 줄어들고 있다. 아래 [그림 2]는 주 54시간 이상 근무하는 취업자의 증감추이를 보여 주고 있다. 총취업자 증감 숫자가 떨어지는 속도보다도 주54시간 이상 근로 취업자의 감소속도가 훨씬 빠른 것을 알 수 있다. 이런 추세는 2015년부터 계속되었다. 따라서 문재인 정부가 들어서기 이전부터 주 54시간 근무자의 숫자는 떨어지고 있었다. 52시간 근무제한 때문이라고 생각할지 모르지만 2018년 7월 이전에도 총취업자 증감보다도 주 54시간 이상 근무자의 증감은 훨씬 낮았으니 주 52시간 근무제가 원인이라고 할 수 도 없다. 문제는 최저임금 인상이 실시된 2018년 1월부터 급격히 감소속도가 빨라진다는 점이다. 2017년 하반기만 해도 약 30만 명 줄던 것이 2018년 4, 5월에는 각각 작년에 비해 62만 명, 71만 명 줄었고 6월, 7월에는 각각 141만 명과 115만 명이 줄었다. 최저임금의 인상이 주 54시간 이상 장시간 근무자의 숫자를 급격히 떨어뜨린 원인으로 판단되는 이유다.

[그림 2] 주 54시간 이상 근무 취업자의 증감추이

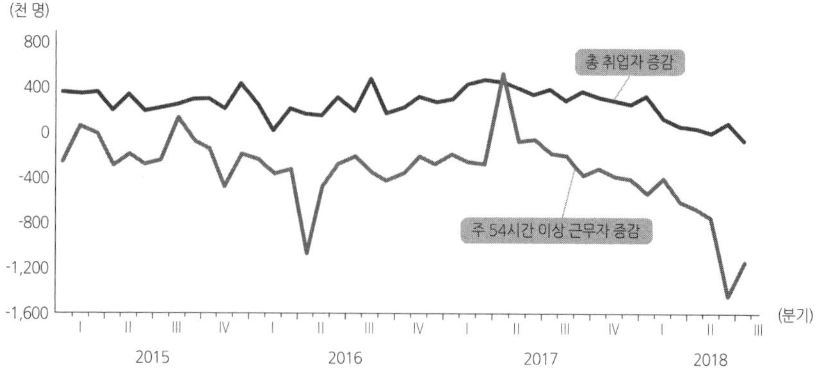

〈주 27시간 이상 근로취업자도 감소하고 있다〉

주 27시간 이상 근로 취업자의 숫자도 2017년 4월을 정점으로 하여 그 이후 계속 떨어지고 있다. 2017년 하반기에는 전년에 비해 30만 명 가까이 증가했으나 2017년 12월, 2018년 초를 전후하여 감소세로 반전하여 점차 감소 속도가 빨라져 2018년 6월과 7월에는 지난해에 비해 각각 30만 명씩 감소했다.

[그림 3] 주 27시간 이상 근로 취업자 증감추이

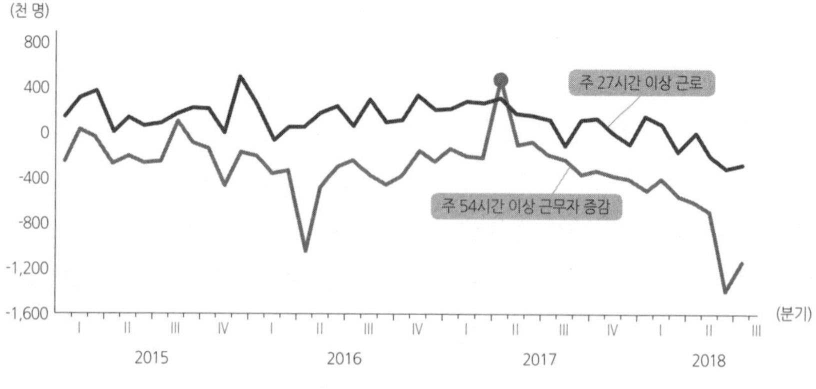

〈결론 : 고용의 양과 질이 모두 나빠지고 있다〉

주 27시간 혹은 그 이상 근무하는 취업자의 수는 현저하게 줄어드는 반면 주 17시간 미만 근무하는 단기근로자의 수는 현저하게 증가하고 있다. 2017년 내내 10만 명 선을 오르내리던 주 17시간 미만 근로자는 2018년부터 급증하여 6월과 7월에는 각각 34만 명과 24만 명을 기록하였다. 아래 [그림 4]는 주 17시간 미만 근로 취업자의 증감을 나타내고 있다. 2018년 초부터 주 17시간 미만 근로 취업자가 가파르게 늘어나고 있음을 알 수 있다.

[그림 4] 주 17시간 미만 근로 취업자 증감추이

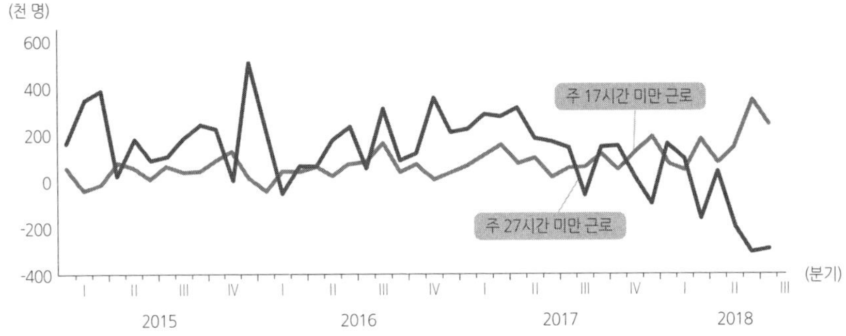

취업자 증가수도 현저히 떨어지고 있고 주 27시간 이상 근무하는 취업자나 주 54시간 이상 근무하는 취업자도 현저히 감소하고 있는데, 반면 주 17시간 미만 근무하는 취업자의 숫자가 빠르게 증가한다는 사실은 취업자의 취업시간이 구조적으로 단시간 위주로 바뀌고 있음을 보여 준다.

최저임금인상과 흔들리는 「J-노믹스」

신동아, 2018년 9월호

〈국정운영 5개년계획과 「J-노믹스」〉

'국민의 위대한 선택'에 머리 숙여 감사하는 마음으로 출범한 문재인 정부 임기도 어느새 1/4 지나갔다. 휴양림처럼 신선한 언어로 피부 속까지 감동시켰던 대통령 취임사를 들은 후 계절은 다섯 번 바뀌었고 소외되는 국민이 없도록 노심초사하는 마음으로 살피며, 국민들의 서러운 눈물을 닦아 드리고, 거짓으로 불리한 여론을 덮지 않으며 불가능한 일을 하겠다고 큰소리치지 않겠다고 하는 선언을 들은 지도 15개월이 흘렀다.

압도적 국민지지와 성원 속에 닻을 올린 문재인 정부는 그해 7월에 국정운영 5개년 계획을 서둘러 내놓았다. 국민이 주인인 정부, 더불어 잘사는 경제, 내 삶을 책임지는 국가, 고르게 발전하는 지역, 그리고 평화와 번영의 한반도를 만들겠다는 다섯 개 축(원칙)으로 된 새 정부의 청사진이었다. 생각하는 사람마다 다 「J-노믹스」 정의가 다르지만 이 국정운영 5개년계획에 담겨 있는 두 번째 축, 즉 더불어 잘사는 경제야말로 문재인 정부의 경제정책, 즉 「J-노믹스」라고 부르는 것이 정답일 것이다.

그 중심내용은 소득주도 성장을 위한 일자리경제, 활력이 넘치는 공정경제, 서민과 중산층을 위한 민생경제, 4차 산업혁명, 그리고 중소벤처가 주도하는 창업과 혁신성장의 다섯 개 전략으로 되어 있다. 말하자면 소득주도 성장을 위한 일자리 경제와 공정경제와 민생경제와 4차산업혁명, 그리고 창업과 혁신성장으로 이루어진 오면체가 「J-노믹스」인 셈이다. 「J-노믹스」의 첫째 단추인 '소득주도 성장을 위한 일자리경제'를 위한 세부과제를 보면 국민 눈높이에 맞는 좋은 일자리 창출, 사회서비스 공공인프라 구축과 일자리 창출, 성·연령별 맞춤형 일자리 지원강화, 실직·은퇴에 대비하는 일자리 안전망강화, 좋은 일자리 창출을 위한 서비스산업혁신, 가계부채위험해소 및 금융산업구조 선진화로 되어 있는데 이 일곱 개 세부과제들은 사실상 모두 '일자리'에 초점이 맞춰져 있지 퍼 주기 재정지원에 있지 않다. 따라서 「J-노믹스」의 가장 중요한 핵심은 소득 퍼 주기가 아니라 취임사에서 무엇보다 먼저 챙기겠다고 밝혔듯이 '일자리'이다.

〈문재인 정부의 일자리 정책들〉

문재인 정부는 출범한 뒤 첫 번째 행정명령으로 일자리위원회를 구성했고 보란 듯이 자신만만하게 일자리 상황판을 설치했으며 며칠 뒤 이용섭 일자리

위원장은 「일자리 100일 계획」을 발표했다. 과거 1993년 초 김영삼 정부 출범 때의 신경제 100일 계획을 연상시키고도 남을 「일자리 100일 계획」의 주요내용은 일자리 중심으로 행정 및 정책 체계를 구축하고, 일자리 창출의 기반을 강화하며, 일자리의 질을 높이겠다는 것이었다. 보다 구체적으로는 국정운영의 패러다임을 일자리 중심으로 전환하고, 新성장동력 창출과 경제체질 개선을 통해 고용창출력을 제고하며, 공공부문이 일자리 창출의 마중물 역할을 수행하겠다는 것이다. 대통령이나 위원장의 생각은 양질의 일자리 창출을 정책과 행정의 최우선순위에 두고 경제, 사회 시스템을 고용친화적으로 전환하여 성장-일자리-분배의 선순환 구조를 복원해 나가겠다는 것이다. 행정의 모든 역량을 일자리에 모아 가능한대로 공공부문의 일자리를 늘임과 동시에 신성장산업과 경제체질 개선으로 일자리를 만들겠다는 계획이었다.

약 넉 달 뒤인 10월에는 보다 완성된 형태의 정책구상이 「일자리 5년 로드맵」이라는 이름으로 나왔는데, 정책기본방향은 일자리와 소득분배와 성장의 선순환 구조를 정착시키기 위하여 5대 분야 10대 중점과제를 선정하고, 미래 고용위기에 선제적으로 대비하며, 기업의 경쟁력과 노동자 삶의 질과 일자리 양이 서로 상충되지 않고 상승 작용을 하도록 혁신성장정책과 정책을 조화시킨다는 것이다. 보다 구체적으로, 5대 분야 10대 과제를 들여다보면, 공공분야에서는 일자리 중심으로 국정운영 시스템을 구축하는 것과 공공부문에서 81만 개 일자리를 창출하겠다는 것과 민간부문의 혁신창업과 산업경쟁력 강화와 신산업 및 신서비스 육성, 그리고 마지막으로 사회적경제 활성화로 되어 있다. 이 외에도 비정규직 남용과 차별방지 등 근로여건 개선과 청년·여성·신중년 등 맞춤형 일자리 지원정책 등이 들어가 있다.

두 달 뒤 2017년 12월에 나온 2018년 경제정책방향에도 일자리 소득주도 성장은 맨 윗부분을 차지하고 있다. 그러나 내용은 일자리 로드맵에 비해 빈약했다. 양질의 일자리창출을 위한 제도적 기반을 다진다면서 내놓은 정책이 외국인이나 유턴 기업의 국내투자유치를 지원하며 고용유발형 프로젝트를 발굴하기 위한 정부합동지원반을 구성하겠다는 것 정도였다. 청년중심의 정부직접 일자리사업을 벌이는 것 말고는 눈에 띄는 일자리 정책은 없다. 2018년 3월에 나온 청년일자리대책도 청년을 정규직으로 채용하는 기업에 최대 3년 동안 2,700만 원을 기업규모에 따라 최대 3명에게 지원해 준다는 정책 말고는 교통비지원이나 목돈마련 지원 정도의 대책에 그쳤다. 한마디로 대통령 취임 이후에 연이어 나온 핵심 일자리 대책들은 공공부문의 81만 개 일자리를 제외하면 구호에 그치거나 막연하거나 혹은 미흡한 대책으로 가득 차 있다고 해도 과언이 아니다. 그동안 나온 정부의 일자리정책을 장황하게 늘어놓은 이유는 그것이 일자리창출을 최우선 정책목표로 삼고 의욕적으로 출범한 문재인 정부 「J-노믹스」의 가장 중요한 정책마스터 플랜이었기 때문이다. 이런 의욕에 찬 정책들이 과연 효과가 있었는지, 과연 가시적인 성과를 내었는지 평가하기 위해서라도 정부가 내놓은 구체적인 정책들을 꼼꼼히 살펴봐야하기 때문이다.

〈부진한 소득개선과 일자리 성적〉

출범 1년이 된 2018년 5월 정부는 "국민께 보고 드립니다."라는 홍보물을 내놓고 지난해 발표한 국정운영 5개년계획 등의 약속이 어떻게 지켜졌는지를 설명했다. 성장일변도에서 벗어나 '사람중심의 경제'를 지향한다고 했고 소득주도 성장, 혁신성장, 공정경제 등 새로운 철학, 즉 「J-노믹스」에 따른 정책들을 착실히 이행하고 있다고 했다. 일자리 상황판을 만들었고 '안전하고 존중받는 노동현장'과 '일과 삶의 균형'을 위해 최저임금을 인상했으며, 비정규직에 대한 불합리한 차별을 철폐하고, 법정 노동시간 주 52시간 상한제를 추진했다고 자화자찬했다. 그러나 취임 1년차 대국민보고서에는 아쉽게도 「J-노믹스」의 핵심이자 소득주도 성장의 정수라 할 하위계층 가계소득의 개선실적이나 일자리창출 실적에 대한 평가는 없었다.

이미 발표되었다시피 지난 1년(2017 1분기~2018년 1분기) 동안 최저 1분위와 2분위 계층의 가계총소득(월)은 오히려 줄었다. 1분위 가계소득은 월평균 139.8만 원에서 128.6만 원으로 11.2만 원 감소(-8.0%)했고 2분위도 월평균 283.6만 원에서 272.2만 원으로 11.4만 원 감소(-4.0%)했다. 반면에 상위 3분위 계층의 가계소득은 예외 없이 늘었다. 특히 최상위 계층인 5분위 가계소득은 월평균 929.0만 원에서 1,015.2만 원으로 86.2만 원이나 증가(9.3%)했다. 적어도 지난 일 년 동안 '더불어 잘사는 경제정책'은 효과나 결실을 맺지 못했다는 말이다. 일자리 증가도 마찬가지다. 2018년 6월 취업자(일자리) 수는 작년 같은 기간에 비해 10만 6천 명 증가하는 데 그쳤다. 금년 2월부터 연속 5개월째 취업자 증가는 10만 명에 머물고 있다. 2008-09년 금융위기 이래로 10여 년 만에 최악의 일자리 성적이다. 2012년 불경기(2.9% 성장) 때 취업자 증가 42만 8천 명보다 적고 28개월 연속 수출이 감소하던 2015-16년 각각 28만 명, 23만 명보다 형편없이 적다. 일자리를 「J-노믹스」정책의 최우선으로 세웠던 정부로서는 민망하기 짝이 없는 결과다.

〈소득불평등 증가와 부진한 일자리성적의 원인 : 최저임금 상승〉

많은 학자들은 부진한 소득실적과 일자리 실적을 문재인 정부의 정책, 특히 반기업적 정책기조와 최저임금을 급격하게 인상한 데서 찾는다. 2017년 내내 전년에 비해 25만 명 증가하던 취업자가 2018년 2월부터 급격히 떨어져 절반도 안 되는 10만 명을 기록한 원인이 2018년부터 최저임금을 16.4% 인상한 7,530원이라고 지목한다. 첫째로 취업자 수가 급격하게 떨어진 것이 오른 최저임금이 발효된 직후인 금년 2월부터라는 점이다. 사실 1월의 취업자 증가 수 33.5만 명도 매우 이례적인 농림어업 취업자 증가(9.4만 명)와 비정상적으로 제조업 취업자가 급등(10.6만 명)한 것을 제외하고 본다면 10만 명 선에 머물렀을 것으로 보는 것이 정확하다. 둘째로는 최저임금의 영향을 많이 받을 것으로 생각되는 50세 이상의 취업자 증가폭이 금년 2월을 전후하여 급격히 떨어졌다는 점이다. 2017년 내내 50세 이상의 취업자는 전년에 비해 40만 명 내외로 증가했었다. 그러나 금년 2월부터는 30만 명 아래로 증가폭이 떨어졌다.

최저임금 인상의 영향은 취업자 감소로도 나타나지만 영업시간의 단축이나 근로자의 근무시간단축으로도 나타난다. 이렇게 되면 자영업자 매출은 감소하고 취업자의 소득도 줄어든다. 실제로 금년 상반기 음식점과 주점업과 같은 노동비용이 큰 업종의 매출은 6년 새 가장 큰 폭으로 줄어든 것으로 집계됐다. 최근 발표된 통계청 서비스업동향조사 결과에 따르면 음식점업과 주점업의 올 상반기 소매판매액지수는 95.9로 전년 동기 대비 2.6% 낮아졌다. 상반기 낙폭으로는 지난 2012년 2.7% 하락한 이후 가장 큰 폭이다. 인건비 부담을 낮추기 위한 영업시간 감소로 피고용인의 근무시간이 줄어들었음을 강력하게 암시하는 대목이다.

〈최저임금 상승의 영향이 아니라는 반론〉

일부 경제학자들은 문재인 정부 집권 후의 일자리실적 부진을 다른 탓으로 돌린다. 첫째로 지적하는 것이 인구구조의 변화다. 저 출산의 영향으로 15-64세 생산가능인구가 빠르게 감소한 때문이라는 것이다. 인구의 증가속도가 늦어지면 당연히 취업자 증가속도도 늦어진다. 실제로 2014년 중반서부터 15-64세 생산가능인구의 증가폭이 꾸준히 줄어들었다. 그러나 취업자 증가폭의 감소는 생산가능 인구 증가폭의 감소보다 현저하게 크다. 생산가능인구의 증가폭은 2014년 초 50만 명에서 2018년 2분기 24만 명으로 26만 명이 줄었다. 연평균 6만 5천 명 줄어든 셈이다. 하지만 같은 기간 취업자 증가폭은 60만여 명에서 10만여 명으로 50만여 명이나 줄었다. 한 해 평균 12만 5천 명이 준 것이다. 취업자 증가폭의 감소가 인구증가폭의 감소보다 두 배 정도로 훨씬 크다. 특별히 주목할 것은 최저임금이 실시된 2018년 들어서서 취업자 증가수가 현저히 떨어졌다는 점이다. 2017년까지만 해도 매년 25만 명 이상 증가하던 취업자는 2018년 들어 갑작스럽게 10만 명대로 절벽처럼 주저앉았다는 점이다. 많은 학자들은 이것이 최저임금의 16.4% 인상(7,530원) 때문이라고 보지만 유독 정부는 인정하기를 꺼린다.

둘째로 지적하는 것이 기저효과라는 주장이다. 2017년도 상반기에 취업자가 많이 증가하다보니 2018년 상반기에는 증가폭이 줄었다는 논리이다. 사실 2017년 1, 2분기 취업자 증가 수는 35만 명이나 되어 예년의 25만 명에 비해 비교적 큰 폭의 증가인 것은 맞다. 그렇다면 2018년 1-2분기 취업자 증가는 기저효과가 없던 2015년 1-2분기의 취업자 증가 20만 명에 비해서도 절반에 불과하다는 점은 어떻게 설명할 것인가? 2018년 상반기 경제성장률은 2.9%로

2.5%였던 2015년 상반기보다도 더 높았고, 제조업 성장률도 2018년 상반기는 2.5%로 2015년 1.0%의 두 배도 넘는데 취업자 증가는 절반도 되지 않는 것을 어떻게 설명할 것인가? 기저효과는 아니다.

세 번째로 고용부진의 원인으로 지적하는 것이 2018년 상반기의 제조업부진이다. 2018년 상반기의 제조업 성장률은 2.5%이므로 2017년 상반기 4.2%보다 낮은 것은 사실이다. 그러나 2017년 상반기에는 취업자가 7만 명 줄었지만 2018년 상반기 제조업 취업자는 평균 2만 3천 명 줄었다. 2018년 상반기 제조업 성장률이 2017년 상반기보다 더 낮았는데 고용은 덜 줄었으니 제조업부진이 취업부진의 원인이라는 말은 맞지 않는다.

일부 경제학자들은 고용부진의 원인을 다른 데로 돌리는 것에서 한걸음 더 나아가 고용의 양도 나쁘지 않을뿐더러 고용의 질이 '확연히 개선'되었다고 주장한다. 그들은 고용의 질을 상용직 취업자 숫자나 상용직취업자 비율을 가지고 이야기한다. 상용직취업자의 비율이 2018년 6월 전체 취업자의 50.7%로 역대 최고치인 것은 맞다. 그러나 이 상용직의 비율은 2002년 이후 16년 동안 한 해도 예외 없이 상승했다. 카드대란으로 경기가 특별히 나빴던 때(2003-04년)나 금융위기 때(2008-09년)에도 상용직 취업자 비율은 올랐다. 특히 이명박, 박근혜 정부 때는 더 빠른 속도로 상승했다. 예컨대 이명박 정부 5년 동안 상용직 취업자비율은 매년 평균 1.62% 포인트 올랐고 박근혜 정부 때에는 매년 1.1% 포인트 상승했다. 그러나 문재인 정부에 들어서는 0.5% 포인트 오르는 데 그쳤다. 그러니 최근 상용직취업자 비율이 오른 것이 정부의 공적이라고 거들먹거리는 것은 온당치가 않은 주장이다.

게다가 상용직 취업자는 총 1,373만 명으로 전체 취업자 2,700만 명의 절반에 불과하다. 나머지 절반은 자영업자이거나 임시직이거나 일용직인데, 이들은 직업의 속성상 대부분 상용직이 되기가 불가능하다. 문재인 정부 출범 이후 상용직취업자가 4만 명 늘어나는 동안 자영업자와 임시직, 일용직 근로자의 일자리는 3만 개 사라졌다. 자영업자, 임시직 및 일용직 취업자들이 모두 상용직으로 옮겨 간 것은 아닐 텐데 일자리를 잃은 이들 자영업자와 임시·일용근로자들의 생계는 어떻게 되는 것인가? 취업자의 절반밖에 되지 않는 상용직의 비율을 가지고 노동정책을 평가한다면 일자리와 생계를 잃은 700만 자영업자나 650만 임시직, 일용직 근로자의 망가진 생계는 누가 책임질 것인가?

경제학의 대원칙 중의 하나가 가격이 오르면 수요량이 준다는 법칙이다. 소위 수요의 법칙이라는 것이다. 최저임금을 무리하게 올리고도 일자리가 늘어난다고 강변한다면 이미 경제학이 아니다. 무리한 최저임금으로 「J-노믹스」의 기반이 흔들리는 이유가 여기에 있다.

소득주도 성장의 한계와 모순

헌정, 2018년 10월호

학문적으로나 혹은 시사적으로나 가장 당혹스럽고 혼란스러운 개념이 아마 문재인 정부가 주장하는 소득주도성장일 것이다. 정통 경제학 교과서에서 성장은 내수(소비 혹은 투자)주도형이거나 아니면 수출주도형이다. 내수주도형 성장 중 소비가 주도하면 소비주도형 성장, 투자가 주도하면 투자주도형 성장의 두 종류가 있다. 한국이나 대만 경제가 수출주도형이라면 미국이나 일본은 내수주도형 경제라고 할 수 있다. 그 유명한 케인스의 유효수요이론은 유효수요를 늘려서 성장을 이루자고 하는 이론이니 내수주도형 성장이론이라고 보면 맞다. 케인스의 이론을 근거로 1930년대 프랭클린 루스벨트 대통령이 고속도로나 다목적댐을 건설하여 대공황을 빠져나올 수 있었던 것은 내수주도형 성장 중에 투자주도형 성장이라고 보면 맞다. 공공부문이 나서서 사회적 인프라를 건설하고 그러는 가운데 일용근로자들의 소득이 늘어나 유효수요가 창출된 것이다. 따라서 케인스가 맞고 또 루스벨트가 옳았던 것은 정부의 정책으로 내수(소비나 투자)가 살아났다는 점에 있다. 이런 유(類)의 정책이 성공하려면 "① 정책 → ② 일자리 → ③ 소득 → ④ 소비 진작 → ⑤ 성장"의 이음새가 맞아떨어져야만 한다.

문재인 정부가 출범할 당시 내놓은 국정운영 5개년계획에 따르면 소득주도 성장이란 일자리 창출과 같은 말이었다. 그것도 국민 눈높이에 맞는 좋은 일자리 말이다. 그러기 위해서 사회서비스 공공 인프라를 구축하고 일자리 안전망을 강화하며 서비스산업을 혁신하겠다고 했다. 여기까지는 아무도 반박할 수 없다. 그러나 그 다음 단계에서 나온 구체적인 정책들은 실망스럽기 짝이 없다. 최저임금이 6,470원에서 7,530원으로 인상된 직후부터 많은 중소기업 자영업자들은 고용조정에 들어간 것이 확실했다. 특히 음식숙박업에서는 2017년 6월서부터 지금까지 거의 4-5만 명씩 취업자가 줄어들었다. 도소매 쪽도 별로 다를 것이 없다. 매년 30만여 명씩 증가하던 취업자는 금년 7월에는 5천 명 수준까지 쪼그라들었다. 역대 최악이라고 해도 과언이 아니다. 그럼에도 불구하고 정부가 내놓은 정책들은 빈약하기 짝이 없다. 예컨대 2017년 12월 27일 나온 2018년 경제정책방향의 제1장 일자리소득주도 성장의 제1절 양질의 일자리창출제도기반의 첫 항이 국내기업 유턴 혹은 외국인국내투자 지원강화였다. 그것도 고용창출이나 신산업중심에 국한한다는 것이었다. 제2항은 고용유발형 프로젝트를 발굴하고 정부합동지원반을 당장이 아니라 앞으로 구성하겠다는 것이었다. 더 가관인 것은 임금격차를 해소한다는 명분으로 협력이익공유제(대기업과 중소기업이 협력의 이익을 나누는 제도)라는 것을 반강제로 적용하겠다는 발상을 숨기지 않았다. 임금격차의 해소나 쉼표가 있는 삶에 치중하는 나머지 고용을 적극적으로 확대하는 구체적인 정책들은 결핍되어 있었다. 결국 지금까지 나온 정부의 정책들은 "① 정책 → ② 일자리"의 효과를 전혀 내지 못했다.

집권 15개월 동안 일자리 성적이 거꾸로 가자 정부가 내놓은 묘책은 ②일자리단계를 건너뛰고 "① 정책 → ③ 소득 → ④ 소비 진작 → ⑤ 성장"의 경로로 가자는 것이다. 이것이 2018년 8월 26일 장하성 실장이 공개한 '소득주도성장'의 기본골격이었다. 그 날 장실장이 규정한 소득주도성장이란 ① 국민에게 직접 소득을 지급(일자리안정자금이나 근로소득장려라는 명칭을 붙이기는 했지만)하고 ② 통신비 혹은 양육비 같은 생계비를 줄여주며 나아가 ③ 사회복지안전망을 강화하겠다는 것이었다. 이런 정책들은 전혀 성장정책이 아니라 복지정책일 뿐만 아니라 문재인 정부의 국정철학인 일자리중심 철학을 사실상 뒤집은 것이다. 장실장의 선언으로 문재인 정부의 정책기조는 일자리를 빼고 복지중심 기조로 근본적으로 바뀌었다.

그렇다면 복지중심의 정책기조에서 지속성장은 가능할까? 가능하다면 어떻게 가능할까? 장하성 실장의 생각은 이렇다. 정부가 160조 원의 복지자금을 풀면 소비가 살아나서 성장과 일자리가 동시에 생겨날 것이라고 믿는다. 이것이 허망한 생각인 것은 2017년을 보면 알 수 있다. 2017년 복지예산은 130조 원이었고 이 중 일자리예산은 17.5조 원이었다. 작년에 이렇게 쏟아붓고도 일자리 효과는 없었고 민간소비 진작은 0.1%포인트(2016년 2.6%에서 2017년 2.7%)에 불과했다. 2018년 예산의 각각 90%와 75%에 해당하는 금액을 2017년에 붓고도 효과가 없었으니 천문학적인 예산을 복지나 일자리에 붓는다고 하더라도 좋은 결과를 기대하기 어렵다.

왜 국가예산을 부어도 소비나 성장효과가 미약할까? 첫째로는 정부지원 금액 자체가 국가경제 전체로 볼 때 그리 크지 않다는 점이다. 일자리예산이 23조 원이라고 하지만 그 금액이 전액 국민들에게 들어간다손 치더라도 민간소비총액(2017년 832조 원)에 비하면 2% 내외에 불과하다. 따라서 일자리예산만으로 소득이나 소비가 눈에 띄게 늘어날 것으로 기대하는 것은 무리다. 둘째로는 일자리예산이 전액 집행되기도 어렵고 또 전액 집행된다고 하더라도 행정비용 때문에 국민의 수중에 직접 떨어지는 금액은 그보다 작을 수밖에 없다. 실제로 2018년 일자리안정자금(약 3조 원)의 집행률도 10%에 불과하다는 비판도 있다. 셋째로는 상당 부분의 소비는 국내가 아닌 해외에서 이루어진다는 점이다. 해외여행이나 해외직구는 소비의 성장효과를 감소시키는 결정적인 요인이 되고 있다. 그러나 더 근본적인 문제는 이러한 복지예산 집행은 '생산적'이 아니라 '소비적'이라는 점이다. 좀 더 나은 삶이나 인간다운 삶에는 확실히 기여할지 몰라도 그러한 복지서비스가 부가가치를 올리고 소득을 늘리는 생산적인 기능은 현저히 떨어진다는 점이다. 따라서 복지중심의 지출구조는 재정수입이 꾸준히 받쳐 주지 않는 한 지속하기 어렵다는 한계를 안고 있다. 대표적인 예가 1909년 영국 자유당 로이드 조지가 처칠과 함께 마련한 국민예산(People's Budget)이다. 빈곤퇴치와 획기적인 복지국가를 구축하기 위한 파격적인 증세를 담고 있었지만 10년 만에 게데스의 도끼(The Geddes's Axe, 1919) 복지정책의 상당부분이 중단되거나 정지되었다. 꾸준한 세수가 받쳐 주지 않는 한 과도한 복지지출은 곧바로 재정적자와 국가부채 누적으로 연결되어 국가의 장기발전을 가로막는 족쇄가 되고 만다.

정부일각의 소득주도 성장론에서 더욱 섬뜩한 것은 수출과 투자의 역할에 대한 뼛속 깊은 부정이었다. 장하성 실장의 담화문에서 언급했듯이 기업투자가 부진하지만 그 근본이유를 들여다보지 않고 곧바로 민간소비의 중요성을 강조하면서 국가 경제구조를 바꾸겠다는 것은 성급하다 못해 급진적이다. 기업의 투자가 부진한 것은 복합적이다. 이런 여러 투자 제약여건들을 하나하나 줄여 가는 것이 정부의 도리이고 책임이다. 우리나라가 지금껏 이렇게 성장한 것도 따지고 보면 수출과 기업의 투자 때문이었지 정부의 복지정책 때문은 아니었다. 기업이 잘못하면 그걸 고치면 되지 기업을 내쫓거나 없앨 수는 없다. 또 지금은 반도체 덕분에 수출중심의 성장을 유지하고는 있지만 만약에 반도체가 꺾인다면 아무도 나라의 성장을 보장할 수 없는 형편이다.

국정기조를 다시 다잡아야 한다. 대기업 중심에서 중소중견기업 중심으로 국정 패러다임을 전환해야 한다는 말은 전적으로 옳다. 일자리도 궁극적으로 중소중견기업에서 나오는 것이다. 따라서 문재인 정부의 소득주도 성장은 자영업을 포함하는 중소중견기업의 혁신성장전략으로 수정해야 한다. 이들 산업이 국제경쟁력과 자생력을 갖고서 스스로 살아날 수 있도록 해 주는 것이 국가경제정책의 근간이 되어야 한다. 무엇보다도 먼저 600만 소상공인과 40만 중소기업에게 금융자원은 물론 첨단설비와 최고의 인적 자원이 유입되도록 통로를 열어 줘야 한다. 그래서 640만 자영중소상공인이 공무원보다 더 윤택한 삶을 살 수 있도록 기반을 닦아 줘야 한다. 최저임금이나 52시간 단축은 그 다음의 문제다. 인적 청산이 시급한 이유가 바로 여기에 있다.

퍼펙트 스톰(Perfect Storm)이 다가오고 있다

국가미래연구원, 2018년 10월 8일

퍼펙트 스톰이란 매우 드문 일들이 겹쳐서 일어나면서 감당할 수 없는 상황에 이르는 것을 일컫는 말이다. 케이스라는 기상전문가가 ① 더워진 대기, ② 반대방향에서 불어온 차가운 고기압 공기, ③ 허리케인 그레이스(1991년 10월 발생한 2급 태풍)의 막대한 양의 습기가 어우러지면서 만들어진 강력한 무명의 태풍을 '퍼펙트 스톰'이라고 설명했고 세비스천 융거라는 미국의 작가가 1997년 퍼펙트 스톰이라는 이름의 책을 발간하면서 유명한 단어가 되었다. 지금은 기상상황뿐만 아니라 정치 혹은 경제에 있어서 일어나기 어려운 일들이 겹쳐서 일어나면서 전에 찾아보기 어려운 큰 혼란에 빠져드는 현상을 퍼펙트 스톰이라고 말한다. 지금 한국 경제를 둘러싸고 퍼펙트 스톰이 몰려오고 있다는 불안감을 가진 사람들이 많다.

첫째로 수출과 경상수지가 불안하다. 정부 당국자들은 5개월 연속 수출이

500억 달러 이상을 기록했다고 자부하지만 수출증가율은 현저히 떨어지고 있어서 지난 3분기 수출증가율은 1.7%에 불과했다(아래 [그림 1] 참조). 지난 2017년 벽두부터 1년 반 동안 원화가 지속적으로 일본 엔화에 대해 강세를 보인 것을 보면 앞으로 수출증가율은 마이너스로 떨어질 것이 거의 확실하다. 수출역전의 스톰이 온다. 그렇게 되면 2012년 3월부터 78개월 계속된 경상수지 흑자 기조가 심각하게 흔들릴 것이다.

[그림 1] 수출 증가율

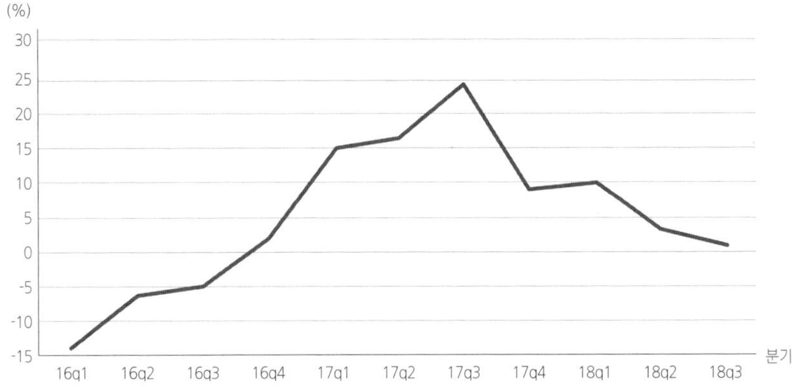

둘째로 국제 금리의 상승이다. 주지하다시피 미국은 2015년부터 기준금리를 올리기 시작했다. 2015년과 2016년 각각 한 번, 2017년에는 세 번 그리고 2018년에, 세 번 합해서 여덟 번을 올렸다. 그리고 금년에 한 번, 그리고 내년에 서너 번을 더 올릴 것이 확실하다. 그러나 한국은행은 같은 기간 동안 한 번(2016년 6월) 내렸다가 2017년 7월 한 번 올렸으니 그동안 퉁 친 것이나 다름없다. 결과적으로 미국과 한국의 금리는 0.75%포인트 역전된 상태에 놓여 있다. 가계부채나 경기침체를 우려하는 한국은행으로서는 0.75%포인트 혹은 그 이상

벌어진 한미금리역전을 되돌려 놓기가 매우 어렵다. 설혹 결단을 내려서 한국 금리를 올린다고 하더라도 내년 내내 미국도 올릴 것이므로 한미금리역전을 뒤집으려면 적어도 2년 이상 걸릴 것이다. 지금이야 경상수지가 흑자이고 따라서 원화환율이 강세기조를 유지하니까 그나마 금리역전으로 인한 자금유출 걱정이 적지만 수출이 적자로 돌아서고 경상수지 흑자규모가 크게 위축되면 원화환율 약세우려로 촉발되는 자본유출규모는 상상을 초월할 수가 있다.

[그림 2] 한미 기준금리 추이

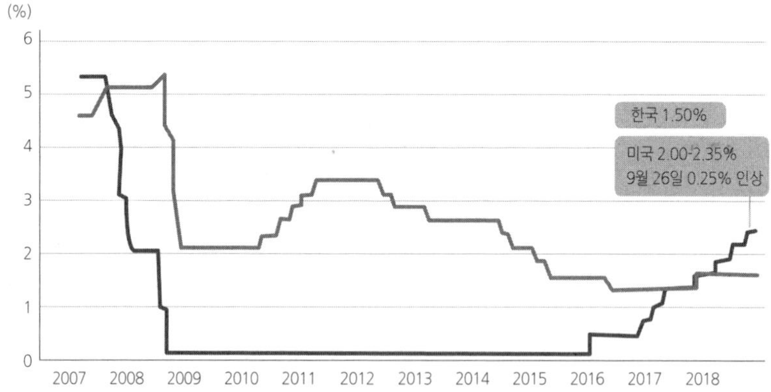

셋째로 실제로 자본시장에서 외국인자금이 빠져나가고 있다. 2018년 7월 증권투자수지는 2014년 6월 이래로 4년 1개월 만에 처음 적자로 돌아섰다. 8월과 9월 증권투자 수지도 적자였을 가능성이 매우 높다. 증권시장에서 외국인들이 주식을 팔고 한국을 떠난다는 얘기다. 9월 첫 주 외국인의 주식순매도 금액도 1조 2446억 원이었고 10월 들어 최근 4거래일 동안 1조 원 이상의 국내 주식을 팔아치웠다. 코스닥 시장 매도 2천억 원을 포함하면 두 시장에서의 순매도 금액은 1조 2500억 원이 넘는다. 금년에 이미 여러 나라에서 미국금리 인상과 이에 따른 자본유출로 홍역을 치른 바가 있다. 6월-8월 중에 러시아와 아르헨티나와 터키 금융시장이 불안했고 최근에는 말레이시아와 인도가 특히 불안하다.

관건은 원화환율이 얼마나 안정적일 것이냐에 달려 있다. 원화가 안정적이려면 경상수지 흑자가 계속 유지되든지, 국내금리가 오르든지 외국자본이 계속 들어와야 한다. 그 어느 한 고리라도 무너지면 모든 것이 무너지게 된다. 아래 [그림 3]에서 보듯이 10월 들어서서 원화환율의 불안정성이 높아지고 있다. 한국은행이 원화환율의 불안을 잠재울 수 있을지에 대해 근본적인 의문이 있다. 외환보유고가 4천억 달러에 달한다고 하지만 즉각 동원될 수 있는 유동성자금은 극히 일부에 불과하다. 게다가 하루 외환시장 거래규모를 6백억 달러로 잡더라도 일주일이면 다 소진될 정도로 빈약하다. 민간부문이나 금융부문의 외자동원에 기댈 수도 있겠지만 금융위기 발생 시 이들 기관들이 얼마나 협조적일지 확신이 가지 않는다. 이 위에다가 취업자 증가수가 마이너스로 돌아서고 3분기 경제성장률이 크게 떨어진다면 퍼펙트 스톰에 빠진 한국경제는 무엇으로 버티겠는가?

[그림 3] 최근 20일 동안의 일일 원화환율 변동율

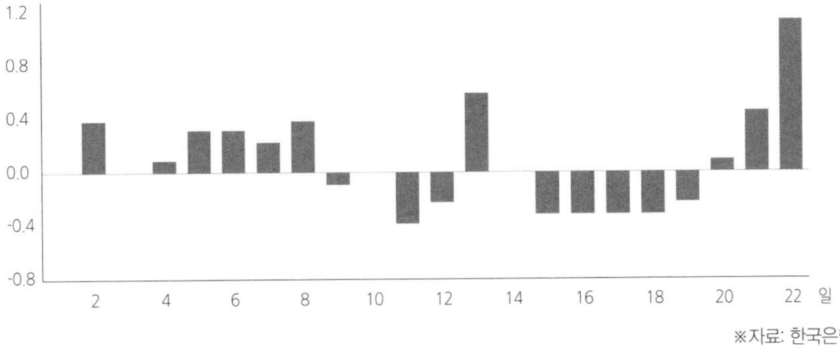

※자료: 한국은행